古典文獻研究輯刊

三五編

潘美月・杜潔祥 主編

第 10 冊

詩經世本古義
（第六冊）

陳 開 林 校證

國家圖書館出版品預行編目資料

詩經世本古義（第六冊）／陳開林 校證 -- 初版 -- 新北市：
花木蘭文化事業有限公司，2022〔民111〕
目 4+240 面；19×26 公分
（古典文獻研究輯刊 三五編；第10冊）
ISBN 978-626-344-112-5（精裝）
1.CST：詩經 2.CST：研究考訂
011.08   111010303

ISBN-978-626-344-112-5

古典文獻研究輯刊
三五編 第 十 冊   ISBN：978-626-344-112-5

詩經世本古義（第六冊）

作　　　者　陳開林 校證
主　　　編　潘美月、杜潔祥
總 編 輯　杜潔祥
副總編輯　楊嘉樂
編輯主任　許郁翎
編　　　輯　張雅淋、潘玟靜、劉子瑄　美術編輯　陳逸婷
出　　　版　花木蘭文化事業有限公司
發 行 人　高小娟
聯絡地址　235 新北市中和區中安街七二號十三樓
　　　　　　電話：02-2923-1455／傳真：02-2923-1452
網　　　址　http://www.huamulan.tw 信箱 service@huamulans.com
印　　　刷　普羅文化出版廣告事業
初　　　版　2022 年 9 月
定　　　價　三五編 39 冊（精裝）新台幣 98,000 元　　版權所有 · 請勿翻印

詩經世本古義
（第六冊）

陳開林　校證

目

次

詩經世本古義卷之十九〔註1〕

閩儒何楷玄子氏學

周平王之世詩三十四篇

何氏小引

《瞻彼洛矣》,紀東遷也。

《緇衣》,美鄭子掘突也。犬戎弒幽王於驪山下,並殺鄭桓公,鄭人共立其子掘突,是為武公。與晉、衛、秦會師,興復周室,故平王愛之如此。

《車鄰》,秦臣美襄公也。平王初命襄公為秦伯,其臣榮而樂之。

《裳裳者華》,美同姓諸侯也。繼世象賢,天子美之,意必為鄭武公而作。

《東門之墠》,亦刺鄭風淫也。

《女曰雞鳴》,述鄭賢夫婦相勸勉之辭。《溱洧》之反。

《出其東門》,鄭之貞士宜其室家,不染淫俗,而作此詩。《東門之墠》之反。

《駟驖》,秦人從狩而作。

《賓之初筵》,衛武公飲酒悔過也。

〔註1〕按:四庫本卷十九分為上下。《瞻彼洛矣》至《采葛》為卷十九之上,《遵大路》至《野有蔓草》為卷十九之下。

《抑》，衛武公刺王室，亦以自戒。行年九十有五，猶使臣日誦是詩，而不離於其側。

《淇奧》，衛人美武公之德也。

《終南》，美秦襄公也。始為諸侯，受服於周，國人矜而祝之。〔註2〕

《蒹葭》，刺秦也。未能用周禮，將無以固其國焉。

《黍離》，閔宗周也。周大夫行役，至於宗周，過故宗廟，宮室盡為禾黍。閔周室之顛覆，彷徨不忍去，而作是詩也。

《中谷有蓷》，宗周當喪亂之後，地棄不恤，其人民饑荒離困，罔克匡生之象，該乎詞矣。

《碩人》，衛傅母作也。莊姜始嫁至衛，先容後禮，傅母作此以勵之。

《綠衣》，衛莊姜傷己也。姜上僭，夫人失位，而作是詩〔註3〕。

《終風》，衛莊姜見怒於莊公，賦此。

《日月》，衛莊姜傷己也。

《簡兮》，衛之賢者仕于伶官，而作此詩，刺莊公廢教也。

《考槃》，刺衛莊公也。不能繼先君之業，使賢者退而窮處。

《采葛》，懼讒也。

《遵大路》，周公卿欲留鄭莊公也。

《白石》，刺昭公也。昭公分國以封沃，沃盛強，昭公微弱，國人將叛而歸沃焉。

《山有樞》，刺晉昭公也。諸大夫哀昭公之將亡，而私相告語之詞。

《椒聊》，晉人美當時忠臣不入沃黨者，然終有寡不敵眾之慮，所以深危昭公也。

《戌申》，刺平王也。不撫其民，而遠屯戌於母家，周人怨思焉。

《君子于役》，戌申者之妻所作。

《葛藟》，王族刺平王也。周室道衰，棄其九族焉。

《叔于田》，刺鄭莊公也。弟叔段以好勇得眾，而公不教，故詩人刺〔註4〕之。

《大叔于田》，刺鄭莊公也。叔多才而好勇，不義而得眾也。

《將仲子》，鄭莊公欲陷弟段，授以大邑。祭仲諫，陽拒之。大夫原其情而刺之。

《野有蔓草》，刺鄭莊公也。祭仲為公謀去段，遂有寵於公。國人託為公愛仲之辭以刺之。

瞻彼洛矣

《瞻彼洛矣》，紀東遷也。按史，周幽王十有一年，申侯與犬戎入寇。戎弒王於驪山之下，鄭桓公友死之。鄭人共立其子掘突，是為武公。時晉、衛、秦皆以兵來救，平戎，武公收父散兵，從諸侯東迎故太子宜臼，於申立之，是為平王。王以豐、鎬逼近戎狄，不可居，乃遷都於洛。此詩所詠，正其事也。篇中有「韎韐」一語，知為指鄭武公。解見本文下。武公新喪父，故服韎韐。《竹書》稱武公為鄭子，而《緇衣》之詩亦呼武公為子，則以諸侯即位，未踰年改元，猶稱子也。《左傳》謂「周之東遷，晉、鄭焉依」。故《書》有《文侯之命》。而《詩》如《瞻雒》、《裳華》、《緇衣》諸篇，凡為鄭武公詠者，不一而足，則以申為平王母家，而武公亦娶於申，有昏姻之誼，深為平王所倚重故也。

瞻彼洛光廟諱。今文通作「雒」。按：光武都雒，以火行忌水，故去其水而加隹。及魏為土德，以土水之母也，水得土而流，土得水而柔，復除隹加水。**矣**，紙韻。**維水泱泱**。豐氏本作「漪漪」。彼不知「矣」、「止」之為韻，而欲與「茨」、「師」叶耳。二、三章亦妄以意改之。偽書之庸鄙可哂如此。**君子至止**，紙韻。**福祿如茨**。支韻。**韎韐有奭**，《白虎通》作「絁」。**以作六師**。支韻。每三句一〔註5〕韻，而夾一句不韻於其中，亦殊制也。○賦也。「雒」，水名。王安石、朱子皆以為在東都者是也。《山海經》稱「讙舉之山，雒水出焉」，而《禹貢》云「導雒自熊耳。」蓋發源讙舉而經繇熊耳也。及過河南縣南，又過雒陽縣南，則周公所營雒邑在焉。《孝經援神契》云：「八方之廣，周雒為中，謂之雒邑。」《周書》云：「周公將致政，乃作大邑成周於土

〔註4〕「刺」，詩正文作「譏」。
〔註5〕「一」，底本作「二」，據四庫本改。

中，城方千七百二十丈，郭方七百里，南繫於雒水，北因於郟山，以為天下之大湊。制郊甸方六百里，國西土為方千里。」摯仲治云：「古之周南，今之雒陽也。」「泱」，《說文》云：「瀚也。」重言「泱泱」，毛《傳》云：「水深廣貌。」錢天錫云：「自古都會，必居大川之側，以四方朝貢，漕挽為易。如在渭之將，豐水東注。觀《禹貢》所列貢道，此意可見。」「君子」，朱子云：「指天子也。」「至止」者，至雒邑而定都也。孔穎達云：「凡言福者，大慶之辭；祿者，吉祉之謂。善事皆是，不必一定。」愚按：此主言其居天位、享天祿也。茨以覆屋，綿密堅固，不可動搖。今王遷都，實為子孫奠無窮基業，故以「如茨」期之。後章所云「保家室」、「保家邦」是也。「韎」，《說文》云：「茅蒐染韋也。」杜預云：「韎，聲也。今絳草茅蒐，急疾呼茅蒐成韎也，即今之蒨。」《禮記注》云：「赤黃之間色。」「韐」，本作「韐」，從市，合聲。市即韍字，亦謂之韠。《說文》云：「士無市有韐，制如榼，缺四角。」徐鉉云：「酒榼腹圜，上小下大，象之也。」鄭云：「韎韐者，祭服之韠，合韋為之。」孔云：「大夫以上，祭服謂之韍。士無韍名，謂之韎韐。《士冠禮》『爵弁服韎韐』，不言韍，是也。士言韎韐，亦猶大夫以上之言韍也。」陳暘云：「韠之色，視裳而已。兵事韋弁服，韋弁服繡裳。故貴者以朱芾，卑者以韎韐。」周祈云：「韍、韠、韐三者，皆蔽膝之衣，制同名異。韐乃合韋，韍、韠不合，此其異耳。」「奭」，通作「赩」，赤貌。《白虎通》云：「世子上受爵命，衣士服何？謙不敢自專也。故《詩》曰『韎韐有奭，世子始行』也。」孔云：「《王制》言諸侯之世子未賜爵，視天子之元士，以君其國。此言韎韐，故知諸侯世子未賜爵命，服士服也。」愚按：此指鄭武公也。「作」，《說文》云：「起也。」指麾鼓舞之意。毛云：「天子六軍。」鄭云：「時有征伐之事，天子以其賢任為軍將也。」《補傳》云：「『六師』、『萬年』之語，可為王者之證。」王應麟云：「『周公東征，四國是皇』，此上公為軍將也。『韎韐有奭，以作六師』，此諸侯世子為軍將也。」金履祥云：「按：東遷時，定難立君，惟秦、晉、鄭、衛四國耳。秦襄公與西戎世為不共戴天之讎，其勢亦不兩立，其與戎力戰，固亦為己，不獨為王室也。平王以岐豐之地予之，使之自取。然西戎方熾，父子力戰二十一年而始得之，固不暇東略矣。周室都雒，則晉居河北，表裏山河，是為屏輔。文侯固忠而賢，然其前有殤叔之難，其後有曲沃之封，晉之替實自是始。平王所望於文侯者，亦固不以興復期之，則其委任可知。平王，申出。鄭武公娶於申，武公以昏姻之故，迎王於申立之。觀平王戍申之志，則其依

鄭之心可推也。想其柄任在於鄭武，所以終平王之世，鄭伯父子世於其職。衛武雖賢，其柄任未必在。」○**瞻彼洛矣**，見前。**維水泱泱**。豐本作「濔」。**君子至止**，見前。**韠**陸德明本作「琕」。**琫**陸本作「韠」。**有珌**。質韻。陸本作「璑」。**君子萬年，保其家室**。質韻。○賦也。「韠」，《說文》云：「刀室也。」孔云：「古之言韠，猶今之言鞘也。亦謂之遡。《內則》云『右佩遡』是也。」「琫」，徐鍇云：「刀削上飾也。琫之為言捧也，若捧持之也。上謂首也。」劉熙云：「室口之飾曰琫。」或作「韠」。《左傳》「韠韠」是也。「珌」，《說文》云：「佩刀下飾。」亦作「琕」。劉熙云：「下末之飾曰琕。琕，卑也。」蓋琕、琫雖皆刀削之飾，而琕尤在其下也。毛云：「天子玉琫而珧珌，諸侯鐐琫而璑珌，大夫璙琫而璑珌，士珕琫而珕珌。」董氏云：「此出於《三朝禮》。」陸德明云：「蜃謂之珧，黃金謂之鐐。」璑、璙皆玉也。珕，蜃屬。又，璑璙或從金作鏐鐐。《爾雅》云：「黃金美者謂之鏐，白金美者謂之鐐。」愚按：《左傳》云：「藻、率、韠、鞑、鞶、厲、游、纓，昭其數也。」此詩概言琫珌而不言其所飾之物，當是通天子、諸侯而下言之，猶云不圖今日復見周官威儀耳〔註6〕。「家室」，以天子之家室言。天室既奠，貽子孫以萬年之安，所謂「保」也。○**瞻彼洛矣**，同前。**維水泱泱**。豐本作「瀻瀻」。**君子至止**，同前。**福祿既同**。東韻。**君子萬年，保其家邦**。叶東韻，悲工翻。○賦也。蘇轍云：「『福祿既同』，言與諸侯共之也。」愚按：《孟子》言「與共天位」、「與食天祿」，即所謂「既同」者。「家邦」，指天下也。王者以天下為家，故曰「家邦」。

《瞻彼洛矣》三章，章六句。《序》云：「刺幽王也。思古明王能爵命諸侯，賞善罰惡焉。」其於經義有何相涉？朱子謂「此天子會諸侯於東都以講武事，而諸侯美天子之詩」《申培說》襲之。《子貢傳》則謂「此詩與《鴛鴦》、《魚藻》皆諸侯所以報天子」。而或又據《車攻》有「徂東」之語，疑為宣王時詩。雖皆近似，然究之「鞗韐有奭」，非天子服也，故斷謂非東周鄭武不足以當之。

緇衣

《緇衣》，美鄭子掘突也。犬戎弒幽王於驪山下，並殺鄭桓公，鄭

〔註6〕按：《後漢書·光武帝紀》：「老吏或垂涕曰：『不圖今日復見漢官威儀。』」

人共立其子掘突，是為武公。自「犬戎」下至此，俱出《史記》。與晉、衛、秦會師，興復周室，故平王愛之如此。《竹書》紀幽王十一年，申侯、魯侯、許男、鄭子立宜臼於申。平王元年，王東徙雒邑，晉侯會衛侯、鄭伯、秦伯以師從，王入於成周。是則武公之於平王，始而迎立，繼而東徙，皆與有力。王之德鄭也深，故其情見乎詞，特為懇摯如此。《禮記》載子曰：「好賢如《緇衣》。」《孔叢子》亦載子曰：「於《緇衣》見好賢之至也。」

緇衣之宜支韻。兮，敝，絕句。陸德明〔註7〕本作「弊」。予又改為支韻。兮。適子之館叶翰韻，古玩翻。兮，還，絕句。此與上文「敝」字皆以一言為一句。予授子之粲翰韻。兮。賦也。「緇」，《說文》云：「帛黑也。」按：《爾雅》及《考工記》云：「一染謂之縓。」縓，淺赤色，今之紅也。「再染謂之竀。」竀與赬同，赤色也。「三入為纁。」謂染朱黑色，即絳也。「五入為緅。」謂三入之後，再染以黑。「七入為緇。」謂五入之後，又復以黑再染之也。此緇衣乃諸侯與其臣服之以日視朝者，故禮通謂此服為朝服。時武公繼立，新受封爵，故有緇衣之賜。「宜」，《說文》云：「所安也。」言此服與此人相安，明其德足以居此也。「敝」，敗衣也。「改」，更也。俱見《說文》。言他日此衣若敝，則我當更制以賜，見其眷注之無已也。「適」，《說文》云：「之也。」「子」，指武公也。諸侯即位，未踰年改元，稱子。「館」，《說文》云：「客舍也。」時周新遷東都，故武公止於客舍，平王親臨視之，亦以省其舍止之安否也。「還」，《說文》云：「復也。」謂見畢而駕旋也。承「適」字而言。「授」，《說文》云：「予也。」「粲」，粟治之精者。《說文》云：「稻重一秬，為粟二十斗，為米十斗，曰糳；為米六斗大半斗，曰粲。」漢有白粲之刑，給舂稻之役。《爾雅》訓「粲」為「餐」，亦曰粲乃所以為餐云爾。郭璞以為今河北人呼食為餐，則粲乃餐之轉音，非是。嚴粲云：「既見之而歸我，又取米之精者以遺之，猶白飯青芻之意。」孔穎達云：「飲食雖云小事，聖人以之為禮。《伐柯》言王迎周公，云『我覯之子，籩豆有踐』。奉迎聖人，猶願以飲食也。」○緇衣之好皓韻。兮，敝，予又改造皓韻。兮。適子之館見前。兮，還，予授子之粲見前。兮。賦也。「好」，美也。此以緇帛之美好言，與上章「宜」字意有別。「造」，《說文》云：「就也。」謂成就也。○緇衣之蓆叶藥韻，祥龠翻。兮，敝，予又改作藥韻。兮。適子之館見前。兮，還，

予授子之粲見前。兮。賦也。「蓆」，《韓詩》云：「儲也。」《說文》云：「廣多也。」《爾雅》云：「大也。」愚按：「蓆」之為字，從艸從席。如前三訓，不得其解。今人誤謂「蓆」即「席」，故程子謂「席」有安舒之義。然考古文，凡用「席」字，無通用「蓆」者，則「蓆」之非「席」確矣。偶思之，而得古人命字之義。古人坐席，或敷數重，此「蓆」字加艸於席上，當是取卉艸相枕藉如席然，故《韓詩》訓「儲」，《說文》訓「多」，又因多而推言之，則為廣為大，總之不離儲與多者近是。然則此言「緇衣之蓆」者，亦明其所贈緇衣不止一襲也。「作」，《說文》云：「起也。」謂創起而為之也。平王之愛武公，雖用物有盡而寄意無窮，故其言之不一而足如此。

《緇衣》三章，章六句。舊於「敝」字、「還」字不絕，皆云章四句。○《序》云：「美武公也。父子並為周司徒，善於其職，國人宜之，故美其德，以明有國善善之功焉。」朱子從其說。徐學謨云：「適館授粲，豈民之得施於上者？而朱《傳》因之，何也？」愚按：《禮‧玉藻》云：「天子皮弁，以日視朝。諸侯朝服，以日視朝。」曹氏云：「天子常朝之服用皮弁，諸侯常朝之服用羔裘玄冠也。皮弁以白鹿皮為冠，以狐白皮為裘，以素錦為衣而裼之，其上加朝服，十五升白布為之，衣冠同色故也。羔裘以緇布為冠，以黑羊皮為裘，以緇布為衣而裼之，其上加朝服，十五升緇布為之，其裳皆素。凡朝服，君與卿大夫同。」今武公既入為天子之卿，則當服皮弁，不當服緇衣矣。又按：《竹書》王錫司徒鄭伯命在平王三年，此時武公已除服即吉，不應復以子稱。且曰「適子之館」，明是周初遷都時，棲止未定，故武公暫就客舍以居。然則此詩之作，當在武公初受封為伯而從王入成周之時，其必非在為司徒之日甚明也。若《子貢傳》、《申培說》皆以為「鄭武公好賢，賦詩貽之」，雖亦近似，然武公好賢之事，史無所載，不敢謂然。

車鄰

《車鄰》，秦臣美襄公也。平王初命襄公為秦伯，其臣榮而樂之。

《子貢傳》云：「襄公伐戎，初命為秦伯，國人榮之，賦《車鄰》。」按：《史記》，襄公七年，西戎、犬戎與申侯伐周，殺幽王驪山下。而襄公將兵救周，戰甚力，有功。周避犬戎難，東徙洛邑。襄公以兵送周平王，平王封襄公為諸侯，賜之周以西之地。玩此詩，乃秦臣所作。

有車鄰鄰，叶先韻，陵延翻。《漢書》作「轔」。《釋文》作「隣」。有馬白顛。先韻。未見君子，寺《釋文》作「侍」。人之令。叶先韻，力延翻。《韓詩》作「伶」。○賦也。「鄰」，通作「轔」，《說文》云：「車聲也。」曰「鄰鄰」者，毛《傳》以為「眾車聲」。孔穎達云：「車有副貳，明非一車。」又，曹氏、陸佃皆解如字，云：「鄰鄰，密比之意，言車之眾。」亦通。《爾雅》云：「馬的顙，白顛。」舍人云：「的，白也。顙，額也。額有白毛，今之戴星馬也。」陸佃云：「《覲禮》曰：『奉束帛，匹馬卓上，九馬隨之。』說者以為卓即的顙，故以為上列，而九馬隨其後。《莊子》曰：『齊之以月題。』蓋月題，額上當顯如月者，所以象顛之白。然則馬之貴的顙也，可知矣。《易》曰：『其於馬也，為的顙。』蓋震二陰在上，故為的顙。夫文入二為白。白，陰色也。二，陰數也。」於車言其眾，於馬言其特，相備也。陸化熙云：「車多則聲眾，故『鄰鄰』然。馬多則色奇，故有『白顛』。」「君子」，指襄公也。「寺人」，奄人。《周禮》天子有之。今按：《左傳》齊有寺人貂，晉有寺人披，宋有寺人柳，是諸侯之官亦有寺人也。「令」，使也。言君子尚未得見，但見其往來奔走者，有寺人以供使令也。嚴粲云：「秦前此所未有，故詩人美其始有也。」馮時可云：「古者君臣相與，如家人父子。至秦而始自尊大，屏居深宮，怠於延接矣。君臣隔絕，則必以寺人傳語。蓋秦俗然也。《史記·年表》書『繆公學於宁人』。宁人，守門之人，即寺人也。是襄公為之法也。夫傳語而至於受學，受學而至於竊權，變所繇來，非一日矣。然則望夷之禍，其濫觴於《車鄰》也。聖人錄此，以冠《秦風》，垂戒深矣。」嚴云：「秦反周之政者，秦興而帝王之影響盡矣，《車鄰》其濫觴也。世道興衰升降之機在是歟？」沈守正云：「夫子刪《書》，以秦世為殿，知代周者秦也；刪《秦風》，以寺人之令為冠，知亡秦者寺人也。聖人無不知者，以近怪而不言耳。」○阪有漆，質韻。豐氏本作「桼」。隰有栗。質韻。豐氏本作「㮚」。既見君子，並坐鼓瑟。質韻。今者不樂，音絡。後同。逝者其耋。叶質韻，徒吉翻。○興也。《爾雅》云：「陂者曰阪，下者曰隰。」李巡云：「陂者，謂高峰山陂。下者，謂下濕之地。」曹氏云：「《說文》：『阪，山脅也。』《地理志》：隴西有隴坻在其西。《注》：『隴阪也。即今隴山。』《三秦記》：『其阪九回，欲上者七日乃越，高處東望秦川。』然則阪固秦地所有也。」「漆」，解見《定之方中》篇。「栗」，解見《東門之墠》篇。羅願云：「《秦風》：『隰有栗。』『燕秦千樹栗』，是其出處也。秦饑，應侯請發五苑之果蔬橡棗栗以活民，昭王不許。《毛詩義疏》曰：

『五方皆有栗,周、秦、吳、揚特饒。』」「阪有漆」,以興位之尊者。「隰有栗」,以興位之卑者。況人材之盛也。「並坐鼓瑟」,是伶工之輩與其儕侶並坐以供鼓瑟之事,非君臣並坐也。下章放此。「瑟」,解見《關雎》篇。「鼓瑟鼓簧」,第取叶韻,別無意義。按:李斯上秦皇書曰:「夫擊甕叩缶,彈箏搏髀,而歌呼嗚嗚,快耳目者,真秦之聲也。」今「鼓瑟鼓簧」,非其舊聲,蓋亦變西戎之陋而習華夏之風矣。「今者不樂」,恐失時也。曰「逝」者,猶言自今以往也。「耊」,《爾雅》云:「老也。」或言七十,或言八十,無正文也。《增韻》云:「耊,至也。年之至也。」孫炎、劉熙皆云:「耊,鐵也。皮膚變黑,色如鐵也。」《詩詁》云:「耊之言昳也。過七十則筋力已衰,如日之昳,故謂之耊。至八十則大耊。」《易》云:「日昃之離,不鼓缶而歌,則大耊之嗟。」與此語意相類。此與下章「其亡」,猶漢疏所云「冀須臾無死,以觀德化之成」之意。輔廣云:「蓋國家方興,禮儀初備,而人情喜樂,故至於此。」嚴云:「言貴生前得意,否則虛老歲月耳。此彊毅果敢之氣,勇於有為,已有『安能邑邑以待數十百年』之意矣。秦之能彊者在此,而周人之氣象變矣。」○**阪有桑**,陽韻。**隰有楊**。陽韻。**既見君子,並坐鼓簧**。陽韻。**今者不樂,逝者其亡**。陽韻。○興也。「桑」,解見《氓》篇。「楊」,木名。有黃、白、青、赤四種。此當指白楊耳。以桑楊興下文「其亡」者,桑之為言喪也。白楊,墓上所種,株大,葉圓如梨,皮白。一名高飛,一曰獨搖。其樹干霄。古詩所謂「上葉拂青雲,下根通黃泉」,又云「鬼火燒白楊」,又云「白楊多悲風,蕭蕭愁殺人」是也。「簧」,解見《君子陽陽》篇。陳[註8]暘云:「書以琴瑟為堂上之樂,笙簫為堂下之樂。則鼓琴,堂上常御之樂也;鼓簧,堂下甚盛之樂也。先鼓瑟,後鼓簧,與《關雎》先琴瑟、後鍾鼓同意。」「亡」,死也。耊之後則亡矣。

《車鄰》三章,一章四句,二章章六句。《序》以為「美秦仲也。秦仲始大,有車馬禮樂侍御之好焉」。陳暘為之說云:「《定之方中》曰:『椅桐梓漆,爰伐琴瑟。』則『阪有漆』,君子所以為樂也。《東門之墠》曰:『東門之栗,有踐家室。』則『隰有栗』,君子所以為禮也。《曲禮》曰:『並坐不橫肱。』則並坐者,禮也;鼓瑟者,樂也。秦仲始大,有禮樂之好,是禮樂自諸侯出,非所以為美。而《車鄰》美之者,變中之美也。」說詩如是,可謂鑿矣。按:《史記》:「秦仲立三年,周厲王無道,諸侯或叛之。西戎反王室,滅

〔註 8〕「陳」,四庫本作空格。

犬丘大駱之族。周宣王即位，乃以秦仲為大夫，誅西戎。」劉公瑾云：「秦仲但為宣王大夫，未必得備寺人之官。此詩疑作於平王命襄公為侯之後。」其說與《子貢傳》合矣。朱子亦心疑之，但汎指為秦君，不顯其名。若《申培說》則云：「襄公初為諸侯，周大夫與燕，美之而作。」今按：篇中所云「今者不樂，逝者其耋」、「逝者其亡」，似非過客之語。總因「並坐鼓瑟」一句不得其解，誤以為君臣無並坐之理，遂別為之辭耳。不足信也。

裳裳者華

《裳裳者華》，美同姓諸侯也。繼世象賢，天子美之，意必為鄭武公而作。《孔叢子》載孔子曰：「於《裳裳者華》見古之賢者世保其祿也。」愚按：此詩以常華起詠，知其興同姓也。以「常常者華」聯言，知其興繼世也。既曰「維其有章，是以有慶」，又曰「維其有之，是以似之」，知其賦象賢也。終周之世，惟周公之後有魯公，鄭桓之後有鄭武，足以當之。然魯公出就侯封，未嘗踵周公冢宰之位。而鄭桓公以宣王母弟始封於鄭，及子武公，皆相繼入為周司徒，善於其職，則濟美之最著者。且據毛《傳》繫此詩篇次於《瞻彼洛矣》之後，彼「韎韐有奭」既指武公，則此詩之斷為武公詠無疑也。又按：《竹書》載平王三年，錫司徒鄭伯命。是詩之作，當在此時。

裳裳《子貢傳》、《申培說》、豐氏本俱作「常常」。後同。董氏云：「『裳』，古文作『常』。」者華，其葉湑語韻。兮。我覯之子，我心寫叶語韻，洗與翻。兮。我心寫見上。兮，是以有譽處叶語韻，敞呂翻。兮。興也。「裳」，《說文》本從巾作常，或從衣作裳。徐鉉云：「裳下直而垂，象巾，故從巾。」然則「常」、「裳」在古文本是一字，非通用也。此言裳，謂常棣也。《采薇》之詩曰：「彼爾維何？維常之華。」即此。解見《棠棣》篇。郝敬云：「常棣其華同蒂，故比兄弟世族。非親非族，鮮有以常棣比者。」重言「裳裳」者，相繼非一之辭，興兄弟再傳，又有兄弟也。「湑」，葉上露貌。解見《蓼蕭》篇。葉得露而潤，則其華之承露可知。諸侯受天子德澤，有似於此。以興父既膺寵於前，子復膺寵於後也。楊慎云：「『裳裳者華，其葉湑兮』，氣相屬，潤相滋也。『常棣之華，鄂不韡韡』，體相親，意相承也。」〔註9〕「我」，天子自我也。「覯」，《說文》云：「遇見也。」按：遇有接遇之意。「之子」，是

〔註9〕《升菴集》卷四十二《裳裳者華》、《丹鉛餘錄》卷一《裳裳者華其葉湑兮》。

子，指諸侯也。「心寫」、「譽處」，解俱見《蓼蕭》篇。嚴粲云：「我見是勳賢之子孫，我心為之輸寫，愛其先人，美其有後也。」愚按：詩詠「葉湑」，興意在此。孔穎達云：「君臣相得，是以有聲譽之美而處之兮，言常處此聲譽之美也。」○裳裳者華，芸其黃陽韻。矣。我覯之子，維其有章。陽韻。矣。維其有章見上。矣，是以有慶叶陽韻，虛良翻。矣。興也。此下三章皆詠之子蘊藉之盛，所以我覯而心寫也。亦以「裳裳」起興者，先表其父子合德，不獨為之子詠也。「芸」，草名。「芸其黃矣」，言如芸華之色黃也。按：《爾雅》云：「權，黃華。」郭璞《注》云：「今謂牛芸草為黃華。其華黃，葉似菽蓿。」邢昺《疏》云：「牛芸者，亦芸類也。」「章」，鄭玄云：「禮文也。」蘇轍云：「黃，色之正也。君子之有文，粲然如華之盛也。」鄒忠胤云：「黃者，中央正色。《易·坤》卦，曰『含章可貞』，曰『黃裳，元吉』，蓋陰雖有美含之，以從王事，美在中，而暢四肢，發事業，則章莫美於黃矣。」「有慶」，謂君寵錫之，指祿位言。如《王制》、《孟子》所云「則有慶」是也。鄭武繼桓為周司徒，以典司文教為職，非其德之有章，何以得此？○裳裳者華，或黃或白。叶藥韻，僕各翻。我覯之子，乘其四駱。藥韻。乘其四駱，見上。六轡沃若。藥韻。○興也。按：戴侗《六書故》稱棣華有紅、白二種。今言「或黃或白」，疑紅、黃二色相近，亦或另自有一種也。「四駱」，解見《四牡》篇。禮，惟天子之卿駕純駟，諸侯亦然。「沃若」，解見《皇皇者華》篇。「乘其四駱」，必有出使從戎之事，見其才無所不可。下章所謂左宜右有是也，故以「或黃或白」起興。黃言文，白言質。維其有章，英華髮外，是其文也。「乘其四駱」，急病讓夷，是其質也。又，鄒云：「黃白之華，以興四駱。蓋黃馬黑鬣曰駱，白馬朱鬣亦曰駱。之子所乘非一，『或黃或白』，有如此華矣。」此雖巧合，嫌其太巧。○左之左叶歌韻，祖戈翻。之，君子宜叶歌韻，牛何翻。按：宜、儀通用。儀亦有紙葉，語綺翻。之。右之右叶有韻，云九翻。亦叶紙韻，羽軌翻。之，君子有韻亦叶紙韻，羽軌翻。之。維《左傳》作「惟」。《新序》作〔註10〕「唯」。其有見上。之，是以似紙韻。之。賦也。毛《傳》云：「左陽道，朝祀之事。右陰道，喪戎之事。」孔云：「陽道謂嘉慶之事，朝者人所樂。祀者吉之大，故為陽也。陰道謂憂凶之事，喪者人所哀。戎者有所殺，故為陰也。以能事弘多，故皆重言，以見眾也。」鄭云：「『君子』，斥其先人也。多才多藝，有禮於朝，有功於國。」按：詩目諸侯為「之

〔註10〕「作」，底本、四庫本作「非」，無義，據文意改。

子」，故知此變言「君子」，為指其先人也。「宜」，安也。言與之相安習也。
「有」，嚴云：「謂所蘊不竭也。」劉向《說苑》引此詩，傳云：「君子者，無
所不宜也，是故韠冕厲戒，立於廟堂之上，有司執事無不敬者；斬衰裳苴絰
杖，立於喪次，賓客弔唁無不哀者；被甲嬰冑，立於桴鼓之間，士卒無不勇
者。故仁足以懷百姓，勇足以安危國，信足以結諸侯，強足以拒患難，威足以
率三軍。故曰為左亦宜，為右亦宜，為君子無不宜者，此之謂也。」又，《荀
子》云：「此言君子之能以義屈伸變應也。」《韓詩外傳》云：「孔子曰：『昔者
周公事文王，行無專制，事無繇己，身若不勝衣，言若不出口，有捧持於前，
洞洞焉若將失之，可謂子矣。武王崩，成王幼，周公承文、武之業，履天子之
位，聽天子之政，征夷狄之亂，誅管、蔡之罪，抱成王而朝諸侯，誅賞制斷，
無所顧問，威動天地，振恐海內，可謂能武矣。成王壯，周公致政，北面而事
之，請然後行，無伐矜之色，可謂臣矣。故一人之身能三變者，所以應時也。
《詩》曰：左之左之，君子宜之。右之右之，君子有之。』」愚按：《老子》言
吉事尚左，凶事尚右。毛《傳》之說本此。今觀下文，單以「維其有之」為
言，明是指武公帥師興復之事。傳解自確。一說：季本云：「左，逆行也，不
用之義。右，順行也，見用之義。左之而不宜者，不能藏也。右之而不有者，
不能行也。」此說亦通，但於作詩之指不合耳。「維其有之」，指之子也。「之
子」，之先君子，不特宜於左，而且有於右。今之子亦能以戎事建功，為國家
所倚賴，此則左右咸有，亦如其先君子也。「似」，《說文》云：「象也。」才德
如其先人，故受天朝寵任，特命之為司徒，亦如其先人也。鄒云：「《曲禮》：
『諸侯既葬，見天子，曰類見。』謂其繼先君之德，乃得受國而見天子，故曰
類見。《郊特牲》所云：『繼世以立諸侯，象賢也。』《士冠禮》亦云。然則『似
之』，猶言克肖，即《宛鳩》所云『式穀似之』也。譽處而有處，所謂世保其
祿也。若析薪而弗克荷，其何似之有？」又，《左傳》贊祁奚能譽善，引此詩，
謂「唯善故能舉其類」，亦斷章取義也。

《裳裳者華》四章，章六句。《序》云：「刺幽王也。古之仕者世祿，
小人在位，則讒諂並進，棄賢者之類，絕功臣之世焉。」其以此詩為功臣世
祿而言，與《孔叢子》微合，但篇中絕不見有刺語。《子貢傳》以為「天子燕
諸侯」，然篇中亦無言及燕飲之事。坐緣首章與《蓼蕭》首章詞意頗相似，遂
因而附會之耳。《申培說》及朱子皆以為「天子美諸侯之詩」，蓋亦近之。而朱
子又謂「此詩所以《答瞻彼雒》矣」，則未必然也。

溱洧

《溱洧》，刺鄭風淫也。《竹書》紀平王六年，鄭遷於溱洧。《後漢書》薛
君注云：「鄭國之俗，三月上巳桃花水下之時，之溱洧兩水之上，招魂續魄，
秉蘭草，祓除不祥。」《韓詩傳》、《十道志》皆云然。按：此即後世所謂修禊
事者。但彼乃士女同遊，故相於淫耳。輔廣云：「鄭國之土地寬平，人物繁麗，
情意駘蕩，風俗淫佚，讀是詩者，可以盡得之。詩可以觀，豈不信然？」《白
虎通》云：「鄭國土地，人民山居谷浴，男女錯雜，為鄭聲以相悅懌，故邪僻
聲皆淫色之聲也。」

溱《說文》作「潧」。與洧，方渙渙叶元韻，于元翻。《韓詩》作「洹洹」。
《漢書》作「灌灌」。《說文》作「汎汎」。兮。士與女，方秉蕳叶元韻，
讀如昆，公渾翻。《漢書》作「菅」。《韓詩》、豐本俱作「蘭」。兮。女曰觀
乎？虞韻。士曰既且。叶虞韻，叢租翻。且往觀乎？虞韻。洧之外，洵
《漢書》、《韓詩》俱作「恂」。《爾雅》作「詢」。豐本作「昫」。後同。訏《漢
書》、《韓詩》俱作「盱」，云：「恂盱，樂貌。」豐氏本亦作「盱」。後同。且
樂。叶藥韻，歷各翻。維士與女，伊其相謔，藥韻。贈之以勺《埤雅》
作「芍」。藥。韻。〇賦也。「溱洧」，解見《褰裳》篇。《前漢書・地理志》
云：「鄭地右雒左泲，食溱洧焉，土狹而險，山居谷汲，男女亟聚會，故其俗
淫。」「渙」，《說文》云：「流散也。」鄭玄云：「冰已釋，水則渙渙然。」《韓
詩傳》云：「謂三月桃華水下之時。」「方」者，始事之辭。「秉」，執。「蕳」，
蘭也。陸佃云：「蘭，香草也，而文闌草為蘭。蘭，闌不祥，故古者為防刈之
也。一名蕳。蓋蘭以闌之，蕳以閒之，其義一也。」陸璣云：「蕳即蘭。《春
秋傳》曰『刈蘭』，《楚辭》云『紉蘭』，《孔子》曰『蘭當為王者香草』，皆是
也。其莖葉似藥草澤蘭，但廣而長節，節中赤，高四五尺。漢諸池苑及許昌宮
中皆種之，可著粉中，故天子賜諸侯茞蘭，藏衣著書中，闢白魚也。」羅願
云：「陸氏所說皆是，惟引以解《左傳》、《楚辭》之蘭為非矣。蘭草一名都梁
香，一名水香，大都似澤蘭。其澤蘭葉尖，微有毛，不光潤，方莖，紫節，八
月花白，人多種於庭池。此蘭生澤畔，葉光潤，其陰小紫。所以一名都梁者，
盛洪之《荊州記》曰：『都梁縣有山，山下有水清淺，其中生蘭草，因名都梁。』
因山為號，其物可殺蟲毒，除不祥，故鄭人方春之月，於溱洧之上，女士相與
秉蘭而祓除，因以淫佚。又，《周禮》：『女巫歲時祓除釁浴。』鄭氏亦云：『今

三月上巳，水上之類。釁浴，以香藥薰草沐浴。』然則用蕳可知矣。」按：羅意以此蕳為水香，而《左傳》、《楚辭》之蘭乃澤蕳耳。馮復京云：「蘭之種類至多。《本草經》謂蘭草可闢不祥，故執以祓除。抑或以蘭有國香，人所服媚。《淮南子》曰：『男子樹蘭，美而不芳。』說者以為蘭，女類，故《左傳》稱女為季蘭，宜女子樹之。鄭女故執之以媚其士與？」「溱與洧」四句，是敘時事如此。「女曰」以下，見人往而己亦欲往也。然「女曰」、「士曰」，亦是旁觀者之辭。此女、士與《女曰雞鳴》之女、士不同。彼謂夫婦，此謂眾女與眾士中之相悅者。以末句臨別有芍藥之贈，故知其非夫婦也。「曰觀乎」者，鄭云：「欲與士觀於寬閒之處。」鄧元錫云：「淫始云觀遊。禮禁婦女無觀，慎微也。鄭女、士淫於觀矣。」「既」者，已事之辭。「且」，通作「徂」，《說文》云：「往也。」士曰：余業已往而觀矣。未之從也。「且往觀乎？洧之外，洵訏且樂」，女勸男之辭也。專言「洧」者，《水經》謂洧水過新鄭縣南，溱水從西北來注之，是溱已為洧所有，故不必言溱也。「洵」，通作「恂」，《說文》云：「信也。」「訏」，通作「迂」，其意則遠也、曲也。言洧水之外，其土地信闊大紆回而且可樂也。「伊」，鄭云：「因也。」士從女言，因往觀而相謔也。「謔」，《說文》云：「戲也。」字從言，蓋以言相調戲也。「芍藥」，即勺藥。《廣雅》名攣夷。《本草》云：「一名黑牽，一名沒骨花，一名白水，一名餘容，一名犁食，一名解倉，一名鋌。」《圖經》云：「春生紅芽，作叢莖上，三枝五葉，似牡丹而狹，長一二尺，夏開花，有紅白紫數種，子似牡丹而小。」《本草注》云：「芍藥有二種，有草芍藥、木芍藥，亦名江離。」《博物志》云：「芍藥養性。」毛《傳》云：「香草也。」《釋文》云：「離草也。」言將離別，贈此草也。崔豹《古今注》載牛亨問曰：「將離別，相贈以芍藥者何？」答曰：「芍藥，一名可離，故將別以贈之。亦猶相招召贈之以文無，文無亦名當歸也。」羅云：「芍藥名可離，然則相謔之後，喻使去爾。其根可以和五臟，制食毒。古者有芍藥之醬，合之於蘭桂五味，以助諸食，因呼五味之和為芍藥。《七發》曰：『芍藥之醬。』《子虛賦》曰：『芍藥之和具，而後御之。』《南都賦》曰：『歸雁鳴鶖，香稻鮮魚，以為芍藥。酸甜〔註11〕滋味，百種千名。』是因致其滋味也。服虔、文穎、伏儼輩解芍藥，稱具美也。或以為芍藥調食，或以為五味之和，或以為以蘭桂調食，雖各得彷彿，然未究名實之所起。至韋昭又訓其讀勺，丁削切；藥，旅酌切。則並

〔註11〕「甜」，底本作「恬」，據四庫本、《爾雅翼》卷三《釋草·芍藥》改。

沒此物之名實矣。今人食馬肝、馬腸者，猶合芍藥而煮之，古之遺法。食之毒，莫甚於馬肝。則制食之毒者，宜莫良於芍藥。故獨得藥之名。又，陸璣謂『今藥草芍藥無香氣』，非是也。蓋醫方但用其根，陸不識其花，故云無香氣。」陸佃云：「芍藥榮於仲春，華於孟夏。傳曰『驚蟄之節後二十有五日，芍藥榮』是也。華有至千葉者，俗呼小牡丹。今群芳中，牡丹品第一，芍藥第二，故世謂牡丹為華王，芍藥為華相。又或以為華王之副也。」陳氏云：「芍藥者，溱洧之地富有之。詩人賦，特〔註12〕有所因也。」宋熙寧時，始尚經術，說詩者競為穿鑿。如「伊其相謔，贈之以芍藥」，謂此為淫佚之會，必求其為士贈女乎、女贈士乎？劉貢父善滑稽，嘗曰：「芍藥能行血，破胎氣，此蓋士贈女也。若『視爾如荍，貽我握椒』，則女之贈士也。《本草》云『椒性溫，明目，暖水髒』故耳。」聞者絕倒。○溱與洧，瀏其清庚韻。矣。士與女，殷其盈庚韻。矣。女曰觀乎？見前。士曰既且。見前。且往觀乎？見前。洧之外，洵訏且樂。見前。維士與女，伊其將謔，見前。贈之以芍藥。見前。○賦也。「瀏」，毛云：「深貌。」《說文》云：「流清貌。」按：水深故清。「殷」，毛云：「眾也。」「盈」，滿也。遊人眾多而填滿於溱洧之上也。陸佃云：「鄭人會於溱洧，秉蕳以自祓除，其風俗之舊也。及其甚也，淫風大行，過時而不反，來者且益以眾。」「將」，嚴粲云：「方且也。」猶「將安將樂」之「將」。鍾惺云：「後人詩語用相將字本此。」自「女曰觀乎」以下，復將上章文詠歎一番，而於無意中易一「將」字，是詩人最善脫換處。言方且相謔而未已也。朱子以為「相」、「將」聲同而訛，其亦誤矣。

《溱洧》二章，章十二句。《序》以為「刺亂也。兵革不息，男女相棄，淫風大行，莫之能禁」焉。《申培說》亦然。朱子謂「鄭俗淫亂，乃其風聲氣習流傳已久，不為『兵革不息男女相棄』而後然也」。今以詩詞觀之，模寫士女駘蕩之狀宛然在目，使果困於兵革後，則其情事必然淒苦，安能遊佚若此？《子貢傳》則以為「鄭靈公好倡，國人化焉，君子譏之賦此」。然考《左傳》，靈公以魯宣三年冬嗣位，至次年六月為公子歸生所弒，計其在位僅半載耳，未有移風如此之速。朱子據薛君注以解此詩，是矣。然謂「淫奔者自敘之詞」，則亦未然。觀篇中具敘事體，乃直是作詩者暴其事以刺爾。又，馮時可

云：「古於暌合通塞皆借夫婦以喻君臣。鄭國政教迫促，上下間隔，作詩者進以樂易廣大，故曰『洧之外，洵訏且樂』，訏，大也。曰『贈之以勺藥』，芍藥，調和具也。」此意甚美，但恐未然也。

東門之墠

《東門之墠》，亦刺鄭風淫也。鄭玄云：「此女欲奔男之辭。」焦贛《易林》云：「東門之墠，茹蘆在阪。禮義不行，與我心反。」劉公瑾云：「自昔說鄭詩者，惟以《東門之墠》與《溱洧》為淫詩。」

東門之墠，銑韻。《正義》云：「諸本作『壇』。今定本作『墠』。」**茹蘆**《易林》作「蘆」。**在阪。**阮韻。亦叶銑韻，孚戀翻。《易林》作「阪」。**其室則邇，其人甚遠。**阮韻。○賦也。「東門」，城東門，眾所經行也。嚴粲云：「東門，鄭要會之地。《左〔註13〕·隱四年》：『宋公、陳侯、鄭〔註14〕人、衛人伐鄭，圍其東門。』即此門也。「墠」，毛《傳》云：「除地町町者。」孔穎達云：「《禮記》、《尚書》言壇、墠者，皆封土者謂之壇，除地謂之墠。除地去草，故云『町町』。」此婦人所奔以待男子之處，非男子所居也。「茹蘆」，草名。《爾雅》云：「茅蒐也。」李巡云：「茅蒐一名茜，可以染絳。」陸璣云：「茜草也。一名地血，齊人謂之茜，徐州人謂之牛蔓。今圃人或作畦種蒔，故《貨殖傳》云：『卮茜千石，亦比千乘之家。』」陸佃云：「葉似棘。《說文》曰：『人血所生。』故蒐從草從鬼。齊人謂之茜。陶隱居以為東方諸處乃有而少，不如西多。夫文西草為茜，其或又以此乎？」羅願云：「葉似棗葉，頭尖下闊，莖葉俱澀，四五葉對生節間，蔓延草木上，根紫赤色。今所在有。八月採根。人血所生，故一名地血。今茹蘆能治血，又所染亦赤，蓋其類耳。古者士爵弁服，弁色赤而微黑，如爵頭，裏亦纁色。《士冠禮》曰：『爵弁服，纁裳，純衣，緇韠，帶〔註15〕韐。』緇韠也。士緇韠幽衡，合韋為之，染以茅蒐，因名焉。《說文》曰：『茅蒐染韋，一入為韎。』《詩》曰『韎韐有奭』、《左傳》『韎韋之跗注』是也。其女子之染，則毛氏云：『茹蘆，茅蒐之染，女服也。』鄭《箋》云：『茅蒐，染巾也。』則縞衣茹蘆為婦人服矣。」《博雅》云：

〔註13〕「左」，四庫本誤作「在」。
〔註14〕「鄭」，《左傳》、嚴粲《詩緝》卷八俱作「蔡」。
〔註15〕「韠帶」，《儀禮·士冠禮第一》作「帶韠」。

「隥者，阪也。」《爾雅》云：「陂者曰阪。」孔《疏》云：「陂陀不平而可種者名阪。」司馬相如《哀二世賦》「登陂陀之長陂」是也。詳詩意，男子所居正在陂外，女身至東門之墠以待之，而尚有阪以為之限，故歎室雖近而人甚遠。蓋欲奔而未遂之辭也。〇**東門之栗**，質韻。豐氏本作「㮚」。**有踐**《韓詩》作「靖」。《藝文類聚》、豐氏本俱作「靜」。**家室**。質韻。**豈不爾思？子不我即**。叶質韻，子息翻。〇賦也。「栗」，《說文》作「㮚」，云：「其實下垂，故從卤。」卤者，草木實垂卤卤然，蓋象形也。古文從西從二卤。徐巡說「木至西方戰㮚」。羅云：「言木則凡木皆然，而栗至罅發之時，將墜不墜，尤有戰慄之象，故天子五社，西社植栗。」陸佃云：「栗味鹹，北方之果也，有莍蝟自裹，故先賢云『皀者，柞栗之屬』。《國語》曰：『婦摯不過棗栗，以告虔也。』先儒以為棗取早敬，栗取恂栗。」「踐」，履也，與踐約之踐同意，猶後跡之履前跡也。男以女為室，女以男為家。蘇轍云：「栗，女贄也。取栗為禮，而可以行室家之道矣。」「即」，猶就也。《爾雅》云：「尼也。」《注》云：「尼者，近也。」即今相近也。此女言東門有栗，人固有取之為贄以踐室家之約者，我豈不爾思而欲往汝家以行此禮哉？特無如子之不我就何耳。上章思之而未得見之詞，此章思之切而冀其亟來就己之辭。詳此，則鄭所謂「女欲奔男」者，信矣。又，羅云：「茹藘，女所以染也，今方在陂。栗者，女所以為贄也，今方在門。則衣服贄見之物未備，不待禮而相奔矣。」亦通。

《東門之墠》二章，章四句。《子貢傳》無此篇。《申培說》於《王風》內有《唐棣》篇名。豐氏本以為即此篇，作《唐棣》三章，章四句。其首章云：「唐棣之華，偏其反而。豈不爾思？室是遠而。」〇豐氏據《申培說》云：「此因僖王棄賢而諷之。」但《唐棣》四句原出《論語》，舊說以為逸詩，今以此冠於首章，倘亦以「豈不爾思」二語與此詩詞頗相類而附益之耶？不足信也。季本云：「『唐棣』之與『東門』各為起語，『室遠』之與『室邇』亦各異情，不得合而為一也。」《序》以為「刺亂也」，男女有不待禮而相奔者也。夫淫者自淫，不關世亂，必曰因亂而淫，豈其然乎？

女曰雞鳴

《女曰雞鳴》，述鄭賢夫婦相勸勉之辭。《溱洧》之反。《子貢傳》云：

「夫婦相戒以勤生樂善。」輔廣云：「觀此詩，則鄭國之俗雖曰淫亂，然在下之人，夫婦之間，猶知禮義，勤生業，不昵於宴私，相安於和樂，而又能贊助其君子親賢樂善，以輔成其德。此可以觀先王之澤與民性之善矣。」

女曰雞鳴，士曰昧旦。翰韻。**子興視夜，明星有爛。**翰韻。**將翱將翔，弋鳧與鴈。**叶翰韻，魚旰翻。○賦也。「女曰」、「士曰」，婦與夫相對語也。孔穎達云：「士者，男子之大號。」「昧」，晦。「旦」，明也。朱子云：「昧旦，天欲旦，昧晦未辨之際也。」《列子》云：「將旦昧爽之交，日夕昏明之際。」「子興視夜」二句，婦之語也。「子」，指夫也。「興」，起也。警以夙興，不留色也。「明星」，朱子、蘇氏、嚴氏皆以為啟明之星，先日而出者也。「爛」，光色也。嚴粲云：「此詩述夫婦相警之辭。始婦警其夫曰：雞鳴可興矣。夫曰：姑俟昧旦也。婦又警其夫曰：子宜興而視夜之如何，蓋小星已不見，惟明大之星爛然，天將曉矣。毛氏謂天將曉則小星不見，惟明大之星爛然，雖不指為啟明，然將曉而明大者，惟啟明耳。」「將翱將翔」二句，夫之語也。「將」，發語辭。《說文》訓「翱」為「翱翔」，訓「翔」為「飛」，不容二義無別。以字求之，翱左施皋，皋者，緩也，當為緩飛之義；若翔，則初飛而布翅之狀，所謂迴翔是也。此指鳧鴈言。「弋」，本作「𢐰」，《說文》云：「繳射飛鳥也。以生絲為繩，繫矢而射也。」按《周禮·夏官·司弓矢》云：「矰矢茀矢，用諸弋射。」《注》云：「結繳於矢謂之矰。矰，高也。茀之言刜也。二者皆可以弋飛鳥。刜，羅之也。」「鳧」，水鳥。按：《爾雅》云：「舒鳧，鶩。」又云：「鷉，沉鳧。」蓋舒鳧則名鶩，沈鳧則名鷉。「鶩」，郭璞以為鴨也。李巡云：「野曰鳧，家曰鶩。」然則專有鳧名者乃鷉耳。又此詩言「弋鳧與雁」，則其在野明矣。郭云：「鳧似鴨而小，長尾，背上有文。」陸璣云：「青色，卑腳，短喙，水鳥之謹愿者也。」《莊子》云：「鳧脛雖短，續之則憂。」「鴈」，陽鳥，鴻屬。大曰鴻，小曰鴈。又，《爾雅》云：「鳧鴈醜，其足蹼，其踵企。」郭云：「鳧鴈之類，腳指間有幕蹼屬相著，飛則伸其腳跟。企，直也。」陸佃云：「鳧鴈常以晨飛，故是詩如此。賦曰：『晨鳧旦至。』此之謂也。」夫聞其婦「明星有爛」之言，而曰：果爾天將曉矣，此時有鳧鴈翱翔，吾將起而弋之，蓋將有所用之，如下章所云也。按《左·昭二十八年》：「魏獻子曰：『昔賈大夫惡，娶妻而美，三年不言不笑。御以如皋，射雉，獲之，其妻始笑而言。賈大夫曰：才之不可以已，我不能射，女遂不言不笑夫？』與此詩意象頗相彷彿。」○**弋言加**叶支韻，居之翻。

亦叶歌韻，居何翻。**之，與子宜**支韻。亦叶歌韻，牛何翻。**之。宜言飲酒，與子偕老。**皓韻。**琴瑟在御，莫不靜好。**皓韻。○賦也。此章承上「將翱將翔」二句，皆其夫之語。「加」，猶施也。「吾亦欲無加諸人」之「加」。「二子」，皆指婦也。言我之弋鳧與鴈，何為也哉？言將有所施之耳。所施必得其人，故與子謀其所宜也。昔晉山濤之婦自比於負羈之妻，欲觀狐、趙，而言阮籍等正當以識度相友，是可見明鑒在婦人中多有之，知此婦亦非汶汶者矣。治酒食者，中饋之職。既相商度而得其所宜，則言將召是人為賓客，而飲之酒以示歡洽，庶乎賴仁賢之助以保室家，亦可以與爾偕老矣。云「飲酒」，則鳧鴈以充豆實，亦在其中。「琴瑟」，所以樂賓。《曲禮》云：「士無故不徹琴瑟。」「御」，侍也。按：車中御在左，故謂御為侍。「靜好」，以聲言。「靜」，安靜也，不煩數浮蕩之謂。「好」，和好也，不淫哇恡懘之謂。此又囑其婦，而曰：爾不但治酒食而已，凡勸侑之人，操琴瑟而在侍御者，爾皆當預謹飭之，使之莫不靜好，以娛此嘉賓可也。蓋是夫之好德如此。《白虎通》云：「《公羊傳》曰：『天子八佾，諸公六佾，諸侯四佾。』《詩》曰：『大夫士，琴瑟御。』大夫士，北面之臣，非專事子民者也，故但琴瑟而已。」《左傳》：「醫和曰：『君子之近琴瑟，以儀節也，非以慆心也。』」陳暘云：「琴瑟，其聲尚宮，其音主絲。士君子常御，所以樂得其道。堂上之樂也，故用大琴，必以大瑟配之；用中琴，必以小瑟配之。然後大者不陵，小者不抑，足以禁淫邪，正人心矣。故荀卿曰：『琴瑟以樂心。』」羅泌云：「琴統陽，瑟統陰。以陽佐陰，不可易也。瑟，維陰也，故朱襄鼓五弦之瑟而群陰來。琴，惟陽也，故虞氏鼓五弦之琴而南風至。陰陽之應，各從其類。是以伯牙鼓琴而馬仰秣，瓠巴鼓瑟而魚出聽。魚，水物；而馬，火物。以類應也。楊泉曰：『琴欲高張，瑟欲下聲。數不踰琴，以佐陽也。』陽主生，故其情喜；陰主殺，故其情悲。陰陽並毗，則寒暑不成而四時忒矣。此帝女之鼓瑟，所以動陰聲而悲不能克也。故樂惟不可苟作也。先王以術調鼎，以鼎調樂，樂和而玉燭調矣。《詩》曰：『琴瑟在御，莫不靜好。』此古之君子無故之所以不徹歟？」○**知子之來**叶職韻，六直翻。**之，雜佩以贈**朱子云：「叶音則入職韻。」按：來、贈相叶，終覺牽強。豐氏本「贈」作「貽」，係支韻。上文「來」，據《儀禮注》讀為「釐」，亦叶支韻。似可從。且「贈」、「貽」字形頗相似，疑傳寫訛也。**之。知子之順**震韻。**之，雜佩以問**叶震韻，徵閏翻。**之。知子之好**叶號韻，虛到翻。**之，雜佩以報**號韻。**之。**

賦也。此婦人答其夫之詞。三「子」，皆指夫也。朱子云：「來之，致其來者，如所謂『修文德以來之』。」禮，婦人「左佩紛帨、刀、礪、小觽、金燧，右佩箴、管、線、纊、大觽、木燧」之屬，所以備尊者使令也。毛氏以為佩玉，「珩、璜、琚、瑀、衝牙之類」，似非士庶之常服，且與「襍」字不協。「贈」，《說文》云：「玩好相送也。」一曰增也。孔云：「贈遺者，所以增長前人。贈之財，使富增於本。贈之言，使行增於義。故曰『贈，增也。』」「順」，鄭云：「謂與己和順，即莫逆於心之謂。」「問」，毛《傳》云：「遺也。」孔云：「《曲禮》：『凡以苞苴簞笥問人者。』《左傳》：『衛侯使人以弓問子貢。』皆遺人物謂之問。」古人通言，必遺以物。「好」者，喜好也。所謂「中心好之」者是也。「報」，答也。《禮疏》云：「感恩者皆稱報。」陸化熙云：「既致其來，故思贈其往，順則不忍其疏闊，故思問之。」「好之」者，好其〔註16〕善也。我好彼善，是彼以善施我，故有報。下字俱有別。此婦言子之好德既如此，則我私心幸甚，非但治酒食、飭琴瑟而已。雖服玩之物，亦無所愛。知其初來，則將有以贈之。知其久而莫逆，則將有以問之。知其能以善道相成，則將有以報之也。是不特能奉承其君子之意，而其好德更甚於君子矣。朱子云：「此詩意思甚好，讀之使人有不知手舞足蹈者。」

《女曰雞鳴》三章，章六句。《申培說》以為「夫婦相警戒之詞」，與朱《傳》同。今按：此詩亦不見有戒意，直相勸勉耳。《序》則云「刺說德也。陳古義以刺今，不說德而好色也」。所謂陳古刺今，亦不必有所據。

出其東門

《出其東門》，鄭之貞士宜其室家，不染淫俗，而作此詩。出《申培詩說》。《子貢傳》同。《東門之墠》之反。朱子云：「是時淫風大行，而其間乃有如此之人，亦可謂能自好而不為習俗所移矣。羞惡之心，人皆有之，豈不信哉？」又云：「鄭詩雖淫亂，然此詩卻如此好。《女曰雞鳴》一詩亦好。」輔廣云：「鄭詩惟《女曰雞鳴》與此詩為得夫婦之道。夫子錄之，正以見人性之本善而先王之澤猶未泯也。」

出其東門，叶先韻，謨連翻。有女如雲。叶先韻，於員翻。雖則如雲，匪我思存。叶先韻，從緣翻。縞衣綦《說文》作「綥」。巾，叶先韻，經

〔註16〕「其」，四庫本作「之」。

天翻。**聊樂**音洛。**我員**。先韻。陸德明、豐氏本俱作「云」。《韓詩》作「魂」。魂，神也。○賦也。蘇轍云：「東門，鄭之為亂者之所在也。故堳、栗皆曰東門。」毛《傳》云：「如雲，眾多也。」「匪」，通作「非」，言此如雲之女皆非我思所存也。嚴粲云：「『縞衣綦巾』稱其妻，猶云荊釵布裙也。」「縞」，《說文》云：「鮮色也。」一云：帛已練研者曰縞。一云：繒，精白者。曲阜之俗善作之，尤為輕細，故曰魯縞。孔穎達以為薄繒不染，故色白也。「綦」，一作「綥」，《說文》云：「帛蒼艾色。」孔云：「綦者，青色之小別。蒼即青也。艾謂青而微白，為艾草之色也。」「巾」，佩巾，即紛帨也。禮：婦人「左佩紛帨」。紛本作帉。楚謂大巾曰帉。帉以拭器，帨以飾手，皆巾也，故下章有「茹藘」之異。蓋一是帉，一是帨耳。「聊」，鄭玄云：「且略之辭。」亦自足之意。「樂」，謂室家之樂。「員」、「云」通。孔云：「云、員古今字，助句辭也。」楊慎云：「今之云字，乃員之省文。《詩》『景云維何』，《秦誓》『雖則員然』，《石鼓文》『君子員獵』、『員獵員遊』。」〔註17〕皆云、員通也。「縞衣綦巾，聊樂我員」，正以著如雲之女匪我思存耳。又按：《說文》云：「縞衣綥巾，未嫁女所服。」不知何據，殆不足信。○**出其闉闍**，虞韻。**有女如荼**。虞韻。**雖則如荼，匪我思且**。叶虞韻，叢租翻。**縞衣茹藘**，叶虞韻，讀如盧，籠都翻。**聊可與娛**。虞韻。豐氏本作「虞」。○賦也。「闉闍」，東門之闉闍也。「闉」，毛云：「曲城也。」徐鍇云：「若今門外甕城門。」陳氏云：「門外之有副城，回曲以障門者。」《爾雅》云：「闍謂之臺。」孫炎云：「積土如堵，所以望氣祥也。」孔云：「出謂出城，則闍是城上之臺，謂當門臺也。」「荼」，毛以為「英荼」，鄭以為「茅秀」。按：詩中詠荼有三種。《邶風》「誰謂荼苦」，則《爾雅》所謂「荼，苦菜」者也。《周頌》「以薅荼蓼」，則《爾雅》所謂「蔗，委葉」者也。蔗，通作荼。此「有女如荼」，即芀也，萑茅之屬，《爾雅》所謂「葦、芛，荼。猋、藐，芀」者也。曰葦，曰芛，曰猋，曰藐，皆荼、芀之別名，方語異爾。毛言「英荼」者，孔云「茅之秀」者，其穗色白。《國語》：「吳王黃池之會，陳兵脅晉，萬人為方陳，皆白常、白旆、素甲、白羽之矰，望之如荼。」亦以白色為如荼也。又，鄭謂荼乃「物之輕者，飛行無常」，則是又淫佚女子之比矣。「且」，通作「徂」，兼往、存二義。郭璞云：「以

〔註17〕楊慎《升菴集》卷六十三《云員》：「今之云字，乃員之省文。《秦誓》：『雖則云然。』《注》云：『云，員。』《毛詩》：『聊樂我云。』《石鼓文》：『君子員獵』、『員獵員遊。』」又見《丹鉛餘錄》卷十五。

徂為存，猶以亂為治，以曩為向，以故為今。此皆訓詁義有反覆也。」故鄭云：「『匪我思且』，猶『匪我思存』也。」「茹藘」，可以染絳，鄭以為「染巾」是也。蒙上章「縞衣綦巾」之文，知此亦為巾也。此草乃鄭東門所有，觀《東門之墠》篇可見。「娛」，《說文》云：「樂也。」上章言「聊樂」者，自樂也；此曰「與娛」，則與之同樂矣。

　　《出其東門》二章，章六句。《序》以為「閔亂也。公子五爭，兵革不息，男女相棄，民人思保其室家焉」。「所謂『公子五爭』者，謂突再也，忽子、亹子、儀各一也。」〔註18〕郝敬為之說云：「恒情窮則反本，安則思淫。鄭昭、厲之際，干戈不息，人民離散，室家以苟全為幸。雖有東門之游女而無江漢之求思，時使之然也。故夫男女之際，人之至情，世治則懷春之女誘於吉士，世亂則如雲之女所思匪存。若使上無教化，則《野有死麕》為淫奔矣；國無亂離，則《出其東門》為義士矣。故誦其詩，當論其世，未可以其辭而已也。」劉辰翁云：「舍《序》讀《詩》，辭意甚美。」今按：詩中所云「聊樂我員」、「聊可與娛」，襟懷灑落，似非兵革不息、男女相棄時語。朱子改正，較為得之。

駟驖

《駟驖》，秦人從狩而作。出《申培說》。○按：《史記》：秦文公元年，居西垂宮。三年，文公以兵七百人東獵。四年，至汧、渭之會，乃卜居之。此詩當即是文公東獵之事，居西垂而東獵，其亦有略地岐、豐之意乎？又按：文公三年，即平王之九年。

駟《漢書》、《說文》俱作「四」。驖《漢書》作「載」。孔阜，有韻。豐氏本作「騢」。六轡在手。有韻。公之媚子，從公于狩。叶有韻，始九翻。豐氏本作「守」。○賦也。四馬曰駟。「驖」，馬名。毛《傳》以為驪，非也。陸佃云：「《說文》曰：『馬深黑色，驪。赤黑色，驖。』先儒謂取其馬色如鐵，非特有取於色，蓋亦取其堅壯如鐵，故曰驖也。《月令》：『孟冬乘鐵驪。』即此是也。」「孔」，甚也。「阜」，字本作「𨸏」。徐鍇云：「彌高大也，故從三𡳾。」劉熙云：「土山曰阜，厚也，言高厚也。」鄭玄云：「四馬六轡。『六轡在手』，言馬之良也。」陳祥道云：「四馬八轡，而詩每言『六轡』者，蓋駕馬之法，

〔註18〕此係鄭《箋》。

有游環以止驂馬之外出，有脅驅以止驂馬之外入。有脅驅矣，則驂馬之內轡無所施也，繫於軾前而已。此詩所以言六轡也。」孔云：「驂馬內轡納之於觼，故在手者惟六轡耳。《聘禮》：『賓覿，總乘馬。』《注》云：『總八轡牽之贊者。』謂步牽馬，故八轡皆在手也。《大叔于田》言『六轡如手』，謂馬之進退如御者之手，故為御之良。此言『六轡在手』，謂在手而已，不假控制，故為馬之良也。」陸云：「馬之族不一，而驥馬則喜前，駑馬則喜後，故古之御者，駑馬以鞭為主，驥馬以轡為主。鐵性堅驥，則疑於難御而有繁手之勞矣。今其『六轡在手』而已，則是無事於轡，故詩以美之也。」一說：嚴粲云：「『在手』，言把握其轡，能制馬之遲速，惟手之是聽也。『在』，如『師之耳目在吾旗鼓』之『在』。」亦通。「公」，文公也。「媚」，《說文》云：「悅也。」「媚子」，謂公所愛悅之人也。「狩」，字從犬。《說文》云：「犬田也。」以末章「載獫」觀之，知其為犬田也。此章言往狩之事。○**奉時辰牡，辰牡孔碩。**陌韻。**公曰左之，舍拔則**豐氏本作「其」。**獲。**陌韻。○賦也。「奉」，謂以兩手翼之，驅獸而聚之一處，以待君射也。誰奉之者？媚子也。毛云：「時是辰時也。」「牡」，朱子云：「獸之牡者。」「辰牡」，猶言時獸。「碩」，鄭云：「肥大也。」孔云：「『公曰左之』，是公命御者從禽之左逐之，欲從禽之左而射之也。逐禽緣左，禮之常法。」朱子云：「射必中左，乃為中殺。五御所謂『逐禽左』者，為是故也。」逐禽左逆驅禽獸，使左當人君以射之也。建安何氏士信曰：「《公羊傳》解第一殺、第二殺、第三殺皆自左膘射之達於右，則左當人君之左，指禽獸之左膘而言。」詳見《車攻》篇。「舍」，放也。「拔」，毛《傳》云：「矢末也。」鄭云：「括也。」孔云：「以鏃為首，故拔為末。」「拔」，當作「枑」，亦猶「括」當作「栝」。《列子》曰「後鏃中前栝」是也。亦作「筈」。筈，會也，謂與弦相會，乃受弦處。又名比。《考工記》曰「夾其羽而設其比」是也。孔云：「既言『公曰』，則是公自捨之。」獵所得曰獲。公捨放矢末，則應弦而獲其獸，言善射也。此章言方狩之事。**遊于北園，**叶先韻，於權翻。**四馬既閑。**叶先韻，何甄翻。**輶車鸞鑣，**蕭韻。**載獫歇**《說文》作「猲」。**驕。**蕭韻。《說文》作「獢」。○賦也。顏師古云：「養鳥獸曰苑。苑有垣曰園。」孔云：「遊于北園，蓋近在國北。」《地官·載師》云：「以場圃任園地。」明去其國近也。朱子云：「田事已畢，故歸而遊于北園。」「四馬」，即駟鐵也。「閑」，《爾雅》云：「習也。」「輶車」，輕車也。崈言「輶」，亦訓輕車，見《說文》。「鸞」，鈴也。象鸞鳥聲，故曰鸞。亦作「鑾」。「鑣」，馬勒傍鐵也。解見

《碩人》篇。言置鈴於馬口之兩旁也。鄭云：「輕車，驅逆之車也。置鸞於鑣，異於乘車也。」陸云：「驅逆之車尚輕疾。」孔云：「驅，驅禽使前趨獲。逆，御還之，使不出圍。若君所乘者，謂之田車，不宜以輶輕為名。乘車鸞在衡，此鸞在於鑣，故異於乘車也。」「載」，車中所載也。毛云：「獫猲驕，田犬也。」「獫」，或作「玁」。周謂北夷曰玁，即此獫也。「歇驕」，當依《爾雅》、《說文》作「猲獢」。張衡《西京賦》曰「屬車之簉，載獫猲獢」是也。《爾雅》云：「長喙獫，短喙猲獢。」朱子云：「以車載犬，蓋以休其足力也。韓愈《畫記》有騎擁田犬者，亦此類。」一說：王雪山、嚴華谷、戴岷隱皆云：「歇驕，謂歇其驕逸，即休其足力之意。」亦通。但《爾雅》、《說文》皆以為犬名，似當從古耳。又按：古者狩以講武，未嘗以犬從禽。載犬者，秦之陋也。輕車有和鸞之聲，而犬載其上，總是寫畢狩光景。此章言畢狩而遊觀之事。張敬夫云：「讀《車鄰》、《駟鐵》之詩，則知秦之立國，自其始創時，不過盛其車馬奉養之事，競為射獵之為而已。蓋不及於用賢制民也。則其流風亦習乎是而已。」

　　《駟鐵》三章，章四句。《序》云：「美秦襄公也。始命有田狩之事，園囿之樂焉。」《子貢傳》亦以為「襄公始有田囿之事，秦人喜之。」按：秦自文公東獵而外，其他君田狩之事，史皆無所見。則此詩之當屬文而不屬襄明矣。朱子謂此詩亦《車鄰》之意，要是影響。

賓之初筵

《賓之初筵》，衛武公飲酒悔過也。出《後漢書注》引《韓詩》之說。○《申培說》亦云：「衛武公自警之詩。」朱子云：「今按此詩意，與《大雅‧抑》戒相類，必武公自悔之作。」當從韓義。劉公瑾云：「此詩之意，欲以自警。《抑》詩之意，亦以自警也。此詩之意，恐醉酒而伐德，猶《抑》詩所謂『顛覆厥德，荒湛於酒』也。此詩之意，反覆以威儀為言，猶《抑》詩言『抑抑威儀』、『敬而威儀』、『敬爾威儀』、『不愆于儀』也。以至此章有『童羖』之語，《抑》詩亦有『彼童而角』之喻。其語氣亦相類也。」然《抑》詩凡言女、言爾，《集傳》以為「武公使誦詩者命己之詞」。今按：此詩凡言「賓」、言「爾」者，恐亦武公自謂也。

賓之初筵，左右秩秩。朱子云：「無韻，未詳。」後三四章放此。豐氏本作「秩秩左右」。籩豆有楚，語韻。殽核維旅。語韻。酒既和旨，紙韻。

飲酒孔偕。叶紙韻，苟起翻。**鍾鼓既設**，叶質韻，式質翻。**舉醻逸逸**。質韻。**大侯既抗**，漾韻。亦叶陽韻，丘岡翻。**弓矢斯張**。陽韻。亦叶漾韻，知亮翻。**射夫既同**，東韻。**獻爾發功**。東韻。**發彼有的**，叶藥韻，子藥翻。陸明德本作「勺」。**以祈爾爵**。藥韻。○賦也。孔穎達云：「上八句言射初飲燕之事，下六句言大射之事。」將祭而射，謂之大射。大射之初，先行燕禮。按：禮，射有三。一為大射，二為賓射，三為燕射。大射者，將祭擇士之射也。《射義》云：「天子將祭，必先習射於澤。擇者，所以擇士也。已射於澤，而後射於射宮。射中者得與於祭，不中者不得與於祭。不得與於祭者有讓，削以地。得與於祭者有慶，益以地。」先儒謂將祭之時，再為射禮，然澤官言習射，則未是大射，至射於射宮，乃行大射也。今考《周禮·夏官·司弓矢》職云：「澤，共射椹質之弓矢。大射、燕射，共弓矢如數。」是則澤宮之射與大射異，此其證也。《郊特牲》云：「卜之日，王立於澤，親聽誓命。」澤者，澤宮也。今《家語》文亦作「王親立於澤宮」。蓋既卜之後，必到澤宮，擇可與祭祀者因誓　之以禮耳。其地所在，舊無明文，先儒謂於寬閒之處近水澤而為之。愚意即辟廱也。辟廱之水，旋丘如璧。朱子云：「說者以廱為澤，蓋即旋丘之水，而其學即所謂澤宮也。」此論得之。亦如《說文》解泮為諸侯鄉射之宮。《禮》言「魯人將有事於上帝，必先有事於泮宮」，蓋亦於此處射而擇士。其制西南為水，東北為牆，與澤宮[註19]制蓋相近也。又，卿大夫從君田獵後，班餘獲而習射，亦於澤宮。《尚書大傳》所云「凡祭取餘獲，陳於澤，然後卿大夫相與射」是也。射宮則在郊。《樂記》云：「武王克殷，散軍而郊射，左射狸首，右射騶虞，而貫革之射息。」《注》謂「郊射」，是為射宮於郊。又，《周禮·夏官·諸子》職云：「掌國子之倅，使之脩德學道。春合諸學，秋合諸射。」《疏》謂學，大學也；射即射宮，乃國之小學，在西郊，則虞庠是也。《疏》所以指為小學者，以天子大學在國中，小學在郊，故《鄉射禮》云「君國中射，則皮樹中。於郊，則閭中。於竟，則虎中」。國中射者，燕射也。於郊者，大射也。於竟者，謂與鄰國君射，則賓射也。中者，盛算之器，以木為之，刻為獸形。皮樹與閭，皆獸名。閭狀如驢，詳見《猗嗟》篇。而大射禮於事畢之後，云：「卿大夫皆出，公不送。公入，《驁》。」《驁》者，驁夏也，樂章之名。公入則奏之。以從郊入國，故言入。凡此皆射宮在郊之證也。又，《春官·司服》職云：「饗射則鷩冕。」《注》謂「饗射者，饗食賓客，

[註19]「宮」，四庫本誤作「官」。

與諸侯射也」。《燕禮》云：「燕朝服於寢。」《注》謂「其服玄冕緇衣素裳」。
漢法衣皮弁服，與古異。據此詩第三章言「側弁之俄」，則其非饗燕之射可知。
先儒謂為學宮之射，當服皮弁，以《學記》云「皮弁祭菜」故也。然則此詩以
弁入詠，而二章又有「烝衎烈祖」之語，其為將祭而行大射之禮，無可疑矣。
賓射者，諸侯求朝天子，入而與之射，或諸侯相朝而與之射，即《周禮》所謂
「饗射」。《大宗伯》之職「以賓射之禮親故舊朋友」是也。燕射者，謂息燕而
與之射。息者，休農，息老物也。燕者，謂勞使臣，若與群臣飲酒而射也。《春
官·樂師》職云「燕射，帥射夫以弓矢舞」是也。賓射行於朝，燕射行於寢。
三射之處不同，其侯亦別。《考工記·梓人》云：「張皮侯而棲鵠，則春以功。
張五采之侯，則遠國屬。張獸侯則王以息燕。」凡侯，皆用布為之。皮侯，則
以虎熊豹麋之皮飾其側。又方制之以為臬，謂之鵠，著於侯中。《周禮·天官·
司裘》職云：「王大射則共虎侯、熊侯、豹侯，設其鵠。諸侯則共熊侯、豹侯，
卿大夫則共麋侯，皆設其鵠。」即此大射之侯也。賓射之侯，盡以五采。《周
禮·夏官·射人》職云：「掌國之三公、孤、卿、大夫之位。三公北面，孤東
面，卿、大夫西面。諸侯在朝，則皆北面。以射法治射儀，王以六耦，射三
侯，三獲三容，樂以《騶虞》，九節五正。諸侯以四耦，射二侯，二獲二容，
樂以《狸首》，七節三正。孤卿大夫以三耦，射一侯，一獲一容，樂以《采蘋》，
五節二正。士以三耦，射豻侯，一獲一容，樂以《采蘩》，五節二正。」三侯，
虎、熊、豹也。二侯，熊、豹也。一侯，麋也。獲，謂唱獲之旌。容，亦名乏，
以革為之，在侯之旁，所以為唱獲者御矢也。以其可以容身，故謂之容。以其
矢於此，匿乏不去，故亦謂之乏。九節、七節、五節之解，見後。五正者，先
儒以為中朱，次白，次蒼，次黃，玄居外。三正，損玄黃。二正，去白蒼而畫
朱綠。未知何據。正者，鳥名。正與鵠皆鳥之捷黠者。大射射鵠，賓射射正，
燕射射質。燕射之侯，畫獸為侯。《鄉射記》所云「天子熊侯，白質。諸侯麋
侯，赤質。大夫布侯，畫以虎豹。士布侯，畫以鹿豕」是也。綜上諸禮文，天
子、諸侯、大夫三射皆具士，惟有賓射、燕射而無大射。先儒以為士無臣，故
祭無所擇。理或然也。三射之禮皆有飲酒，故《射義》引《詩》曰：「曾孫侯
氏，四正具舉。大夫君子，凡以庶士，小大莫處，御於君所。以燕以射，則燕
則譽。」但賓射、燕射因饗燕而射，意止於娛賓。大射是將祭而射，意專主於
擇士，飲酒特其中之儀節耳。此三射之外，又有鄉射，其侯用采侯，禮與燕射
同，乃鄉大夫貢賢能之後行之，以詢眾庶，及州長射於州序之禮，非天子諸

侯所用也。又，《射義》云：「古者諸侯之射也，必先行燕禮。卿大夫士之射也，必先行鄉飲酒之禮。故燕禮者，所以明君臣之義也；鄉飲酒之禮者，所以明長幼之序也。」今按：所謂「先行燕禮」者，言大射未旅之前所行之禮，似燕之法，非謂先一日行燕禮，畢而後射也。天子大射之禮亡，所可攷見者，唯諸侯大射見於《儀禮》，意其節文當不甚相遠。若此詩乃衛武公入為王卿士所作，則天子之大射也。「賓」，武公自謂也。時王以武公為賓，故自云然。「初筵」，朱子云：「初即席也。」孔云：「鋪陳曰筵，藉之曰席。筵、席通也。」「左右」，鄭玄云：「謂折旋揖讓也。」孔云：「以賓與主人為禮，隨其左右之宜，其行或方折，或迴旋，相揖而辭讓也。」「秩」，序也。合賓與主人言之，故重云「秩秩」。按：《大射儀》：「擯者，納賓。賓及庭，公降一等，揖賓。賓辟，公升，即席，奏《肆夏》。賓升自西階，主人從之賓右，北面再拜。賓答拜。主人取觚酌膳，筵前獻賓。賓拜，受爵於筵前。然後賓升筵。」即此所謂「賓之初筵，左右秩秩」者也。其禮以宰夫為主。人君於臣，雖為賓，不親獻，以其莫敢抗禮也。「籩豆」，解見《代柯》篇。「楚」，毛《傳》云：「列貌。」按：「楚」字義，《說文》以為「叢木」。謝朓詩曰：「平楚正蒼然。」以叢木廣遠，謂之平楚。此言「有楚」，謂森然成列，如叢木然也。「殽」，毛云：「豆實也。」鄭云：「菹醢也。凡非穀而實之曰殽。」「核」，鄭云：「籩實，有桃、梅之屬。」按：《周禮》：「籩人掌四籩之實」；「醢人掌四豆之實。」凡祭祀，共其籩豆薦羞之實，賓客喪紀亦如之。是饗燕有籩豆也。四籩內有饋食之籩，其實棗、栗、桃、乾藤、榛實。乾藤者，乾梅也。《內則》有桃諸、梅諸，是其乾者，皆有核之物也。孔云：「此經二句，自相充配。殽核，即籩豆所盛，殽則實之於豆，核則實之於籩也。先殽後核，不依籩豆次者，便其文耳。」「旅」，眾也。軍之五百人為旅，故有眾多之義。「和旨」，鄭云：「酒調美也。」「孔」，甚。「偕」，俱也。言與燕者皆在列也。按：《大射儀》：「官饌羹定，射人告具於公。公升即位於席，西向。小臣師納諸公卿大夫，諸公卿大夫皆入門右，北面，東上。公降，立於阼階之東南，南鄉。小臣師詔揖諸公卿，諸公卿西面北上，揖大夫，大夫皆少進。然後擯者請賓。」即此所謂「飲酒孔偕」者也。首二句紀賓初升筵之禮，次三句紀官所饌之物，至此句乃紀與燕之人。「鍾鼓」，謂笙鍾、頌鍾、建鼓之屬。《大射儀》所云「樂人宿縣於阼階東：笙磬西面，其南笙鍾。建鼓在〔註20〕阼階西，南鼓。西階之西頌磬，東面，其

南鍾。一建鼓在其南，東鼓。一建鼓在西階之東，南面」是也。「設」，《說文》云：「施陳也。」云「既設」者，非謂此時方設。言「既設」，則奏之可知。蓋在主人獻君爵而奏肆夏時也。按：《周禮》：「鍾師以鍾鼓奏九夏。」《肆夏》者，九夏之一。《大射儀》：「擯者納賓，及庭，公先升，即席奏《肆夏》。賓升自西階，主人送爵獻賓，賓乃升筵，崒爵而樂闋。賓遂酢主人，主人乃獻公。公拜受爵，覆奏《肆夏》，卒爵而樂闋。」又，《郊特牲》云：「賓入大門而奏《肆夏》。」《燕禮記》亦云：「賓及庭，奏《肆夏》。」皆指公升即席時而言。此言「鍾鼓既設」，在初筵之後，舉酬之前，明是君受爵時所奏，與即席之奏無預。「舉醻」，朱子云：「舉所奠之醻爵也。」「逸逸」，往來安閒之貌。按：《儀禮》：「主人酌賓曰獻。」賓既酢主人，主人又自飲而獻賓曰醻。賓受之，奠於席前而不舉，至旅而遂舉，所奠之爵，交錯以遍。以《大射儀》考之，初主人獻賓，賓酢主人；次主人獻公，此時奏《肆夏》，卒爵樂闋，主人受公酢，乃醻賓。賓告於擯者，請旅諸臣，公許之，乃舉旅行醻。即此所謂「舉醻逸逸」也。「大侯」，毛云：「君侯也。」侯者，射布之名字。本作「矦」，從人從厰從矢，象張布，矢在其下。古者以射選賢，射中者獲封爵，因謂之諸侯也。故《射義》云：「天子之大射，謂之射侯。射侯者，射為諸侯也。射中則得為諸侯，不中則不得為諸侯。」又，《考工記》云：「祭侯之禮，以酒脯醢。其辭曰：『惟若寧侯，母或若女不寧侯，不屬於王所，故抗而射女。』」今以字義考之，諸侯之名義本因射布之侯而得名。而《考工記》以為射諸侯之不安於為侯者，則是射布之名侯乃反因射諸侯而得名，非事實也。若大侯之名，見於此詩及《儀禮》，而未詳其為何侯。據《周禮注》謂「王之大射，虎侯，王所自射；熊侯，諸侯所射；豹侯，卿大夫所射」，理或近之。則此詩所云「大侯」，蓋虎侯也。然《射人》職「諸王大射，則以狸步，張三侯」，與《司裘》職「王大射，共、虎熊、豹三侯」之說合。若諸侯，則皆云二侯而已。《儀禮・大射》篇所記者，諸侯之禮乃云：「命量人量侯道，與所設乏以狸步。大侯九十，參七十，干五十，設乏各去其侯西十，北十。遂命量人巾車張三侯。大侯之崇，見鵠於參，參見鵠於干，干〔註21〕下綱不及地武。」抑又異《周禮》二侯之說，何耶？先儒謂彼乃畿內諸侯，用二侯；此畿外諸侯，亦得用三侯，但不敢同於天子虎、熊、豹之三侯。似已。然亦以大侯為熊侯，而讀參為糝，讀干為豻。糝者，襍也。襍侯者。豹鵠而糝飾。豻侯者，豻鵠豻飾也。是皆妄意推

〔註21〕「干」，《儀禮・大射儀》同，四庫本誤作「于」。

測，未有以證其必然。愚偶以《鄉射記》之說合之。則此所云大侯，果熊侯也；所云參侯，乃麋侯也。何以明之？蓋諸侯本宜射熊侯，而《鄉射記》「天子熊侯，白質」，以天子之燕射亦有取於熊，為其同於天子，故尊而大之也。麋侯，據《司裘》職本卿大夫所用，而《鄉射記》云「諸侯麋侯，赤質」，則諸侯之燕射亦有取於麋，以其諸侯、卿、大夫皆得參用，故變名之為參也。若干〔註22〕侯，即士所射之豻侯，見於《射人》職者是也。熊侯，諸侯所自射。麋侯，以待卿、大夫之射，故《大射儀》云「公射大侯，大夫射參，士射干」。士雖不得自行大射之禮，然得與君同射。又，《射義》云：「古者天子之制，諸侯歲獻貢士於天子，天子試之於射宮。」則是天子之大射，士亦得與矣。並記於此。「抗」，毛云：「舉也。」《廣韻》云：「以手抗舉也。」先此已張侯，而不繫左下綱，至此乃繫之，故曰「既抗」。按：《鄉射儀》：「初，張侯，不繫左下綱，中掩束之。及有司請射，於是司馬命張侯，弟子說束，遂繫左下綱。」綱者，持舌繩之名。舌，所以維特侯者。侯上下各有左右舌，故有左右上下綱繩出於舌外以持舌，而繫之於植也。侯以向堂為面，則左下綱以西畔而言。初之不繫者，事未至也。中掩束之者，中掩左廂，向東束之，故將射乃解之也。司馬者，即司正所為。涖酒名司正，涖射名司馬。弟子，卑幼者也。脫其束，遂繫左下綱於植，事至故也。《大射儀》於將射雖不言繫綱，而前此張三侯之時，亦有不繫左下綱之文。及畢事，又有量人解左下綱之文，則於此時繫之可知。所以不言及者，互相見耳。又，鄭《箋》以為「既抗」者，「舉鵠而棲之於侯也」。按：《考工記》：「梓人為侯，廣與崇方，二分其廣，而鵠居一焉。」又云：「張皮侯而棲鵠。」當侯之中，別製皮為鵠，舉以棲之，故曰「既抗」。亦通。所抗者不止於大侯，舉尊以該卑也。又按：禮，卑者與尊者為耦，不異侯。「張」，《說文》云：「施弓弦也。」孔云：「弓可言張。而並言矢者，矢，配弓之物，連言之耳。」按：《大射儀》：「旅酬之後，納工，歌《鹿鳴》，管新宮。畢，司射適次，祖決遂，執弓，挾乘矢於弓外，見鏃於弣右，巨指鉤弦，自阼階前曰：為政請射。」即此所謂「弓矢斯張」也。以句在「射夫既同」之前，知為司射之弓矢，非射夫之弓矢也。「射夫」，鄭云：「眾射者也。」「既同」，朱子云：「比其耦也。」射每二人相對，以決勝負，曰耦。與《車攻》「既同」差異。彼特以人眾齊集言，此乃以藝能相近言。按：《大射儀》：「司射請射之後，遂告曰：『大夫與大夫，士御於大夫。』」言大夫與大夫不

─────────────────

〔註22〕「干」，四庫本誤作「于」。

足，則士侍於大夫，與為耦也。乃比三耦，三耦俟於次。司射命上射曰：「某御於子。」命下射曰：「子與某子射。」及三耦卒射之後，復比眾耦。比者，選次之謂，即此所謂「射夫既同」也。然三耦乃諸侯之禮。若天子則六耦，以諸侯為之。《周禮·大司馬》職云「若大射，則合諸侯之六耦」是也。或諸侯不足，亦當取足於卿大夫也。「獻」，鄭云：「猶奏也。」「爾」，指賓武公自謂，蓋使人誦之以刺已也。「發功」，鄭云：「發矢中的之功。」按：《大射儀》，三耦取弓矢於次，司射適次，作上耦射。命曰：「毋射獲，毋獵獲。」乃射。上射既發挾矢，而後下射射，拾發，以將乘矢。獲者坐而獲，舉旌以宮，偃旌以商，獲而未釋獲。三耦卒射亦如之。此射之第一節。作上耦射者，射有三耦，先使上耦射，而後遞及其次三耦也。「獲」，解見前。「毋射獲」者，毋使矢中乏也。從旁為獵。「發挾矢」者，發其所挾之乘矢也。下射亦如之。「拾」之言更也。「將」之言行也。「獲者坐而獲」，言負獲旌之人坐而告獲。下文舉旌、偃旌是也。「以宮」、「以商」者，以磬聲之宮、商為節奏也。此即所謂「獻爾發功」者也。「獲而未釋獲」者，此時但言獲而已，猶未釋算也。「彼」，指射侯也。「的」，《說文》云：「明也。」即鵠是也。以其明白而可見，故名的也。「祈」，求也。「爾」，即賓也。「爵」，飲器，其形象雀，取其鳴節節足足也。《韓詩說》云：「一升曰爵。爵，盡也，足也。二升曰觚，三升曰觶，四升曰角，五升曰散，總名曰爵。」陸佃云：「雀固物之淫者也。酒善使人淫佚，故一升曰爵。爵所以戒也，亦取其鳴節，以戒荒淫之飲。」言爾所與射之耦，發矢於彼侯而有中其的者，則將以此求爾之飲此爵也。《射義》：「孔子曰：『《詩》云：發彼有的，以祈爾爵。祈，求也，求中以辭爵也。酒者，所以養老也，所以養病也。求中以辭爵者，辭養也。』」按：《大射儀》，三耦初射之後，乃設楅，上耦取矢復射。司射請釋獲於公，公許。司射命曰：「中離維綱，揚觸梱復，公則釋獲，眾則不與。唯公所中，中三侯皆獲。」復進視上射，命曰：「不貫不釋。」釋獲者實八算於中，乃射。若中，則釋獲者每一個釋一算。上射於右，下射於左，若有餘算，則反委之。俟三耦卒射，然後公及諸公卿大夫相繼卒射，於是司射視算，釋獲者先數右獲。二算為純，一純以取，實於左手，十純則縮而委之。每委異之，有餘純則橫諸下。一算為奇，奇則又縮諸純下。又釋左，兼斂算，實於左手，一純以委，十則異之。其餘如右獲。司射復位，釋獲者遂進取賢獲，執之，繇阼階下，北面於公。若右勝，則曰右賢於左。若左勝，則曰左賢於右。以純數告。若有奇者，亦曰奇。若左右鈞，則左右各執一

算，以告曰左右鈞。於是司射者命設豐，勝者之弟子洗觶升酌，奠於豐上。一耦出揖，及階，勝者先升，升堂少右。不勝者進，北面卒觶，遂揖而下。不勝者先降，與升飲者相左交於階前，相揖反位。三耦以次卒飲。若賓，諸公卿大夫不勝，則僕人師洗升賓觶以授賓，諸公卿大夫受觶於席。若飲公，則侍御者降，洗角觶升酌，及射爵辨，乃徹豐與觶。此射之第二節也。詳第一節之射，似是人皆先習射一次，故雖告獲而未釋算。至此乃計的之中否以為勝負，而飲射爵焉。即此詩所謂「發彼有的，以祈爾爵」也。「楅」、「中」，二器名，解見《猗嗟》篇。「離」，猶過也，獵也。侯有上下綱，其邪制躬舌之角者為維。躬，侯身也。舌，解見前〔註23〕。揚觸者，謂矢中他物，揚而觸侯也。梱復，謂矢至侯不著而還反也。言雖中侯，而獵過侯之維綱，及揚觸梱復之類，皆不得釋獲。惟公則許，所以憂君也。又三侯隨公所值，中一侯，亦得釋獲。若他人，則必中其所應射之侯，方釋獲也。貫，猶中也。不貫不釋，言不中鵠，不釋算也。釋獲者，謂主釋算之人也。射以二人為耦，一名上射，一名下射。人各四矢，一耦則八矢矣，故於中上實八算也。上射中，則釋算於中內之右。下射中，則釋算於中內之左。其不得釋之餘算，則另置之。視算，先右後左，先上射而後下射也。純，猶全也。縮者，從也。東西為從。賢獲者，勝黨之算也。豐，形似豆，卑而大。觶，飲酒角也，受四升，或云三升。僕人師者，服役之人也。角觶，即兕觥，罰爵也。辨者，遍也。○**籥**豐本作「龠」。**舞**豐本作「翠」。**笙鼓**，覃韻。**樂既和奏**。叶覃韻，宗五翻。**烝衎烈祖**，覃韻。**以洽百禮**。豐本叶覃韻，籠五翻。**百禮既至，有壬有林**。侵韻。**錫爾純嘏，子孫其湛**。先君印海先生諱。叶侵韻，持林翻。**其湛曰樂**，音洛。**各奏爾能**。豐本叶侵韻，奴金翻。**賓載手仇**，尤韻。亦叶支韻，渠之翻。董本、豐本俱作「觩」。**室人入又**。叶尤韻，夷周翻。亦叶支韻，盈之翻。**酌彼康**《爾雅》作「㡄」。**爵，以奏爾時**。支韻。亦叶尤韻，時流翻。○賦也。「籥舞」，執籥而舞，文舞也。解見《簡兮》篇。按：《周禮·春官》：「籥師掌教國子舞羽吹籥，祭祀則舞羽籥之舞，賓客饗食亦如之。」大射具賓客饗食之禮，既命用樂，則有舞可知。《儀禮》無文，偶略之也。又按：《大司樂》職云：「大射，令奏《騶虞》，詔諸侯以弓矢舞。」陳暘云：「祭祀，天子執幹戚而舞，所以樂尸。大射，諸侯執弓矢而舞，所以樂王。」「笙」，解見《鹿鳴》、《鼓鍾》篇。《大射儀》所謂「笙鍾」、「笙磬」，皆應笙之鍾磬。而

〔註23〕「前」，四庫本誤作「躬」。

《周禮‧笙師》「凡祭祀饗射，共其鍾笙之樂」，亦謂與鐘聲相應之笙也。又笙有與瑟琴相應者，《鹿鳴》所謂「鼓瑟吹笙」是也。有與磬相應者，《鼓鍾》所謂「笙磬同音」是也。有與歌相應者，《儀禮》所謂「歌《魚麗》，笙《緜庚》」是也。有與鼓相應者，此言「笙鼓」是也。以其為用無所不備，故特舉之。「鼓」，解見《關雎》篇。不獨樂以鼓為節，射亦以鼓為節，所謂「不鼓不釋」者也。奏以出聲言。聲有高下緩急之度謂奏，即「奏《騶虞》、《狸首》」之「奏」，言樂之聲既和於所奏之詩也。按：《大射儀》，徹豐觶之後，獻服不氏，及釋獲者畢，司射復請射如初。司射北面，請以樂於公，公許。司射東面命樂正曰：「命用樂。」樂正曰：「諾。」司射遂適堂下，北面眡上射，命曰：「不鼓不釋。」樂正命太師曰：「奏《狸首》，間若一。」遂奏《狸首》以射，三耦卒射，賓待於物如初。公樂作而後就物，稍屬，不以樂志，其他皆如初儀。然後反位就席，始命退福，解左下綱，退中與算而俟。此射之第三節也。服不氏，於《周禮》為司馬之屬，掌養猛獸而教擾之者。請用樂於公，請奏樂以為節也。不鼓不釋者，不與鼓節相應，不釋算也。《狸首》，愚謂即《七月》之四章。「間若一」者，聲之中間相去，或希疏，或密數，調之使如一也。物，謂射時所立處也。謂之物者，物猶事也，君子所有事也。君之射儀，遲速從心，但稍與樂相屬而已。其發不必應樂，避不敏也。志，猶擬也。及解左下綱，則正射之事畢矣。末猶言俟者，俟將復射與否也。鄭玄曰：「始將射而未釋獲，復釋獲，復用樂行之。君子之於事，始取苟能，中課有功，終用成法，教化之漸也。射用應樂為難。」《射義》云：「天子以《騶虞》為節，諸侯以《狸首》為節，卿大夫以《采蘋》為節，士以《采蘩》為節。《騶虞》者，樂官備也。《狸首》者，樂會時也。《采蘋》者，樂循法也。《采蘩》者，樂不失職也。是故天子以備官為節，諸侯以時會天子為節，卿大夫以循法為節，士以不失職為節。故明乎其節之志，以不失其事，則功成而德行立，德行立則無暴亂之禍矣。功成則國安，故曰射者所以觀成德也。」按：《周禮‧射人》職云：「《騶虞》九節，《狸首》七節，《采蘋》、《采蘩》皆五節。」先儒謂九節者，五節先以聽；七節者，三節先以聽；五節者，一節先以聽。其後四節皆以應乘矢拾發也。乘矢，四矢。拾發，連發也。一終為一節。孔子曰：「射者何以射？何以聽？循聲而發，發而不失正鵠者，其惟賢者乎？若夫不肖之人，則彼將安能以中？」「烝衎烈祖」以下六句，皆預擬之辭，非實祭也。承上言大射之禮既畢，凡射而中者皆得與於祭，則今日能中之人，即後日助祭之人矣。「烝」，眾也。通與

射者而言也，映下文「百禮」可見。「衎」，《說文》云：「行喜貌。」《爾雅》云：「樂也。」「烈」，本火猛，以功之光而盛者似之，故《爾雅》又轉訓為「業也」。「烈祖」，孔云：「功烈之祖也。」「洽」，鄭云：「合也。」當以偏傍省通用。「百禮」，嚴云：「事神之眾禮。」「以洽百禮」者，言助祭之人既多，則可以合舉事神之眾禮也。「百禮既至」，言行禮之時至也。「壬」，通作「任」。任之為義，擔也，負也，言任其事也。本多為林，眾之意也。眾禮次序行之，各有其時。當其時之至，則有身任其事者，又有眾多林立以待事者，凡皆駿奔走於廟中也。「錫」，通作「賜」，《說文》云：「予也。」篇內「爾」字皆指賓，則以兼通助祭者而言。「純」，全也。「嘏」，《說文》云：「大遠也。」皆指福言。「子孫」，指主祭者，猶云曾孫也。「湛」，本作「媅」，《說文》云：「樂也。」言助祭者能合舉百禮以樂先祖，則神將賜之以純全久大之福，而主祭之子孫見助祭者之皆得人，亦因之以喜樂也。「其媅曰樂」，為復射發端也。「其媅」，以心言，乃虛寫未然之景。「曰樂」，則指其當日射畢升坐安燕之事而言也。按：《大射儀》：「射畢，徹俎，司正升賓，賓諸公卿大夫，皆說屨，升就席。公以賓及卿大夫坐，乃安，羞庶羞。公曰：『眾無不醉。』賓及諸大夫皆興，對曰：『諾。敢不醉！』乃舉爵，為士偏舉旅行酬。」即此所謂「樂」也。「各奏爾能」，命復射也。「奏」，猶獻也。「爾」，通與射者而言，實在其內。「載」者，更始之義。唐、虞名歲曰載，取物終更始也。「手」，毛云：「取也。」「仇」，匹也。訓仇為匹，猶訓潔為污，訓亂為治，反言之也。「賓載手仇」，謂再取其技能之相敵者與之為耦也。按：《大射儀》：「若命口復射，司射命卪唯欲，一發，中三侯皆獲。云命射唯欲者，欲者則射，不欲者則止。可否之事，從人心也。」此所謂「手仇」者也。前此惟君釋獲，不拘三侯。此臣得與君同者，以燕射復射，其法寬，亦尚歡樂之意也。「室人」，孔云：「有室中之事者。」毛云：「主人也。」按：「主人」，即宰夫也。「入又」者，謂入而又行獻酬之禮。「康」，《爾雅》云：「安也。」毛云：「酒所以安體也。」鄭云：「虛也。」無酒於爵，謂之虛爵。按：「康」即「糠」字，從米庚聲，穀皮也。故《爾雅》亦訓「康」為「空」，謂去其內之米以空之也。然則空虛是康本義。其轉訓為安者，當是康莊之康。《爾雅》：「道五達曰康。」亦空虛洞達之意。康衢可以安行，故又訓為安也。二義皆通。按：《大射儀》：復射後，無算爵，士有執膳爵者，有執散爵者。膳爵者酌以進公，散酌以之公，命所賜，受賜爵者以爵就席坐，公卒爵，然後飲。執膳爵者受公爵酌，反奠之。受賜者以散爵授執

者，執散爵者乃酌行之，唯受於公者拜。此康爵即散爵也。膳爵公所用，公飲畢，仍反奠於公所。散爵自拜賜後，隨執爵者勸其所歡，遍行於賓。及諸公卿大夫士，不以次數為限，所謂「無算爵」也。奏，與「樂既和奏」之「奏」同義，謂奏《陔夏》也。《陔夏》者，九夏之一。時謂歡燕已洽，賓可以出之時也。按：《大射儀》無算爵之後，君有命徹幕，皆降，再拜稽首，反位，無算樂。宵則庶子執燭於阼階上，司宮執燭於西階上，甸人執大燭於庭，閽人為燭於門外。賓醉，北面坐，取其薦脯以降。奏《陔》，遂出，卿大夫皆出，公不送。公入，《驁》。而大射之儀畢於此。「命徹幕」者，君意殷勤，欲盡酒也。「無算樂」者，升歌間合，無次數，惟意所樂也。取脯以降，重得君之賜也。奏《陔》者，陔之言戒也，以《陔》為節，明無失禮也。驁，解見前。此詩所載行禮次第與《大射儀》一一具合，而舊說絕不理會，今故逐段為之附麗，以詔來者，不敢厭其繁焉。○**賓之初筵**，先韻。**溫溫其恭**。無韻。未詳。**其未醉止，威儀反反**。叶先韻，分邅翻。《韓詩》作「眅眅」，云：「善貌。」**曰既醉止，威儀幡幡**。叶先韻，孚焉翻。舍音捨。**其坐遷**，先韻。屢陸德明本作「婁」。**舞仙仙**。先韻。《樂書》作「躚躚」。**其未醉止，威儀抑抑**。叶實韻，固利翻。《國語》引《詩》，「抑戒」作「懿戒」可證。**曰既醉止，威儀怭怭**。叶實韻，毗志翻。《說文》作「佖佖」。**是曰既醉，不知其秩**。叶實韻，直畺翻。○賦也。「賓之初筵」，謂未射以前行燕禮時也。「溫溫」，和柔貌。在心為敬，在貌為恭。又，貌多心少為恭，心多貌少為敬。故《少儀》云：「賓客主恭，祭祀主敬，各有攸當也。」「其未醉止」，卒射而飲觶時也。有威可畏謂之威，有儀可象謂之儀，皆主升降周折之容言。「反反」，蘇轍〔註24〕云：「顧禮也。」「曰既醉止」，謂酌康爵時也。此時飲無算爵，又徹幕盡歡，則勢必至於醉矣。「幡」，通作「翻」，《說文》云：「飛也。」飄揚之意。「幡幡」，猶翩翩也。蘇云：「輕數也。」「舍」，通作「捨」，置也。「遷」，移。「屢」，數也。賓醉降階將出，業已舍其故坐，斯時聞樂人奏《陔》，即當遂出，而猶未肯出，乃遷移他處，以屢舞為樂也。此舞非樂舞，如以舞屬客之類，直是戲耳。陳暘云：「前代歡飲，酒酣必起舞，蓋所以極歡心，敘誠意。魏、晉以來，尤重以舞相屬，樂飲以舞相屬，猶飲酒以杯相屬也。故漢李陵起舞以屬蘇武，王智起舞以屬蔡邕，晉謝安起舞以屬桓嗣。陳智匠曰：『比見北人猶以舞相屬。』則屬舞，古人非不尚也。然田蚡與灌夫過竇嬰家，酒酣，起

〔註24〕「轍」，四庫本誤作「徹」。

舞屬蚡，蚡不起。夫徙坐，語侵之。陶謙為舒令，見太守張磐，磐舞屬謙，謙不為起，固強之，雖舞而不轉。曰：『不當轉耶？』曰：『不可轉，轉則勝人。』繇此觀之，以舞相屬，情意一有不至，而禍患隨之，可不重之哉？《詩》曰：『屢舞躚躚。』然則相屬之舞，其亦不可屢而常矣。江表孫譚，酒酣屢舞，而不知止，顧雍所以深責之也。唐中宗數與近臣狎宴，遞起舞唱，憸幸之人因之徼求官爵，君臣之禮微矣。」「仙」，通作「躚」，《說文》云：「蹁躚旋行也。」若如本字解，則為仙人輕舉之狀。亦如《趙飛燕外傳》云「後楊袖曰：『仙乎仙乎』」之意。以屢舞，故重言「仙仙」。後放此。「抑」，《說文》云：「按也。」字本從反印，後加從手作抑。印者，執政所持信器也。印所以行之於外，今反而斂之於內，則為自按抑也。《說文》無「怭」字，引此詩作「佖佖」，云：「威儀也。」《韻會》云：「威儀備也。」此四句以理言。人當未醉時，其威儀固當折抑而收斂。即當既醉時，其威儀亦當怭怭而周備，乃是之名既醉者何如哉？第見昏然沉迷，不知其秩而已矣。「秩」，即「左右秩秩」之「秩」，亦以折旋揖讓言。彼入時之禮，此出時之禮也。《莊子》云：「以禮飲酒者，始乎治，常卒乎亂。」孔云：「小人未醉，身有惡態，強自收掩。及其醉酒，則舊時情態皆出。」《莊子》說察人之法曰：「醉之以酒以觀其態。」是從飲酒則情態出也。蔡汝楠曰：「武公自戒甚嚴，多勖以威儀。觀風人稱之曰『善戲謔兮』，蓋亦過於和易而能悔者也。」○賓既醉止，載號豐本作「号」，平聲。載呶。無韻。未詳。亂我籩豆，屢舞僛僛。支韻。是曰既醉，不知其郵。叶支韻，是為翻。側《說文》、豐本俱作「仄」。弁之俄，歌韻。屢舞傞傞。歌韻。《說文》作「娑娑」。既醉而出，並受其福。屋韻。亦叶職韻，筆力翻。醉而不出，是謂伐德。職韻。亦叶屋韻，都未翻。飲酒孔嘉，叶歌韻，居何翻。維其令儀。叶歌韻，牛何翻。○賦也。「號」，《說文》云：「呼也。」「呶」，《說文》云：「歡聲也。」「亂我籩豆」，與首章「籩豆有楚」相應。此因「屢舞僛僛」而亂及籩豆，二句當合看，非兩事也。「僛」，徐鉉云：「欹傾不能自正也。」「郵」，通作「尤」，過也。「側」，旁也，通作「仄」，《說文》云：「傾側也。」言傾於其旁也。「弁」，皮弁也。解見前。「俄」，《說文》云：「行頃也。」「傞」，《說文》云：「醉舞貌。」「傞傞」，毛云：「不止也。」詩言既醉而屢舞者三。初遷而屢舞，已可異矣。然且不止而繼之以號呶，又繼以俄頃之間數側其弁，蓋君形者去而口容、首容舉失其度，屢舞不休，欲何為乎？酒以合歡，原期於醉，先王之禮所以有無算爵也。既醉何病，然醉斯

可以出，惟醉而不出，為可醜耳。此詩專為酌康爵奏《陔夏》從昏醉喪儀而不肯出者發，意武公必曾有是失，故使人誦之以自儆也。全篇次序相承，皆紀嘗日實事，非謂以前二章為思古，以後三章為傷今也。「既醉」以下，是歡悔之辭。「並受其福」者，鄭云：「賓醉則出，與主人俱有美譽也。」「是謂伐德」者，孔云：「若至於醉而不出，是謂誅伐其德。醉前無失為有德，既醉為愆以喪之，是伐其德也。」《晏子春秋》云：「晏子飲景公酒，日暮，公呼具火。晏子辭曰：『《詩》云：『側弁之俄』，言失德也；『屢舞傞傞』，言失容也；『既醉以酒，既飽以德』、『既醉而出，並受其福』，賓主之禮也；『醉而不出，是謂伐德』，賓之罪也。嬰已卜其日，未卜其夜。』公曰：『善。』舉酒祭之，再拜而出。」諸葛亮《戒子書》云：「夫禮之設，合禮致情，適體歸性，禮終而退，此和之至。禮意未殫，賓有餘倦，可以至醉，無致於亂。」「孔」，甚。「嘉」，美。「令」，善也。「儀」，即威儀之儀。朱子云：「飲酒之所以甚美者，以其有令儀耳。今若此，則無復有儀矣。」蘇云：「此章申言其亂而終悔之也。」○

凡此飲酒，有韻。**或醉或否。**有韻。**既立之監，或佐之史。**紙韻。**彼醉不臧，不醉反恥。**紙韻。**式勿從謂，無俾大**音泰。**怠。**叶紙韻，養裏翻。**匪言勿言，匪由勿語。**叶纛韻，讀如午，疑古翻。**由醉之言，俾出童**豐本作「犝」。**羖。**纛韻。**三爵不識，**叶實韻，職吏翻。**矧敢多又。**叶實韻，夷豉翻。○賦也。此章皆深絕醉者之辭，所以著自儆之意。飲酒一也，而醉與不醉異，故為之監、史以伺察之。朱子云：「監、史，司正之屬。」按：《燕禮》：「射人為司正。」《注》謂「將留賓飲酒，更立司正以監之，察儀法也」。又，《大射儀》：「先以大射正為擯，其後以擯為司正。及誓射，則大史俟於西序東面以聽政。其釋獲釋算之事，大史司之。既畢射，司正升賓，將公命曰：『眾無不醉。』」則以司正為監者近之，但未知史即太史否耳。呂祖謙云：「淳于髡說齊威王曰：『賜酒大王之前，執法在傍，御史在後。』秦、趙會澠池，秦王請趙王鼓瑟，藺相如請秦王擊缶。兩國御史皆前書之。此古人君燕飲之制，猶存於戰國者也。或立之監，即執法也。或佐之史，即御史也。」董鼎云：「監以監之，史以書之，古之慎禮如此。」錢天錫云：「一察一書相為副貳，謂之佐。非謂監所不及，史則書之也。」「臧」，善也。失禮為不臧。朱子云：「彼醉者所為不善而不自知，使不醉者反為之羞愧也。」「式勿從謂」以下，設為監史告不醉者之辭，所以深厭惡夫醉者也。「式」，發語聲。「勿」，禁止辭。「從」，就。「謂」，告也。嚴粲云：「彼人已醉，勿就其位而與之言，與

之言則彼愈更號呶，是使之大為怠慢也。」「匪」，通作「非」。「言」，自言也。「由」，謂理所當繇者。「語」，與人語也。徐鉉云：「語者，午也，言交午也。」所不當言者勿言，所不當由者勿語。彼醉者雖極善號呶，然無人與之酬答，則亦將廢然而自止矣。「羖」，羊名。《爾雅》云：「夏羊，牡羭，牝羖。」羅願云：「羖本夏羊牝者之名，以吳羊白，夏羊黑，今人便以羖為黑羊名。羖羊之角，主明目安心，益氣輕身，辟鬼魅虎狼，療疥蟲蠱毒結氣，止寒泄，其角為用最大。」嚴云：「童羊無角，羖未有無角者。」愚按：此蓋戒人以醉言不可聽，亦如人言羖羊無角，其不足信明甚。汝若聽醉人之言，則責之使出童羖，困之以必無之物。以喻有是言，無是事也。馮時可云：「信醉者之言，以虛而責實，則必不可行。」傳注曰：「設言必無之物以恐之。」非也。既曰必無之物，惡足以恐哉？「三爵」，謂射畢後飲酒，君已舉旅三次，則情意已洽，禮文已備，可以辭而出之時也。按：《大射》，三射禮畢，公舉奠觶，惟公所賜，若賓若長，以旅於西階上。此第一爵也。於是徹俎，升賓及諸公卿大夫，皆就席坐，羞庶羞。賓降洗升，媵觶於公。公取賓所媵，唯公所賜，受者如初受酬之禮。及就席，坐行之。《注》云：「坐行之者，若今坐相勸酒也。」旅酬至士而遍，此第二爵也。已而命復射，遂行無算爵之禮。執散爵者，酌以之公，命所賜。受賜者飲畢，以散爵授執者。執散爵者乃酌行之。《注》云：「酌行之，謂與其所歡者也。」亦旅酬至士而遍。此第三爵也。舊說皆失考。又，《玉藻》云：「君子之飲酒也，受一爵而色酒如也，三爵而言言斯，禮已三爵而油油以退。」「識」，記也。又，即「室人入又」之「又」，謂復飲酒也。言君已舉行三爵之禮矣，汝奈何不記憶，而況敢號呶不出，更復思多飲乎！監史以此為訓，明者以醉為監，庶乎知儆耳。

《賓之初筵》五章，章十四句。《序》云：「衛武公刺時也。幽王荒廢，媟近小人，飲酒無度，天下化之。君臣上下，沉湎淫液，武公既入而作是詩也。」按：此詩明止為刺賓而作，未見「君臣上下，沉湎淫液」之意。而語氣雅與《抑》戒相類，其為武公自儆之詩無疑。或謂王朝之詩曰《雅》，侯國之詩曰《風》，果武公作，宜與《衛風·淇澳》伍。今在雅，則王朝獻納之辭矣。是又不然。《序》言「武公既入而作是詩」，鄭《箋》謂「入者，入為王卿士」。然則以其為王朝卿士所作，故列之《雅》耳。曰：果爾，何以辨其非刺幽王？曰：《史記》載武公四十二年，犬戎殺周幽王。武公佐周平戎，甚有功，平王命武公為公。其後平王十有三年，武公始卒。則武公為周卿士，實在平

王之世。當幽王時，武公受封於衛，未嘗入周也。又，《子貢傳》但存「衛武公」三字，其下闕文。

抑

《抑》，衛武公刺王室，亦以自戒。行年九十有五，猶使臣日誦是詩，而不離於其側。出侯包《韓詩翼要》。〇《楚語》：「左史倚相云：『昔衛武公年數九十有五矣，猶箴儆於國曰：『自卿以下，至於師長士，苟在朝者，無謂我老耄而捨我，必恭恪於朝，朝夕以交戒我。聞一二之言，必誦志而納之，以訓道我。』在輿有旅賁之規，位寧有官師之典，倚几有誦訓之諫，居寢有御之箴，臨事有瞽〔註25〕史之道，宴居有師工之誦，史不失書，矇不失誦，以訓御之，於是乎作《懿》戒以自儆也。及其沒也，謂之睿聖武公。』」韋昭云：「《懿》，《詩・大雅・抑》之篇也。懿，讀曰抑。」徐幹云：「昔衛武公年過九十，猶夙夜不怠，思聞訓道，作《抑》詩以自儆。衛人誦其德，為賦《淇澳》。」鄒忠胤云：「夷考武公在位五十有五年，以宣王十六年立，以平王十三年卒。此詩作於晚年，在平王之世，篇中『亦聿既耄』其證也。諷時王之意，在於言外見之。所云『天方艱難，曰喪厥國。取譬不遠，昊天不忒』，則明指驪山之覆轍矣。驪山之難，武公將兵救周有功，平王命為公。是詩作於王朝，故不復還繫其本國。」鄧元錫云：「王妉酒，故《初筵》引以為戒。不斥言，故引而反之躬自怨責感焉。《初筵》專言酒，《抑》廣言深言精言於天人之際，故分隸《二雅》。又，《衛風》錄《淇澳》。《風》、《二雅》具有詩，惟周、召、衛武矣。」

抑抑威儀，維《漢書》作「惟」。**德之隅。**虞韻。亦叶尤韻，魚侯翻。**人亦有言，靡**《淮南子》作「無」。**哲**陸德明本作「喆」，又云：「亦作『悊』。」**不愚。**虞韻。亦叶尤韻，魚侯翻。**庶人之愚，亦職維疾。**質韻。亦叶寘韻，秦二翻。**哲人之愚，亦維斯戾。**叶寘韻，力置翻。亦叶質韻，力質翻。〇賦也。「抑」，《說文》云：「按也。」自按抑也。詳見《賓之初筵》篇。「抑抑」者，抑而又抑也，與「揚揚」相反。威儀揚則放，抑則斂。抑而不揚，謙下之度也。《左傳》：「北宮〔註26〕文子云：『有威而可畏謂之威，有儀而可象

〔註25〕「瞽」，底本誤作「贊」，據四庫本、《國語》改。
〔註26〕「宮」，四庫本誤作「官」。

謂之儀。』」孔穎達云:「隅者,角也。」鄭玄云:「宮室之制,內有繩直則外
有廉隅。」王安石云:「德譬則宮城也,儀譬則隅也。觀其隅,則宮城之中可
知矣。有諸中,必形於外故也。」嚴粲云:「廉隅者,屋之外角,譬人之外有
威儀也。凡宮室,觀其外有廉隅,則知其在內之制必方正也。如人外有抑抑
然謹密之威儀,則知其在內之德性嚴正也。」張文潛云:「《老子》曰:『高者
抑之使卑。』《書》曰:『太王、王季,克自抑畏。』蓋裁其盛而使退,挹其滿
而使虧者,抑也;臨下而使物畏之者,威也;居上而使物象之者,儀也。威能
抑抑,則不至於剛暴。儀能抑抑,則不至於不遜。雖威儀外也,非不可以偽
作。使脩其威儀者,蓋使之勉其德而已,故曰惟德之隅。治室者不先治隅也,
使之治隅者,是使之治宮室而已。」愚按:全詩頭緒甚多,讀者茫然不能得其
要領。再四諷詠,始知意分四層。修德是第一層,其工夫全在謹獨七章,「不
愧屋漏」等語是也。能潛心脩德,則威儀自然敬慎,是第二層,此所謂「抑
抑」,後所謂「柔嘉」及「不僭不賊,溫溫恭人」等語是也。其威儀見於外者
如此,則聞善言必能虛心聽受,此第三層。二章言「遠猶辰告」、九章言「順
德之行」是也。所樂聞者善言,則小人變亂舊章之言無繇而入,而條教號令
必皆中理,此第四層。二章言「定命」、五章六章言「慎爾出話」、「惠于朋友
庶民」是也。反是而回遹其德,則不能敬其威儀,方且驚然自大,而反以教我
者為虐,於是忠值日退,諛佞日進,所出政令必皆與先王明刑相悖,而俾民
大棘矣。詩詞雖錯綜,而其條理明白如此。「人亦有言」,謂古人之遺言。「靡」、
「無」通。「哲」,《說文》云:「知也。」《書》云:「知之曰明哲。」孔云:「愚
者,癡也。」「靡哲不愚」,即《老子》所謂「良賈深藏若虛,君子盛德,容貌
若愚」者。《淮南子》云:「人能繇昭昭於冥冥,則幾於道矣。《詩》曰:『人亦
有言,無哲不愚。』此之謂也。」「職」,《爾雅》云:「主也,常也。」鄭云:
「眾人性無知,以愚為主,是其常也。」「疾」,《說文》云:「病也。」王云:
「庶人之愚,則天性之疾也。孔子曰:『民有三疾。』」「斯」者,語辭。亦訓
為此,蓋指愚而言也。「戾」,訓為「至」。「鳶飛戾天」、「魯侯戾止」皆同是
義。「亦維斯戾」者,言哲人之所以哲者,亦維其愚以自居,故能至於哲也。
徐光啟云:「此詩之作,以聽言修德為主。欲聽言修德,必先磨去一段矜許自
賢之心,使此中退然自下,若拙若訥,乃可。故曰:『虛以受害』;又曰:『滿
招損,謙受益。』此章全是發明此義,以為一篇提領。」「抑抑」,謙遜卑下之
貌。有此威儀,便想見他虛中受善之意,故曰「維德之隅」。此等人其中全無

織翳障塞，廓然空洞，澄然虛明，故又謂之「哲人」。「人亦有言」，無有哲人而不愚者，哲即德也。「愚」，即「抑抑威儀」也。惟哲故愚，惟愚益見其哲也。後四句又言愚有不同。庶人氣濁質闇，稟賦之偏，此真愚也。若哲人之愚，是其盛德容貌收斂退藏，乃所繇以至於道也。老子之若愚，顏子之如愚，烏得與庶人之愚同類而稱哉？第九章說脩德之事已畢，重宣此義。「溫溫恭人」即是「抑抑威儀」，「維德之基」即是「維德之隅」，「哲人順德」即是「靡哲不愚」，「其維愚人」即是「庶人之愚」，語意相應，脈絡粲然。一說：「抑抑威儀」為德之隅，此宜盡人知之，而「靡哲不愚」皆不能知也。庶人之愚，專坐此不知抑抑之病。哲人而愚，亦維於此抑抑處有乖戾耳。按：此說亦通。但第九章明以哲人、愚人對言，哲、愚相反，果其真愚，又何以稱哲人乎？故定主前說。○無競《呂覽》作「兢」。《五經文字》作「京」。維《呂覽》作「惟」。人，四方其順叶震韻，讀如孚，許刃翻。之。有覺《禮記》作「梏」。德行，四國順震韻。之。籲謨《釋文》云：「沈本作『漠』。」定命，遠猶《外傳》、《世說》、豐氏本俱作「猷」。辰告。叶職韻，訖得翻。敬慎《中論》作「爾」。威儀，維《左傳》、《中論》俱作「惟」。民之則。職韻。○賦也。「無」、「毋」通，戒辭也。「兢」，彊語也，訓教也。俱見《說文》。「無競維人」，是勸其虛受，即上章所謂「哲人之愚」者。言汝若不與人爭辨求勝，則四方之人皆將以言來訓誨乎女也。「覺」，《說文》云：「寤也。」歐陽脩云：「警動也。」按：朱子謂呼寐者而使之寤曰覺。「有覺德行」，言人君有德行足以醒動人心，人皆曉之也。「德」，即上章「維德之隅」之「德」。德不可見，自其行之著於威儀者而信其有德，謂之德行也。董仲舒引此《詩》而釋之云：「覺者，著也。王者有明著之德行於世，則四方莫不響應，風化善於彼矣。」「四國」，即四方之國。《左傳》云：「慈和遍服曰順。」歐陽云：「謂一日克己而天下歸仁也。」《韓詩外傳》云：「水淵深廣則龍魚生之，山林茂盛則禽獸歸之，禮義脩明則君子懷之。故禮及身而行修，禮及國而政明。能以禮扶身，則貴名自揚，天下願焉。令行禁止，而王者之事畢矣。《詩》曰：『有覺德行，四國順之。』夫此之謂也。」又云：「齊桓公見小臣，五往而得〔註27〕見也。天下諸侯聞之，謂桓公猶下布衣之士，而況國君乎！於是相率而朝，靡有不至。桓公之所以九合諸侯，一匡天下者，此也。《詩》曰：『有覺德行，四國順之。』」《禮記·緇衣》篇：「子曰：『上好仁，則下之為仁爭先人。故長民者章志，貞

〔註27〕「得」，《韓詩外傳》卷六同，四庫本誤作「德」。

教，尊仁，以子愛百姓，民致行己以說其上矣。《詩》云：有梏德行，四國順之。』《孝經》：「子曰：『昔者明王之以孝治天下也，不敢遺小國之臣，而況於公、侯、伯、子、男乎！故得萬國之歡心，以事其先王。治國者不敢侮於鰥寡，而況於士民乎！故得百姓之歡心，以事其先君。治家者不敢侮於臣妾，而況於妻子乎！故得人之歡心，以事其親。夫然，故生則親安之，祭則鬼享之，是以天下和平，災害不生，禍亂不作。故明王之以孝治天下如此。《詩》云：有覺德行，四國順之。』」按：以上數條引《詩》，意皆恍惚相近。又，毛《傳》訓「覺」為「直」，與《爾雅》「梏」、「較」等字同解，皆以音同通用，而未詳其義所出。《左·襄二十一年》：「范宣子囚叔向。樂王鮒見叔向，曰：『吾為子請。』叔向弗應，出不拜，其人皆咎叔向。叔向曰：『必祁大夫，外舉不棄讎，內舉不失親，其獨遺我乎？《詩》曰：有覺得行，四國順之。夫子覺者也。』」昭五年，「叔孫昭子朝其家眾，曰：『豎牛禍叔孫氏，殺適立庶，罪莫大焉。』豎牛懼，奔齊，殺諸塞關之外。仲尼曰：『叔孫昭子之不勞，不可能也。周任有言曰：為政者不賞私勞，不罰私怨。《詩》云：有覺德行，四國順之。』」按：《左傳》所引，「有」覺皆取訓「直」之義，但於詩意甚遠，不必從。「籲謨」二句承「無競」二句而言。「籲」即「實覃實籲」之「籲」，鄭以為「張口嗚呼」是也。「謨」，《說文》云：「議謨也。」徐鍇云：「汎議將定其謀曰謨。」「定」，朱子云：「審定不改易也。」「命」，政令也。第五章所謂「出話」者，指此。言嗟呼眾人，使各出其議論，以為酌定政令之地，絕無自廣以狹人之心，又不止於無競而已。「猶」，木獸名，其性多疑，故借為謀慮之義。曰「遠猶」者，呂祖謙云：「所謀不止於一身，而計天下之安危；不止於一時，而監百世之損益。長慮卻顧，思其所終，稽其所敝也。」「辰」，毛云：「時也。」按：《爾雅》以不辰為不時。「告」，當通作「誥」，《爾雅》云：「請也。」嚴云：「『入告爾後於內』之『告』。」言人君誠樂於求言，則凡有深遠之圖者得以時時入告。此即上文所謂「四方其訓」之者。《孟子》有言：「夫苟好善，則四海之內皆將輕千里而來告之以善。」正謂此也。《世說新語》云：「謝公因子弟集聚，問《毛詩》何句最佳。公曰：『籲謨定命，遠猶辰告。此句偏有雅人深致。』」「敬慎」二句，承上文「有覺」二句而言。「敬慎」者，有覺之本也。敬勝[註28]其怠，慎防其疏。必能「敬慎威儀」，然后德行之見於外者始於茲大著矣。「則」，鄭云：「法也。」「其儀不忒」，而後民法之。上

〔註28〕「勝」，四庫本作「慎」。

文所謂「四國順之」者，此也。匡衡云：「聖王之自為動靜周旋，奉天承親，臨朝享臣，物有節文，以章人倫。蓋欽翼祗栗，事天之容也；溫恭敬遜，承親之禮也；正恭嚴恪，臨眾之儀也；嘉惠和說，饗下之顏也。舉錯動作，物遵其儀，故形為仁義，動為法則。孔子曰：『德義可尊，容止可觀，進退可度。一臨其民，是以其民畏而愛之，則而象之。』《大雅》云：『敬慎威儀，維民之則。』」徐幹云：「夫法象立，所以為君子。法象者，莫先乎正容貌，慎威儀。是故先王之制禮也，為冕服采章以旌之，為佩玉鳴璜以聲之，欲其尊也，欲其莊也，焉可懈慢也？夫容貌者，人之符表也。符表正，故情性治。情性治，故仁義存。仁義存，故盛德著。盛德著，故可以為法象。斯謂之君子矣。《詩》云：『敬爾威儀，惟民之則。』若夫墮其威儀，恍其瞻視，忽其辭令，而望民之則我者，未之有也。莫之則者，則慢之者至矣。小人皆慢，而致怨乎人，患己之卑，而不知其所以然。哀哉！」《左‧襄三十一年》：「衛侯在楚，北宮文子見令尹圍之威儀，言於衛侯曰：『《詩》云：敬慎威儀，惟民之則。令尹無威儀，民無則焉。民所不則，以在民上，不可以終。』公曰：『善哉！何謂威儀？』對曰：『有威而可畏謂之威，有儀而可象謂之儀。君有君之威儀，其臣畏而愛之，則而象之，故能有其國家，令聞長世。臣有臣之威儀，其下畏而愛之，故能守其官職，保族宜家。順是以下皆如是，是以上下能相固也。』」○**其在于今**，叶庚韻，讀如京。**興迷亂于政。**叶庚韻，諸盈翻。**顛覆厥德，荒湛**先君諱。《漢書》作「沈」。《韓詩》作「愖」。**于酒。**叶筱韻，子小翻。**女**音汝。**雖湛樂**音雒。**從，弗念厥紹。**筱韻。**罔敷求先王，**陽韻。**克共**豐本作「恭」。**明刑。**叶陽韻，胡光翻。諸本祖毛、鄭，皆以「其在于今」至此為第三章。**肆皇天弗尚，**叶陽韻，辰羊翻。**如彼泉流，**《讀書記》、《大全》、朱《傳》、豐民本俱作「流泉」。**無淪胥以亡。**歐陽以「其在于今」至此為第三章，今從之。○賦也。「今」，朱子云：「武公自言己今日之所為也。」蓋使人箴儆，而為是切責之辭，非必真有是事，所謂諷王者，正在於此。「興迷亂于政」者，鄭云：「興，猶尊尚也。尊尚小人，迷亂于政事者。」一說：蘇轍云：「作起迷亂之人而任之以政也。」皆通。「顛」，通作「槙」，僕木也。「覆」，猶反也。己本有德而自壞之，謂之顛覆也。「興迷亂于政」則與「籲謨定命」反矣。「顛覆厥德」則與「敬慎威儀」反矣。「荒」，蕪。「湛」，沒也。俱見《說文》。初則荒蕪而不治，繼則沉沒而不還，均是縱情於酒，而亦有淺深。時必王有此事，又武公亦曾蹈此，觀《初筵》詩可見。「女」，朱子云：「武

公使人誦詩而命己之辭也。後凡言『爾』、言『女』、言『小子』者放此。」又云：「如幕中之辨，人反以女為叛；臺中之評，人反以女為傾等類，亦是自謂。古人此樣亦多。」「從」，隨也，謂與沉湎為樂之人相隨也。「念」，《說文》云：「常思也。」「紹」，《爾雅》云：「繼也。」朱子云：「謂所承之緒也。」「罔」，通作「亡」，與無同意。「敷」，《說文》云：「施也。」「求」，通作「逑」，《說文》云：「斂聚也。」先王之典章法度其猶存者，則不能施布之；其散逸者，則不能斂聚之。「共」，通作「恭」。「刑」，通作「刑」，法也。「明刑」，謂成法之昭垂者。王安石云：「弗念為人子孫當紹祖考，故罔敷求先王克共明刑。『克共』者，不敢慢之謂也。」愚按：「敷求」以事言，「克共」以心言。前空言「先王」，尚未知何所指，故以「明刑」實之。「肆」，承上起下之辭。《說文》以為「極陳也」。「皇」，《說文》云：「大也。」惟天為大，故曰皇天。「尚」，通作「上」，猶言崇重也。「弗尚」，朱子云：「厭棄之也。」言如上文所為，自絕於天，故不為天所崇尚，而喪亡之禍亦將及矣。「無」，通作「毋」。朱子云：「言無者，戒之，欲其不至是也。」「如彼泉流」者，輔廣云：「如泉流之不可止。」季本云：「其亡如流泉趨下之易。」《韓詩》云：「順流而風曰淪。」「胥」，《爾雅》云：「皆也。」《方言》云：「東齊謂皆曰胥。」歐陽云：「『淪胥以亡』者，君臣皆將滅亡矣。」郝敬云：「言當早堤防，無使淪沒相率以亡可也。」○**夙興夜寐**，真韻。**灑埽**《外傳》作「掃」。**庭**陸本、《讀詩記》、《大全》、朱《傳》、《詩緝》俱作「廷」。**內**，叶真韻，而瑞翻。**維民之章**。陽韻。**脩爾車**《潛夫論》作「輿」。**馬，弓矢戎**《潛夫論》作「戈」。**兵**，叶陽韻，逋旁翻。**用戒戎作**，《潛夫論》改「戎」作為「作則」。**用逷**《潛夫論》作「逖」。**蠻方**。陽韻。諸本皆以「肆皇天」至此為第四章，歐陽以「夙興」至此為第四章。**質**《鹽鐵論》作「詰」。《外傳》、《說苑》俱作「告」。**爾人民**，《說苑》、《鹽鐵論》俱作「民人」。**謹**《左傳》作「慎」。**爾侯度**。遇韻。**用戒不虞**，叶遇韻，元具翻。**慎爾出話。敬爾威儀**，叶歌韻，牛何翻。**無不柔嘉**。叶歌韻，居何翻。歐陽以「質爾人民」至此為第五章。○賦也。此章承上章，示以救亡之法。「夙興」六句是不泄邇、不忘遠之意。上文言「迷亂于政」，則事之大者且置不理，何況細行。故此言及寢興灑埽，舉細以該大也。近而易見者，且或遺忘，何有遠慮？故此言及修武備、逷蠻方，舉遠以該近也。「夙興夜寐」，是無逸之念，言須侵早而即起，夜分而後臥也。「灑」，滌。「埽」，棄也。俱見《說文》。孔云：「灑埽者，謂以水灑地而掃之。」「庭」，《說文》

云：「宮中也。」灑掃庭內，是慎微之念。此兩句正克勤之實，崇功廣業皆基於此。《韓詩外傳》云：「子路治蒲三年，孔子過之，入境而善之，曰：『繇恭敬以信矣。』入邑，曰：『善哉！繇忠信以寬矣。』至庭，曰：『善哉！繇明察以斷矣。』子貢執轡而問曰：『夫子未見繇，而三稱善，可得聞乎？』孔子曰：『入其境，田疇草萊甚闢，此恭敬以信，故民盡力。入其邑，墉屋甚尊，樹木甚茂，此忠信以寬，故民不偷。入其庭，甚閒，此明察以斷，故民不擾也。《詩》曰：夙興夜寐，灑埽庭內。』」「章」，通作「彰」，明著之義。「維民之章」承上二句，言民皆曉然知上之勤於政事也。「脩」，通作「修」，《說文》云：「飾也。」「戎兵」，孔云：「戈盾矛戟之類。」「戒」，《說文》云：「警也。」謂警備也。「遏」，毛云：「遠也。」《說文》無「遏」字，當通作「迓」。「蠻方」，鄭云：「蠻畿之外也。」孔云：「《周禮》九服，六服之內為中國，七服以外為夷狄。而第六者，《大行人》謂之要服，《職方氏》謂之蠻服，《大司馬》謂之蠻畿。此經有二義，『用戒戎作』為中國，則『用遏蠻方』為夷狄。且蠻方與彼蠻夷同，故知是蠻畿之外也。」按：《周禮·大司馬》職云：「蠻畿外方五百里曰夷畿。又其外方五百里曰鎮畿。又其外方五百里曰蕃畿。」孔云：「言當修治汝征伐之車馬及弓矢與戎兵之器用，以此戒備戎兵動作之處，當征伐之。又用此以驅遠蠻方之來內侵者，當逐令遠去，使不得來侵也。」李氏云：「當時沉荒於酒，貪目前之樂，而忘意外之變，故戒之如此。」以上兩段皆推開一步說。「質爾人民」以下，始就其本諸身者而言。「質」，猶證也。「據」，《說文》為以「物相贅」之義。徐鍇云：「質，實也。事疑虛，以人物實之也。」「人」，謂群臣。「民」，謂庶民。「質爾人民」，質證之人民，以驗其信從與否。下章言慎出話之事，則曰「惠于朋友庶民」；言敬威儀之事，則曰「不僭不賊，鮮不為則」是也。「侯度」，諸侯所以律身治國之常度。不越「出話」、「威儀」二者，但未說出耳。曰「謹」者，即下文言「慎」、言「敬」之謂。「戒」，備也。「虞」，本獸名。《爾雅》訓「虞」為「度」，未詳其義。疑即是「慮」字之誤，故音與度叶，而朱子亦訓「虞」為「慮」。虞字從虍而吳聲，故宜為獸名。慮字從思而虍聲，故宜為思慮。雖字形相似，而所從各別。又有訓「虞」為「樂」者，正當通作「娛」耳。「不虞」者，孔云：「非意所億度之事。」愚按：「謹侯度」正所以「戒不虞」，二句相聯說。「人民」皆我之人民，一旦離心，不為我用，是「不虞」也。若侯度克謹，自不至是。一說：「質爾人民」與《天》「保民之質矣」同意，「謹爾侯度」與《尚書》「明

乃服命」同意。亦通。《說苑》及《韓詩外傳》云:「古者必有命民,命民能敬長憐孤,取捨好讓,居事力者告於其君,然後君命得乘飾車駢馬。未得命者,不得乘。乘者皆有罰。故其民雖有餘財侈物,而無仁義功德則無所用。故其民皆興仁義而賤財利,賤財利則不爭,不爭則彊不陵弱,眾不暴寡,是唐、虞所以興象刑而民莫敢犯法,民莫犯法而亂斯止矣。」皆引此詩。《左・襄二十二年》:「鄭公孫黑肱有疾,歸邑於公,召室老、宗人立段,而使黜官、薄祭。盡歸其餘邑。曰:『吾聞之,生於亂世,貴而能貧,民無求焉,可以後亡。敬共事君與二三子。生在敬戒,不在富也。』君子曰:『善戒!《詩》曰:慎爾侯度,用戒不虞。鄭子張其有焉。』」以上皆從後說。「慎」,《說文》云:「謹也。」徐鍇云:「心真為慎,不鹵莽也。」「話」,《爾雅》、《說文》皆云:「善言也。」鄭云:「謂教令也。」「慎爾出話」,必如前章所云「遠猶」足以「定命」者,而後出之。「無不柔嘉」,單承「敬爾威儀」說,觀後章言「輯柔爾顏」、「俾臧俾嘉」,皆敬威儀之事。曰「無不」者,內自深宮,外至大庭,凡動容周旋之間,無不氣象從容,中規中矩也。「柔」,指氣象。「嘉」,則極致其讚美之辭。王應麟云:「古之君子,剛中而柔外。『仲山甫之德,柔嘉維則。』隨會『柔而不犯』。韓文公為《王仲舒銘》,曰:『氣銳而堅,又剛以嚴,哲人之常。與其友處,順若婦女,何德之光。』」愚按:「慎出話」從虛受中來,「敬威儀」從慎獨中來。《禮記・緇衣》篇:「子曰:『君子道人以言而禁人以行,故言必慮其所終而行必稽其所敝,則民謹於言而慎於行。《詩》云:慎爾出話,敬爾威儀。』」劉向《說苑》云:「夫樹曲木者,惡得直景?人君不直其行、不敬其言者,未有能保帝王之號,垂顯令之名者也。《易》曰:『夫君子居其室,出其言善,則千里之外應之,況其邇者乎!居其室,出其言不善,則千里之外違之,況其邇者乎!言出於身,加於民;行發乎邇,見乎遠。言行,君子之樞機。樞機之發,榮辱之主,君子之所以動天地,可不慎乎?』天地動而萬物變化。《詩》曰:慎爾出話,敬爾威儀,無不柔嘉。此之謂也。』」

○**白圭之玷**,《說文》、豐本俱作「刮」。下同。**尚可磨**叶歌韻,眉波翻。**也。斯言之玷,不可為**叶歌韻,吾何翻。**也。**諸本皆以「質爾人民」至此為第五章。**無易**音異。**由言,無曰苟矣。**《大全》云:「此二句不用韻。」豐氏《考補》云:「與第四句二『矣』字自為韻。」**莫捫朕舌**,屑韻。**言不可逝**叶屑韻,食列翻。**矣。**歐陽以「白圭」至此為第六章。**無言**《墨子》「言」下有「而」字。**不讎**,叶宥韻,承呪翻。《列女傳》作「醻」。《外傳》

作「酬」。**無德**《墨子》「德」下有「而」字。**不報**。叶宥韻，敷救翻。《漢書》引此句，下有「惟民之則」一句。**惠于朋友庶民**。句。叶陽韻，謨陽翻。**小子子孫繩繩**，蒸韻。《爾雅》作「憴憴」。《外傳》作「承承」。**萬民靡**陸云：「一本作『是』。」**不承**。蒸韻。亦叶陽韻，辰羊翻。諸本皆以「無易由言」至此為第六章。○賦也。此章言「慎爾出話」之事。「圭」，《說文》云：「瑞玉也。上圜下方。」按：王搢大圭，長三尺；執鎮圭，長尺有二寸。公執桓圭，九寸。侯執信圭，伯執躬圭，皆七寸。凡有土地者必有圭，故其字從重土。「玷」，本作「刮」，《說文》云：「缺也。」「磨」，謂以石磨之使平也。「斯」，鄭云：「此也。」孔云：「白玉為圭。圭有損缺，猶尚可磨鋁而平。若此政教言語之有缺失，則遂往而不可改。為王者，安危在於出令，故特宜慎之。」愚按：詩人以白圭為喻，原非汎論。圭乃國之守器，雖玷尚可磨，猶未至於失國也。若條教號令，一失其當，則必有危亡之禍，不可解救。夫有天下國家者，而一出言，所繫其重若此。等而下之，士庶人不能慎言，則必至於亡其身矣。此南容一日三復白圭，獨居思仁，公言必於仁義。孔子謂其「邦有道不廢，邦無道免於刑戮」，而以其兄之子妻之也。劉向《說苑》云：「口者，關也。舌者，機也。出言不當，四馬不能追也。口者，關也。舌者，兵也。出言不當，反自傷也。故蒯子羽曰：『言猶射也。栝既離弦，雖有所悔，不可從而追已。』」因引此詩。《左‧僖九年》：「晉獻公疾，召荀息曰：『以是藐諸孤，辱在大夫，其若之何？』稽首而對曰：『臣竭其股肱之力，加之以忠貞。其濟，君之靈也。不濟，則以死繼之。』及里克殺奚齊及公子卓，荀息死之。君子曰：『《詩》所謂白圭之玷，尚可磨也。斯言之玷，不可為也。荀息有焉。』」「無易由言」四句，戒之也。「無」，通作「毋」，禁止辭。「易」，通作「傷」，《說文》云：「輕也。」任意而言曰由言。嚴云：「由言者，自由之言，所謂『惟其言而莫予違』〔註29〕也。」「無曰苟矣，莫捫朕舌」二句相聯說。「苟」，《說文》訓「艸」，古義又相傳訓「且」者，取龐亂之意，猶云艸艸也。「捫」，《說文》云：「撫持也。」「朕」，《說文》云：「我也。」蔡邕云：「古者上下共稱。咎繇與帝舜言，稱朕。伊尹曰：『惟朕以懌。』周公曰：『朕復子明辟。』屈原曰：『朕皇考。』至秦始皇二十六年，始尊為天子之自稱。漢因之不改。」按：朕之訓我，其解難明。字左從舟，於義甚遠。吳氏謂從身不從舟，宜若可信。右施斧，上火下升，其字《說文》不載；音義俱

〔註29〕《韓非子‧難一》：「惟其言而莫之違。」

無傳。余再四尋繹，忽憶秦趙高謂二世曰：「天子不宜親近卑賤之人，但示之朕兆而已。」《索隱》為之解曰：「才有朕兆，不見其形也。」以此義推測，知朕乃至小之稱。因悟灷字從火又從廾之說，廾音拱，人竦兩手也。火，至熱之物，而人敢以兩手拱之，此必火之至小者，其音似當與朕同。古人自稱曰朕，蓋謙居渺末之辭，猶曰寡人、曰小子云耳。非趙高言，幾不識朕字本義，誰謂六書不可以意通哉？「逝」，去也。鄭云：「女無輕易於教令，無曰苟且如是，今人無持我舌者，而自聽恣也。教令一往，行於下，其過誤可得而已之乎？」孔云：「往則不可復改，故時須慎之。」「讎」，《爾雅》云：「匹也。」《說文》云：「猶應〔註30〕也。」從言又從雔。雙鳥為雔，匹之義也。孔云：「匹敵相報也。」愚按：《易》云：「出其言善，則千里之外應之。」《大學》云：「言悖而出者，亦悖而入。」善悖之報，皆如其所施，非相匹而何？「德」，指言之根乎德者，即下文所謂「惠」是也。「無言不讎」，兼善惡而汎論之。「無德不報」，則專指言之善者。「惠于朋友庶民」三句，正承此一句而言。前用戒，此下則用勸也。「惠」，鄭云：「順也。」「朋友」，謂群臣，與《假樂》篇義同。有德之言，據理而發，自然順於人心，故不獨同朝之群臣皆以為然，轉屬而下，至於庶民，亦莫不以為然也。「小子」，武公自謂也。使人誦於己側，為命己之辭，謙卑之至也。小子之子孫，謂繼世而為君者。「繩」，《說文》云：「索也。」「繩繩」，嚴云：「如繩之牽連不絕。」「萬民」，即上文之「庶民」。「承」，《說文》云：「奉也，受也。」「小子子孫繩繩」者，謂其善言可以為後世無窮之法則。「萬民靡不承」，謂言出而人無不尊奉之，正上文所謂「無德不報」也。君者出令，臣者行君之令而致之民，故「靡不承」。但以庶民言，而不及朋友焉。〇視豐本作「眡」。**爾友君子，輯柔爾顏**，叶真韻，魚巾翻。亦叶先韻，倪堅翻。**不遐有愆**。先韻。亦叶真韻，乞鄰翻。歐陽以「無言」至此為第七章。**相**去聲。**在爾室，尚不愧**陸本作「媿」。**于屋漏**。宥韻。**無曰不顯，莫予云覯**。宥韻。**神之格**陌韻。亦叶藥韻，葛鶴翻。**思，不可度**叶陌韻，直格翻。亦叶藥韻，達各翻。**思。矧可射**叶陌韻，夷益翻。亦叶藥韻，弋灼翻。**思**，諸本以「視爾」至此為第七章。歐陽以「相在」至此為第八章。**辟爾為德。俾臧俾嘉**，叶歌韻。見四章。**淑慎爾止。不愆**《禮記》作「諐」。**于儀**，叶歌韻，見四章。**不僭不賊**，職韻。**鮮不為則**。職韻。歐陽以「辟爾」至此為第九章。〇賦也。此章言「敬爾威

〔註30〕「應」，《說文解字》作「𤻭」。

儀」之事。「視」，猶云：「交接也。」「友」，即上章「朋友」。「爾友君子」，謂爾所友之君子，指士大夫也。「輯」，《說文》以為「車和輯也」，調和之意。「柔」，與第四章「柔嘉」義同，謙卑之意。「顏」，《說文》云：「眉目之間也。」「不遐有愆」，問辭也。「不遐」，言近也。「愆」，《說文》云：「過也。」主威儀言。不敬則愆矣。言爾當交接諸君子之時，必和柔其顏色，以質證於君子曰：吾之舉動，得無有未遠於過差者乎？然威儀之所以敬，全本於心，故下文又以謹獨之事言之，正「抑抑」之所從出，非徒簡束其外已也。「相」，省視也。「尚」，庶幾也。「愧」，慚也。俱見《說文》。《爾雅》云：「西北隅謂之屋漏。」李氏云：「《曾子問》謂之當室之白。孫炎云：『當室之白，日光所漏入也。』」舍人云：「古者徹屋西北，隅以炊浴沒者，訖而復之，故謂之屋漏。」言爾自視獨居在室之時，雖未與君子相接，其敬與否，人不得而知之。然室有屋漏，光斯入焉，庶幾求不愧之可也。《中庸》云：「君子之所不可及者，其惟人之所不見乎？」因引此詩，而足之曰：「故君子不動而敬，不言而信。」薛應旂云：「屋漏非身之所處，乃心之所存。心曲隱微之中，自家照自家，慚阻略無所容，如何可愧？」下文特把神明來形容不可愧之意，非是為鬼神而求其不愧也。「無」，通作「毋」。「無曰」者，戒辭也。「不顯莫予云覯」，六字相貫。「覯」，《說文》云：「遇見也。」「格」，通作「假」，《說文》云：「至也。」「度」，猶量也。「矧」，《說文》云：「況也。」從矢從引，取詞之所之如矢也。「射」，通作「斁」，《說文》云：「解也。」三「思」皆語辭。爾無以屋漏為不顯之地而人莫我見也。當室之白，則非不顯矣。且人縱不見，而神則無不體。神之往來，不可測度。不顯亦臨，何如可畏，況可自解散其精神而不敬乎！謝枋得云：「《莊子》曰：『為不善於顯明之中者，人得而非之；為不善於幽暗之中者，鬼神得而責之。』君子無人非，無鬼責，亦此意也。」真德秀云：「人之常情，祗敬於群居者易。淵蜎蠖伏之地，無法家拂士之在側，有近習褻御之旁環，而能凜然自持、不愧屋漏者，雖明主猶或難之。故武公自謂無曰此非顯明之地而莫予見也，當知鬼神之妙，無物不體，可有厭斁之意乎？子思作《中庸》，推明其說曰：『微之顯，誠之不可掩也。』嗚呼！武公其聖賢之徒與？」「辟爾為德」以下，復舉「敬威儀」之效驗，以勸勉之，與上章「惠于朋友庶民」三句對看。「辟」，《說文》云：「法也。」法爾為德，於威儀上徵之。威儀，其可見者。德，其不可見者。觀其威儀，則可以知其德矣。首章所云「德隅」，次章所云「德行」，意正如此。「俾」，使。「臧」，善。「嘉」，美也。

言臧又言嘉，猶云盡善盡美也。下文「淑慎」二句，正所以使之臧嘉者。「淑」，通作「俶」，《說文》云：「善也。」「止」者，心之所止，與《虞書》「安汝止」、《商書》「欽厥止」同義。善其所止，澄然粹白，無妄念之參；謹其所止，戁然惺存，無一刻之懈。此申上「相在爾室」七句而言，乃「不愧于儀」之本領處。武公之學至是，亦可謂深矣。「不愧」，以工夫言，不使其有愧也。捨威言儀者，凡動容可象者皆謂之儀，威亦儀也，觀古人以《經禮》為禮儀，以《曲禮》為威儀可見。又，《禮記·緇衣》篇：「子曰：『王言如絲，其出如綸。王言如綸，其出如綍。故大人不倡游言。可言也，不可行，君子弗言也。可行也，不可言，君子弗行也。則民言不危行而行不危言矣。《詩》云：淑慎爾止，不愧于儀。』」按：此似與詩意相遠。「僭」，《說文》云：「假也。」毛云：「差也。」愚按：有所假借，則失其當然之則而至於差矣。二義俱通。「賊」，朱子云：「害也。」「鮮」，通作「尠」，《說文》云：「少也。」「則」，法也。季本云：「僭則有愧而害德，不足以為民則矣。」此申前章「敬慎威儀，維民之則」意。又，《左·僖九年》：「公孫枝曰：『維則定國。《詩》曰：不識不知，順帝之則。文王之謂也。』又曰：『不僭不賊，鮮不為則。』無好無惡，不忌不克之謂也。」昭元年，「會於虢，趙文子曰：『武將信以為本，循而行之。譬如農夫，是穮是蓘，雖有飢饉，必有豐年。且吾聞之，能信不為人下。吾未能也。《詩》曰：不僭不賊，鮮不為則。信也。能為人則者，不為人下矣。』」《荀子》云：「仁者必敬人，敬人有道。賢者則貴而敬之，不肖者則疏而敬之。其敬一也，其情二也。若夫忠信端愨，而不害傷，則無接而不然，是仁人之質也。忠信以為質，端愨以為統，禮義以為文，倫類以為理。喘而言，臑而動，而一可以為法則。《詩》曰：『不僭不賊，鮮不為則。』此之謂也。」以上皆借辭立義，非詩本旨。○**投我以桃，報之以李。**紙韻。**彼童而角，實虹小子。**紙韻。諸本以「辟爾」至此為第八章。**荏染柔木，言緡之絲。**支韻。**溫溫恭**陸本作「共」。**人，維德之基。**支韻。歐陽以「投我」至此為第十章。**其維哲人，**叶先韻，知延翻。**告之話**《說文》作「詁」。**言，順德之行。**叶先韻，胡千翻。**其維愚人，覆謂我僭，**叶侵韻，千尋翻。《晁補之集》作「譖」。**民各有心。**侵韻。諸本以「荏染」至此為第九章。歐陽以「其維哲人」至此為第十一章。○比而賦也。此下皆教之以聽言也。凡人有投我以桃者，我必報之以李，感其善意故也。今人有進美言於我者，而我顧不思所以報之乎？夫至聞言思報，則其欣然嘉納，絕無捍格可知矣。舊說以

為承上文「鮮不為則」，而喻上感下應之理。果爾，則當云「投之以桃，報我以李」，不宜云「投我」報之也。「彼童而角」，指當時少年用事者，即第三章所稱「迷亂于政」之人也。「童」，通作「僮」。按：《說文》：「童，奴也」；「僮，幼也。」今文僮幼字作童，童僕字作僮，相承失也。下文以「而角」為言，則此童乃指畜類之幼者。猶《易》言「童牛」、《詩》言「童羖」也。「角」者，堅剛之物，故《易》云「姤其角」。新進少年，見事風生，不知遠猷之所在，不念明刑之當遵，但逞其意見，恣為議論，如戴角之牛羊，遇物無所不牴觸也。然天下無童牛羊而有角者。曰「童而角」，則更可異矣，甚怪而賤之之辭也。「虹」，毛云：「潰也。」嚴云：「謂幻惑也。如螮蝀，不正之氣。暫見於天，須臾散滅也。」「小子」，指武公也。孔云：「言而角以潰小子，則是專恣之人能亂朝政者也。」愚按：武公自責，而亦以諷王，意正在此。《書》曰：「聽德維聰。」惟主聽不聰，則僉小之言皆得起而潰亂之，而於忠直之言鮮不以為逆耳而見擯者。故下文又反覆以虛懷聽納之理告之。「荏染」，陸元朗云：「柔意。」解見《巧言》篇。「柔木」，鄭云：「柔忍之木。」「緡」，《爾雅》云：「綸也。」孔云：「綸則繩之別名。『言緡之絲』，正謂以絲為繩，被之於木。有荏染然柔忍之木，是維可以為弓之幹。我乃緡被之以絲，則有弦而成弓。」〔註31〕按：《考工記》：「弓人為弓，取幹之道七。柘為上，檍次之，檿桑次之，橘次之，木瓜次之，荊次之，竹為下。」自柘至荊，皆所謂「柔木」也。「溫」者，和柔之意，以氣象言。「恭」者，謙下之意，以存心言。俱與下章「盈」字相反。「基」，《說文》云：「牆始也。」此以柔和之木乃弓之材，比溫恭之人乃德之基。溫恭之所以基德者，正謂其能容受善言，故其德日進於高大，特此尚未說出耳。輔廣云：「人纔溫柔，則便是消磨了。那客氣消磨得客氣，則其德方可進。故明道謂義理與客氣常相勝，只重消長分數，為君子、小人之別，消盡者為大賢。而橫渠亦言學者先須去其客氣，惟溫柔則可以進學。」蔣悌生云：「人謙卑巽順，納諫受言，則過而能改。善言日聞，而可以為進德之基。苟或剛愎自用，則善言不聞，過不能改，而終無以入德矣。」《表記》篇：「子曰：『恭近禮，儉近仁，信近情，敬讓以行此，雖有過，其不甚矣。夫恭寡過，情可信，儉易容也。以此失之者，不亦鮮乎！《詩》云：溫溫恭人，維德之基。』」《荀子》云：「君子寬而不慢，廉而不劌，辨而不爭，察而不激，寡立而不勝，堅彊而不暴，柔遠而不流，恭敬謹慎而容，夫是之謂至文。《詩》

〔註31〕按：「有荏染然柔忍之木」云云，孔《疏》原在「綸則繩之別名」云云之前。

曰：『溫溫恭人，維德之基。此之謂也。』」又云：「君子恥不修，不恥見污；恥不信，不恥不見。信率道而行，端然正己，不為物傾側，夫是之謂誠君子。《詩》云：『溫溫恭人，維德之基。』此之謂也。」「哲人」、「愚人」與首章相應。陸化熙云：「明緣虛生，恭人即哲人也。」「話」，《爾雅》、《說文》皆云：「善言也。」「順德」，指「話言」說。「德」者，人心同得之理。言之善者，必與德相合。哲人於人所告之話言，知其順乎德，即從而行之，無留難也。劉向《新序》云：「葉公諸梁問樂王鮒曰：『晉大夫趙文子為人何若？』對曰：『好學而受規諫。』葉公曰：『疑未盡之矣。』對曰：『好學，智也。受規諫，仁也。江出汶山，其源若甕口。至楚國，其廣十里。無他故，其下流多也。人而好學受規諫，宜哉其立也！《詩》曰：其惟哲人，告之話言，順德之行。此之謂也。』」《左・襄二年》：「齊姜薨。初，穆姜使擇美檟，以自為襯與頌琴。季文子取以葬君。子曰：『非禮也。禮無所逆。婦，養姑者也。虧姑以成婦，逆莫大焉。《詩》曰：其惟哲人，告之話言，順德之行。季氏於是為不哲矣。』」杜預云：「言智者行事無不順。」按：觀此足以識「順德」二字之義。「覆」，鄭云：「猶反也。」「僭」，義見前。「其維愚人」，有如我告以順德之言，彼必反以為假設之辭，謂非實有此理也。「民各有心」，專承愚人說，而致其慨歎之意。言人之度量相越，如哲人之心以善言為當受，而愚人則不然，其心之不同有如此者。泛就民說，似推開一步，而諷動之意愈深。後章放此。陸云：「順行之，哲人所以有哲人之隅。謂僭之愚人，所以成愚人之疾。」〇於音烏。後同。乎音呼。後同。**小子**，紙韻。**未知臧否。**叶紙韻，補美翻。**匪手攜之，言示之事。**叶紙韻，鋤裏翻。**匪面命之，言提其耳。**紙韻。借《漢書》作「藉」。**曰未知，亦既抱子。**見上。**民之靡盈，**庚韻。**誰夙知而莫**音慕。陸本作「暮」。**成？**庚韻。諸本以此章為第十章。歐陽以為第十二章。〇賦也。「於」，烏烏也。「乎」，通作「呼」。「於乎」，歎聲，如鳥之籲呼也。此章蓋追其昔日而責之。若曰女之不昔受言，自少時而已然矣。未知臧否，猶俗人言不識好醜。指其年幼未有知識之時也。「手攜」四語，皆昔日事。「匪」，通作「非」，言不但也。「攜」，《說文》云：「提也。」鄭云：「挈也。」「提」本訓「挈」。焦竑云：「此提當音抵，言附耳以教之也。《禮・少儀》：『牛羊之肺，離而不提心。』《史記》：『薄后以冒絮提文帝。』《漢書》：『景帝以博局提殺吳太子。』楊雄《酒箴》：『身提黃泉。』皆作抵音。若平聲讀，當作揪扯之義，不如前說為雅。」鄒忠胤云：「此解甚精，且於『匪面命

意關切。」《淮南子》有云:「握火提人,反先之熱。」亦是義也。嚴云:「《曲禮》云:『長者與之提攜,則兩手奉長者之手,負劍辟咡詔之。』《注》謂『傾頭與語』。又云:『口耳之間曰咡。』是攜手提耳皆長者教誥小子之常也。」手攜既指點其大槩矣,又嫌其疏略,且隨事而為之指示。面命既啟迪之無餘矣,又慮其忽忘,且附耳而加之徹惺。我之所以誨爾者,一日如是,日日亦如是,可謂勤矣。假設爾猶曰未有所知,則韶華不待,爾亦既忽然抱子為人父矣。斯時年已長大,非復未知臧否之時也,而顧猶然懵懵耶?「靡」之言「無」也。「盈」,滿。「夙」,早也。「莫」,毛云:「晚也。」「成」,《說文》云:「就也。」凡汝所以懵懵如斯者,坐緣盈滿為累,以中堅成外拒,不能受人言耳。假使凡民而皆能除去盈滿之念,虛懷聽納,則其早歲必有所知,以成就其德,豈俟晚年而後成就耶?知與成相因。惟夙之不知,則不能無待於晚成矣。吾之所懊恨於爾之昔日者如此。陸燧云:「知則必成,夙知則必夙成。聽言始能夙知,不聽言必滿之為害耳。」民泛言是論,從來道理如此。○**昊天孔昭**,叶嘯韻,三笑翻。亦叶藥韻,元若翻。**我生靡樂。**叶嘯韻,力炤翻。亦叶藥韻,歷各翻。**視**豐本作「眎」。**爾夢夢,我心慘慘。**叶藥韻,七各翻。《大全》云:「當作『懆』。」《五經文字》、豐本俱作「懆懆」。**誨爾諄諄**,《禮記注》作「忳忳」。《爾雅》、陸本俱作「訰訰」。**聽我**《中論》作「之」。**藐藐。**叶效韻,眉教翻。**匪用為教**,效韻。**覆用為虐。**藥韻。**借曰未知,亦聿既耄。**叶藥韻,慕各翻。諸本以此章為第十一章。歐陽以為第十三章。○賦也。上章以晚成為言,則當其抱子之時,雖曰未知,猶冀其末路有知之日。及今年已老大,而其未知者猶故也,故此章特據今日之所見者而切責之。「昊天孔昭」,遙應前「皇天非尚」言。元氣皓旰,謂之「昊天」。天道虧盈益謙,其理甚明,故曰「孔昭」。「我生靡樂」,託為誦詩者自警之語,謂我生無日非恐得罪於天之日,不見有可逸樂也。凡人忽於修德者,其病只在樂之一字,故言此以深惕之。亦與前「樂從」句相應。「夢」,猶今人言醉生夢死者。「視爾夢夢」,即前所稱「顛覆厥德」一段,正與「靡樂」相反。夫然,故「我心慘慘」然為之憂也。「慘」,當作「懆」。慘訓毒,懆訓愁,二義相近。特作「懆」則於韻為叶耳。「誨」,《說文》云:「曉教也。」「諄」,《說文》云:「曉教之熟也。」「誨爾諄諄」,從「我心慘慘」來,惟憂之深,故誨之切。通以上所言者皆是。「藐」,通作「邈」,《說文》云:「遠也。」「聽我藐藐」,於我所言汎汎置之,不相關切也。「匪」,通作「非」。「虐」,猶苦也。不以我之諄諄為意,

欲曉教之，反以我言太多，為將欲煩苦之也。「聿」，通作「欥」，《說文》云：「詮辭也。」《曲禮》云：「八十九十曰耄。」「借曰」，爾此時尚猶然未知臧否如前，則年亦已踰耄矣，將待何時而後能知乎？然則向所冀晚成者，竟終於無成已耶！左史謂衛武公作詩自警，在年九十有五之時，於「既耄」句可見。

○於乎小子，告爾舊止。紙韻。豐本作「只」。聽用我謀，庶無大悔。叶紙韻，虎洧翻。天方艱豐本作「囏」。難，曰《韓詩》作「聿」。喪去聲。厥國。職韻。取譬《列女傳》作「闢」。不遠，昊天不忒。職韻。回遹其德，俾民大棘。職韻。諸本以此章為第十二章。歐陽以為第十四章。○賦也。「舊」，久也。言我之告爾非一日也。「止」，語辭。「我謀」，即前所言者。勸脩德，正所以計保國也。「大悔」，指喪國言。此厥不聽，將有敗亡之禍。彼時悔之，亦無及矣。曰「庶無」者，望之也。「方」者，近今之辭。天步近方艱難，亦既有喪國之禍矣，指幽王驪山之事也。「譬」，《說文》云：「喻也。」徐云：「猶匹也。」匹而論之也。「取譬」，即前喪國之譬。其事甚近，言無多日，欲其以幽王為戒也。愚指此詩謂兼諷平王者，於此可見。「忒」，《說文》云：「更也。」毛云：「變也。」天道終古不變，有德者興，無德者亡也。此亦與「孔昭」句相應。但「孔昭」以理言，「不忒」以傚言。「回」，轉也。「遹」，迴避也。俱見《說文》。回轉而避於正道，即是自盈滿，不聽用我謀，不修政令，不謹威儀，而迷亂顛覆意。「棘」，通作「䩄」，《說文》云：「急也」，字「從革亟聲」。徐云：「束物之急，莫若革。」「大棘」，鄭云：「大困急也。」以不修德之故，而使民至於大困急，則國之喪亡無日矣。總是反覆望其聽言之意。黃佐云：「是詩也，雖古聖賢之簡〔註32〕身亦不過是，而衛武公乃能身體而力行之，至使人直呼為小子，而無一毫自恃自高之意，其亦有得於切磋琢〔註33〕磨之力而然與？」鄧云：「篇中精言類《皋謨》，質言類《說命》，深言為《學》、《庸》源，乃諄怛似周文公書金錫圭璧，故君子兢兢，三復終身焉。」

《抑》《國語》作《懿》。《子貢傳》、《申培說》俱作《懿戒》。十章，二章章八句，三章章十句，一章章十一句，二章章十三句，一章章十四句，一章章十六句。諸本皆作十二章，三章章八句，九章章十句。歐陽脩云：「舊分斷章句皆失其本，既害詩義，不可以不正也。詩句無長短之限，

〔註32〕「簡」，四庫本作「檢」。
〔註33〕「琢」，底本誤作「啄」，據四庫本改。

短或一二言，長至八九言，取其意足矣。分為十四章，四章章六句，一章章七句，四章章八句，一章章九句，三章章十句，一章章十一句。」今皆不從。○《序》云：「衛武公刺厲王，亦以自儆也。」朱子云：「此詩之序有得有失。蓋其本例以為非美非刺，則詩無所為而作，又見此詩之次適出於宣王之前，故直以為刺厲王之詩。又以《國語》有左史之言，故又以為亦以自儆。以詩考之，則其曰刺厲王者失之，而曰自警者得之也。夫曰刺厲王之所以為失者，《史記》武公即位於宣王之三十六年，不與厲王同時，一也；《詩》以『小子』目其君而『爾』、『汝』之，無人臣之禮，與其所謂『敬威儀』、『慎出話』者自相背戾，二也；厲王無道，貪虐為甚，詩不以此箴其膏盲，而徒以威儀詞令為諄切之戒，緩急失宜，三也；詩詞倨慢，雖仁厚之君有所不能容者，厲王之暴，何以堪之，四也；或以《史記》之年不合，而以為追刺者，則詩所謂『聽用我謀，庶無大悔』，非所以望於既往之人，五也。曰自警之所以為得者，《國語》左史之言，一也；《詩》曰『謹爾侯度』，二也；又曰『曰喪厥國』，三也；又曰『亦聿既耄』，四也；詩意所指，與《淇澳》所美、《賓筵》所悔相表裏，五也。二說之得失，其佐驗明白如此。必去其失而取其得，然後此詩之義明。」歐陽云：「鄭於《蕩》，謂『召穆公畏王監謗，不敢斥言王，而遠引殷商』；於《抑》，則以『小子皆為斥王』。何前後之不類也？召穆衛、武皆厲王時人，不宜相戾如此。臣斥其君為小子，義亦難安也。今遍考《詩》、《書》，稱小子者多矣，皆王自稱為謙損自卑之言也，未見臣呼其君為小子者也。《書》曰『小子封』、『小子胡』，君命其臣可也。周公呼成王為孺子者，成王幼，周公屬親而尊，其語或然。其曰『公將不利於孺子』者，蓋言成王之幼，疑周公害之，猶言孤兒耳。理亦通也。衛武公於厲王，非如周公之尊親。而厲為暴虐之長，王斥以小子而乳臭待之，理必不然。況考詩義，亦非也。」嚴云：「或又以為武公老作此詩，故呼其同僚為小子。武公學問深粹，謙抑自處，年九十有五，猶求益於其國之臣。若哆然以老成自處，而呼王朝同僚為小子，不似武公之氣象也。」愚按：武公為諸侯，實在宣、幽、平三王之世。是詩既非所以刺宣，而篇中有「既耄」之語，計其年歲亦非當幽之時。況武公入為王卿士乃在東遷之後，則是詩為平王而作無可疑者。其惓惓忠君之意，欲顯語之不能，故託之自儆耳。篇末言曰「喪厥國」，正指驪山往事而言。國乃天下之通稱，朱但以為侯國，而引此語為自警之證，亦非也。或引《左・襄》四年魯人之歌云「我君小子」，然彼稱幼君為小子，乃私刺之辭。而又有引《天保》、《卷阿》

之詩，謂古人亦爾其君，則美惡原不同文。在彼為親，而在此為賤。據斯為解，其迂甚矣。《申培說》謂「衛武公自警，兼訓國人」。「訓國人」之說，尤為無謂。《子貢傳》但存「衛武」二字，而其餘闕文。

淇奧

《淇奧》，衛人美武公之德也。出朱《傳》。○《申培說》以為「美衛武公之詩」。《子貢傳》云：「武公好學明德，國人美之。」徐幹《中論》云：「昔衛武公年過九十，猶夙夜不怠，思聞訓道，命其群臣曰：『無謂我老耄而捨我，必朝夕交戒。』又作《抑》詩以自儆也。衛人誦其德，為賦《淇澳》。」《序》云：「《淇奧》，美武公之德也。有文章，又能聽其規諫，以禮自防，故能入相於周，美而作是詩也。」數說皆相為出入。《孔叢子》載孔子曰：「於《淇澳》見學之可以為君子也。」

瞻彼淇奧，《大學》、《孔叢子》、《子貢傳》皆作「澳」。綠《爾雅》、《大學》、陸璣《疏》、豐氏本俱作「菉」。竹《韓詩》、《石經》、豐本俱作「薄」。下同。猗猗。叶歌韻，於何翻。陸璣《疏》作「漪漪」。有匪《大學》、《釋文》、豐本俱作「斐」。下同。《韓詩》作「邲」，云：「美貌。」君子，如切豐本作「屑」。如磋，歌韻。豐本作「瑳」。如琢如磨。叶歌韻，眉波翻。《釋文》作「摩」。豐本作「礳」。瑟豐本作「僁」。兮僴兮，赫兮咺阮韻。亦叶元韻，許元翻。《大學》、《列女傳》俱作「喧」。《韓詩》作「宣」。《說文》作「愃」。兮。有匪《列女傳》作「斐」。君子，終不可諼元韻。亦叶阮韻，兄晚翻。《大學》、《列女傳》、豐本作「諠」。兮〔註34〕。興也。「淇」，衛水也。解見《泉水》篇。「奧」，通作「澳」，《說文》云：「隈崖也。其內曰澳，其外曰隈。」《爾雅》作「隩」。李巡云「厓內近水為隩」是也。又，《草木疏》云：「奧亦水名。」《水經注》云：「美溝水東南注淇水。」《博物志》謂之奧水流入於淇。並存之。「綠」，色也。「竹」，艸屬。戴凱之云：「謂竹是艸，不應稱竹。竹是一族之總名，一形之偏稱也。植物之中有艸、木、竹，猶動品之中有魚、鳥、獸也。」又云：「根深耐寒，茂被淇苑。」班彪《志》云：「淇園，衛地。殷紂竹箭園也。」《漢志》：「武帝塞瓠子決河，薪柴少，乃下淇園之竹以為楗。」又，《寇恂傳》：「伐淇園之竹，為矢百餘萬。」則淇上多竹，在漢世猶然矣。《詩

〔註34〕「兮」，底本誤作「分」，據四庫本改。

故》云：「河朔無竹，淇澳獨產，興武公特稟異氣而生也。」又，陸璣云：「綠竹，一艸名，其莖葉似竹，青綠色，高五六尺。今淇澳傍生此，人謂此為綠竹。」未知是否。「猗」，通作「倚」。季本云：「猗與依同，倚也。互相依倚，則不摧折，而得以成其美。以興工夫之夾持也。」「匪」、「斐」通。《考工記》曰：「且其匪色，必似鳴矣。」「匪」者，有文章之謂也。「君子」，指武公。「切」，《說文》云：「刌也。」「磋」，《廣韻》云：「磨治象牙也。」按：《說文》無「磋」字，當通作「鹺」。鹺者，齒不齊之名。蓋以器之有齒者磨之使光。朱子謂「磋以鑢蕩」是也。「琢」者，治玉器，加功而成之名。「磨」，治石也。按：《爾雅》云：「象謂之鵠，角謂之觷，犀謂之剒，木〔註35〕謂之劇，玉謂之雕，金謂之鏤，木謂之刻，骨謂之切，象謂之磋，玉〔註36〕謂之琢，石謂之磨。」象言鵠、又言磋，玉言雕、又言琢者，《爾雅疏》云：「鵠、觷、剒、劇、雕，皆物未成而治其樸也。鏤、刻、切、磋、琢、磨，皆物之已成而復治之也。」朱子謂「治骨角者，既切復磋；治玉石者，既琢復磨」。似無據。郭璞云：「骨角須切磋而為器，人須學問以成德。」玉石之被琢磨，猶人自修飾也。又，《荀子》云：「人之於文學也，猶玉之於琢磨也。《詩》曰：『如切如磋，如琢如磨。』謂學問也。和之璧，井裏之厥也。玉人琢之，為天子寶。」愚按：武公之學脩，如楚倚相所云：「在輿有旅賁之規，位宁有官師之典，倚几有誦訓之諫，居處有贅〔註37〕御之箴，臨事有瞽史之道，宴居有師工之誦」，皆切磋琢磨之實。此就成德後敘述，故以四「如」言，亦狀其「有匪」之象如此耳。《論語》：「子貢曰：『貧而無諂，富而無驕，何如？』子曰：『可也。未若貧而樂，富而好禮者也。』子貢曰：『《詩》云：如切如磋，如琢如磨。其斯之謂與？』子曰：『賜也，始可與言《詩》已矣。告諸往而知來者。』」蓋「樂」與「好禮」原非二事，惟有切磋琢磨之工夫者，則皆能之。觀武公之「充耳」、「會弁」，是其「好禮」也；「寬綽」、「戲謔」，是其「樂」也。豈徒藉此以馭貧富哉？此孔子所謂「知來者」也。「瑟」，縝密也。按：瑟二十五弦，其弦甚密，故訓「瑟」為「密」。「僩」，《說文》云：「武貌。」按：「《荀子》：『陋者俄且僩。』釋之者引晉、魏之間謂猛為僩。」〔註38〕《左傳》：「僩然授兵登

〔註35〕「木」，底本誤作「本」，據四庫本改。
〔註36〕「玉」，四庫本誤作「王」。
〔註37〕楚倚相所云，上篇《抑》小引亦引，可參。
〔註38〕出范處義《詩補傳》卷五。嚴粲《詩緝》卷六引之。

陣。」皆武意也。武公資性嚴武，故諡曰武，觀此可見。「赫」，明盛貌。字從二赤，言火盛也。「咺」，殷敬順云：「寬綽貌。」張氏家諱〔註39〕云：「污緩貌。」按：《說文》：「朝鮮謂兒泣不止曰咺。」亦緩意也。「瑟」、「僩」、「赫」、「咺」俱以德容言。「諼」，《爾雅》云：「忘也。」曰「終不可諼」者，猶言到底如此，非沒世之謂。是義也，《大學傳》言之詳矣。「如切如磋」者，道學也。「如琢如磨」者，自修也。「瑟兮僩兮」者，恂慄也。「赫兮喧兮」者，威儀也。「有斐君子，終不可諠兮」者，道盛德至，善民之不能忘也。然玩此詩三章皆以「匪」之一字為言，還是就德容上想像意居多。《左·昭二年》：「韓宣子聘於衛，衛侯享之，北宮文子賦《淇澳》。」○瞻彼淇奧，綠豐本作「菉」。下同。竹青青。韻。《釋文》作「菁菁」。有匪君子，充耳琇《說文》作「璓」。豐本作「秀」。瑩，叶青韻，戶局翻。會《說文》作「䯏」，云：「骨摘之可會髮。」弁如星。青韻。瑟兮僩兮，赫兮咺見前。兮。有匪君子，終不可諼見前。兮。興也。「青青」者，青而又青，堅剛之貌。陸佃云：「竹之初生，其色綠，長則轉而青矣。」「宋熙寧中，太子右贊善大夫吳安度召試舍人院，賦入第三等，論入第四等，止《綠竹青青》詩不依注解作王芻篇竹，遂定入第五等，因是改一官放罷。宰臣富弼言：『切詳安度命意，必謂王芻篇竹，柔脆常芊，不足以詠武公之德。又按：《史記·河渠書》云：淇園之竹。則知淇奧之竹祇是竹箭之竹也。又按：陸德明《釋文》：「青音菁，茂盛之貌。」於理甚通，未為不識題意。乞再取安度所試下學士院看詳。』於是賜安度進士出身。」〔註40〕程大昌云：「漢世下淇園之竹為楗〔註41〕。又，《詩》：『籊籊竹竿，以釣于淇。』衛竹大可以為河楗〔註42〕，而其竿之長可以垂釣，則其不為王芻之芊亦已明矣。」「充耳」，瑱也，惟服冕旒時有之，若皮弁以下，不得有充耳。按：《周禮·弁師》職云：「掌王之五冕，皆玄冕、朱裏、延、紐，五采繅十有二就，皆玉〔註43〕采玉十有二，玉笄朱紘。諸侯〔註44〕之繅

〔註39〕 「諱」，四庫本作「誨」。按：據前數處知其家諱為「湛」。《列子·力命第六》：「墨㞏、單至、嘽咺、憋懯四人相與遊於世，胥如志也。」「咺」，張湛《注》無此語。俟考。

〔註40〕 見李如箎《東園叢說》卷下《學者自出己見》。「宋」作「本朝」，「常芊」作「脆質」。（商務印書館1937年版，第48頁）

〔註41〕 「楗」，底本作「捷」，據四庫本、程大昌《演繁露》卷一《淇澳》改。

〔註42〕 「楗」，底本作「捷」，據四庫本、程大昌《演繁露》卷一《淇澳》改。

〔註43〕 「玉」，四庫本同，《周禮·夏官·弁師》作「五」。

〔註44〕 「侯」，四庫本同，《周禮·夏官·弁師》作「公」。

斿九就，瑉玉三采，其餘如王之事。繅斿皆就，玉瑱玉笄。王之皮弁，會五采玉璂，象邸玉笄。」《注》謂王之冕不言玉瑱，於諸侯言之者，以互見為義。又，王之皮弁不言玉瑱，可知瑱惟服冕時有之矣。「琇」，《釋文》云：「石之次玉者。」毛《傳》云：「天子玉瑱，諸侯以石。」蓋據此文為說。按：《說文》無「琇」字，當通作「秀」，禾實也。禾有實，則其象下垂，充耳之形亦如之，故《都人》篇亦曰「充耳琇實」也。「瑩」，潔也。《說文》云：「玉色。」引《逸論語》曰：「如玉之瑩。」「會弁如星」者，鄭云：「會謂弁之縫中，飾之以玉，礫礫而處，狀似星也。」弁，皮弁也。按：《周禮注》：「皮弁，以皮六方縫之。會，其合縫處。每貫結五采玉以為飾。」五采玉者，五色之玉琢為珠，貫之如冕旒之數，其名曰璂。通作「綦」，即此詩「會弁如星」及「其弁伊綦」是也。天子璂飾十二，玉五采。侯、伯璂飾七，子、男璂飾五，瑉玉三采。瑉，石似玉者。不以玉。三采，注謂朱、白、蒼也。不以五，皆如其冕旒七就五就之數。天子、諸侯皆服皮弁以視朝。禮，在朝，君、臣同服。時武公入相於周，則亦在王朝之服也。詩人瞻望豐儀，肅然讚歎，以竹之堅剛興其服飾之崇嚴，正《抑》詩所云「抑抑威儀，惟德之隅。敬慎威儀，惟民之則」者。上章所詠瑟、僩、赫〔註45〕、咺之氣象，於斯倍為盎溢，故申詠之。○瞻彼淇奧，綠竹如簀。陌韻。亦叶錫韻，則歷翻。《韓詩》作「蕢」，字從艸，云：「積也。」薛君云：「綠盛如積也。」有匪君子，如金如錫，韻。亦叶陌韻，思積翻。如圭如璧。陌韻。寬兮綽藥韻。兮，猗豐本作「倚」。重平聲。較兮。善戲謔藥韻。兮，不為虐藥韻。兮。興也。《檀弓注》云：「簀謂床第。」即床棧也。竹之疏密得宜似之。陸佃云：「曰『如簀』，則又以明其為竹矣。」凌濛初云：「簀，竹所為也。即以既比之竹形容在林之竹，巧於取喻。」萬時華云：「『猗猗』興其進修，『青青』興其尊嚴，『如簀』興其成就。然言有次第，意無淺深。」按：《爾雅》云：「菉，王芻。竹，篇蓄。」舊說以為即綠竹也。讀至「如簀」之句，而始悟其不倫。「王芻」、「篇蓄〔註46〕」安能「如簀」，則綠竹之是竹非艸，無可疑者。「金」，黃金也。「錫」，《說文》云：「銀鉛之間也。」徐鍇云：「銀色而鉛質也。」顧起元云：「攻金之工，如築、冶、鳧、桌、段、桃。以金工料言之，宜用銅鐵等物為多，特總名曰金錫，以分六齊。六分其金，而錫居一，為鍾鼎之齊。五分其金，而錫居一，為斧斤之齊。

〔註45〕四庫本衍一「赫」字。
〔註46〕「蓄」，底本誤作「艸」，據四庫本改。此承前《爾雅》之文言。

四分其金，而錫居一，為戈戟之齊。三分其金，而錫居一，為大刃之齊。五分其金，而錫居二，為削殺矢之齊。金錫半，為鑑燧之齊。使如今時所謂錫，則豈堪為斧斤戈戟矢刃哉？㮚氏改煎金錫，定火候以青黃黑白之氣，而使以鑄量。使如今時所謂錫，則豈能聲中黃鐘之宮哉？觀《史記·平準書》及《漢·食貨志》，亟稱銀錫。漢武帝造銀錫為白金。可以見古者銀與錫通稱白金。《考工》，先秦古書，當以錫為銀鉛之總名。《說文》謂『錫』曰『銀、鉛之間』，稍近古意。徐氏不察《考工》金錫之說，殊失許叔重本旨。《周禮·卝人》職，金皆言金玉錫石，蓋銅鐵銀錫皆取卝煉成，言錫而不必枚舉銅銀鐵也。嘗歎漢儒拘《爾雅》之文，於卝人之注，直以錫為鈏鉛，《爾雅》專以銀為白金，不思漢時固以錫為白金，其注鐐銀鈑金，名物瑣細，而於《考工》金錫之義乃無所發明，曾不若《說文》能合銀鉛以言錫也。《職方氏》於揚州言金錫，荊州言銀。以今出產之地言之，則銀在揚而錫在荊，錫亦銀也，特以荊揚地利互文見之爾。若如今人分別銀錫，則《考工》所謂金錫，於理有不通者。故著其說，使讀《考工記》者無惑焉。今世用物，銅鐵為多，經文絕少言銅，亦罕言銀鐵。《考工》言金者，銅鐵在其中；言錫者，銀鉛在其中。合而言之，總曰金錫爾。聞決銀者言，錫能賊他金，似不宜混合。然物各有用，攻金之工不一，銅鐵及鍮銅得錫愈佳，鑄銅得鉛益骨。金錫相須，尚矣。」〔註47〕「圭」，瑞玉也，其制上圜下方。「璧」，亦瑞玉，其制外圜內方。「如金如錫」，言其從革之隨宜，從容中道也。「如圭如璧」，言其方圜之不毗，周旋中禮也。綠竹挺於淇濱，其疏密得宜，象亦如此，故因以起興。「寬」者，屋寬大之義，故因訓為大。「綽」，《說文》云：「緩也。」「猗」，通作「倚」，《說文》云：「依也。」孔穎達云：「《〈周禮·輿人〉注》曰：『較，兩輢上出軾者。』今謂之平較。但《周禮》無重較、單較之文。」楊慎云：「輢是兩邊檀木，較橫輢上，輢兩而較一。《說文》作『較』，通作『較』，云：『車輢上曲銅也。』蓋較在軾上，恐其墜，故以曲銅關之。古謂較為車耳。故諺云：『仕宦不止車生耳。』《三國志》：『吳童謠云：黃金車，斑蘭耳。闓閶門，見天子。』符曲銅之說矣。晉崔豹云：『重耳，古重較也。文官青耳，武官赤耳。或曰重較在軍車藩上，重起如牛角，故云重較耳。』」〔註48〕呂和叔云：「古者車箱長四尺四寸三分，前

〔註47〕顧起元《說略》卷二十六《珍格》。
〔註48〕《丹鉛餘錄》卷六：
　　　輢是兩邊枯木，較橫輢上，較兩而較一。《說文》：「車輢上曲銅也。」蓋較在

一後二，橫一木下，去車床三尺三寸，謂之軾。又於軾上二尺二寸，橫一木，謂之較，去車床凡五尺五寸。古人立乘，平常則憑較。若應為敬，則落手憑下軾而頭得俯。」又按：《補傳》云：「較高五尺五寸，軾高三尺三寸。較既出於軾上，故曰重較。」亦通。車上之人致敬則憑軾，閒適則憑較，故以目寬綽時焉。「戲」，通作「摩」，即「摩」字，以音同通用。摩者，用旌旗以指麾也。人之舉止散誕，象亦如之。「謔」，《說文》亦訓「戲」，但字從言，則當為戲言耳。「善戲謔兮」者，頤氣解言，不立崖岸，載色載笑，與孔子筦爾之戲同。陳傅良云：「古人肅肅不廢雍雍，僮僮不廢祁祁。有所拘者，必有所縱也。」〔註49〕「虐」者，戲謔之過，必至任情凌物。玩一「善」字，已是中節，特言不為虐以足之耳，非二時事。首言如切、磋、琢、磨，是何等工夫。末言如金、錫、圭、璧，是何等造詣。前二章皆美其瑟、僴、赫、咺，此更美其寬、綽、戲、謔。卷舒張弛，各得其宜，是其所以謂「有匪」也與？徐光啟云：「有謂上二章末四句猶有英氣，末章末四句則渾化無跡，為武公漸進之益。此說不是。盛德容貌，當敬而敬，則瑟、僴、赫、咺當和而和，則為寬、綽、戲、謔。如孔子有時而跰躎色勃，有時而申申夭夭，豈有到寬、綽、戲、謔時便不瑟、僴、赫、咺乎？詩人之言，本自互見，而不知者巧生意見，便錯認詩意，不可不察。」

《淇奧》三章，章九句。嚴粲定為幽王時詩。然以幽王之暴虐，至於殺身，武公於此略不見有庇君匡國之效，何哉？考《世家》，武公四十二年，犬戎殺幽王，武公將兵佐周平戎，甚有功，平王命武公為公。意必此時始入相耳。徐幹《中論》謂此詩之作在武公年九十作《抑武》之後，而歐陽氏《補圖》屬之於平，蓋有見矣。

軾上，恐其墜，故以曲銅關之，古謂較為車耳。古諺云：「仕宦不止車生耳。」《三國志》：「吳童謠云：『黃金車，斑斕耳。閶闔門，見天子。』」符曲銅之說矣。……崔豹《古今注》：「文武車耳，古重較也。文官青耳，武官赤耳。」又曰：「重較在車藩上，重起如牛角，故曰重較。」
按：又見《譚苑醍醐》卷三《重較說》，「枯木」作「植木」。
另，《升菴集》卷六十七《重較說》所言較簡，曰：
輢是兩邊植木，較橫輢上，輢兩而較一。《說文》：「車輢上曲銅也。」蓋較在軾上，恐其墜，故以曲銅關之。古謂較為車耳。古諺云：「仕宦不止車生耳。」《三國志》：「吳童謠云：『黃金車，斑斕耳。閶闔門，見天子。』」符曲銅之說矣。
〔註49〕見劉瑾《詩傳通釋》卷三《淇奧》。

終南

《終南》，秦人美文公也。始得岐周之地，國人矜而祝之。按：《史記·秦本紀》云：「秦襄公以兵送周平王，平王封襄公為諸侯，賜之岐以西之地，曰：『戎無道，侵奪我岐、豐之地。秦能攻逐戎，即有其地。』與誓封爵之。襄公於是始國，與諸侯通使聘享之禮。十二年，伐戎至岐，卒。生文公。文公十六年，以兵伐戎，戎敗走，於是文公遂收周餘民有之，地至岐。岐以東獻之周。」以《竹書》攷之，事在平王十八年。襄公雖受岐西之賜於周，而未能有其地。至文公始大敗戎師而後取之。此詩以終南入詠，當在文公時。孔穎達云：「《本紀》謂文公收周地至岐，岐以東獻之周。按：終南之山在岐之東南，則亦得岐東，非惟自岐以西也。」

終南何有？有條《釋文》作「樤」。有梅。叶支韻，莫悲翻。豐氏本作「某」。君子至止，錦衣狐裘。叶支韻，渠之翻。豐本作「求」。顏如渥丹，《韓詩》作「沰」，云：「赭也。」《外傳》作「赭」。其君也哉！叶支韻，將其翻。○興也。「終南」，山名，即中條山，在今陝西西安府。或謂一名太乙，非也。按：太乙在終南之南。嚴粲云：「周都豐、鎬，面對終南。平王以岐西之地賜秦。岐西之地，其名山莫如終南，舉終南則可以該岐西北。」鄒忠胤云：「九州之險，終南居一焉。其地據天之中，在都之南。連岡乎嶓冢，西至於褒斜，又西至於隴首，以臨於戎。東至於商顏，又東至於太華，以拒於關。抱杜含鄠，欽〔註50〕豐吐鎬，爰有藍田，珍卞是之自出。班固所謂『華實之毛則上腴，防禦之阻則奧區』。實能作固，以屏王室。平王一旦捐以畀秦，秦得百二，實始基之，而周則自失其險矣。」〔註51〕「條」，陸璣以為楰，今山楸也。皮葉白，色亦白，材理好，宜為車板。宜陽共北山多有之。按：《爾雅》云：「楰，山楡。」又云：「柚，條。」是則山楡名楰，條自名柚，無緣以楰為條也。然以條為柚，亦未足信。《列子》曰：「吳、楚之國有大木焉，其名為柚。食其皮汁，已憤厥之疾。齊州珍之。渡淮而北，而化為枳也。故曰：橘柚有鄉，萑蒲

〔註50〕「欽」，鄒忠胤《詩傳闡》卷十五《秦詩·終南篇》（第649頁）同，四庫本作「歙」。

〔註51〕按：柳宗元《終南山祠堂碑》：「惟終南據天之中，在都之南，西至於褒斜，又西至於隴首，以臨於戎。東至於商顏，又東至於太華，以距於關。實能作固，以屏王室。其物產之厚，器用之出，則璆琳琅玕，《夏書》載焉；紀堂條枚，《秦風》詠焉。」

有叢。又曰：橘柚凋於北徙，若榴鬱於東移也。」據此，柚不北徙，則終南不宜有之矣。「梅」，《爾雅》、《說文》皆云：「楠也。」孫炎云：「荆州曰梅，揚州曰楠。」按：梅、楠異木，何得相混？楠木似豫章。陳文帝嘗出楠木造戰艦，即此楠也。梅似杏，古者用以和羹。然陸佃有云：「梅至北方，多變而成杏，故北人有不識梅者。」是則亦非終南所宜有矣。愚意此「梅」但當通作「枚」，與《汝墳》篇條枚義同。條自幹而出，興文公之為諸侯。枚自條而出，則以興文公之群臣也。章末「其君也哉」，言使群臣共戴之為君，正興意歸結處。「君子」，指文公也。「至止」者，鄭玄云：「受命服於天子而來也。」錢天錫云：「『至止』句最重。言逐戎之後，奄有岐、豐八百里之地，而終南為秦鎮也。此不比遊觀覽勝看。」《玉藻》云：「錦衣狐裘，諸侯之服也。」又云：「君衣狐白裘，錦衣以裼之。君子狐青裘豹褎，玄綃衣以裼之。」陳皓云：「古人之衣，近體有袍襗之屬，其外有裘。夏月則衣葛。或裘或葛，其上皆有裼衣。裼衣上有襲衣，襲衣之上有常著之服，則皮弁服及深衣之屬是也。」孔穎達云：「君衣狐白毛之裘，則以素錦為衣覆之，使可裼也。袒而有衣曰裼。必覆之者，裘褻也。」陳祥道云：「古者行禮之裘，必以羔與麛；燕居之裘，必以狐與貉。狐白為人君之服，所以象德之成。狐青而下為君子之服，所以象仁之發。言君子之服則大夫士同之也。夫天下無粹白之狐而有粹白之裘，則狐白裘天下之尤難得者也。士不衣狐白裘，不特以其德之未成也，蓋亦不敢以賤服貴歟？」「渥」，《說文》云：「沾也。」毛云：「厚漬也。」「丹」，《說文》云：「巴越之赤石也。」鄭云：「顏色如厚漬之丹，言赤而澤也。」一說：凌濛初云：「渥丹，花名，似鹿蔥而小，色甚紅。見《仙經》。又名華丹，見《抱朴子》。此言『如』，正喻其顏之紅也。」程良孺云：「今其種不一，有散丹，有捲丹。」「其君也哉」，蘇轍云：「嚴憚之辭也。」韓嬰云：「上之人所遇，色為先，聲音次之，事行為後。故望而宜為人君者，容也；近而可信者，色也；發而中者，言也；文而可觀者，行也。故君子容色，天下儀象而望之，不暇言而宜人為人君者〔註52〕。《詩》曰：『顏如渥赭，其君也哉！』」蔡汝楠〔註53〕云：「秦人之稱其君曰『其君也哉』，而生其矜心。《周書》則曰『孺子王矣』，而生其懼心。敬肆之所以關乎盛衰也。」黃佐云：「終南者，周之故都也。東遷

〔註52〕「不暇言而宜人為人君者」，四庫本同，《韓詩外傳》卷二作「不假言而知為人君者」。
〔註53〕「楠」，四庫本誤作「南」。

而王轍不西矣。蓋復周公之宇，魯人所以願僖公。而鄭伯以璧假許田，《春秋》譏之。終南入秦，周欲不亡，得乎？」又，蘇轍云：「終南有草木，以自衣被，而成其深。君子則有服章，以自嚴飾，而成其尊。」愚按：此說於興意亦近。

○**終南何有？有紀**《釋文》、崔靈恩《集注》、《初學記》俱作「屺」。**有堂。**陽韻。**君子至止，黻衣繡裳。**陽韻。**佩玉將將，**叶陽韻，資良翻。《中論》作「鏘鏘」。**壽考不忘。**陽韻。毛《詩》作「亾」。○興也。「紀」，通作「屺」。毛《傳》云：「基也。」謂山基也。解見《陟岵》篇。又，崔靈恩云：「終南之旁有屺山。」今未詳其處。「堂」，朱子云：「山之寬平處也。」按：《爾雅》云：「山如堂曰密。」郭璞以為「形如堂室者」。《尸子》謂「松柏之鼠，不知堂密之有美樅」是也。毛《傳》誤。因《爾雅》有「畢，堂牆」之句，遂解云「畢道平如堂」。今考畢即「周公葬畢」之「畢」，以為終南之道名，是矣。但既謂其平如堂，則《爾雅》何得有牆之目？鄭玄以為「畢道邊如堂之牆」，則《爾雅》又不應即以畢為堂牆也。愚意凡厓岸如堂牆之形者，名之為畢，原與畢道無涉。上章詠「有條有梅」，取有君有臣之義，以興文公之能為人君。此章詠「有紀有堂」，亦猶祝「如山如阜，如岡如陵」之意，以興下文之「壽考不忘」也。「黻」，有二義。《考工記》及《說文》皆以為「黑與青相次」。韋孟詩注云：「畫為亞，古弗字。」〔註54〕《增韻》云：「為兩己相背形。」《周禮注》云：「黻取臣民背惡向善，亦取君臣有合離之義、去就之理。」孔云：「鄭於《周禮》之注差次章色，黻皆在裳，言黻衣者，衣大名，與繡裳異其文耳。」愚按：九章盡於黻，故以黻該之。「黻衣繡裳」，猶云此有黻之衣，其繡之則在裳也。以五采刺文謂之繡，以黑、青兩色繡為兩己相背則名黻。須兼此兩義始全，衣之章用繪，裳之章用繡，故云「繡裳」。「佩玉」，見非三命黝珩之舊。《玉藻》云：「天子佩白玉，公侯佩山玄玉，大夫佩水蒼玉，世子佩瑜玉。」是佩各不同也。「將」，通作「瑲」，《說文》云：「玉聲也。」「壽考不忘」，祝願之辭，欲其居此位，服此服，長久安寧，不忘王命也。呂祖謙云：「蘇氏謂『周之失計，未有如東遷之謬。使平王定不遷之計，收豐、鎬之遺民，以形勢臨諸侯，齊、晉雖大，未敢貳也』。此論考之不精。岐、豐之地，自犬戎盤據，舊都非周所有，故平王遂以賜襄公，使之自取，其勢非可以不

〔註54〕《漢書》卷七十三《韋賢傳》：「其諫詩曰：……肅肅我祖，國自豕韋，黼衣朱紱，四牡龍旂。」顏師古注：「黼衣畫為斧形，而白與黑為彩也。朱紱為朱裳畫為亞文也。亞，古弗字也，故因謂之。」故此處「韋孟」當作「韋賢」。

遷也。」金履祥云：「秦與戎世為不共戴天之讎，勢不兩立。其與戎力戰，固亦為己，不獨為王室也。當時犬戎盤據岐、豐之間，平王不得不許秦，秦亦不得不取之。然西戎方熾，父子力戰二十一年而始得之，固不暇東略矣。」《卮言》云：「世儒多咎周平王不宜以岐周之地予秦，宜自取之。竊謂不然。夫犬 〔註55〕戎之力足以弒幽王，取宗周，則亦非一二諸侯之所能制也。且召犬戎者，申侯也；立平王者，申侯也。平王能背申侯以令諸侯乎？申侯能率諸侯以攻犬戎乎？惟犬戎於秦為世讎，而其地相近，故不得不賜之岐西，而與之誓曰：能逐犬戎，即有其地。是藉手於秦，以報其讎，而償利於秦，以動其心。地之與秦，猶愈於犬戎。平王此舉，未甚失也。」鄒忠胤云：「秦能以一國取之，王獨不能率諸侯取之乎？竟使千年堂構，一旦瓦解，周人方悲其離黍，而秦人且侈其條梅。代興之兆，於是見矣。」

　　《終南》二章，章六句。朱子但以為「秦人美其君之辭」，而不著其世。《序》謂「戒襄公也。能取周地，始為諸侯，受顯服，大夫美之，故作是詩以戒勸之」。《子貢傳》則云：「襄公克戎，始取周地，秦人矜之。」歐陽修謂「自戎侵岐、豐，周遂東遷。雖以岐、豐賜秦，而終襄公之世，不能取之，但嘗一以兵至岐。至文公，始逐戎而取岐、豐之地」。據此，則是詩為詠文公，非詠襄公明矣。若《申培說》以為「襄公初為諸侯，秦人祝之而作」，則詩之發首即以「終南何有」為言，自是誇其得地，非但美其為諸侯也。

蒹葭

《蒹葭》，刺秦也。未能用周禮，將無以固其國焉。出《序》。但原本「秦」下有「襄公」二字，今去之。○秦至襄公子文公，始有岐、豐之地，則此詩當屬之文公。郝敬云：「周道親親尚賢，平易忠厚，黜詐力而卑武功。自文、武至宣、幽，國於岐、豐，民習先王禮教，數百年矣。平王東遷，秦據有其地，始以攻戰為事，刑殺為威，其民愁居慴處，思昔大和景象，不復可見。東望河洛，有遊從宛在之思。西視秦邦，有艱難牽率之苦。文、武、成、康之澤維繫民心，而秦人慘礉之法束縛其手足，自立國之初已然矣，《序》所以謂之『將無以固其國』。蓋周之興也，詩歌苢葭，是春和之明景也，周禮行而忠厚篤祜，開卜世有道之長；秦之興也，詩歌蒹葭，是肅殺之蕭晨也，周禮廢而

〔註55〕「犬」，四庫本作「大」。

強梁臘毒，兆二世撲滅之禍。聖人刪定，法戒昭然。後儒不達，詆《詩序》為鑿空，豈不誤乎？」

蒹葭蒼蒼，陽韻。**白露為霜**。陽韻。**所謂伊人，在水一方**。陽韻。遡《爾雅》作「泝」。《說文》作「溯」。豐氏本同。下三「遡」如字。洄豐本作「回」。**從之，道阻且長**。陽韻。遡**游從之，宛**《釋文》作「苑」。**在水中央**。陽韻。○興也。《爾雅》云：「蒹，薕。葭，蘆。」郭璞云：「蒹，萑之未秀者，即今之荻。葭，葦之未秀者，即今之蘆。蒹高數尺，今人以為簾箔，因此為名也。葭一名華，至秋堅成，謂之萑葦。《詩》曰：『八月萑葦。』《莊子》曰：『欲惡之孽，為性萑葦蒹葭，始萌以扶吾形，尋擢吾性。』則明此幼曰蒹葭，長曰萑葦矣。」又云：「萑，荻也。荻之初生曰菼，一曰薍，一曰雛。蒹，其未秀者也。」按：此則蒹自小至大有七名，菼、雛、蒹、薕、荻、萑也。葭自小至大有四名，葭、華、蘆、葦也。二物共十一名，覽者易混，詳載於此。「蒼蒼」，深青色。毛《傳》云：「盛也。」「白露為霜」者，孔穎達云：「八月白露節，秋分八月中。九月寒露節，霜降九月中。」鄭玄云：「蒹葭在眾艸之中，蒼蒼然彊盛。至白露凝戾為霜，則成而黃。」愚按：露主敷施，霜主刻製。白露況周，霜以況秦。言時值白露，蒹葭之色尚蒼蒼然，今也陰氣過盛，露忽凝而為霜，則蒼蒼者將忽變而為黃矣。以興岐豐之地，今為秦有。秦變周道，非復昔日忠厚德澤之舊也。民何以堪！「伊」，《說文》云：「從人從尹，尹正也。」又云：「尹，大治天下者。」「所謂伊人」，言追思昔日正治天下之人，指文、武也。文王都豐，武王都鎬，豐依灃水，鎬依鎬水，故以「在水一方」言之。「一方」，解見《汾沮》篇。以後章「湄」、「涘」推之，乃近水之地，與下文「水中」不同。「遡」，本作「溯」，《說文》云：「向也。」《爾雅》云：「逆流而上曰遡洄，順流而下曰遡游。」孫炎云：「逆渡者，逆流也。順渡者，順流也。」「道」，水道也。《增韻》云：「山巇曰險，水隔曰阻。」「宛」，《說文》云：「屈草自覆也。」掩蔽而不能自達之意。「央」，《說文》云：「中央也。從大在冂之內。」徐鍇云：「從大，取其中正會意。」《禮記集解》：「方氏云：『央以適當言之，惟中乃可言央。』詩人設為立此望彼之言，云彼近水一方之地，恍惚見伊人在焉。必逆水以求，庶有登岸相見之期，然其如目前之苦難何！若順水而求，則愈趨愈下，而伊人終不可得而見矣。何者？伊人所居，原不在水，而求之於水，此必不得之數也。」嚴粲云：「遠方之俗，不聞中國之禮義。將使之逆流而上以往求攸濟歟？則路險阻而且長遠，喻其狃於功利，

以道為遠而難致，必不能彊勉而行之也。將使之順流以涉而聽其所止與？則宛然惟在水之中央，喻繇今之道，無變今之俗，終必亡而已矣。道本非遠，而秦人以為遠，所謂『安能邑邑以待數百十年而為帝王也』？〔註56〕故詩人因秦人之意，以道阻且長言之。」又云：「周弱而繇，秦彊而顛，繇其禮之存亡異焉耳。」蘇轍云：「秦起於西垂，與遠裔雜居，本以彊兵富國為先，而不知以禮義終成之，故其後世狃於利而不知義。至商君厲之以法，卒以此勝天下。既勝之後，二世而亡，其數有以取之矣。」○蒹葭淒淒，叶支韻，此移翻。《石經》、豐氏本俱作「萋萋」。白露未晞。叶支韻，讀如羲，虛宜翻。所謂伊人，在水之湄。支韻。豐氏本作「麋」。遡洄從之，道阻且躋。叶支韻，讀如支，章移翻。《釋文》作「隮」。遡游從之，宛在水中坻。支韻。○興也。「淒」，通作「萋」，《說文》云：「艸盛也。」言蒹葭尚盛也。「晞」，乾也。「未晞」，鄭云：「未為霜。」孔云：「匪暘不晞，言見日則乾。此篇上章言『白露為霜』，則此言『未晞』，謂未乾為霜，與彼異。」蓋時當八月，雖氣候早寒，而露亦有未盡凝為霜者，以喻王澤之猶未熄也。「湄」，毛云：「水陳也。」《爾雅》、《說文》皆云：「水草交為湄。」孔云：「謂水草交際之處，水之岸也。」《釋名》云：「湄，眉也。臨水如眉臨目也。」「躋」，《爾雅》、《公羊》皆云：「升也。」逆流漸上，與陞高同也。「坻」，水中地之略高者。《爾雅》云：「小洲曰渚，小渚曰沚，小沚曰坻。」○蒹葭采采，叶紙韻，此禮翻。白露未已。紙韻。所謂伊人，在水之涘。紙韻。遡洄從之，道阻且右。叶紙韻，羽軌翻。遡游從之，宛在水中沚。紙韻。○興也。「采」，《說文》云：「捋取也。」曰「采采」者，非一辭也。先言「蒼蒼」，象其色；繼言「淒淒」，美其盛；至是則可以采矣，然猶是八月之時，故白露方下而未止也。子貢曰：「文、武之道，未墜於地。」白露未已之況也。「涘」，厓也，水濱之地。言湄，比一方為近；言涘，比湄又為近。以況王道之近人也，人病不求耳。「右」者，在我之右也。初言「道阻且長」，似茫茫未有窮期。次言「躋」，則道雖阻，然已近在我之上，更一躋而是耳。此言「右」，則道雖阻，然已迫居我之右，但一轉而是耳。亦漸求而漸近之況也。「沚」，《釋名》云：「止也。可以止息其上。」言如狃於所趨，必無見伊人之日。初言在水中央，或猶可以縱一葦凌茫然，而改途以求至焉。過此遡游不已，則登岸何從，將有小於沚之坻為之礙矣，又將有大於坻之沚為之礙矣。是又愈隔而愈遠之況也。詩言之婉而多風如此。

《蒹葭》三章，章八句。朱子謂此詩「不知何所指」，而以《序》說為鑿。夫不能虛心以求其義，則《序》說誠鑿也。《子貢傳》、《申培說》皆以為「君子隱於川上，秦人慕之」，於語意近似，然詩人託物起興，皆有深意存焉。「白露為霜」、「白露未已」，語自有骨，豈徒紀時而已乎？《序》深得之，但以為「刺襄公」，則此詩乃刺文，非刺襄也。

黍離

《黍離》，閔宗周也。周大夫行役，至於宗周，過故宗廟，宮室盡為禾黍。閔周室之顛覆，彷徨〔註57〕不忍去，而作是詩也。出《序》。朱《傳》從之。○按：武王作邑於鎬京，謂之宗周，是為西都。成王在豐，欲宅雒邑，使召公先相宅，以庶殷攻位於洛汭，在澗水東、瀍水西。既成，謂之王城，今河南是也，是為東都。召公既相宅，周公又再卜〔註58〕瀍水東，以居殷頑民，謂之成周，今雒陽是也，是為下都。已而成王遷九鼎於雒邑，而復還歸處西都。至十一世，幽王嬖褒姒，生伯服，廢申后，太子宜臼奔申。申侯與犬戎攻宗周，殺幽王於戲。晉文侯、鄭武公迎宜臼於申而立之，是為平王。以亂，故徙居東都王城。及襄公興兵討西戎，救周，乃以岐、豐之地賜之，秦遂有西都宗周畿內八百里之地。自平王東遷之後，凡稱西周者，指豐、鎬也；稱東周者，指東都也。及威烈王而後，東都、下都又分二周。所謂西周，則東都河南也；所謂東周，則下都雒陽也。

彼黍離離，《說文》作「穳穳」。彼稷之苗。蕭韻。行邁靡靡，中心搖搖。蕭韻。《爾雅》作「愮愮」。知我者謂我心憂，尤韻。不知我者謂我何求。尤韻。悠悠蒼《釋文》作「倉」。天，先韻。下叶真韻，汀因翻。此何人真韻。亦叶先韻，如延翻。哉？。賦而興也。「彼」，彼宗廟宮室。「黍」，《說文》云：「禾屬而黏者也。」以大暑而種，故謂之黍。《本艸注》云：「黍似粟而非粟也。有二種。米黏者為秫，可以釀酒；不黏者為黍。如稻之有粳、糯耳。」羅願云：「孔子曰：『黍可以為酒，禾入水也。』然則又以禾入水三字合而為黍。」《家語》：「孔子曰：『黍者，五穀之長，祭先王以為上盛。』」「離」，乃鳥名，當通作「麗」，《說文》云：「艸木相附，麗土而生。」重言「離離」

〔註57〕「彷徨」，四庫本作「彷徨」。
〔註58〕「卜」，四庫本誤作「小」。

者，謂眾黍分布相屬著也。稷似黍而小，黑色，亦謂之粟，古謂之粢。《曲禮》「稷曰明粢」是也。亦謂之穄，《穆天子傳》「赤烏之人，獻穄百載」是也。徐鉉云：「關中謂之䵞。」羅願云：「冀州謂之䃺。」凡艸之生於田者曰苗，故字從艸從田。初生亦曰苗。《論語〔註59〕》謂「苗而不秀，秀而不實」，蓋自苗而秀而實，是其序也。孔云：「黍言離離，稷言苗，則是黍秀稷未秀。按：《出車》謂『黍稷方華』，則二物大時相類，但以稷比黍，黍差為稙，故黍秀而稷苗也。」陸化熙云：「詩為閔故宗廟宮室作，而詩中不見一字，直將彼字暗指而已，此是感慨最深處。」又，程氏解「彼黍者，我后稷之苗也」，殊穿鑿。一說：季本云：「宗廟宮室，盡為禾黍。以事理論之，似不盡然。當時周雖東遷雒邑，而岐周舊地已盡封秦。假使故宮為其所毀，則都城之內宜為室廬。乃以黍稷為言，則當在野外之地，而豈可語於城內哉？且五穀者，民之所資以養者也。而稱其黍稷之盛，則其民尤為勤力，似有歆羨之意，與言蔓草荊蓁者不同矣。其必秦得岐周之後，務本力農。周大夫出，過其地而見之，知秦地廣民勤，將以富強雄天下，而傷周室之不競乎？」亦通。「行邁」，以往來之人言。「邁」，《說文》云：「遠行也。」「靡」，《說文》云：「披靡也。」徐鍇云：「披靡，分也。」故於非取相違之義。往者過，來者續，覩茲丘墟景象，已習為故常，但分道而馳，略無停步低徊之意，所謂「靡靡」也。「搖搖」者，心憂而無所附著。《戰國策》謂「心搖搖如懸旌」是也。下文兩謂「我」，正是「靡靡」情狀。我見行者邁者之靡靡，則中心益搖動而不能自己。間有一二知者，或亦謂此人必有所憂，然其實非真知也。其不知者，怪我低徊不去，謂我將何所求乎？一腔隱痛，向伊誰訴？言下已有欲呼天之意矣。鍾惺云：「『知我者謂我心憂，不知我者謂我何求』，蓋以黍離為固然，而不復知此為何地，此詩之作為何緣矣，那得不哭？」「悠」，《說文》云：「憂也。」《爾雅》云：「思也。」「蒼天」，以體言之。尊而君之，則稱皇天。元氣廣大，則〔註60〕稱昊天。仁覆閔下，則稱旻天。自上降鑒，則稱上天。據遠視之蒼蒼然，則稱蒼天。孔云：「《爾雅》：『春為蒼天，夏為昊天，秋為旻天，冬為上天。』謹按：《尚書·堯典》，羲和以昊天總敕以四時。故知昊天不獨春也。《左傳》：『夏四月，孔子卒，稱曰旻天不弔。』非秋也。六藝之中，諸稱天者，以情所求之耳，非必於其時稱之。『浩浩昊天』，求天之博施。『蒼天蒼天』，求天之高

〔註59〕「語」，四庫本作「**斮**」，疑誤作「論」，未寫完。
〔註60〕「則」，四庫本作「**房**」，誤作「廣」，未寫完。

明。『旻天不弔』,求天之生殺當其得宜。『上天同云』,求天之所為當順其時也。此之『求天』,猶人之說事各從其主耳。若察於是,則堯命羲和,『欽若昊天』;孔子卒,『旻天不弔』;無可怪耳。」陸佃云:「詩於高遠難訴,每稱蒼天。《巷伯》之『矜此勞人』,《黃鳥》之『殲我良人』,皆是也。」又云:「《爾雅》於春言其色,於夏言其氣,於秋言其情,於冬言其位,相備也。」「悠悠蒼天」,言我之憂思惟蒼天知之而已。「此何人哉」,不忍斥言,蓋指平王也。對彼言此,謂此居東都之人也。舊說以為指幽王。然幽王已成往事,似不足言矣。大夫之為此詩,其有志於興復者乎?謝枋得云:「能為閔周之詩者,一行役大夫之外,無人也。不知平王而聞此詩也,亦有惻於中否乎?吾觀《書》至《文侯之命》,知平王之不足有為矣。所以訓戒晉文侯者,惟曰自保其國而已。王室之盛衰,故都之興廢,悉置度外。吾於《黍離》之詩重有感夫。」蘇軾云:「周之失計,未有如東遷之謬也。自平王至於亡,非有大無道者也。髭王之神聖,諸侯服享,然終以不振,則東遷之過也。昔武王克商,遷九鼎於洛邑,成王、周公復增營之。周公既沒,蓋君陳、畢公更居焉,以重王室而已,非有意於遷也。周公欲葬成周,而成王葬之畢,此豈有意於遷哉?今夫富民之家,所以遺其子孫者,田宅而已。不幸而有敗,至於乞假以生可也,然終不敢議田宅。今平王舉文、武、成、康之業而大棄之,此一敗而鬻田宅者也。夏、商之王皆五六百年,其先王之德無以過周,而後王之敗亦不減幽、厲,然至於桀、紂而後亡。其未亡也,天下宗之,不如東周之名存而實亡也。是何也?則不鬻田宅之效也。盤庚之遷,復殷之舊也。古公遷於岐,方是時,周人如狄人也,逐水草而居,豈所難哉?衛文公東徙渡河,恃齊而存耳。齊遷臨淄,晉遷於絳、於新田,皆其盛時,非有所畏也。其餘避寇而遷都,未有不亡。雖不即亡,未有能復振者也。春秋時,楚大饑,群蠻叛之,申、息之北門不啟,楚人謀徙於阪。高蔦賈曰:『不可。我能往,寇亦能往。』於是乎以秦人、巴人滅庸,而楚始大。蘇峻之亂,晉幾亡矣。宗廟宮室盡為灰燼,溫嶠欲遷豫章,三吳之豪欲遷會稽。將從之矣,獨王導不可,曰:『金陵,王者之都也。王者不以豐儉移都,若弘衛文大帛之冠,何適而不可?不然,雖樂土為墟矣。且北寇方彊,一旦示弱,竄於蠻越,望實皆喪矣。』乃不果遷,而晉復安。賢哉導也!可謂能定大事矣。嗟夫!平王之初,周雖不如楚之彊,顧不愈於東晉之微乎!使平王有一王導,定不遷之計,收豐、鎬之遺民,而修文、武、成、康之政,以形勢臨東諸侯,齊、晉雖彊,未敢貳也,而秦何自霸哉?

魏惠王畏秦，遷於大梁。楚昭王畏吳，遷於郢。頃襄王畏秦，遷於陳。考烈王畏秦，遷於壽春。皆不復振，有亡徵焉。東漢之末，董卓劫帝，遷於長安，漢遂以亡。近世李景遷於豫章，亦亡。故曰『周之失計，未有如東遷之謬也』。」

○**彼黍離離，彼稷之穗。**真韻。**行邁靡靡，中心如醉。**真韻。**知我者謂我心憂，**見前。**不知我者謂我何求。**見前。**悠悠蒼天，**見前。**此何人哉？**賦而興也。「穗」，本作「采」，《說文》云：「禾〔註61〕成秀也。」《通志》云：「稷穗似蘆，而米可食。」「如醉」者，言憂之沉昏而不醒，如醉然也。○**彼黍離離，彼稷之實。**質韻。**行邁靡靡，中心如噎。**叶質韻，於悉翻。**知我者謂我心憂，**見前。**不知我者謂我何求。**見前。**悠悠蒼天，**見前。**此何人**見前。**哉？**賦而興也。「實」，謂成實而堅也。孔云：「三章歷道其所更見。大夫役當有期而反，但事尚未周了故也。」或疑稷文有改易而黍文不變，何也？按：羅願云：「黍以大暑而種，故農家以三月上旬為上時，四月上旬為中時，五月上旬為下時。《月令》：『仲夏之月，農既登黍，天子以雛嘗黍，羞以含桃，先薦寢廟。』黍固有早晚，其晚者不妨至孟秋始熟，故庶人秋乃薦黍。此天子之禮，自重其先熟者而嘗薦之耳。據此，黍既有早晚三輩，則當離離時，而或值稷之苗、稷之穗、稷之實，蓋以早晚為異，理固然也。」楊慎直以為「猶興桃夭者，因葉及華，因華及實，蓋一時所見，一日所賦」，則詩人乃是懸空託詠，似未是。又，羅云：「黍大體似稷，故古人並言黍稷。行役之人，有憂於內，則有不察於外，故於此或不能辨也。」此說在《太平御覽》先有之。故劉勰云：「思親者，莪、蒿不分；閔周者，禾、稷莫辨。蓋心在於憂與哀，而視物之似而誤也。」亦通。孔云：「噎者，咽喉蔽塞之名。言憂深不能喘息，如噎之然。」三章所以為賦而興者，蓋以苗之搖曳興「搖搖」，以穗之下垂興「如醉」，以實之堅滿興「如噎」也。按：《小弁》之詩云：「踧踧周道，鞠為茂草。」若預知有今日然者。箕子朝周，過殷故墟，城壞生黍，箕子傷之，乃作《麥秀》之詩，曰：「麥秀漸漸兮，禾黍油油。彼狡童兮，不我好仇。」其語意與此相類，但彼所謂狡童正指紂，此則意在平而不在幽耳。

　　《黍離》三章，章十句。《序》不錄作者姓名，而《子貢傳》以為尹伯封之作。至《申培說》獨詳，云：「幽王伐申，申侯逆戰於戲，射王，弒之，立平王於申。自申遷雒，命秦伯帥師逐犬戎於鎬京。尋遣尹伯封犒秦伯之師，

過故宗廟宮室，秦人皆墾為田，咸生禾黍，旁皇不忍去，故作此詩。」因記曹植云：「昔尹吉甫信後妻之讒而殺孝子伯奇，其弟伯封求而不得，作《黍離》之詩。」而《太平御覽》亦載。《韓傳》云：「《黍離》，伯封作也。離離，黍貌也。詩人求亡不得，憂懑不識於物，視彼黍離離然，憂甚之時，反以為稷之苗，乃自知憂之甚也。」則此詩之為伯封作，相傳已久，特作詩之指異耳。乃劉向《新序》則云：「衛壽閔其兄伋之且見害，作憂思之詩，《黍離》是也。」其事與伯封事相類，但《黍離》為王風之首，向之言殆未可信，或訛以傳訛耳。

中谷有蓷

《中谷有蓷》，宗周當喪亂之後，地棄不恤，其人民饑荒離困，罔克匡生之象，該乎詞矣。出程仲虞《紫雲隱書》。○《序》云：「閔周也。夫婦日以衰薄，凶年饑饉，室家相棄焉。」《申培說》亦云：「民饑而流，夫婦不保，君子閔之而作是詩。」孔穎達、嚴粲皆〔註62〕屬之平王時。然則直是王室東遷，舊都之民無所依怙，故其顛沛流離，遂至於此，誠可閔也。胡安國云：「男女居室，人之大倫也。婚姻之禮廢，則夫婦之道苦，淫辟之罪多矣。《氓》之詩所以刺衛，《中谷有蓷》所以閔周。《易》序，《咸》、《恒》為下經首。《春秋》內女出，夫人歸，凡男女之際，詳書於策，所以正人倫之本也。其旨微矣。」

中谷陸璣《疏》作「谷中」。有蓷，暵《說文》作「灘」，云：「水濡而乾也。」陸德明本一作「灘」。其乾叶寒韻，居寒翻。矣。有女仳離，嘅其歎叶寒韻，他幹翻。陸本一作歎。矣。嘅其歎同上。矣，遇人之艱豐氏本作「囏」。難寒韻。矣。興也。《爾雅》云：「水注川曰溪，注溪曰谷。」「蓷」，草名，《說文》云：「萑也。」陸佃云：「葉形似荏，方莖，白華。華生節間，如雞冠。子黑色，細長，三棱。」羅願：「全似杜天麻，而不生橫枝。」陸璣云「舊說及魏博士濟陰周元明皆云庵藺」是也。《韓詩》及《三蒼說》悉云：「益母也。」故曾子見益母感恩。郭璞云：「今茺蔚也。」《本艸衍義》云：「茺蔚子，葉至初春，亦可煮作菜食。凌冬不凋瘁。一名益母，一名益明，一名大劄，一名貞蔚。」劉歆、李巡皆以為臭穢草，即茺蔚也。毛、鄭誤解為雚。按：雚乃萑之別名，即葵也。初生為葵，長大為薍，成則名萑，又名為雚。一物四名。

其字從艸，萑聲。萑音完，從隹從丫，丫乃山羊角。今文於萑省丫，故作萑耳。與名蓷之萑相亂，而實不同。此萑從艸，佳聲，音追，不可不辨。嚴粲云：「舊以蓷艸宜生高陸，生谷中則傷於水，非也。據《本艸》，芜蔚正生海濱池澤，其性宜濕。」「暵」，旱燥也。《易》曰：「燥萬物者莫暵乎火。」《說文》云：「耕暴田曰暵。」毛《傳》解「暵」為「菸」，以為萎死之義，非是。「乾」，亦燥也。指蓷而言。嚴云：「谷中之地陰潤，其蓷艸宜難旱也。今暵燥其乾者。旱則乾者先燥也，與飢饉則貧者先悴也。」萬尚烈云：「蓷，益母也。故以與女。」「仳」，《說文》云：「別也。」鄭氏云：「近曰離，遠曰別。」「有女仳離」者，有女為其夫所棄，或近而離，或遠而別，見非一女也。「嘅」，歎聲。徐鍇云：「意氣有所鬱，嘅然也。」「歎」，《說文》云：「吟也。」亦謂之長大息。人嘅歎，則息大而長也。「人」，謂夫也。「艱難」，猶言窮厄也。蓋歸咎其夫之所遭云爾，未有怨意。范祖禹云：「世治則室家相保者，上之所養也。世亂則男女相棄者，上之所殘也。其使之也勤，其取之也厚，則夫婦日以衰薄，而凶年不免於離散矣。」又，羅願云：「蓷，一名益母，曾子見之而悲。詩人之託此，亦其窮而反本。《氓》之詩，色衰相棄，則歎兄弟之不知。《竹竿》適異國而不見答，則歎父母之相遠。此所以獨感於益母與？」亦通。○中谷有蓷，暵其脩叶屋韻，式竹翻。陸云：「或作『蓨』。」矣。有女仳離，條其歗叶屋韻，式六翻。陸云：「或作『嘯』。」矣。條其嘯同上。矣，遇人之不淑屋韻。豐本作「叔」。矣。興也。「脩」，《說文》云：「脯也。」旱既久，則艸乾之極，如脯然也。「條」，猶長也。《漢郊祀歌》云：「聲氣遠條。」「嘯」，吹聲也。解見《江有汜》篇。嚴云：「條條然而長嘯，其悲恨深於歎矣。」「淑」，通作「俶」。「不淑」，不善也。鄭玄云：「言君子與己不善。」此正斥其夫之行而言，蓋怨辭也。○中谷有蓷，暵其濕緝韻。蘇子繇本作「隰」。矣。有女仳離，啜《韓詩》本作「惙」。《外傳》作「掇」。其泣緝韻。矣。啜其泣同上。矣，何嗟及緝韻。矣。興也。「濕」，《廣韻》云：「水霑也。」嚴云：「生於濕者，今亦為所暵，興富足者亦乏絕矣。凶年飢饉之甚，貧富皆憔悴也。」「啜」，《說文》云：「嘗也。」《爾雅》云：「茹也。」《詩詁》云：「泣而縮氣也。」「泣」，《說文》云：「水淚也。無聲出涕曰泣。」徐鍇云：「泣哭之細也。微子過殷墟，欲哭則不可，欲泣則以其似婦人」，是也。《補傳》云：「嘯甚於歎，泣甚於嘯。」蘇轍云：「中谷之蓷，旱之所難及也。今也既先燥其乾者。及其甚也，則雖其生於濕者亦不免也。旱及於濕，則盡矣。譬如周人風俗衰薄，其始也，人之艱難

者棄其妻耳；其後，人之不善者棄之矣；及其既甚，至有無故而棄之者。故其以艱難而見棄者則歎之，歎之者，知其不得已也；以不善而見棄者，則倏倏然而嘯嘯者，怨之深矣；及其無故而見棄也，則泣而已，泣者，窮之甚也。」「何嗟及」者，言何所嗟悔而可及。蓋雖其所遭之不幸，亦自傷其所從之非人也。《說苑》引孔子曰：「不慎其前而悔其後，雖悔無及矣。《詩》曰：『啜其泣矣，何嗟及矣。』言不先正本而成憂於末也。」黃佐云：「周官行於盛時，每遣小行人賙委其凶荒。今也不然。室家相棄，則亦付之無可奈何而已。」

《中谷有蓷》三章，章六句。《子貢傳》、《申培說》、豐氏本篇名俱作《中谷》。○按：《詩序》乃詩人閔周之作，朱子改為「婦人自述其悲歎之辭」，非也。觀篇中云「有女仳離」，安在其為婦人自作也？《子貢傳》中有闕文，大抵與《申培說》同。

碩人

《碩人》，衛傅母作也。莊姜始嫁至衛，先容後禮，傅母作此以勵之。劉向《列女傳》云：「齊女為衛莊夫人，號曰莊姜。姜姣好。始往，操行衰惰，心淫佚，冶容。傅母見其婦道不正，諭之曰：『子之家，世世尊榮，當為民法則。子之質，聰達於事，當為人表式。儀貌壯麗，不可不自修整。衣錦絅裳，飾在輿馬，是不貴德也。』乃作詩曰：『碩人其頎，衣錦絅衣。齊侯之子，衛侯之妻，東宮之妹，邢侯之姨，譚公維私。』砥厲女之心以高節，以為人君之子弟，為國君之夫人，尤不可有邪僻之行焉。女遂感而自脩。君子善傅母之防未然也。」愚因此悟子夏「禮後」之說，其所謂「素以為絢」者，蓋詠象服耳。先儒謂象服者，畫翟羽於其上。故孔子以「繪事後素」解之。詩人但詠姜氏族類、容貌、服飾之盛，而絕無一語稱讚其德，子夏心疑詩人之有微辭也。若曰君夫人信美矣，但象服，禮服也，詩人何為僅附見於容貌之後？倘亦刺其修容而簡禮乎？此即傅母立言之指，所謂意在言外者，故孔子許之曰：「起予者商也，始可與言《詩》已矣。」今文逸「素絢」一語，而舊解「禮後」復牽強不可通，非《列女傳》，孰使正之哉？他詩若刺宣姜，刺魯桓，亦俱言服飾、容貌、威儀、技藝之美，而闕失自見。其機軸頗與此同。甚矣，古詩之微而婉也！又按：《史記》：「衛武公卒，子莊公揚立。莊公五年，取齊女為夫人，好而無子。」以《竹書紀年》推之，武公之薨在平王十三年，則莊公取齊女之歲實平王之十八年也。

碩人其頎，微韻。衣錦褧《禮記》、《列女傳》俱作「絅」。《說文》作「檾」。
《書大傳》作「顈」。衣。微韻。齊侯之子，衛侯之妻，叶支韻，子宜翻。
東宮之妹，邢侯之姨，支韻。譚《白虎通》作「覃」。公維私。支韻。
○賦也。頭大曰碩。故碩為大義，「碩人」，尊大之人，指莊公也。《白華》之
詩，申后亦稱幽王為碩人。《說文》無「頎」字，本作「頯」，其義則面顴也。
然《莊子》云：「其頯頯然。」《注》以為「大樸之貌」。又，《爾雅》：「貝虪博
而頯。」《注》云：「頯者，中央廣，兩頭銳。」合此二說，可以得用頯字之意。
蓋摹擬莊公容貌如此。「衣錦」以下，始詠莊姜。「衣錦」三句，須一氣讀，急
回顧，與首句相應。言此衣錦褧衣而來者，乃是以齊侯之子而為衛侯之妻也。
「錦」，《說文》云：「襄色織文。」按：「襄」者，雜色也。劉熙云：「錦，金
也。作之用功重，其價如金，故字從金帛。」「衣錦」者，言以錦為衣也。舊
注衣錦之衣，去聲，謂衣著；褧衣之衣，如字，謂衣服。然《豐》之詩云「衣
錦褧衣」，與此文正同。下文對「裳錦褧裳」，則以上衣為衣著者，非也。鄭玄
云：「國君夫人，翟衣而嫁。今衣錦者，在塗之所服也。」「褧」，《說文》云：
「檾也。」「檾」者，枲屬。羅願云：「檾高四五尺，或六七尺，葉似苧，實
如大麻子。今人績為布。或作穎。」《襍記》云「三年之喪既穎」是也。通作
「絅」。《玉藻》云「禪為絅」是也。「禪」者，衣不重也。亦作「景」。《士昏
禮》云「女登車，姆為加景，乃驅」是也。古婦人盛服，必加禪衣於外，即
《周禮》六衣之素沙、《君子偕老》篇之「蒙彼縐絺」、《中庸》所謂「惡其文
之著」者也。孔穎達云：「婦人之服尚輕細，且欲露錦文，必不用厚繒。」故
鄭《箋》云：「以禪縠為之。」而許慎《說文》字作「檾」，沈括謂是「織檾麻
以成布」，未知孰是。嚴粲云：「齊侯之子嫁為衛侯之妻，言匹敵也。」「東宮」
以下，又自「齊侯」一語而推衍言之，乃文法波瀾處。「東宮」，太子所居之
宮。杜預云：「太子不敢居上位，故常處東宮。」孔穎達云：「四時東為春，萬
物生長在東；西為秋，萬物成就在西。以此君在西宮，太子常處東宮也。《易》
象，西北為乾，乾為君父，故君在西；東方震，震為長男，故太子在東也。」
按：《左傳》，東宮名得臣。孔云：「《齊世家》：莊公生僖公。東宮得臣，未知
何公太子。按：《史記・年表》，衛莊公之立在春秋前二十五年，齊僖公之立在
春秋前八年。然則莊姜必非齊僖之女，蓋是莊公之女，僖公姊妹也。得臣為
太子，早死，故僖公立也。不言僖公姊妹而繫得臣者，見其是適女也。」《爾
雅》云：「男於謂女子先生為姊，後生為妹。」張揖云：「妹，末也。」劉熙云：

「妹，昧也，猶日始入，歷時少，尚昧也。」孔云：「繫太子言之，明與同母，見夫人所生之賢。」「邢」，周公子所封邑。《左傳》所謂「邢茅胙祭，周公之胤」者。在今直隸順德府邢臺縣。「侯」，爵也。「譚」，國名，在今山東濟南府歷城縣。《路史》云：「嬴姓。」《春秋》莊十年書「齊侯滅譚，譚子奔莒」，則譚本子爵而得稱公者。《白虎通》云：「伯、子、男，臣子於其國中褒其君為公。以為諸侯有會聚其事，相朝聘之道，故稱公而尊。或稱伯、子、男而卑。為交接之時，不私其臣子之義，心俱欲尊其君父，故皆令臣子得稱其君為公也。」此詩亦言「公」者，蓋依其臣子之稱，便文耳。《爾雅》云：「妻之姊妹同出為姨，女子謂姊妹之夫為私。」郭璞云：「同出，謂其已嫁。」劉云：「姊妹互相謂夫曰私，言於其夫兄弟之中，此人與己姊妹有恩私也。」孫炎云：「私無正親之言。然則謂吾姨者，我謂之私。」「邢侯」、「譚公」，皆莊姜姊妹之夫，互言之耳。劉公瑾云：「歷言此者，以見莊姜之姊妹與莊公之姻婭，其尊皆同也。」鄒云：「按：漢儒謂禮惟嫁長女，餘皆為媵。然碩人既為衛侯妻，而邢譚之夫人又皆其姊妹行也。亦足證漢儒之誕妄。」○**手如柔荑**，叶支韻，弋枝翻。**膚如凝脂**，支韻。**領如蝤蠐**，《釋文》作「蠐」，又作「𩔖」。**齒如瓠犀**，叶支韻，息滋翻。《爾雅注》作「棲」。蠐《說文》作「𩖠」，云：「好貌。」**首娥眉**。支韻。**巧笑倩**霰韻。《釋文》作「茜」。**兮，美目盼**叶霰韻，匹見翻。《說文》、《釋文》、《石經》俱作「盼」。按：盼，胡計翻，恨視貌。《佩觿集》云：「流俗以盼恨之盼為盼睞之盼，莫以為非。」**兮**。《論語》此下有「素以為絢兮」一句。豐氏本同。朱了謂「《碩人》詩四章而皆七句，不應此章獨多一句，蓋不可知其何詩」。○賦也。茅之始生曰荑。解見《靜女》篇。按：荑不專為茅荑。《說文》徐鍇云：「荑，初生艸也。」一云：卉木初生葉貌。《相經》云：「筋不束體，血不華色。手無春荑之柔，髮有寒蓬之樵。蓋形之下也。」「膚」，本作「臚」，《說文》云：「皮也。」《禮運疏》云：「革外薄皮曰膚。膚內厚皮曰革。」「凝」、「冰」同字，故有凝結之義。《內則疏》云：「凝者為脂，釋者為膏。」孔云：「脂有凝有釋。散文則膏脂皆總名，對例即孫炎云『膏凝曰脂』是也。」「領」，《說文》云：「項也。」一名頸。「蝤蠐」，蟲名。《方言》作「蝤蠀」。《爾雅》云：「蠀螬，蠐。蝤蠐，蝎。」又云：「蝎，蛣蜣。蝎，桑蠹。」孫炎據《方言》云：「蠀螬謂之蟦。自關而東謂之蝤蠀，梁、益之間或謂之蝎，秦、晉之間謂之蠹。」然則蠀螬也、蝤蠐也、蝤蠀也、蛣蜣也、桑蠹也、蝎也，一蟲而六名也。按：郭璞云：「蠐螬在糞土中，

蠹在木中。」陸佃云：「蠐螬外黃內黑，亦或謂之蟦蠐。《列子》所謂『烏足之根為蟦蠐』是也。蝤蠐內外潔白，《符子》所謂『石生金，木生蠹』是也。《化書》曰：『燥濕相育，不母而生蝤蠐。』此即木中蠹蟲，亦曰桑蠹。」繇是以觀，蠐螬名蟦，蝤蠐名蠹，原是兩物，而蝎蟖與桑蠹則蝤蠐之別名也。以其在木中，白而長，故以況莊姜之領。《七辨》云「蝤蠐之領，阿那宜顧」是也。「瓠」，匏屬。陸佃云：「長而瘦上曰瓠，短頸大腹曰匏。」「犀」，《爾雅》作「棲」，字異音同，通用。孫炎云：「瓠中瓣也。」「齒如瓠犀」者，朱子云：「言其方正潔白，而比次整齊也。」按：《相法》：「齒瓣白如瓠犀、青如榴子者賢。」「螓」，鄭玄云：「謂蜻蜻也。」郭璞云：「如蟬而小有文。」《爾雅翼》云：「蟭蟟之小而綠色者。」此蟲額廣而且方，故以為婦人首之比。「蛾」，蠶蛾也。陸佃云：「繭生蛾，蛾生卵。蛹者，蠶之所化。蛾者，蛹之所化。荀卿《蠶賦》云『蛹以為母，蛾以為父』是也。蛹，一名蚀。蛾，一名羅。孫炎以為蚀即是雄，蛹即是雌；羅即是雄，蛾即是雌。蛾似黃蝶而小，其眉句曲如畫，故曰蛾眉也。」「巧」，猶工也。「笑」，解顏啟齒也。字從竹從夭。李陽冰云：「竹得風，其體夭屈，如人之笑。故蘇子瞻作《文與可畫竹贊》云『竹亦得風，夭然而笑』是也。」「倩」，《說文》云：「美也。」徐鍇云：「若草木之蔥茜也。」毛《傳》以為「好口輔」。《韓詩》以為「倉白色」，俱無據。「盼」，《說文》云：「目好貌。」按：「盼」本作「盼」，從目從分。毛《傳》解以為目黑白分〔註63〕者是也。是則莊姜容貌之美又有如此者。鄒云：「此章妙寫娟麗，後世騷人辭賦祖之。如《大招》篇云：『朱唇皓齒，嫭以姱只。豐肉微骨，體便娟只。曾頰倚耳，曲眉規只。小腰秀頸，若鮮卑只。靨輔奇牙，宜笑嘕只。』《招魂》篇云：『娭光眇視，目曾波些。被文服纖，麗而不奇些。長髮曼鬋，豔陸離些。』《好色賦》云：『眉如翠羽，肌如白雪。腰如束素，齒如含貝。』《雒神賦》云：『肩如削成，腰若約素。延頸秀項，皓質呈露。雲髻峨峨，修眉聯娟。丹唇外朗，皓齒內鮮。明眸善睞，靨輔承權。』皆此詩為之嚆矢也。」○**碩人敖敖**，豪韻。**說**《釋文》、豐氏本俱作「稅」。**于農郊**。叶豪韻，居勞翻。**四牡有驕**，叶豪韻，起勞翻。**朱幩鑣鑣**。叶豪韻，博毛翻。豐氏本作「麃麃」。**翟茀**《周禮注》作「蔽」。又作「茇」。**以朝**，叶豪韻，直高翻。**大夫夙退**，《列女傳》作「夜」。**無使君勞**。豪韻。○賦也。「碩人」，指莊公也。「敖」，《說文》云：「出遊也。」「說」，《爾雅》云：「舍也」。

《說文》云：「釋也。」「農郊」，近郊，時蓋莊公不行親迎之禮，故因莊姜未至而出遊，舍止於近郊以待之也。「四牡」以下，皆謂莊姜之輿馬也。「四牡」，車之四馬。「驕」，壯貌。《說文》云：「馬高六尺為驕。」「幩鑣」，飾也。毛《傳》云：「人君以朱纏鑣，且以為飾。」按：《說文》無「幩」字，疑通作「噴」。噴者，吒也。蓋鑣在馬口傍，時或噴吒而出涎沫，故鑣謂之排沫。其纏之則以朱為飾，但以其正當馬噴吒之處，故曰朱噴也。「噴」訛為「幩」，今謂朱是鑣飾之色則可，謂朱為鑣飾之名則不可。「鑣」者，馬銜外鐵。《釋名》云：「包也，在旁也歛其口也。」一名扇汗，一名排沫。《爾雅》謂之钀。嚴粲云：「鑣鑣，非一鑣也。每馬之鑣皆有朱色之飾，故曰鑣鑣。」「翟」，翟車也。夫人以翟羽飾車。「茀」者，草盛之義。草盛則能蔽物，故謂車蔽為茀。《爾雅》：「輿革，前謂之報，後謂之茀。」《易》「婦喪其茀」是也。孔云：「婦人乘車，不露車之前後，設帳以自隱蔽，謂之茀。因以翟羽為飾。」《〈周禮・巾車〉注》引此，謂「厭翟也」。「厭翟」者，次其羽，使相迫也。「朱幩」擬人君之貴〔註64〕，「翟茀」極小君之儀，嫡夫人之正禮。「以朝」者，莊姜已至於衛而入君之朝也。「夙」，早。「退」，罷也。《禮・玉藻》云：「君日出而視朝，退適路寢聽政，使人視大夫。大夫退，然後適小寢釋服。」國人樂得夫人以為君配，而又鄭重大昏之禮，故謂大夫之在公者宜早退，無使吾君勞倦於政事，而於禮文或有所闕耳。非恐其不得相親之謂也。**○河水洋洋，北流活活**。曷韻。《說文》作「湉」。**施罛**《說文》作「罟」。**濊濊**，叶曷韻，呼括翻。又叶月韻，許月翻。《說文》作「濊」。**鱣鮪發發**。月韻，叶曷韻，北末翻。《韓詩》作「鱍」。《說文》作「鮁」。豐氏本作「鱍」。**葭菼揭揭**，叶月韻，語訐翻。又叶屑韻，蹇列翻。又叶曷韻，烏割翻。**庶姜孽孽**，屑韻。《韓詩》、豐本俱作「钀」，云：「長貌。」**庶士有朅**。屑韻。亦叶月韻，丘謁翻。《韓詩》、豐本俱作「桀」，云：「健也。」○興也。此即來途所見以起興。河在齊西衛東。自齊適衛，河界其中，北流入海。「洋洋」，盛大貌。「活活」，《說文》云：「水流聲。」《爾雅》：「魚罟謂之罛。」《注》云：「網最大者。」「濊濊」，朱子云：「罟入水聲也。」《說文》云：「凝流也。」本作「濊〔註65〕」。楊慎云：「水平則流凝。〔註66〕

〔註64〕四庫本無「貴」。

〔註65〕「濊」，疑當作「濊」。《說文解字・濊》：「礙流也。從水薉聲。《詩》云：『施罟濊濊。』呼括切。」

〔註66〕按：「水平則流直」見蘇轍《詩集傳》卷五《伐檀》，《詩緝》卷十《伐檀》、《呂氏家塾讀詩記》卷十《伐檀》、《段氏毛詩集解》卷九《伐檀》引之。

杜詩『江平不肯流』、李端詩『水深難急流』是也。」〔註67〕又,馬融云:「大魚網目大豁豁也。」此但以音解,似無據。郭璞云:「鱣,大魚,如鱏,肉黃。大者二三丈。今江東呼為黃魚,即是也。」陸佃云:「俗謂之玉版。」嚴云:「《本艸》以鱣為鰉魚,俗作鱏,即鱏鰉魚也。」「鮪」,鱣屬。陸佃云:「鮪岫居,至春始出而浮陽,北入河,西上龍門,入漆沮。故《詩》言漆沮入河,通道此魚。」按:《爾雅》:「鮥,鮛〔註68〕鮪。」沈云:「江、淮間曰鮛〔註69〕。伊、洛曰鮪,海濱曰鮥。即一魚也。」能度龍門則為龍,故《禮記》云:「龍以為畜,故魚鮪不淰。」「鮪」,從龍者也。陸璣云:「鱣、鮪出江海,三月中從河下頭來上。鱣身形如龍,銳頭,口在頷下,背上腹下皆有甲,縱廣四五尺。今於盟津東石磧上釣取之,大者千餘斤,可烝為臛,又可為鮓,魚子可為醬。鮪魚形似鱣而青黑,頭小而尖,似鐵兜鍪,口亦在頷下,其甲可以磨薑,大者不過七八尺。益州人謂之鱣鮪。大者為王鮪,小者為鮛〔註70〕鮪,色白,味不如鱣也。」宋祁云:「王鮪腥不可近,官以為鮓獻御,其味甚美。」「發」,《韓詩》作「鱍」,魚掉尾也。云「發發」者,馬融云:「魚著網,尾發發然。」即諺所云撥剌是也。《爾雅》云:「葭,蘆。菼,薍。」李巡云:「分別葦類之異名。」按:葭,葦之未秀者,即蘆也。菼,萑之初生者,似葦而小長,大名薍,成則名萑,又名雚。陸璣云:「薍或謂之荻,其初生三月中,其心挺出,其下本大如箸,上銳而細,揚州人謂之馬尾。」「揭」,《說文》云:「高舉也。」云「揭揭」者,爭長而競進之貌。馮時可云:「葭菼出河中者得氣尤厚,故《衛風》曰『河水洋洋』、『葭菼揭揭』。北魏信都芳為律管吹灰之術,得河內葭灰用之,應節便飛,餘灰即不動也。可以信詩人之深於物理矣。」「庶姜」,謂侄娣。莊姜為東宮之妹,乃莊公之嫡出。曰庶姜,則同姓之媵也。嚴云:「庶出為孽。言『孽孽』者,眾多之貌,猶言非一孽也。「庶士」,毛《傳》云:「齊大夫送女者。」孔云:「《左傳》:『凡公女嫁於敵國,公子則下卿送之。』於時齊、衛敵國,莊姜齊侯之子,則送者下卿也。大夫,卿之總名。士者,男子之

〔註67〕按:楊慎《丹鉛總錄》卷二十《詩話類・江平不流》:「杜詩:『江平不肯流。』意求工而語反拙,所謂鑿混沌而畫蛇足,必夭性命而失卮酒也。不若李群玉樂府云:『人老自多愁,水深難急流』也。又不若《巴渝竹枝詞》云:『大河水長漫悠悠,小河水長似箭流。』詞愈俗愈工,意愈淺愈深。」

〔註68〕「鮛」,四庫本誤作「鮇」。

〔註69〕「鮛」,四庫本誤作「鮇」。

〔註70〕「鮛」,四庫本誤作「鮇」。

大稱，故云庶士。」「朅」，《說文》云：「去也。」字從去。《楚辭》：「車既駕
兮朅而歸」，即此「朅」也。庶士送莊姜而來，今既畢事，則有去衛國而歸者
矣。詩之興意，以施魚罟於河中而得大魚興莊公求昏於齊而得貴女，以河上
葭菼之屮揭揭然興庶姜庶士從莊姜而來歸也。夫以莊姜所居之貴，齊國資送
之盛如此，方為衛人所仰望，而可不以禮自修乎？鄭重言之，使其自悟，傅母
之所以為善諷也。《左・僖二十三年》：公子重耳如〔註71〕秦，秦伯納女五人，
懷嬴與焉。他日，公享之，公子賦《河〔註72〕水》。杜預以為逸詩。韋昭《國語
注》以為「當作沔水，取朝宗于海之義」。今按：二說皆非也。《河水》即此章。
因秦伯納女，故有「庶姜孼孼」之詠。然不云《碩人》之四章而但舉章首二字，
史筆固不拘一法耳。

  《碩人》四章，章七句。《左傳》云：「初，衛莊公娶於齊東宮得臣之
妹，曰莊姜，美而無子，衛人所為賦《碩人》也。」《序》泥其說，遂以為「閔
莊姜也。莊公惑於嬖妾，使驕上僭，莊姜賢而不答，終以無子，國人閔而憂
之」。《子貢傳》、《申培說》亦云：「衛莊公娶於齊夫人，賢而不禮焉，國人閔
之。」今按：此詩作於莊姜始至之時，初無閔意。《左傳》所云「衛人為之賦
《碩人》」者，但謂碩人之詩為莊姜詠耳，非謂以莊姜無子之故然後賦此詩也。
不善讀古書者，以辭害意，弊率類此。

綠衣

《綠衣》，衛莊姜傷己也。妾上僭，夫人失位，而作是詩也。 出《序》。
按：《左傳》：衛莊姜美而無子。公子州吁，嬖人之子也。有寵而好兵，公弗
禁。母嬖子驕，所謂「妾上僭」而「夫人失位」者也。

綠《子貢傳》作「菉」。**兮衣兮，綠衣黃裏。** 紙韻。**心之憂矣，**紙韻。
曷維其已！ 紙韻。○比也。「綠」，蒼、黃之間色。黃，中央之正位。劉公瑾
云：「青、黃、赤、白、黑，五方之正色也。綠、紅、碧、紫、繡，五方之間
色也。蓋以木之青克土之黃，合青黃而成綠，為東方之間色。」郝敬云：「婦
人衣夫者也。夫人位中宮，黃者，中央土之正色。襍以青，則為綠。青，木氣
也。木剋土，中宮所以見逼於旁孼也。」「綠兮衣兮」者，言此間色之綠也，

〔註71〕「如」，四庫本作「於」。
〔註72〕「河」，《左傳》同，四庫本誤作「杜」。

－1151－

今乃為衣也。按：《玉藻》云：「衣正色，裳間色。」是間色不可為衣，而正色當為衣也。嚴粲云：「讀《詩》不可鹵莽。如讀『綠兮衣兮』，不可但言是綠色之衣，當玩味兩『兮』字。《詩》有《黃鳥》、《白華》，不言黃兮鳥兮、白兮華兮，惟《綠衣》曰『綠兮衣兮』，蓋『綠』、『衣』字皆有意義。『綠』以喻妾，『衣』以喻上僭，故以二『兮』字點綴而丁寧之。」「裏」，《說文》云：「衣內也。」孔云：「間色之綠，不當為衣，猶不正之妾，不宜嬖寵。今間色之綠為衣而見，正色之黃反為裏而隱，以興不正之妾今蒙寵而顯，正嫡夫人反見疏而微。綠衣以邪干正，猶妾以賤凌貴。夫人既見疏遠，故心之憂矣，何時其可已止也。」張敬夫云：「綠衣之憂，言嫡妾之亂，其弊將至於不可勝言者。憂在家國也，夫豈特為一身之私哉！」○**綠兮衣兮，綠衣黃裳**。陽韻。**心之憂矣，曷維其亡**！陽韻。○比也。上曰衣，下曰裳。孔云：「以興不正之妾今蒙寵而尊，正嫡夫人反見疏而卑。雖嫡、妾之位不易，而莊公禮遇有薄厚也。」嚴粲云：「『綠衣黃裏』，言掩蔽而已。『綠衣黃裳』，則貴賤倒置，夫人失位矣。」曾鞏云：「『亡』，失也。不須訓為忘。言此心之憂，無時失去也。」真德秀云：「嫡妾之亂，其弊將有不勝言者。曰『曷維其已』、『曷維其亡』，蓋雖欲亡憂而不可得也。其後嬖妾之子州吁果以篡立，而衛為之大亂，莊姜之憂於是乎驗。有國者其可不鑒於茲？」張洽云：「夫君臣、父子、夫婦之分，一失其正則亂之所從生。衛莊溺愛而使內寵僭嫡，嬖子害正，辨之弗早，貽禍後嗣，可謂慘矣。」〔註73〕○**綠兮絲**支韻。**兮，女所治**叶支韻，澄之翻。**兮。我思古人，俾無訧**叶支韻，盈之翻。**兮**。○比而賦也。「綠兮絲兮」者，言此間色之綠也，本是絲也。「女」，泛指婦女。「治」，謂染治之也。皎皎練絲，在所染之。不然，奚轉而有此綠也？以比妾之所以能上僭者，皆緣己不德致然。此與下章皆自訟之辭也。古人泛言古之人或有處此者。「訧」，《說文》云：「罪也。」黃佐云：「天下無難處之事。善處嫡妾之間，則亦必敬必戒，無違夫子『不使有怨』而已。」程子云：「衛莊姜傷己無德以致之。行有不得，反求諸己而已矣。絲之綠，緣女之染治以成，言有所自也。絺綌，所以來風也。」又，《魯語》：「公父文伯之母欲室文伯，享其宗老，而為賦《綠衣》之三章。師亥聞之，曰：『善哉！宗室之謀，不過宗人。謀而不犯，微而昭矣。《詩》所以合意，歌以詠之，度於法矣。』」賦詩之意，亦取章首二句，欲其慎於始耳。○**絺兮綌兮，淒**「箋云：「淒旁二點者，從冰也，寒也。妻

旁三點者，從水也，水云慘澹之貌。」此『淒其以風』及《鄭風》『風雨淒淒』、《四月》『秋日淒淒』皆當從冰。」〔註74〕今按：《說文》只有從水之淒，無從冰之淒，當以淒字為正。**其以風。**叶侵韻，孚金翻。**我思古人，實獲我心。**侵韻。○比而賦也。「絺」、「綌」，解見《葛覃》篇。「淒」，毛《傳》云：「寒風也。」按：《說文》：「淒，雲雨起也。」今以狀風者，取其陰涼慘淡，亦如雲雨方起之時耳。「絺」、「綌」乃來風之物。袗絺綌以御風，吾知其難矣，故古語云「禦寒莫如重裘，止謗莫如自修」也。或以上章綠絲比少艾之妾，言惟其綠而絲也，故人愛而欲治之。此章喻己之過時，言絺綌本暑服，今乃當淒然寒風之候，猶班婕妤《怨歌行》所謂「常恐秋節至，涼飆奪炎熱」者。蓋恕己諒人，絕無爭寵之心。雖摹情近似，然斤斤以色之盛衰為較量，其於義末矣。「獲我心」，謂先得我之心。《孟子》曰：「心之所同然者何也？謂理也，義也。聖人先得我心之所同然耳。」「我思古人」，其處夫婦嫡妾之際，實有當於我心者，我其可不自勉乎？古人不知何所指，蓋亦如《關雎》、《鵲巢》之類，當時女史所載也。曰「無訧」，只委曲以全婦道，猶有模範古人之意。「實獲我心」，則古人來合我矣。「俾」字與「實」字遙相呼應。陳櫟云：「不得於夫而不疾其妾，惟思古人以自修其身，憂而不傷，怨而不怒。孔子謂《詩》可以怨，其此類也夫？」鄧元錫云：「鏡，古所以平心也。困而能通，憂而維則，其惟《綠衣》乎？」又，《左·成九年》：「季文子如宋致女，覆命，公享之，賦《韓奕》之五章。穆姜出於房，再拜曰：『大夫勤辱，不忘先君，以及嗣君，施及未亡人，先君猶有望也。敢拜大夫之重勤。』又賦《綠衣》之卒章而入。」亦借辭取義。

《綠衣》四章，章四句。《子貢傳》、《申培說》皆謂「衛莊公嬖人生州吁，有寵而好兵，莊姜憂之而作」。今按：此詩無刺及好兵之義。

終風

《終風》，衛莊姜見怒於莊公，賦此。出《子貢傳》。徐光啟云：「詳味《日月》、《終風》，見莊姜惻然望夫之情，見詩人忠厚之意，《長門賦》義本於此。」

〔註74〕按：見嚴粲《詩緝》卷三《綠衣》。中華書局整理本《詩緝》有校記，云：「按：《鄭箋》無此語。仁本校云：『箋，恐粲誤。』」（第78頁）

終風且暴，號韻。《說文》作「瀑」。**顧我則笑。**叶號韻，讀如燥，先到翻。古本一作「唉」。陸德明云：「俗字也。」**謔浪笑敖**，叶號韻，疑到翻。**中心是悼。**號韻。○比也。「終風」，終日風也。「暴」，《說文》云：「晞也。」亦風亦日，比莊公之意態變幻，不可測識也。「顧」，《說文》云：「還視也。」「笑」，喜也。「顧我則笑」，玩一「則」字便見原無笑意。「謔」，《說文》云：「戲也。」「浪」者，水流之名。「敖」，通作「傲」，《說文》云：「倨也。」此承上「笑」字而言，言不過是戲謔放浪以笑為傲而已。「悼」，《說文》云：「懼也。」不知其所以待我者終將何如，惟有中心自悼懼而已。○**終風且霾**，叶支韻，陵之翻。**惠然肯來。**叶支韻，陵之翻。**莫往莫來，悠悠我思。**支韻。○比也。《爾雅》、《說文》皆云：「風而雨土為霾。」孫炎云：「大風揚塵，土從上下也。」「肯」之言「可」，「莫」之言「無」，皆音近也。「惠然肯來」，乃期望之辭，言莊公仁愛於我，庶其可一來乎？「莫往莫來」者，言我不往則彼亦不來也。「悠」，《說文》云：「憂也。」莊姜無自往之理，則莊公終不來矣，是以使我思之而憂愁不置，蓋望其君子之深厚之至也。○**終風且曀**，霾韻。**不日有曀。**見上。**寤言不寐，願言則嚏。**霾韻。《韓詩》、陸本作「疌」，云：「一作『嚏』，又作『疐』。」○比也。「曀」，《說文》云：「陰而風也。」「有」之言「又」，亦音近也。呂祖謙云：「陰風終日，意其止矣。不旋日而又曀焉，厭苦之辭也。」愚按：三章之言終風同，然始而曰暴，則尚有日；繼而曰霾，則不見日矣；又重之以不日之曀，則無開霽之時矣。比莊公之狂惑日甚也。《說文》云：「寐覺而有言曰寤。」《論語注》云：「自言曰言。」「寐」，《說文》云：「臥也。」「願」，通作「愿」，《說文》云：「謹也。」曰「願言」者，以其心之所謹念者發之於自言也。「嚏」，《說文》云：「悟解氣也。」徐鍇云：「腦鼻中氣壅塞，噴嚏則通。」鄭玄云：「嚏，讀當為『不敢嚏咳』之『嚏』。我其憂悼而不能寐，汝思我心如是，我則嚏也。今俗人嚏，云人道我。此古之遺語也。」《宗鏡錄》云：「心者形於未兆，動靜無不應於自心。如《詩》之『願言則嚏』，謂人思己則嚏，故知心應千里。設有處遠而思者，我皆知矣。是以萬事，惟心先知，故得稱心靈也。」豐熙云：「此承『莫往莫來』而言。不敢望君之復來矣，但得一齒及之，而使我一嚏亦足矣。蓋思望之尤深也。」○**曀曀**《韓詩》、豐氏本作「壇壇」。**其陰**，豐本作「仌」。**虺虺其雷。**灰韻。**寤言不寐，願言則懷。**叶灰韻，胡猥翻。○比也。重言「曀曀」，即所謂「不日有曀」也。萬尚烈云：「蛇之小者為虺。『虺虺』，電光之貌。諺謂

『蛇子霍閃』是也。」前三章皆言風。此不言風而獨終之以雷者，風比莊公之初惑於嬖妾；及其惑之甚而至於昏，則取象於霾曀；又其甚也，則將有無道之施於嫡矣，故以雷終之也。首章曰「中心是悼」，莊姜已懼及此。「懷」，《說文》云：「念思也。」嚴粲云：「我為傷悼汝之故，寤覺而不寐，願汝思懷我而悔悟也。」豐熙云：「此承『願言則嚏』而言，不敢望君之道我，然亦願君之一思及之乎？至此則望之極矣，亦因以見其君之至薄也。」

　　《終風》四章，章四句。《序》以為「衛莊姜傷己也。遭州吁之暴，見侮慢而不能正也」。《申培說》則云：「莊姜戒州吁，公不悅，姜憂而作詩。」朱子謂「詳味此詩，有夫婦之情，無母子之意」。

日月

《日月》，衛莊姜傷己也。出《序》。○朱子云：「明是莊公在時所作，其篇次亦當在《燕燕》之前。」按：史遷有言：「甚哉！妃匹之愛，君不能得之於臣，父不能得之於子，況卑下乎！賢如莊姜而不見禮，卒於無子，信有命焉。」

日居月諸，照臨下土。麌韻。乃如之人兮，逝不古豐氏本作「故」。處。叶麌韻，讀如取，此主翻。胡能有定？寧不我顧？叶麌韻，果五翻。陸德明本作「顧」。○興也。「日月」，鄭玄云：「喻國君與夫人也。」「居」、「諸」，皆語助辭，與《柏舟》篇解同。又，吾師蔡先生殼中云：「居、諸分屬日、月，亦有義。居言日新之日，居然無改；諸言生明生魄，諸常改易。」亦一說也。孔穎達云：「日以照晝，月以照夜，同曜齊明，照臨下土，以興國君視外治，夫人視內政。」「之人」，鄭云：「是人也，謂莊公也。」「逝」者，一往而不反之意。「古處」，朱子云：「以古道相處也。」古人於夫婦之倫，必以道相處，如文王之「刑于寡妻」是也。輔廣云：「觀《綠衣》之詩，所謂『我思古人』，則於此歎莊公不以古道處己者宜也。自處以古人為法，而望人以古道處己。莊姜之處己望人，皆有則矣。」「胡」之言「何」，音之轉也。「定」，《說文》云：「安也。」「寧」，猶壹也。「顧」，《說文》云：「還視也。」言是其心志回惑，何能有安止之時乎？使其能有定也。豈終棄我而不顧乎？此二句皆期之之辭。朱子云：「見棄如此，而猶有望之之意焉。此詩之所以為厚也。」又，《韓詩外傳》云：「君子之聞道，入之於耳，藏之於心，察之以仁，守之以信，行之以義，出之以遜，故人無不虛心而聽也。小人之聞道，入之於耳，出

之於口，苟言而已。譬如飽食而嘔之，其不惟肌膚無益，而於志亦戾矣。《詩》曰：『胡能有定？』」按：此借辭取義。然於刺莊公處夫婦之間不能以古道自持，其意亦復相合。〇日居月諸，下土是冒。號韻。乃如之人兮，逝不相好。叶號韻，虛到翻。胡能有定？寧不我報？號韻。〇興也。「冒」，毛《傳》云：「覆也。」李氏云：「亦照臨下土之意。」愛而不釋曰好。《韻會》云：「女子之性柔而滯，有所好則愛而不釋，故於文女子為好。」「報」，答也。「不我報」者，張氏云：「以禮事莊公，不以恩答己。」劉公瑾云：「每章末二句皆有望之之意。」孫能傳云：「『寧不我顧』，猶望其顧也。『寧不我報』，猶望其報也，語意何等繾綣。」《玉臺新詠》載王僧孺《為姬人自傷詩》：「還君與妾扇，歸妾奉君裘。斷弦猶可續，心去最難留。」果於自絕，無少顧戀，失詩人忠厚之意矣。〇日居月諸，出自東方。陽韻。乃如之人兮，德音無良。陽韻。胡能有定？俾也可忘。陽韻。〇興也。《禮》云：「大明生於東。」楊雄云：「月未望則載魄於西，月既望則終魄於東。」朱子云：「日旦必出東方，月望亦出東方。」陸佃云：「日月之盛，皆在東方。」愚按：此詩言日月，皆以日月相望之時言，敵體同德之意也。「音」，聲。「良」，善也。嚴粲云：「此『德音無良』及《邶》、《谷風》言『德音莫違』，皆婦人言其夫待己之意耳，故為聲音言語。」朱子云：「『德音』美其辭，『無良』醜其實。」陸化熙云：「『德音』如『顧我則笑』之類，然皆出於戲慢，故曰『無良』。」「忘」，《說文》云：「不識也。」謂遺忘也。言何時能有定乎？果有定，則向日所以待我者庶幾使我可以遺忘之，而亦不復記憶之，追咎之矣。詩之敦厚如此。〇日居月諸，東方自出。質韻。父兮母兮，畜我不卒。叶質韻，即事翻。胡能有定？報我不述。質韻。《文選注》作「衍」。薛君云：「法也。」〇興也。「畜」，養。「卒」，終也。朱子云：「不得其夫而歎父母養我之不終，蓋憂患疾痛之極，必呼父母，人之至情也。」徐光啟云：「『畜我不卒』，非欲父母養之終身也，只如今人說『養我不了，誤我一生』。真婦人語也。」「述」，《說文》云：「循也。」循其事而稱述之也。言何時能有定乎？則向日莊公之所以報我者亦不復稱述之矣，厚之至也。

《日月》四章，章六句。《序》以為「衛莊姜遭州吁之難，傷己不見答於先君以至困窮之詩」。蘇轍引《左傳》石碏之諫莊公曰：「將立州吁，乃定之矣。若猶未也，階之為禍。」莊公不從，故及於禍。此「胡能有定」之謂與？呂祖謙亦云：「子叔姬妃齊昭公，生舍。叔姬無寵，舍無威。夫人見薄，

則冢嗣之位望亦輕，此國本所以傾搖也。莊姜既不見答，則桓公之位何能有定乎？」今繹詩中，全無此意。其解「有定」二字甚牽強。朱子以為「詩言『寧不我顧』，猶有望之之意。又言『德音無良』，亦非所宜施於前人者。明是莊公在時所作」，其辨甚核。然不以首句日月為取興，而云「是呼日月而訴之」，則迂矣。至如《子貢傳》、《申培說》皆謂「州吁弑桓公，莊姜大歸於齊，而作是詩」，蓋誤認詩中有「父兮母兮，畜我不卒」之言，然其事無據。

簡兮

《簡兮》，衛之賢者仕于伶官，出《序》。**而作此詩，刺莊公廢教也。**

《衛風・碩人》之詩為莊姜作也。其兩言「碩人」，則指莊公也。此詩及《考槃》之詩皆有「碩人」之語，與彼同文，故知亦刺莊公也。「伶官」，樂官也。自黃帝時，使伶倫氏截竹而吹之，以為黃鐘之宮。及周景王鑄無射，而問律于伶州鳩。是伶氏世掌樂官，故後世多號樂官為伶官。《左傳》，鍾儀對晉侯，自稱伶人。《魯語》「伶簫詠歌及《鹿鳴》之三」是也。此詩言「萬舞」者，伶官之事。其所以通於教者，何也？《周禮》：大司樂以樂教國子，樂師教國子小舞，籥師掌教國子舞羽吹籥。諸侯之禮亡，先儒謂彼雖天子之法，推此，諸侯亦有國學也。按：《王制》云：「諸侯，天子命之教，然後為學。」是則侯國設學之明證。然祭祀燕享亦皆有舞，何知此為學中之舞？《月令》：「仲春上丁，命樂正習舞釋菜。」《周禮》：「大胥掌學士之版，以待致諸子，春入學舍菜合舞。」舍菜即釋菜也。入學者必釋菜以禮先師，其時在仲春，即此詩所云「日之方中」者也。衛自桓公始入春秋。莊為桓父，其行事無所表見，但以《左傳》所載寵州吁一節觀之：「公子州吁，嬖人之子也，有寵而好兵，公弗禁。石蠟諫曰：『臣聞愛子，教之以義方，弗納於〔註75〕邪。驕、奢、淫、佚，所自邪也。』弗聽。其子厚與州吁遊，禁之，不可。」夫州吁、石厚皆國子之流，而所行若是，然則莊公當時之廢教，蓋可知矣。又篇末有「西方美人」之語，則此詩之為東遷後作無可疑者。

簡陸德明云：「或作『蕳』，非也。」豐氏本作「柬」，云：「伶官名。」**兮簡兮，方將萬舞。**夔韻。**日之方中，在前上處。**叶夔韻，讀如取，此主翻。朱《傳》自章首至此為第一章。今依毛、鄭舊本。**碩人俣俣，**夔韻。《韓

〔註75〕「於」，《左傳・隱三年》同，四庫本無。

詩》作「扈扈」，云：「美貌。」**公庭萬舞。**襄韻。○賦也。「簡」，通作「柬」，《說文》云：「分別之也。」謂分別其能舞與否者，將使之舞也。舊說訓「簡」為「簡易不恭」〔註76〕。按：《周禮》：「小胥巡舞列而撻其怠慢者。」若使當舞之時「簡易不恭」，豈得為賢者乎？「方將」，猶言且也。「萬」，《初學記》云：「大舞也。」所以名萬者，何休以為「象武王以萬人定天下，民樂之，故名之」。然《商頌》曰「萬舞有奕」，《夏小正》曰「丁亥，萬用入學」，《竹書》「帝舜十七年，春二月，入學初用萬」，則萬之稱其來已久。或但取萬物得所之義耳。舞者，用兩足左右相背，故其字從舛。《山海經》云：「帝俊八子始為舞。」又，《呂氏春秋》云：「陰康氏之始，陰多滯伏，民氣鬱閼，故作舞以宣導之。」毛《傳》云：「以干羽為萬舞。」按：武舞名干舞，干則有戚矣。文舞名羽舞，言羽則有籥矣。或又以文舞為籥舞。呂祖謙云：「鄭康成據《公羊傳》，以萬舞為干舞。蓋《公羊》釋經之誤也。《春秋》書『萬入，去籥』，言文、武二舞俱入，以仲遂之喪於二舞之中，去其有聲者，故去籥焉。《公羊》乃以萬舞為武舞，與籥舞對言之，失經意矣。若萬舞止為武舞，則此詩與《商頌》何為獨言萬舞而不及文舞耶？《左氏》載『攷仲子之宮，將萬焉』。婦人之廟亦不應獨用武舞也。然則萬舞為二舞之總名明矣。」又，《左·莊二十八年》：「楚令尹子元欲蠱文夫人，為館於其宮側，而振萬焉。夫人聞之泣曰：『先君以是舞也，習戎備也。』」蓋謂萬舞之中有武舞焉，非專以萬舞為武舞也。孔穎達云：「《月令》：『仲春之月，命樂正習舞，入學者必釋菜以禮先師。』此『日之方中』即彼春入學是矣，謂二月日夜中也。《尚書》『日中星鳥』，《左傳》『馬日中而出』，皆與此同也。」愚按：《竹書》所載「二月，入學初用萬」及《夏小正》所云「丁亥，萬用入學」，即《月令》「仲春上丁」之制也。「在前」者，在下文公庭之前。「上」，謂上頭也。「處」，《說文》云：「止也。」此教舞之伶官在公之前，其所止之地位則在眾舞者之上頭也。孔云：「在前列上頭，唯教者為然。」「碩人」，指莊公也。解見《碩人》篇。「俁」，《說文》云：「大也。」以容貌言。言莊公以俁俁之容臨之於上也。「公庭」者，公所居之庭。《禮》：仲春，入學習舞。此日中之時，舞當在學，乃令之於公庭而萬舞焉。莊公之屑越禮教，於此徵之矣。○**有力如虎，**襄韻。**執轡如組。**襄韻。朱《傳》自『碩人』至此為第二章。今依毛、鄭舊本。**左手執籥，**藥韻。豐本作「龠」。**右手秉翟。**叶藥韻，讀如迪，毒藥翻。**赫如渥赭，公言錫**

〔註76〕《詩集傳》：「簡，簡易不恭之意。」

爵。藥韻。○賦也。「有力」，二句與舞事無關，意是武舞之形容耳。「有力如虎」，言其武力比於虎也。「執」，持也。「轡」，馬轡也。「組」，《說文》云：「綬屬。」《詩詁》云：「間次五采為之。織組者，總紕於此而成文於彼。御者執轡於此，使馬騁於彼，如織組也。」按：武舞中有所謂「發揚蹈厲」者，故見其「如虎」；有所謂「夾振駟伐」者，竊意即謂驅駟馬以往伐，故有「執轡」之事。先儒謂「駟」通作「四」，恐未然也。又，《呂氏春秋》云：「《詩》云：『執轡如組。』孔子曰：『審此言也，可以為天下。』子貢曰：『何其躁也！』孔子曰：『非謂其躁也。謂其為之於此而成文於彼也。聖人組修其身，而成文於天下矣。』」《淮南子》云：「聖人在上，化育如神。太上曰：我其性與！其次曰：微彼其如此乎？故《詩》曰『執轡如組』、《易》曰『含章可貞』。動於近，成文於遠。」斷章取義，古人說詩類如此。《禮記》云：「伊耆氏作葦籥。」陸元朗云：「以竹為之，長三尺，執之以舞。」「劉熙云：『籥，躍也。氣躍而出。』古者取卯地之竹以為籥。春分之音，萬物振躍而出也。」〔註77〕《易林》云：「芽蘗生達，陽唱於外。」陳暘云：「道生一，則奇而為陽。一生二，則偶而為陰。二生三，因陰陽參合而為沖氣。籥之為器，如笛而三孔，律度量衡所出，陰陽沖氣所生。伊耆氏用葦以始之，後世用竹以易之。徒度所生，陰陽合焉，所以通中聲也。」又云：「《易》曰：『震為萑葦，為蒼筤竹。』葦籥、竹籥，皆震音也。蓋太極元氣，函三為一，行於十二辰，而律呂具矣。籥之為器，本於黃鐘之籥，竅而三之，所以通中聲而上下之，律呂之所繇生也。古之人始作樂器，而葦籥居其先焉。震為六子之首，籥為眾樂之先。」又，毛《傳》以為六孔。《廣雅》以為七孔，云「即笛」，是也。按：《爾雅》，籥有三種。大籥謂之產，其中謂之仲，小者謂之籥。其七孔、六孔、三孔之異乎？孔云：「籥雖吹器，舞時與羽並執，故得舞名。是以《賓之初筵》云『籥舞笙鼓』、《公羊傳》云『籥者何？籥舞』是也。」按：《周禮》言「舞羽龡籥」，蓋執羽舞，吹籥為節。陳氏云：「舞羽皆執籥，以聲音之本是故也。」「秉」，持也。「翟」，《說文》云：「山雉尾長者。」此云「秉翟」，謂持翟雉之羽而舞。《公羊》說「樂萬舞以鴻羽，取其勁輕，一舉千里」，《韓詩》說「萬以夷狄大鳥羽」，非也。南齊鄭義奏，更以翟為笛，謂「笛飾以髦，籥飾以羽」。梁武帝曰：「翟是五雉之一，取其毳羽以秉之耳，寧謂羌笛耶？」宋元豐三年，詳定朝會儀注，以為今文舞所秉翟羽，以雉尾掉髹漆之柄。求之古制，蓋無所本。

〔註77〕出陳暘《樂書》卷一百四十七《八音・七孔籥》。

《景祐廣樂記》載聶崇義圖，羽舞所執，類羽葆幢，析羽四重以結綏，繫之於柄，請依崇義圖以翟羽為之。今按：此說與古義合。陳暘云：「籥所以為聲，翟所以為容。聲緣陽來，故執籥於左，左陽故也。容自陰作，故秉翟於右，右陰故也。」李照《舞節論》云：「翟進則籥退，籥進則翟退。」按：《書》言「舞干羽於兩階」，《樂記》言「皆〔註78〕音而樂之，及干戚、羽旄，謂之樂」。《郊特牲》、《明堂位》、《祭統》皆言朱干玉戚以舞《大武》，皮弁素積以舞《大夏》，則皆用於與羽矣。其所以先武后文者，兩階之舞，則以苗民逆命故也。湯、武征伐，則以有武功為大故也。此詩先言「有力」二句，愚以為武舞；繼言「執籥秉翟」，則是文舞。亦先武后文者。蓋周時萬舞之制然耳。漢舞，先武德，後文始。唐舞，先七德，後九功。其意以謂武以威眾而平難，文以附眾而守成，平難在所先，守成在所後。唐太宗謂封德彝曰：「朕始雖以武功興，終以文德綏。海內謂文容不如蹈厲，斯言過矣。」厥指正同。又按：《周禮》：「大司樂以樂舞教國子《雲門》、《大卷》、《大咸》、《大磬〔註79〕》、《大夏》、《大濩》、《大武》。」此六者謂之大舞。《雲門》、《大卷》，黃帝之樂也。《大咸》，堯樂也。《大磬》，即《韶》，舜樂也。《大夏》，禹樂。《記》言「二十，舞《大夏》」〔註80〕，則六舞皆學。而特舉《大夏》者，舊謂自夏以上，揖讓得天下；自夏以下，征伐得天下。夏為文武中，故特舉之，可以兼前後也。《大濩》，湯樂。《大武》，武王樂。若《內則》言「成童舞象」，《左傳》「季札見舞《象箾》、《南籥》者」，《象箾》武舞，《南籥》文舞，此皆文王之樂，不列於六舞之內。「赫」，通作「赩」，《說文》云：「大赤也。」「渥」，《說文》云：「霑也。」毛《傳》云：「厚漬也。」孔云：「渥者，浸潤之名。漬之久厚則有光澤，故以興顏色之潤。」「赭」，《說文》云：「赤土也。」鄭玄云：「容色赫然，如厚傅丹。」愚按：此贊伶官容貌之美，蓋德充之符晬然見於面，《序》所以稱之為「賢者」也。「公」，謂莊公也。「言」，謂命也。「錫」，通作「賜」，《說文》云：「予也。」「爵」，飲器，似雀。所以飲器象雀者，取其鳴節節足足也。按：錫爵樂工，其禮有二。一則《祭統》有「畀輝胞翟閽」之禮。翟者，樂吏之賤者也。毛《傳》以為「見惠不過一散」。孔云：「《禮器》云：『禮有以小為貴者，貴者獻以爵，賤者獻以散。』《祭統》云：『尸飲九，以散爵獻士。』」散受五升。一

則《儀禮》有君燕臣而獻工之禮。臣為賓，公命宰夫為主人，樂賓，升歌，工歌《鹿鳴》、《四牡》、《皇皇者華》。卒樂，主人洗升獻工。工不興，左瑟一人拜受爵。若與四方之客燕，舞則以《勺》。今詳此詩，乃上丁習舞之禮，與祭祀燕享不同。既以教國子為職，則與有教化之責。今乃以界翟獻工之禮施之，賤斯甚矣。自「簡兮」至此，該括當日習舞始終。上章刺意在「公庭萬舞」，此章刺意在「公言錫爵」。○山有榛，真韻。《釋文》作「蓁」。《說文》作「亲〔註81〕」。隰有苓。叶真韻，讀如鄰，離珍翻。豐本作「薝」。云誰之思？西方美人。真韻。彼美人同上。兮，西方之人同上。兮。興也。「榛」，木名。本作「亲〔註82〕」。陸璣云：「樕屬。其子小，似栭子。表皮黑，味如樕。」羅願云：「枝莖如木，蓼葉如牛李，色高丈餘，子如小栗。關中鄜坊甚多，其字從秦，從此意也。」《周禮‧籩人》職云：「饋食之籩，其實榛。」《左傳》云：「女贄榛、栗、棗、脩。」下濕曰隰。「苓」，艸名，《說文》云：「卷耳也。」按：《爾雅》「蒼耳，苓耳」也。解見《卷耳》篇。諸家相傳，則謂詩中詠苓，乃《爾雅》之薝，一名大苦，今之甘草是也。《本艸》名為國老。陸佃云：「解百藥毒，安和七十二種石，一千二百種艸，故號國老之名。國老，賓師之稱，蓋藥有一君二臣三佐四使。苓者，又其賓師也，故藥罕不用者。雖非其君，而君實宗焉。蔓生，葉狀似荷，少黃，莖赤有節，節間有枝相當，喜生下澤。」或云似地黃，又名美丹，又名蜜甘，又名美草，又名蜜草，又名蕗草。愚按：甘草味甘，而《爾雅》名之大苦者，反言之也。榛可供籩實，資民生之用。苓可備藥物，救民之患害。皆有益於人者。此以興教化行則人才盛也。「山有榛」，以興國君之子。「隰有苓」，則興卿大夫之子耳。今莊公所寵之公子如州吁，其州吁所從遊之人如石厚，有愧榛、苓多矣。「西方」，指西周也。《晉語》齊姜氏引西方之書，韋昭亦以為西周也。朱子云：「『西方美人』，託言以指西周之盛王也。如《離騷》亦以美人目其君也。」又曰：「西方之人者，歎其遠而不得見之辭也。」所以思西方美人者，非泛然懷明王之思而已。春夏學干戈，秋冬學羽籥，文王之教也。樂正司業，父師司成，武王、周公之制也。其教之成，則大樂正論造士之秀者，以告於王而升諸司馬，曰進士。司馬辯論官材，論進士之賢者，以告於王而定其論。論定然後官之，任官然後爵之，位定然後祿之，所謂「山有榛」而「隰有苓」者也。且唐、虞三代舞用

〔註81〕「亲」，四庫本作「亲」。
〔註82〕「亲」，四庫本作「亲」。

－1161－

國子，意亦欲其早習於道，非如後世給繇役之賤者而已。唐臣趙慎言有言：
「古之舞者，即諸侯子孫，故神祇降福，靈光燭壇。是以其教之人亦必擇賢
人君子為之。」〔註83〕其所以立教之意，何如鄭重。而公僅以伶工視之，徒
取供悅目之娛而已。教化不興，則人才何以逮古，可勝歎哉！王應麟云：「《大
司樂》言『樂德樂語』，而終於『樂舞』。《樂師》言『樂成告備』，而終於『皋
舞』。《孟子》言『仁義禮樂之實』，而終於『不知手之舞之』。《記》言『詩言
志，歌詠聲』而終於『舞動容』。此舞所以為樂之成也。繇小學之書，以進於
瞽宗之禮樂，而成之以東序之舞，則周之教法可知矣。」

　　《簡兮》三章，章六句。朱《傳》作四章，三章章四句，一章六句。
○《序》謂「刺不用賢也。衛之賢者，仕于伶官，可以承事王者也」。按：詩
中廢教、簡賢二意皆有，而刺廢教之意居多。若《申培說》以為「伶官心乎王
室而自傷之詩」，《子貢傳》則謂「邶之伶柬心乎王室，又若在武庚之時然者」。
今以詩詞觀之，若「有力如虎」、「赫如渥赭」，皆旁觀讚歎之詞，絕非自作之
語。至以柬為伶名，則別無經見，尤不足信。

考槃

《考槃》，刺衛莊公也。不能繼先君之業，使賢者退而窮處。出
《序》。○莊公，名揚，武公子。鄧元錫云：「夫武公之德聖矣，務士於交儆，
終老弗懈也。莊公有溺志，賢者退而適於野，孰與盡規儆哉？先公之業宜替
矣，故《序》以為刺。」愚按：此詩與《簡兮》篇宜皆為一人之作，以「考
槃」二字知之。君不用賢，使之沉淪下位，與伶人賤工為伍，尚能俛首求容
乎？所以考槃而自樂也。《孔叢子》載孔子曰：「吾於《考槃》見遁世之士無
悶於世。」

考《孔叢子》、《呂氏讀詩記》俱作「攷」。槃《韓詩》、豐氏本俱作「盤」。
在澗，叶先韻，居賢翻。《韓詩》作「干」，云：「磝埆之處。」《文選注》
云：「地下而黃曰干。」豐本同。**碩人之寬。**叶先韻，驅圓翻。**獨寐寤言，**
元韻。**永矢弗諼。**元韻。按二章、三章四句俱一韻，而此上下二句各自為
韻。○賦也。「考」，通作「攷」，《說文》云：「叩也。」毛《傳》云：「擊也。」
「槃」，木器，《說文》云：「承槃也。」籀文作「盤」。陳氏云：「蓋扣之以節

歌，如鼓盆拊缶之為樂也。」《爾雅》云：「山夾水曰澗。」「碩人之寬」，刺莊公之辭也。「碩人」，解見《碩人》、《簡兮》篇。「寬」，《說文》云：「屋寬大也。」莊公為人，好醜兼容，賢不肖無別，故以寬目之。孔子所謂「糟者猶糟，玉者猶玉，血者猶血，酒者猶酒」是也。觀當時知州吁之好兵而不禁，知石厚之匪類而不絕，非寬而何？「寐」，臥也。寐覺而有言曰寤。俱見《說文》。自言曰言。「獨寐寤言」者，既寐而寤，既寤而言，皆獨自也。後放此。「永」，《說文》云：「長也。」「矢」，《爾雅》云：「誓也。」蓋謂意之激切，如矢之直也。「諼」，《說文》云：「詐也。」奉身而退處澗谷之間，獨自寐，獨自寤，獨自言，可謂離索寂寞矣。然長久誓願如此，非敢有詐，所以自表其素心，亦憤懣之極也。《記》曰「道合則從」，又曰「事君者，量而後入」。既已沉伏下僚，而人君又以俳優畜之，度無復表見之時矣。不然，學期世用，而顧甘於遯世耶？○**考槃在阿**，歌韻。**碩人之薖**。歌韻。《韓詩》作偄，云：「美貌。」**獨寐寤歌**，韻。**永矢弗過**。歌韻。○賦也。毛《傳》云：「曲陵曰阿。」《文選注》云：「曲景曰阿。」孔穎達云：「以《大雅》云『有卷者阿』，則阿有曲者，於隱遯為宜。想碩人所居之地，兩山夾水，其旁有阿也。」「薖」，《說文》云：「艸也。」「碩人之薖」者，刺莊公時政憒亂，亦如艸之蕪穢荒雜也。「歌」，詠也。徐鍇云：「長引其聲以誦之也。」「過」，《說文》云：「度也。」「永矢弗過」者，長誓棲託於此山阿之中，不復別有所從矣。○**考槃在陸**，屋韻。**碩人之軸**。屋韻。《爾雅》作「逐」，云：「病也。」**獨寐寤宿**，屋韻。**永矢弗告**。叶屋韻，居六翻。○賦也。「陸」，《說文》云：「高平地。」「在澗」、「在阿」、「在陸」，總是一處，蓋謂左右前後之相近者。「軸」，《說文》云：「持輪也。」《釋名》云：「抽也。入轂中可抽出也。」「碩人之軸」者，言其意向無定，如軸之隨輪以轉徙也。誦《終風》、《日月》之篇，莊公之所以待莊姜者如彼，則其為人可知矣。「宿」，《說文》云：「止也。」「獨寐寤宿」者，言獨寐而覺，既覺而仍然止宿於彼也。「告」，通作「誥」，謂相曉示也。「永矢弗告」者，長誓不以姓字告人，如韓休逃名是也。

《考槃》三章，章四句。《子貢傳》、《申培說》皆謂「鄘人美其君子不仕亂邦，賦此」，殊無明據。朱《傳》但以為「詩人美賢者之詩」，而不著其世。

采葛

《采葛》，懼讒也。 出《序》。○《左傳》稱「鄭武公、莊公為平王卿士。王貳於虢，鄭伯怨王。王曰：『無之。』故周鄭交質」。此詩疑鄭莊公所作也。周之東遷，晉、鄭焉依。平王不知以何事愛虢而憎鄭。及桓王立，遂奪鄭伯政，至有繻葛之役。鄭固不臣，而周之所以待鄭亦失其道矣。

彼采葛叶月韻，居謁翻。**兮，一日不見，如三月**韻。**兮。**比也。田藝衡云：「『彼』，謂君也。」愚按：此不敢斥言王，故託之乎彼也。「葛」，解見《葛覃》篇。田云：「葛性善攀附。蕭、艾並腐穢之物，喻小人也。采，喻君方暱近之也。小人本好讒，君又暱近之，則易讒。」歐陽修云：「詩人以采葛、采蕭、采艾者，皆積少以成多，如王聽讒，積微而成惑。夫讒者，疏人之所親，疑人之所信，奪人之所愛，非一言可效，一日可為必，須累積而後成，或漸入而日深，或多言之並進，故曰『浸潤之譖』，又謂『積毀銷骨』也。《采葛》之義，如是而已。」郝敬云：「葛之為物，可以織。讒言蔓引，何以異葛？」愚按：葛生於初夏，采於盛夏，故下承「三月」也。「一日不見」，謂偶以事他出，不進見於君也。「如三月兮」，如三月之久，其中變態有不可知者也。李氏云：「小人之譖人，多乘間而讒之，如上官桀等謀譖霍光，伺光出沐日奏之；弘恭、石顯欲譖蕭望之，候望之出沐日上之。」郝云：「君臣相與，近則親而遠則疏。君子日在君側，精誠可以直通，群邪有所畏而不敢。孟軻致主，憂十寒於退後。趙高竊秦，使二世深居，人不得見，而後馬鹿之計行。自古小人排君子，權奸欺庸君，未有不始於離間而終於陷害者。詩人憂慮深矣。古語曰：『一日不朝，其間容刀。』」李覯云：「夫君臣之禮，不可以不接。不接則上恩不下流，下情不相通，嫌疑易以生，毀譽易以入。在《易》，『天地不交』，則『否』；『柔進而上行』，則『錫馬蕃庶，晝日三接也』。先王知其如此，故制諸侯之朝，遠者不過六歲，以之圖事比功，陳謀協慮，發禁施政，則言何以不納？行何以不見知？姦邪何以介其間？左右何以塞其路？漢刺史奏事京師，其是之謂乎？石顯、五鹿充宗疾，京房欲遠之。元帝以房為魏郡太守，房自請歲盡乘傳奏事。天子許焉。房未發，詔止無乘傳奏事，房意愈恐。繇此觀之，臣子不得見君父，其禍何如！《詩》曰：『彼采葛兮，一日不見，如三月兮。』一日之中尚曰『如三月』、『三秋』、『三歲』，況其久者乎！」〔註84〕○

〔註84〕李覯《盱江集》卷十二《官人第七》。

彼采蕭韻。亦叶尤韻，疏鳩翻。兮，一日不見，如三秋尤韻。亦叶蕭韻，七遙翻。兮。比也。「蕭」，解見《生民》篇。祭祀以脂爇之為香。郝云：「蕭之為物，可以蘈。讒言薰灼，何以異蕭？」姚舜牧云：「蕭采於秋，故下承『三秋』。」又，孔云：「年有四時，時皆三月。設言三春、三夏，其義亦同。作者取其韻耳。」○彼采艾泰韻。亦叶霽韻，魚刈翻。兮，一日不見，如三歲霽韻。亦叶泰韻，與艾翻。兮。比也。《爾雅》云：「艾，冰臺。」《博物志》云：「削冰令圓，舉以向日，以艾承其影，得火，故號冰臺。」一名炙艸，亦名醫艸。為其可用以炙，又名病艸。《師曠占》云「歲欲疫，病艸先生」是也。羅願云：「蕭與艾本皆香草。古者天子祭以鬯，諸侯薰，大夫蘭，士蕭，庶人艾。至《離騷》則薄之曰『戶服艾以盈要兮』，謂幽蘭其不可佩。又云：『何昔日之芳艸兮，今直為此蕭艾也。』蕭、艾雖非惡物，然比之蕙蘭芳艸，則有間矣。」愚按：蕭、艾乃士庶人所用，豈得非賤？郝云：「艾之為物，可以炙。讒言爍膚，何以異艾？」「歲」，年也。郭璞云：「取歲星行一次。」「歲星」者，木星也。越歷二十八宿，宣遍陰陽，十二月一次。晉灼注《天文志》云：「太歲在四仲，則歲行三宿。太歲在四孟、四季，則歲行二宿。二八十六，三四十二，而行二十八宿，十二歲而周天。」此星行一次而四時功畢，故年謂之歲。羅云：「艾以久畜為善。《孟子》所謂『七年之病，求三年之艾』。艾之久畜者至三年，此採艾者所以一日不見如三歲也。」孔云：「積日成月，積月成時，積時成歲，故以月、秋、歲為次。」鄧元錫云：「夫尊賢莫先於去讒，己則不明，好摘伺為明。即有讒，如或酬之，親而暫離，〔註85〕隙矣。隙斯投，投斯售矣。嗟夫！主之不明，豈足賴哉？乃安得無懼矣？唐人傷之曰：『春明門外即天涯。』善夫！」一說：此賢臣見棄而思君之作。葛藟蔓延，本支聯屬，比君臣情誼相維也。蕭可薦祭，香氣上達，比君臣誠悃相通也。艾可療疾，采而預蓄，久而益善，比君臣休戚相關也。今君棄予，一日不見，則思之極其切矣，故於采葛見慕君之至也。亦通。

　　《采葛》三章，章三句。《子貢傳》云：「某王好讒，大夫憂之。」於「王字」上闕一字。《申培說》以為「賢者被讒，見黜於野，周人閔之而作」。總之，不能知其世，以意想像之耳。至如朱子，目為「淫奔者懷人之詩」，則猥斯甚矣。鄭《譜》屬此詩於桓王，謂「桓王之時，政事不明，臣無大小，使出者則為讒人所毀，故懼之」。此但據篇次而為之說，要不必有所本。

〔註85〕四庫本此處有「斯有」。

遵大路

《遵大路》，周公卿欲留鄭莊公也。《左‧隱三年》：「初，鄭武公、莊公為平王卿士。王貳於虢，鄭伯怨王。王曰：『無之。』故周、鄭交質。王子狐為質於鄭，鄭公子忽為質於周。君子曰：『信不繇中，質無益也。明恕而行，要之以禮。雖無有質，誰能間之？』」按：《國語》、《史記》當幽王之時，褒姒與虢石父比，實廢平王。而《竹書》又載驪山之亂，虢公翰立王子余臣于攜，是為攜王，與平王並立。至平王二十一年，余臣始為晉文侯所殺。然則虢者，平王之仇，宜不得與東遷所依之鄭莊等。王不知何意，反貳於虢，此鄭莊之所以怨王也。既而王亦自悟，瞭虢貳鄭之非，故有交質之事，以自解於鄭。意即此詩之所繇作。其後，平王崩，桓王立，復欲畀虢公政，於是周、鄭交惡。莊公如周朝王，王不禮焉。周公黑肩言於王曰：「我周之東遷，晉、鄭焉依。善鄭以勸來者，猶懼不蔇，況不禮焉！鄭不來矣。」

遵大路遇韻。今按：後章亦用「路」字，與下韻不迭，則此不宜為韻。兮，摻執子之袪叶遇韻，區遇翻。兮。無我惡叶遇韻，烏故翻。兮，不寁俗作「趲」。故遇韻。也。《釋文》作「兮」。後同。○賦也。「遵」，《說文》云：「循也。」「路」，即道也。字從足從各，言人足有所適也。一云：「道容三軌曰路。」「摻」，毛《傳》云：「攬也。」孔穎達云：「以摻字從手，又與執共文，故為攬也。」按：《說文》無「摻」字，宜通作「攕」，云：「好手貌。」「執」，持也。「子」，謂鄭莊公也。按：莊公以平王二十八年即位，初為周卿士。王貳於虢，當在此時。以即位未踰年，故稱子耳。「袪」，徐鍇以為「袖口也」。孔云：「《禮‧喪服》云：『袂屬幅，袪尺二寸。』則袂是袪之本，袪是袂之末。」「無」，「毋」通，止辭也。「惡」，如「周、鄭交惡」之「惡」。「寁」，《說文》云：「居之速也。」字從宀從疌。宀者，屋也。疌者，疾也。言不必退居之速。時莊公欲自周歸鄭，故云然。「故」，舊也。周公卿見莊公有不安於周之意，心欲留之，乃擬為遵循於大路之間，攬持其袂末而告之曰：子毋惡我，遂歸而不留也。我雖不德，然不汲汲於退居者，亦故舊之誼當然。子寧不以厚道自處乎？不言其惡平王，而以為惡我，婉辭也。言「故」、言「好」，非止為挽留莊公，亦所以諷王也。鄭於周有興復之勳，自桓公、武公父子為周卿士，善於其職，甚得周眾。其子莊公繼輔平王，乃以王貳於虢之故，不能安於其位，此周公卿所深惜也。誦周公黑肩告桓王之辭，可以得周公卿欲留莊公之意。○

遵大路豐氏本作「道」。兮，摻執子之手有韻。兮。無我魗有韻。《說文》作「𩮜」。《釋文》作「𩯭」，又作「𩮠」。豐本作「𥄂」，云：「仵視貌。」兮，不寁好叶有韻，許厚翻。也。賦也。鄭玄云：「言執手者，思望之甚。魗亦惡也。」孔云：「魗與醜，古今字，謂醜惡可棄之物。」「好」，情好也。故以誼言，好以情言。

《遵大路》二章，章四句。《序》以為「思君子也。莊公失道，君子去之，國人思望焉。」今按：鄭莊公在位之時，已入春秋。其失道而為君子所去，傳無所見。愚不敢信其然。朱子初亦從《序》說，既而見宋玉《登徒子好色賦》有曰「鄭衛溱洧之間，群女出桑，臣觀其麗者，因稱詩曰：遵大路兮攬子袪，贈以芳華詞甚妙。」以為宋王去此詩之時未遠，其所引用，當得詩人之本旨。然彼為男語女之詞，而此似女語男之詩。又疑大道之傍，不應顯然執男子之手，則又指謂「淫婦為人所棄」者之作。果爾，於義更猥矣。《子貢傳》、《申培說》意與朱《傳》同，而但列此詩於《鄶風》，謂是「鄶氏夫婦相棄之詞」，總之無據。

白石

《白石》，刺昭公也。昭公分國以封沃，沃盛強，昭公微弱，國人將叛而歸沃焉。《王風》、《鄭風》俱有《揚之水》。今摘篇中「白石」二字命篇，以為識別。《申培說》云：「成師有篡國之謀，國人知之而作是詩。」按：叔虞始封於唐，至子燮改為晉侯，再傳成侯，南徙居曲沃。又三傳僖侯，再傳穆侯，始徙居於絳。穆侯卒，弟殤叔立，為穆侯太子仇所殺。仇立，是為文侯。即《書·文侯之命》平王稱「父義和」者，仇之字也。卒，子昭侯立。元年，封文侯之弟成師於曲沃，為曲沃伯，而徙于翼。翼在平陽絳邑縣東。晉始分而為二，時魯惠公之二十四年也。及惠之三十年，晉潘父弒昭侯而納桓叔，晉人發兵攻桓叔，桓叔敗，還歸曲沃。晉人殺潘父，立昭侯之子孝侯。後八年，成師卒，子鱓立，是為莊伯。惠四十五年，莊伯伐翼，弒孝侯。晉人攻莊伯，莊伯復入曲沃，翼人立孝侯之弟鄂侯。魯隱公五年，曲沃莊伯以鄭人、邢人伐翼，王使尹氏、武氏助之，鄂侯奔隨。已而曲沃叛，王命虢公伐曲沃，而立鄂侯之子哀侯于翼。哀侯立二年，莊伯卒，子稱代立，是為曲沃武公。魯桓公二年，哀侯侵陘庭之田，陘庭南鄙啟曲沃伐翼。三年春，曲沃武公伐翼，次於陘庭，逐翼侯於汾隰，驂絓而止，夜獲之。晉人立其子小子侯。桓七年，

武公誘晉小子侯殺之。八年春，曲沃滅翼。冬，王命虢仲立晉哀侯之弟緡於晉。及魯莊公十六年，曲沃武公伐晉侯緡，滅之，遂並晉國。是年，王使虢公命曲沃伯以一軍為晉侯，即武公也，已即位三十七年矣。以上晉封曲沃及曲沃並晉本末如此。事見《春秋傳》、《竹書紀年》、《史記》及鄭氏《譜》、《左傳注》。郝敬云：「此託為國人從沃之詞，刺昭公之失民也。」章潢云：「讀其辭，若美曲沃。推其意，實刺晉昭。意在言外，諷詠當自得之。」嚴粲云：「時沃有篡宗國之謀，而潘父陰主之，將為內應，而昭公不知。故此詩深警之，謂昭公勿以沃為患之在外而猶緩也。今國內有謀應之者，欲奉沃以為君而篡汝之位，腹心作難，而外患乘之，禍已迫矣。此正發潘父之謀。其忠告於昭公者，可謂切至。若真欲從沃，則是潘父之黨，必不作此詩以洩漏其事，且自取敗也。」又云：「將叛者，潘父之徒而已。國人拳拳於昭公，無叛心也。異時潘父弒昭公，迎桓叔，晉人發兵攻桓叔桓，叔敗，還歸曲沃。皆可以見國人之心矣。亦唐風之厚也。」

揚《子貢傳》、《申培說》、豐氏本俱作「𥣫」。後同。之水，白石鑿鑿。藥韻。素衣朱襮，叶藥韻，伯谷翻。從子于沃。叶藥韻，鬱縛翻。既見君子，云何〔註86〕不樂？叶藥韻，歷各翻。○比而賦也。「揚」，解見《王風》。「水」，喻晉侯。「石」，喻桓叔。石在水中，為水所蕩滌，故白。「鑿」，器之能穿木者。《廣韻》以為鏨也。石之廉利似之。揚水以求其能流，雖物之易流者，有不能流矣，而況於石乎！但見其鑿鑿然立於水中，水緩而石壯也。晉弱沃強，何以異此？「素」，絲也。「衣」，中衣也。中衣者，朝服祭服之裏衣也，後世謂之中單。嚴云：「凡服，先以明衣親身，次加中衣，其制如深衣，但袖小長耳。此以素為衣，是以絲為之。」按：《玉藻》云：「以帛裏布，非禮也。」《注》謂「中外宜相稱也」。冕服，絲衣也，中衣用素。皮弁服，朝服玄端，麻衣也，中衣用布。大夫以上，祭服中衣用素，其朝燕之中衣皆以布為之。士祭以朝服，中衣以布，惟助祭於君，則中衣亦用素，但不得用朱襮也。「朱」者，赤色。染繒為純。純者，緣也。「襮」者，繡刺黼文為褾。褾者，領也。此諸侯中衣之制也。按：《郊特牲》云：「繡黼，朱丹中衣，大夫之僭禮也。」大夫服之則僭，知諸侯當服之也。今國人具此服，將以進之桓叔，見欲奉為諸侯耳。即一旦黃袍加身之意。嚴云：「子指叛者。

〔註86〕「何」，四庫本作「胡」。

下文『君子』既指桓叔，則此言『子』者，設言欲叛之人，如潘父之徒也。」
「於」，往也。我將從子往沃以見此桓叔，其意謂國中有相與為叛以應曲沃
者矣。此微詞以泄其謀，欲昭公聞之而戒懼，早為之備也。「沃」，曲沃也。
《地理志》云：「河東聞喜縣，故曲沃也。」漢武帝元鼎六年更名。應劭云：
「武帝於此聞南越破，故曰聞喜。」「既見君子，云何不樂」，與《草蟲》章
同意，乃未見之時而想既見之樂如此。○揚之水，白石皓皓。叶號韻，
胡暴翻。素衣朱繡，叶號韻，讀如燥，先到翻。《魯詩》、《儀禮注》、崔靈
恩《集注》、豐氏本俱作「綃」。從子于鵠。叶號韻，居號翻。既見君子，
云何《石經》作「胡」。其憂。叶號韻，讀如奧，於到翻。○比〔註87〕而
賦也。《說文》無「皓」字，當作「顥」，云：「白貌。」水微而石顯也。「繡」，
毛《傳》云：「黼也。」孔穎達云：「《郊特牲》文：『繡黼，丹朱中衣。』《注》
謂繡讀為綃。以《考工記》云：『白與黑謂之黼，五色備謂之繡。』若五色
聚居，則白黑共為繡文，不得別為黼稱。繡、黼不得同處，明知非繡字也。
綃是繒綺別名，於此綃上刺為繡文，故謂之綃黼也。綃上刺黼以為衣領，然
後名之為襮，故《爾雅》黼領謂之襮。襮為領之別名也。如《傳》意，繡得
為黼者，繢是畫，繡是刺。刺雖五色備具，乃成為繡。初刺一色，即是作繡
之法，故繡為刺名。《傳》言『繡，黼』者，謂於繒之上繡刺以為黼，非訓
繡為黼也。孫炎注《爾雅》，取毛『繡，黼』為義，不破繡字，義亦通也。」
「鵠」，毛云：「曲沃邑也。」孔云：「晉封桓叔於曲沃，非獨一邑而已。其
都在曲沃，其旁更有邑。」按：鵠地所在，今未詳。愚意蓋指欲叛者所居之
邑也。曰「云何其憂」者，晉衰沃盛，從沃之願既遂，則可以免禍而無危，
何憂之有？○揚之水，白石粼粼。真韻。陸德明本又作「磷」。我聞有
命，不敢以告人。真韻。《荀子》引此詩曰：「國有大命，不可以告人，妨
其躬身。」疑詩原有此末句，而孔子刪之。第觀《左傳》駟赤以《揚水》卒
章為四言，則《荀子》所引亦未可據。○比而賦也。「粼」，《說文》云：「水
生厓石間粼粼也。」徐鍇云：「水流石間不駛也。」此言水落而石見也。言
桓叔篡晉之謀已定，如白石在清水之中，昭然可見，所謂「司馬昭之心，路
人所知」也。曰「我聞」者，通國皆知之辭。「命」，桓叔之命。言已命其徒
以舉事也。曰「不敢告人」，則固已告矣。語甚隱妙，是巧於告密者。嚴云：

〔註87〕「比」，底本誤作「此」，據四庫本改。

「昭公諸詩，皆以沃強為憂。《山有樞》言死亡之迫最激切，而微詞深意未若此詩末章之云，蓋反詞以見意，故泄其謀，欲昭公知之忠之至也。諸家皆謂國人助之而匿其情，且引陽生夜至於齊，國人知之而不言為比。晉人之心異於齊也，自桓叔至武公，屢得志矣，而晉人終不服，相與攻而去之。其後更六世，逾六七十載，迫於王命，而後不敢不聽。在昭公之初，晉人之心豈從沃哉？若助桓叔而匿其情，則此詩不作可也。亦既聲之於詩，使采詩者颺之以諷其君矣，安在其為匿之也？故言『不敢告人』者，乃所以告昭公；言『我聞有命』者，又以見其事已成，禍至甚迫，所以激發昭公者至切切也。執詩之辭而不能以意逆志，固哉說詩，風人之情遠矣。」凌濛初云：「『素衣朱襮』，何等服物！『我聞有命』，何等密謀！而明明見之篇什，且『不敢告人』一語直同兒戲，不虞敗乃公事耶？謬意此陽雖為沃，陰實督晉，猶廝養卒所謂名為求趙王，實欲燕殺之也。惜哉！晉主屝庸，辜負此一片深心耳。」《左傳·定十年》：「侯犯以郈叛。叔孫武叔謂馹赤曰：『將若之何？』對曰：『臣之業，在《揚水》卒章之四言矣。』」

《白石》三章，二章章六句，一章四句。朱子解此詩為叛者自作，非也。無論民欲叛主，斷無敢作詩以自明者。縱使有之，亦不義之甚，聖人胡為錄之於經，以為後世亂臣賊子口實哉？《子貢傳》闕文。

山有樞

《山有樞》，刺晉昭公也。出《序》。**諸大夫哀昭公之將亡，而私相告語之詞。**《申培說》以為「唐人憂國之詩」。按：《左傳》云：「初，晉穆侯之夫人姜氏以條之役生太子，命之曰仇。其弟以千畝之戰生，命之曰成師。」仇立，為文公。卒，昭公立，封成師於曲沃，是為桓叔桓叔。有不軌之謀，而昭公不知，諸大夫難察察言之，故作此詩以使之覺悟，非相勸為樂也。胡胤嘉云：「是時昭公弱不自豎，桓叔強且漸逼，若朝生之菌，夕而即落，識者傷之。以甚愚之主、至急之勢、百務頹廢不舉之時，而欲告之以保身寧家之道，則其說也長，而其入也無緒，故喟然曰：與其齷齪以待亡，何如快樂以永日。所以發其傷心之痛而振其欲死之氣。詩人語苦而意蹙迫矣。其後昭公卒，為潘父所弒，何其難悟耶？」

山有樞，虞韻。亦叶尤韻，烏侯翻。《爾雅》作「蓲」。《石經》作「蓲」。**隰有榆。**虞韻。亦叶尤韻，夷周翻。**子有衣裳，弗曳弗**〔註88〕**婁。**尤韻。亦叶虞韻，龍珠翻。**子有車馬，弗馳弗驅。**虞韻。亦叶尤韻，祛尤翻。豐氏本作「駈」。**宛**陸德明云：「一作『苑』。」**其死矣，他**豐氏本作「它」。後同。**人是愉。**虞韻。亦叶尤韻，他侯翻。《漢書》、《文選注》俱作「媮」。○興也。「樞」，榆屬，亦名荎，即所謂刺榆也。陸璣云：「其針刺如柘，其葉如榆。瀹為茹，美滑於白榆。榆之類有十種，葉皆相似，皮及木理異爾。」《齊民要術》注云：「今世有刺榆木，甚牢紉，可以為犢車材。挾榆，可以為車轂及器物。凡種者，直〔註89〕種刺、挾兩種，利者為多。其餘軟弱，例非佳好之木也。」「隰」，解見《山有扶蘇》篇。嚴粲云：「曰榆者，總言諸榆也。榆之種多，不知所指也。陸璣釋榆云『白枌也』，誤矣。《爾雅》謂『榆白為枌』，璣誤謂榆為白枌也。枌乃榆之白者，無緣榆又為枌之白者，然則此言『隰有榆』，總言榆耳。」《管子》云：「五粟五沃之土，其榆條直以長。」羅願云：「按：陳藏器云：『江南有刺榆，無大榆。』蓋大榆北方有之。秦、漢故塞，其地皆榆塞。榆，北方之木也，是以江南無榆，但見樞耳。若晉風，則山、隰兼有之。」按：樞、榆同類。《雜五行書》云：「舍北種榆九株，蠶大得。」《齊民要術》亦云：「於北方種榆九根，宜蠶桑，田穀好。」又榆種至十五年後，中為車轂，一樹三具。《考工記注》云：「轂用雜榆。」意者詩人因下文有「衣裳」、「車馬」之詠，故即樞、榆以起興歟？「子」，大夫相謂也。「曳」，猶披拂也。孔穎達云：「曳者，衣裳在身，行必曳之。」嚴云：「《漢文帝贊》：『衣不曳地。』曳有優游娛適之意。」「婁」，通作「縷」，《說文》云：「線也。」衣曳而至於敝壞，則當以線紩之也。「馳」，《說文》云：「大驅也。」孔穎達云：「走馬謂之馳，策馬謂之驅。驅、馳俱是乘車之事。」「宛」，通作「惌」。《說文》謂惌、宛同字。非也。惌字從心，即今人所謂惋惜是也。《白虎通》云：「死之為言澌也，精氣窮也。」「愉」，通作「覦」，《說文》云：「欲也。」詩人之意，謂此炭炭者國也，此衣裳車馬之物必非我輩所能享，何不及今曳婁之、馳驅之之為愉快，而坐視其為他人所欲乎？昭公聞此，若會其言外之意，則必翟然知懼，汲汲然思所以為防患之計矣。○**山有栲，**叶有韻，去九翻。《詩草木疏》云：「許慎讀栲為糗，今人音考，失其聲也。」今按：《說文》

〔註88〕「弗」，底本作「甚」，據四庫本改。《注疏》、朱《傳》俱作「弗」。
〔註89〕「直」，四庫本同，《齊民要術・種榆白楊第四十六》作「宜」。

本音栲〔註90〕，或陸璣所見本異耳。**隰**陸璣《疏》作「山」。**有杻。**有韻。**子有廷內，弗洒**《呂氏讀詩記》、豐氏本俱作「灑」。**弗埽。**叶有韻，蘇後翻。**子有鍾鼓，弗鼓**陸德明云：「或作『擊』。」**弗考。**叶有韻，去九翻。**宛其死矣，他人是保。**叶有韻，補苟翻。○興也。《爾雅》云：「栲，山樗。」《說文》作「枱」，亦云：「山樗也。」郭璞云：「栲似樗，色小白，生山中，因名云。亦類漆樹。」古俗語云：「櫄樗栲漆，相似如一。」張萱云：「枱樗，惡木也。《莊子》：『吾有大樹，人謂之樗。』即此。與椿相類。樗本以不才而壽，故莊子因而有大椿之說耳。」又，陸璣云：「山樗與下田樗略無異，葉差狹耳。吳人以其葉為茗。今所云為栲者，葉如櫟木，皮厚數寸，可為車輻。或謂之栲櫟。」未詳是否。「杻」，《爾雅》云：「檍也。」《說文》云：「檍，杶也。」郭云：「似棣，細葉。葉新生，可飼牛。材中車輞。關西呼杻子。一名土橿。」陸璣云：「葉似杏而尖，白色，皮正赤，為木多曲少直，枝葉茂好。二月中葉疏，華如練而細，藥正白，蓋此樹也。今官園種之，正名曰萬歲。既取名於億萬，其葉又好，故種之。共汲山下人或謂之牛筋，或謂之檍材，可為弓弩榦也。」《考工記》云：「取幹之道，柘為上，檍次之。」張云：「檍，梓屬，大者可為棺槨，小者乃可為弓。」杻之名萬歲者，以檍有億萬之義也。謝朓詩「風動萬年枝」，即此。楊慎云：「宮中多樹之，取億萬之意，謂之萬年樹。注唐詩者以冬青為萬年枝，非也。」「廷」、「庭」通，宮中也。《抑》詩曰：「夙興夜寐，灑埽庭內。」孔云：「洒，謂水濕地而埽之，故轉為灑。灑是散水之名。」「埽」，拚除也。字從土從帚，會意。「鍾鼓」，廷內所設。《周禮·小胥》：「正樂縣之位：王宮縣，諸侯軒縣，大夫判縣，士特縣。」《曲禮》云：「大夫無故不徹懸。」《樂記》云：「鼓無當於五聲，五聲不得不和。」是則天子、諸侯、大夫、士凡奏樂，必有鍾鼓也。「鍾鼓」之「鼓」從支，「弗鼓」之「鼓」從攴。顏師古云：「鼓者，動也。」嚴云：「動其聲也。」解見《鼓鍾》篇。「考」，通作「攷」，《說文》云：「叩也。」叩者，擊也。「保」，猶守也。此章以栲、杻取興，未喻其指，豈亦以栲全天年，杻號萬歲，有長守之義故耶？○**山有漆，**質韻。豐氏本作「桼」。**隰有栗。**質韻。豐氏本作「桌」。**子有酒食，何**《石經》作「胡」。**不日鼓瑟？**質韻。**且以喜樂，**音絡。**且以永日。**質韻。**宛其死矣，他人入室。**質韻。○興也。「漆」，解見《定之方中》篇。「栗」，解見《東門之墠》篇。漆可成琴瑟，栗可供籩實，故以興

下文「酒食」、「鼓瑟」之事。《魯詩傳》云：「天子食日舉樂，諸侯不釋縣，大夫、士日琴瑟。」陳暘云：「此與《車鄰》言瑟不及琴者，琴則五弦，瑟則二十五弦，言瑟不及琴，舉大以見之也。與《儀禮·鄉飲》、《燕禮》皆言『左何瑟』，《樂記》言『清廟之瑟以見琴』同意。言何不日鼓瑟，而鍾鼓不言日者，以琴瑟常御之樂故也。與『士無故，不徹琴瑟』同意。」一說：羅泌云：「登歌惟王備琴瑟，諸侯則有瑟而無琴。《燕禮》，登歌有瑟而已，所以別於王也。」二「且」字，有勿問其他意。「永」，《說文》云：「長也。」毛云：「引也。」曰「永日」者，嚴云：「言死亡迫矣。不及時為樂，則有倉卒之恨。是來日已短，宜及今為樂，以延引此日也。」呂祖謙云：「詩人豈真欲馳驅飲樂者哉？蓋曰是物也行且為他人所有，曾不若及今為樂之為愈。其激發感切之者深矣，非勸其為樂也。呂祿棄軍，其姑呂嬃悉出珠玉寶器散堂下，曰：『毋為他人守也。』乃此詩之意也。末章可見。」愚按：首言「衣裳」、「車馬」，是身中物；次言「廷內」、「鍾鼓」，是家中物；至末章則身家之物俱有所不暇念，姑偷取目前之樂而已。意愈悲而詞愈切矣。通篇興意，惟以章首六有字引起下文五「有」字。蘇轍所謂「有衣服、車馬、鍾鼓、飲食而不能用，譬如山木之不採，終亦腐敗摧毀，歸於無用而已」。

《山有樞》三章，章八句。《序》云：「刺晉昭公也。不能修道以正其國，有財不能用，有鍾鼓不能以自樂，有朝廷不能灑埽，政荒民散，將以危亡。四鄰謀取其國家而不知，國人作詩以刺之也。」朱子以「宛其死矣」之言，謂「非臣子所得施於君父者，《序》說大誤」。其論亦正。惟謂「此詩蓋亦答《蟋蟀》之意而寬其憂」，則無據甚矣。且及時行樂，乃狃目前細誤者之為，以此相勸，豈足以訓？愚詳味詩意，以為大夫相告語之詞者近是。又，季本云：「此刺儉而不中禮之詩。大意言天地變化，草木蕃殖，未嘗閟而不發也。人於衣服、車馬、宮室、器具、飲食，凡禮所當為者乃皆閉而不用，徒自憂苦一生，何哉？」是說也，吾有取焉，可舉以破夫世之為慳者。然而非詩意也。《子貢傳》闕文。

椒聊

《椒聊》，晉人美當時忠臣不入沃黨者，然終有寡不敵眾之慮，所以深危昭公也。此詩據《序》，以為指曲沃桓叔之事。而《韓詩外傳》引「碩大且篤」，以為贊君子之語，故特主今說。

椒豐氏本作「茉」。後同。**聊之實，蕃衍盈升。**蒸韻。**彼其之子，碩大無朋。**蒸韻。**椒聊**蕭韻。**且，**子余反。後同。**遠條**蕭韻。**且。**比而賦也。「椒」、「聊」，二木名。《爾雅》云：「椒，櫟醜，莍。」櫟，茱萸也，醜類也。椒與茱萸之類皆有莍。莍者，裏實之房也。陸璣云：「椒樹如茱萸，有針刺，葉堅而滑澤。」《說文》作「茉」，徐鍇云：「按《說文》無『椒』字，此『茉』為『椒』字也。椒叢生如薔薇之屬，非木也，故但從艸。」陸佃云：「《酉陽襍俎》曰：『椒可以求水銀，茱萸氣好上，椒氣好下。』蓋椒氣性不上達故也。」「聊」，舊以為語助辭，似非文理。按：《爾雅》云：「杭，繫梅，枎者聊。」又云：「杜，赤棠，白者棠。」以兩處文法例之，赤棠名杜，其白者名棠，則繫梅名杭，其枎者名聊也。「杭」，《說文》云：「高木也。」「聊」，即杭之高者。郭璞云：「杭樹狀似梅，子如指頭，赤色，似小柰，可食。」「蕃」，茂。「衍」，饒。「盈」，滿也。《漢志》云：「升者，登合之量也。」龠十為合，合十為升。古升上徑一寸，下徑六分，其深八分。詩取二樹之實以比從桓叔於曲沃者，其黨繁盛如此。又，椒氣下求，則桓叔之植黨似之；聊樹上尤，則桓叔之偪上似之。詩人取類，各有當也。「彼其之子」，指晉忠臣，意如師服之流，惜其姓名不顯。按：《左傳》：「晉始封桓叔於曲沃。師服曰：『吾聞國家之立也，本大而末小，是以能固。故天子建國，諸侯立家，卿置側室，大夫有貳宗，士有隸子弟，庶人工商各有分親，皆有等衰。是以民服事其上，而下無覬覦。今晉，甸侯也，而建國，本既弱矣，其能久乎？』」昭公不能用，其後卒為曲沃所滅。若師服者，可謂忠於晉者也。「碩」，《說文》云：「頭大也。」碩以貌言，大以德言。《白虎通》云：「朋者，黨也。」時晉人多趨曲沃，而之子獨介然特立，不與之為黨，故詩人云然。然羽翼既成，雖有之子，將奈之何？故於章末復詠歎之，曰：此椒也，聊也，其枝條愈布濩，愈益長遠，勢必至遍地。無非椒、聊者。猶之晉人趨曲沃者日眾，不至盡化為曲沃之人不止也。范祖禹云：「『椒聊且』者，本其始也。『遠條且』者，言其枝別將遠而無窮也。」朱子云：「且，歎辭。」〇**椒聊之實，蕃衍盈匊。**屋韻。《釋文》作「掬」。**彼其**《韓詩外傳》作「己」。**之子，碩大且**如字。**篤。**叶屋韻，讀如牘，徒谷翻。**椒聊且，遠條且。**比而賦也。毛《傳》及《廣雅》皆以兩手為匊，字從勹從米。徐云：「手掬米，會意。」陸佃云：「先盈升，後盈匊。古者匊大而升小，升之所容不足以盈匊故也。」范云：「盈匊者不復以升，較言益多也。」「篤」，通作「竺」，《說文》云：「厚也。」前言「無朋」，此言「且篤」，守志

不移，純乎忠者也。《韓詩外傳》云：「子路曰：『士不能勤苦，不能輕死亡，不能活貧窮，而曰我行義，吾不信也。昔者，申包胥立於秦廷，七日七夜，哭不絕聲，是以存楚。不能勤苦，焉得行此？比干且死，而諫愈忠。伯夷、叔齊餓於首陽，而志益彰。不輕死亡，焉能行此？曾子褐衣縕緒，未嘗完也；糲米之食，未嘗飽也。義不合則辭上卿。不活貧窮，焉能行此？夫士欲立身行道，無顧難易，然後能行之。欲行義狗〔註91〕名，無顧利害，然後能行之。』《詩》曰：『彼己之子，碩大且篤。』非良篤修身行之君子，其孰能與之哉？」

　　《椒聊》二章，章六句。《子貢傳》、《申培說》、豐氏本篇名皆作《荍》。○《子貢傳》闕文。《申培說》云〔註92〕：「唐昭侯封公子成師於曲沃。成師治聚盛強，師服憂之，而作是。」《詩序》亦云：「刺晉昭公也。君子見沃之盛強，能修其政，知其蕃衍盛大，子孫將有晉國焉。」二說皆相彷彿。解者以「無朋」猶云無比，然沃即大都耦國，尚未並晉，何至便云碩大無比哉？或謂此句及下「碩大且篤」皆指桓叔之德而言。如此贊詞，於義悖矣。郝敬云：「『彼其之子』，指昭公也。『無朋』，言寡助也。『篤』者，馬行不進貌。言遲鈍也。以其身為諸侯，奄有邦國，故以『碩大』稱之。」於文義亦通。但從來未聞有國人斥其君為「彼其之子」者，故不敢從。若朱子則以此詩謂「未必為沃而作」，且不知其所指，則又過於疑舊說者也。

戌申

《戌申》，《鄭風》亦有《揚之水》。今摘篇中「戌申」二字命篇，以為識別。**刺平王也。不撫其民，而遠屯戌於母家，周人怨思焉。**出《序》。按：鄭《譜》云：「幽王嬖褒姒，生伯服，廢申后，太子宜臼奔申。申侯與犬戎攻宗周，弒幽王於戲。晉文侯、鄭武公迎宜臼於申立之，是為平王。」《竹書紀年》云：「平王三十三年，楚人侵申。三十六年，王人戌申。」愚按：此詩當與《君子于役》合看。彼為思婦之辭，此為征夫之辭。

揚《子貢傳》、《申培說》、豐氏本俱作「瘍」。下同。然考《字書》，無「瘍」字。**之水，不流束薪。**真韻。豐氏本作「新」。**彼其**鄭《箋》云：「或作記讀，或作己讀，聲相似。」詩內皆放此。**之子，不與我戌。**申真韻。**懷哉**

〔註91〕「狗」，四庫本作「徇」。《韓詩外傳》卷二亦作「徇」。
〔註92〕「云」，四庫本誤作「文」。

懷叶微韻，胡威翻。亦叶灰韻，胡隈翻。哉，曷月予還歸微韻。亦叶灰韻，古回翻。哉！比也。「揚」，字從手，乃以手播揚之義。《說文》以為「飛舉也」。「束」，《說文》云：「縛也。」字從口從木。徐鍇云：「謂束薪也。口音圍，象纏也。」大木可析曰薪。蘇轍云：「揚之水，非自流之水也。水不能自流，而或揚之，雖束薪之易流，有不流矣。水之能自流者，物斯從之，安在其揚之哉？周之盛也，諸侯聽役於王室，無敢違命。及其衰也，雖令而不至。」嚴粲云：「薪本浮物。一束之薪，非不可流轉若鑿鑿之白石也，而水淺弱，不能流轉之。喻諸侯本非難令，而東周衰弱，不能號令之也。」朱子云：「『其』，語助也。」歐陽脩云：「『彼其之子』，周人謂他諸侯國人之當戍者也。」「戍」，守也。字從人從戈，人持戈以守也。「申」，姜姓之國，四嶽之後，初封於宛，今河南南陽府南陽縣。至宣王時，遷於謝，則今汝寧府之信陽州也。鄭《箋》云：「平王母家申國在陳、鄭之南，迫近彊楚，數見侵伐，王是以戍之。」後竟為楚所滅。呂氏云：「平王戍申，與晉平公城杞相類。」「懷」，念思也。「曷」，何也。「還」，復也。俱見《說文》。彼諸侯之人無肯與我共戍申國者，而獨使我周人遠戍，久而不得代，故我思念不置，未知何月而得旋歸也。朱子云：「先王之制，諸侯有故，則方伯連帥以諸侯之師討之；王室有故，則方伯連帥以諸侯之師救之。天子鄉遂之民，供貢賦，衛王室而已。今平王不能行其威令於天下，無以保其母家，乃勞天子之民，遠為諸侯戍守，故周人之戍申者以非其職而怨思焉。又況申侯實啟犬戎以致驪山之禍，乃平王及其臣民不共戴天之讎也。今平王知有母而不知有父，知其立己為有德，而不知其弒父為可怨，至使復讎討賊之師反為報施酬恩之舉，則其絕滅天理而得罪於民又益甚矣。」劉彝云：「六鄉六遂之兵，所以制方伯之失職，非以禦夷狄也。」嚴云：「宗廟禾黍，曾不以之興懷，而惟申國之憂，失輕重矣。」郝敬云：「是時周室播遷，非有餘勇可賈，特以受人施者畏人，欲不為之役，不可得耳。寄生之天子，既不能令於諸侯；六百里之甸卒，又無人可為踐更。故行者有不均之歎。力本寡弱，而使人又不以道，人所以怨之。苟師出有名，討賊興復，如夏少康一成一旅，人誰敢謂為揚之水哉？夫子刪詩存此篇，《書》錄《文侯之命》，其作《春秋》始平王，垂戒遠矣。」○揚之水，不流束楚。叶麌韻，讀如取，此主翻。彼其之子，不與我戍甫。麌韻。懷哉懷見前。哉，曷月予還歸見前。哉？比也。「楚」，叢木，一名荊。「甫」，國名，本作「呂」，姜姓。《史記》云：「呂尚先祖為四嶽，佐禹治水有功，虞、夏之際，受封於

呂。」《尚書》有《呂刑》之篇，《禮記》引之皆作《甫刑》。《唐世系表》云：
「宣王世改呂為甫。」按：《括地志》，故申城在鄧州南陽縣北三十里，故呂城
在鄧州南陽縣西四十里，同為宛縣地。周時荊、宛並韓，皆近京師。韓捍臨晉
以制狄，宛衛武關以制楚，其後申、呂皆入於楚。《左傳》：「楚子重請取於申、
呂，以為賞田。申公巫臣曰：『不可。此申、呂所以邑也，是以為賦，以禦北
方。若取之，是無申、呂也。晉、鄭必至於漢。』」然則申、呂相距不遠，此
周人戍申而亦以戍甫與？又，《輿地廣記》載「蔡州新蔡縣，古呂國」。王應麟
云：「以《左傳》考之，楚有申、呂，時新蔡屬蔡，非楚邑，當以在宛縣為正。」
○揚之水，不流束蒲。叶襄韻，頗五翻。彼其之子，不與我戍許。叶
襄韻，火五翻。懷哉懷見前。哉，曷月予還歸見前。哉？比也。「蒲」，
陸佃云：「水艸，似莞而褊，有脊，生於水厓，輕揚善泛，柔滑而溫，可以為
席。故男執蒲璧，言有安人之道也。」按：《左傳》「臧文仲妾織蒲」，即此。
豐氏云：「楚小於薪，蒲輕於楚。」嚴云：「楚愈輕，蒲又愈輕。至不流束蒲，
則弱之極矣。」鄭玄解為「蒲柳」。以首章言「薪」，下言「蒲」、「楚」，則蒲、
楚是薪之木名，不宜為艸。陸佃駁之云：「夫芻亦艸也，而《綢繆》之詩乃曰
『束薪束芻』，束楚則豈以言木故妨艸哉？」「許」，國名，亦姜姓，在今河南
開封府許州，即古許昌是也。按：《國語》曰：「齊、許、申、呂繇大姜。」又
曰：「申、呂雖衰，齊、許猶在。」然則許與申、呂皆同姓。鄒忠胤云：「甫、
許與申接壤，當時楚人因伐申而並侵甫及許，容有之。即不然，而二國惕於
震鄰，或邀王靈並為之戍，亦非必待其見侵也。」《國語》：「史伯曰：『王欲殺
太子以成伯服，必求之申。申、呂方強，其隩愛太子，亦必可知也。』」《竹
書》紀「幽王既弒，立宜臼於申者，許男與焉」，則平王之德甫、許，當亦德
申之亞。夫以天子恤諸侯之患，豈非義舉？第平王此舉則私，私其恩實私其
讐。呂氏謂「平之戍申，與晉平城杞相類」。夫晉於杞，戚也，非讐也。以其
棄諸姬而屏夏肄，君子猶譏之。若平王奄奄甘為讐人役，又未可同日語矣。

《戍申》三章，章六句。《申培說》謂「荊子討申侯弒幽王之罪，伐
申，侵甫及許」。於他史無所見，蓋捃摭詩辭而為之，反覺附會，不可信。

君子于役

《君子于役》，戍申者之妻所作。出《申培說》。○《子貢傳》云：「戍
者不歸，室家思怨。」今按：《揚之水》篇云：「懷哉懷哉，曷月予還歸哉？」

與此詩言「君子于役，不知其期。曷至哉」語意相類。以為「戍申者之妻作」，
亶其然矣。

君子于役，不知其期。支韻。**曷至哉？**叶支韻，將其翻。**雞棲于塒，**
《釋文》及《群經音辨》俱作「時」。**日之夕矣，羊牛下來。**叶支韻，陵
之翻。**君子于役，如之何勿思！**支韻。○賦也。「君子」，婦人目其夫之
辭。「於」，往也。「役」，謂行役。「不知其期」，計時也，猶云不知何時可以
竣事也。謝枋得云：「『雨雪霏霏』，遣戍役而預言歸期也。『卉木萋萋』，勞
還卒而詳言歸期也。四牡之役，寧幾何時，勞之曰『我心傷悲』。吉甫在鎬，
不過千里，勞之曰『我行永久』。不如是，無以體群臣也。本推己及物之恕，
為敘情閔勞之仁，豈有無期度者哉？今『君子于役』，至『不知其期』，仁恕
之意泯然矣。」「曷至哉」，計地也。音耗久斷，恐調發無恒，並其所至之處
亦不能知也。「雞」，知時畜也。「棲」，本作「西」，加木作「栖」。《禽經》
云：「陸鳥曰棲。」《說文》云：「日在西方而鳥栖，故因以為東西之西。」
後人於鳥之栖加木以別之。李巡云：「寒鄉鑿牆，為雞作棲，曰塒。」「夕」，
暮也。字從月半見。月初生則暮見西方，故半月為夕。「羊牛下來」者，鄭
《箋》云：「羊牛從下牧地而來。」陸佃云：「先羊後牛者，羊性畏露，晚出
而早歸，常先於牛故也。」「日之夕矣」一句，關上下兩語。「雞棲于塒」則
「日之夕」，日而已夕則「羊牛下來」，明明見有出即有入，有旦即有暮，而
欲付萍蹤飄泊杳無歸期之人於不思，非人情矣。鄭云：「言畜產出入尚使有
期節，至於行役者乃反不也。」愚謂詩意乃因思觸物，猶唐人云「月明花落
又黃昏」，有無限感歎，非緣感物興思，而方人於物也。重言「君子于役」，
彌增淒惋。鄒忠胤云：「悅以使民，民忘其勞。平王遣畿內之民為讎人役，
周人固已不甘，使其蚤畢事言旋，猶慰室家之望。觀《揚之水》篇言『曷月
予旋』，則固已卜歸休無期矣。居者之思，當亦猶行者之懷，此于役所為賦
也。嘗觀《杕杜》、《采薇》，悲日月之繼嗣，多恤於『匪載匪來』；悼啟居之
不遑，烈優於『載飢載渴』；似與此詩不甚相遠。然彼則自上閔之，此則自
下述之，民情舒鬱，所繇異乎？嗟乎！先王以人道使人，後世以牛羊使人，
而不知牛羊之歸猶有期也。齊襄葵丘之戍，瓜時而遣。及瓜弗代，而無知之
禍因之。為人上者，勿以于役為細故，人情固聖王之田也。」○**君子于役，
不日不月。**叶屑韻，讀如臬，倪結翻。**曷其有佸？**叶屑韻，紀劣翻。《說
文》作「佸」。**雞棲于桀，**屑韻。《爾雅》作「榤」。**日之夕矣，羊牛**朱

《傳》作「牛羊」。**下括**。叶屑韻，紀劣翻。**君子于役，苟無饑渴！**叶屑韻，巨列翻。○賦也。「不日不月」，言君子往役，非一日一月之故，是已往事。「佸」，《說文》云：「會也。」《韓詩》云：「至也。」「曷其有佸」，言何時而有聚會至止之期乎？是將來事。《爾雅》云：「雞棲于杙為桀。」「括」，《說文》云：「絜也。」絜之為義，麻一耑也。《禮記注》云：「猶結也。挈也。」蓋以繩繫之，挈而來歸，曰「下括」也。《太玄經》云：「四馬就括。」義亦同此。「苟無饑渴」，猶云庶幾無疾病。「苟」字最下得悽〔註93〕惋，有無可奈何之意。苟幸無饑渴，庶後歸有期，此思之極也。《後漢書》所謂「萬里之外，以身為本」，亦此意也。

    《君子于役》，二章章八句。《序》云：「刺平王也。君子行役無期度，大夫思其危難以風焉。」呂祖謙云：「考經文，不見『思其危難以風』之意。」朱子亦云：「此國人行役而室家念之之辭。《序》說誤矣。」今按：篇中有「雞棲」、「牛羊」等語，乃尋常村莊中景象，絕不似冠蓋家口角。

葛藟

《葛藟》，王族刺平王也。周室道衰，棄其九族焉。出《序》。○《申培說》亦云：「王族流散而作。」《子貢傳》但存「平王之族流散」六字，而其餘闕文。

緜緜葛藟，在河之滸。麌韻。**終遠兄弟，謂他**豐氏本作「它」，下同。**人父。**麌韻。**謂他人父，亦莫我顧。**叶麌韻，果五翻。○興而比也。「緜」，《說文》云：「聯微也。」毛《傳》云：「緜緜，長不絕之貌。」「葛藟」，葛之蔓也。解見《樛木》篇。羅願云：「葛蔓延盛者，牽其首以至根，可二十步。」朱氏云：「葛藟支蔓聯屬，有宗族之義。」《左傳》：「宋昭公將去群公子，樂豫曰：『不可。公族，公室之枝葉也。若去之，則本根無所庇蔭矣。』葛藟猶能庇其本根，故君子以為比，況國君乎！此諺所謂『庇焉而縱尋斧焉』者也，必不可，君其圖之！親之以德，皆股肱也，誰敢攜貳？若之何去之？」即此詩託物起興之意。「滸」，舊以水厓解。似未是。按：《爾雅》釋厓岸云：「重厓岸，岸上滸。」蓋厓乃水邊，即下章之所謂「涘」。厓之上又有厓，則為岸。岸上地則為滸也。然於《釋水》又云：「滸，水厓者。」或是謂滸之下乃水之

〔註93〕「悽」，底本作「悽」，據四庫本改。

厓，非以水厓名澒也。胡旦云：「《周南》『葛之覃兮，施于中谷』，又云『南有樛木，葛藟纍之』《邶風》云『旄丘之葛兮，何誕之節兮』，《唐風》云『葛生蒙楚，蘞蔓于野』，《大雅》云『莫莫葛藟，施于條枚』，然則葛藟必生於山谷丘野之地，延蔓於草木條枚之上，不生於河澒水厓。」嚴粲云：「近水之岸善崩，將為水所蕩，猶王室衰微，人將失其所依也。」又，陸佃云：「河澒為水所蕩，危地也。然潤澤葛藟而生之，則亦所以自固。今王棄其九族，則曾是之不如也。」亦通。「終遠兄弟」以下，皆指王言，斥也，非諷也。「終遠」與「綿綿」字相應。「謂他人父」，所謂不愛其親而愛他人者。「顧」，《說文》云：「還視也。」王之終遠兄弟，略不以親親為念，綿於不父其父而以他人為父，故視我輩漠然無親而亦不我肯顧也。幽王為申侯所弒，平王但以其父昔日之廢己為可恨，感申侯之立己為有德，父讎不討，反汲汲圖報焉，非「謂他人父」而何？鄒忠胤云：「周之盛也，華鄂輝於《常棣》，苞體茂於《行葦》。逮《葛藟》之刺興，而維翰之勢日衰矣，周所以卒於不競與？」○**綿綿葛藟，在河之涘**。紙韻。**終遠兄弟，謂他人母**。叶紙韻，母鄙翻。**謂他人母，亦莫我有**。叶紙韻，羽軌翻。○興而比也。《爾雅》、《說文》皆云：「涘為水厓。」按：此詩兩章以澒、涘分言，涘既為厓，則澒之為岸而非厓，明矣。「謂他人母」者，朱子云：「『謂他人父』者，其妻則母也。」「有」，鄭《箋》云：「識有也。」嚴云：「『莫我有』，言視之若無也。《左傳》曰：『不有寡君？』」○**綿綿葛藟，在河之漘**。真韻。**終遠兄弟，謂他人昆**。叶真韻，俱倫翻。**謂他人昆，亦莫我聞**。叶真韻，微匀翻。○興而比也。按：《爾雅》云：「夷上灑下不漘。」舊注謂夷上平上，灑下峭下。惟「不」字難解。或以為發聲，或以為衍字。愚意「不」即「否」字，言其上面平夷，而峭下處則否。東陽許氏以為「岸下為水灑蕩齧入，若唇」，是也。涘在澒之下，漘在涘之下，故其序云爾。「昆」，兄也。本作「𦋺」，從弟從𦋺。徐鍇云：「𦋺，目相及也。」兄弟親比之義。省作「𦋺」，與「昆」音同通用。禮：「天子必有父，諸侯必有兄」，故天子無兄禮。今斥王謂「他人兄」者，醜之也。「聞」，相聞知。

《葛藟》三章，章六句。朱子謂「世衰民散，有去其鄉里家族而流離失所者，作此詩以自歎」。於義小矣。味詩意，實出於王族。其辭甚直，而不說出一王字，故使觀者不覺耳。

叔于田

《叔于田》，刺鄭莊公也。出《序》。**弟叔段以好勇得眾，而公不教，故詩人譏之。**《申培說》云：「叔段多才而好勇，大夫憂之，而作是詩。」所謂「憂之」者，蓋憂其將為國禍，不能令終也。嚴粲云：「二《叔于田》皆美叔段之材武，無一辭他及，而《序》以為『刺莊公』，蓋與《春秋》書『鄭伯克段』譏失教之意同。」蘇轍云：「言莊公力能禁之而不禁，俟其亂而加之以大戮也。」章潢云：「詞雖美叔段，意實刺莊公。國人不敢直指其君，故詞在此而意在彼，乃風之體也。」

叔豐氏本作「赤」，上有「大」字。下同。**于田**，先韻。亦叶真韻，他因翻。豐氏本作「林」。**巷**豐氏本作「邕」。**無居人**。真韻。亦叶先韻，如延翻。**豈無居人？**見上。**不如叔也，洵美且仁。**真韻。亦叶先韻，如延翻。○賦也。「叔」，名段，鄭莊公寤生之弟。孔穎達云：「其字曰叔。」「于」，往也。「田」者，獵之別名。以取禽於田，因名曰田。《易》所謂「田有禽，利執言」是也。「巷」，《說文》云：「里中道也。」古文作「𨞐」，從㘱從共，言在邑中所共也。省作「邕」，又省作「巷」。《增韻》云：「直曰街，曲曰巷。」「洵」，通作「恂」，《說文》云：「信也。」「美」，以態度言。「仁」，愛人也，字從人從二。《通論》云：「仁者兼愛，故人二為仁。以叔與眾混處，故見其仁。」歐陽修云：「國人愛叔，以謂叔出於田則所居之巷若無人矣。非實無人，雖有而不如叔之美且仁也。」嚴云：「叔豈真美且仁哉？其黨私之之言，猶河朔之人謂安史為聖也。詩人之意，謂段之不令，而群小相與從臾如此，必為厲階以自禍。莊公曷為不禁止之乎？故《序》曰『刺莊公也』。」○**叔于狩**，叶有韻，始九翻。《春秋》：「天王狩于河陽。」《穀梁傳》作「守」。**巷無飲酒**。有韻。**豈無飲酒？**見上。**不如叔也，洵美且好。**叶有韻，許厚翻。○賦也。「狩」者，冬獵之名。杜預云：「狩，圍守也。冬物畢成，獲則取之，無擇也。」「孔」，《車攻》注云：「狩者，獵之總名。冬獵大於三時，故名以狩。」又，《爾雅》云：「火田為狩。」《疏》以為「放火燒草，守其下風，故名為狩」。若以後篇「火烈」等語例之，則此亦火田也。《說文》又謂「犬田為狩」，未詳孰是。「巷無飲酒」者，叔出則巷無可飲酒之人也。「好」者，獻酬款洽，情意交通之謂。以其與眾飲酒，故見其好。○**叔適野**，叶〔註94〕麌韻，讀如羽，

王矩翻。**巷無服馬**。叶纛韻，滿補翻。《史記索隱》音姥。凡馬皆讀如姥。
豈無服馬？見上。**不如叔也，洵美且武**。纛韻。○賦也。「適」，《說文》
云：「之也。」「野」，《說文》云：「郊外也。」又，《爾雅》云：「牧外謂之野。」
《詩傳》云：「以細別言之，則郊外之地名牧，牧外之地名野。若大判而言，
則野者，郊外通名。」「服馬」，鄭玄云：「猶乘馬也。」孔云：「《易》稱『服
牛乘馬』，俱是駕用之義，故云『服馬』，猶乘馬。」「巷無服馬」者，言叔出
則巷無能服馬之人矣。武亦於服馬見之。馨控馳騁，力能使馬之謂。一說夾
轅兩馬謂之服馬。後篇言「兩服」、「兩驂」是也。舉服以該驂耳。亦通。彭執
中云：「玩味此詩，宛然如見叔段輕獧浮揚之意。如今之貴族輕薄子，閭里少
年朋徒追逐而極口誇美之也。」

　　《叔于田》三章，章五句。豐氏本作《大叔于田》。○《序》以此篇
為《叔于田》，後篇為《大叔于田》。今按：段稱大叔，據《左傳》在封京之
後，號為京城大叔。既受寵異之號，又有民人兵甲之眾，不得出居閭巷，下襍
民伍。玩此詩有「巷無居人」等語，當是未受封時事耳，故篇名但以叔稱。
《子貢傳》謂「大叔段多才而好勇，鄭人愛之，賦《菽於田》」，於詩意甚合，
然卻衍「大」之一字。若《序》云「刺莊公也。叔處於京，繕甲治兵，以出於
田，國人說而歸之」，則全未解古人名篇之意，所謂似是而非者也。朱子於此
詩，既從《序》矣，而又云「或疑此亦民間男女相說之詞」，則胡不思後篇「獻
于公所」之語，其為叔段之事鑿鑿明甚。夫亦猶此叔于田也。此而可疑，孰不
可疑耶？

大叔于田

《大叔于田》，刺鄭莊公也。叔多才而好勇，不義而得眾也。出《序》。
○莊公封叔段於京之後，段始有京城大叔之號。此詩古篇名作《大叔于田》，
則受封後事也。范祖禹云：「莊公之於段，稔其惡而欲斃之也。故《春秋》書
『克段于鄢』，以罪鄭伯。詩人言叔多才好勇而得眾心，以深咎莊公。夫段之
惡易知，而莊公之罪難見，故《春秋》書『鄭伯』而詩人刺其君，皆本其所起
以罪之，所以為世戒也。」

叔《毛詩》古本「叔」上有「大」字。嚴粲云：「采詩之初，未有《序》，故
於首章加『大』。後有《序》，因存而不去，猶《書序》『作《堯典》』之下復有

『堯典』二字，存其舊也。」豐氏本作「菽」。下同。**于田，乘乘**上乘平聲，下乘去聲。後仿此。**馬。**叶夔韻，滿補翻。**執轡如組，**夔韻。**兩驂如舞。**夔韻。《家語》作「舞」。**叔在藪，火烈**《文選注》作「列」。**具舉。**語韻。**襢**《釋文》作「袒」。《說文》作「膻」。**裼暴虎，**夔韻。**獻于公所。**語韻。**將叔無**《釋文》、豐本俱作「毋」。**狃，戒其傷女。**語韻，音汝。○賦也。「叔于田」，毛《傳》以此為「叔之從公田也。」以下文有「獻于公所」之句，故云爾。若上篇叔於出，則段自出田耳。「乘乘馬」，上乘駕也，下乘四數也。凡物之四數者，皆名乘，故四馬為乘馬，四鴈為乘鴈，四矢為乘矢。又，田制，四丘曰乘。亦其類也。又，陸佃云：「古者庶人駕一，士駕二，大夫駕三，諸侯駕四，天子駕六。」「乘馬」則僭諸侯之禮矣，蓋亂生於車馬衣服之間而已。「大叔于田，乘乘馬」，而沃之大夫「素衣朱襮」，此晉、鄭之所緣亂也。「執轡如組」，解見《簡兮》篇。「轡」，御馬索，所謂韁也。車四馬，各兩轡，以驂馬內兩轡繫於軾，驂馬外轡及夾〔註95〕轅兩服馬轡分置兩手，故在手者惟六轡耳。「驂」，《說文》云：「駕三馬也。」按：夏初駕兩，謂之麗。殷益一，謂之驂。周又益一，謂之駟。春秋時，鄭有公子騑，字子駟。車駕駟馬，在內兩馬謂之服，在外兩馬謂之騑，是有騑乃成駟也。今曰「兩驂」者，一驂之外又〔註96〕益一驂，即騑是也。故《禮記注》云：「外騑曰驂。」董氏云：「五御之法，有舞交衢者。蓋《詩》所謂『如舞』也。服制於衡，不得如舞。其言舞者，驂也。」按：《周禮》：「保氏掌教國子五馭。」《注》云：「一曰鳴和鸞，和在軾，鸞在衡，皆鈴也，升車則馬動，馬動則鸞和應。二曰逐水曲，謂車行如水，順曲而流。三曰道君表。《詩》毛《傳》謂『褐纏旃以為門，裘纏質以為樹，閒容握，驅而入，擊則不得入也』。四曰舞交衢，謂車在交道，旋應舞節。五曰逐禽左，謂田車逆驅禽獸，使左當君以射。」此首言叔之善御，是往田在道時，自矜其能，親代御者執轡，其御馬光景如此。至「在藪」以下，則至其所而田矣。後章同。《韓詩》云：「禽獸居之曰藪。」毛《傳》云：「藪，澤禽之府也。」孔穎達云：「澤，水所鍾。水希曰藪。俱是曠野之地，但有水無水，異其名耳。《爾雅·釋地》說十藪云：『鄭有圃田。』此言『在藪』，蓋在圃田也。」「烈」，《說文》云：「火猛也。」「具」，通作「俱」，偕也。「舉」，火之初舉也。「火烈具舉」，《疏》以為「宵田，故持火炤之」。按：《周禮·大

〔註95〕「夾」，四庫本作「兩」。
〔註96〕「又」，底本誤作「人」，據四庫本改。

司馬》：「中春蒐田，用火。」《爾雅》：「冬獵名狩。」火田亦名狩。曹氏謂「《王制》：『昆蟲未蟄，不以火田。』惟冬田乃用火」。孔穎達《禮記疏》則云：「今俗放火張羅，從十月以後至仲春，皆得火田。」是則田之用火，凡春、冬皆有之，不必宵田也。然春、冬之火亦自有辨。所云蒐田用火，不過刈草為防，驅禽而納之防中，然後焚而射焉。所以除陳草，習火攻，要其所焚者，不出於防外，非如冬之火田，直是放火焚山林以獵也。若此詩所云「火烈具舉」，後又云「具揚具阜」，其火勢之猛如此，定不比春蒐之火，或即冬之火田耳。又，叔馳逐自雄，鄭伯不善教弟，其射獵不必盡依禮法。然以舉火為宵田，則似屬無當。「襢」，《說文》作「膻」，肉膻也，脫衣而見體也。亦作「亶」，《荀子》「露亶」是也。今文訛作「袒」。按：袒乃丹穀衣，本作「襢」，亦作「展」，即王后六服中之展衣也，與肉膻義無涉。「裼」，《說文》云：「袒也。」「袒」者，衣縫解也。「暴」，當作「曓」，《說文》云：「疾有所趣也。」按：暴、曓字易相混，不可不辨。「公」，莊公也。孔云：「公亦與之俱田也。」「獻于公所」者，進之於君前。一說：胡胤嘉云：「所不必於田所。獻之曰公所，則不在田可知。」「將」，請也。「無」，通作「毋」，禁止辭。「狃」，《說文》云：「犬〔註97〕性驕也。」字從犬。《爾雅》云：「復也。」顏師古云：「忕也。」孫炎云：「狃伏前事復為也。」蓋因驕成慣，故徐氏解以為「忕，慣習」是也。叔之徒見叔露體解衣，疾趨搏虎，相與戒叔曰：請叔無驕慣此事，恐虎之或傷汝也。愛之之辭。鄭氏云：「段以國君介弟之親、京城大叔之賢，而所好者，馳騁弋獵也；所矜者，袒裼暴虎也；所賢者，射御足力也。出而人思之者，飲酒服馬之儁也。氣習至此，而又恃其君母之愛，玩於莊公之惟其所欲而不誰何也，欲不為叛，得乎？是則置段於必亂之地者，莊公也。」〔註98〕鍾惺云：「叔段無大志，一馳馬試劍公子耳。其徒誇美，亦不過媚子狎客從臾遊戲者。不然，且為曲沃武公矣。看『將叔無狃，戒其傷女』及『我聞有命，不敢以告人』，氣象大小深淺相去多少。」○**叔于田，乘乘黃。**陽韻。**兩服上襄，**陽韻。**兩驂鴈行。**叶陽韻，寒剛翻。**叔在藪，火烈具揚。**陽韻。**叔善射**禡韻。豐氏本作「躲」。**忌，又良御**叶禡韻，五駕翻。**忌。抑磬控**送韻。**忌，抑縱**送韻。**忌。**賦也。陸佃云：「黃騂曰黃。黃亦馬之上色，故《駉》頌首章曰『有驪有黃』。《列子》亦曰：『牝而黃，牡而驪。馬至，果天下之馬

〔註97〕「犬」，四庫本誤作「大」。
〔註98〕見《呂氏家塾讀詩記》卷八《大叔于田》，稱「永嘉鄭氏曰」。

也。』」舊說以「乘黃」為四馬皆黃，然則後章「乘鴇」豈又四馬皆鴇乎？何叔乘馬之驟易如此！愚謂「乘黃」、「乘鴇」俱當於「乘」字略斷續之，蓋四馬為乘，於乘之中，有黃者，又有鴇者，或兩服為黃而兩驂為鴇也。朱子云：「衡下夾轅兩馬曰服。」按：服字從舟，舟即車軸也，蓋以兩服馬居軸兩旁得名。「襄」，通作「驤」，《說文》云：「馬之低昂也。」「兩服上襄」，言兩服在兩驂之上，其行並低並昂，即下章所言「齊首」是也。「兩驂鴈行」者，謂驂少次服行，如飛鴈斜行。《曲禮注》云「鴈行者，與之並差退」是也。孔穎達云：「此四馬同駕，其兩服則齊首，兩驂與服馬鴈行，其首不齊。故《左傳》云『如驂之有靳。』」「揚」，《說文》云：「飛舉也。」蓋言接續而舉，略無停歇也。「射」，《說文》作「躲」，從身從矢，謂「弓弩發於身而中於遠也」。篆改矢從寸。寸者，手也。「忌」，語助辭。或作「其」，或作「己」，或作「記」，或作「期」，或作「萁」，皆音近也。「良」，亦善也。「御」，《說文》云：「使馬也。從彳從卸。」徐鍇云：「彳，行也。卸，解車馬也。或彳或卸，皆御者之職。」射、御不對言。叔本善射，因有良御，而益以濟其善射也。下二句正舉其實。「抑」，發語辭。毛《傳》云：「騁馬曰磬，止馬曰控。」謂之「磬」者，騁馬從禽，隨其所使，馬即從之，曲折如磬也。按：磬之折殺，其形必曲，故謂之「磬折」。「控」，《說文》云：「引也。」馬行方速，遇獸而射，引而止之即止，隨所制勒也。朱子云：「捨拔曰縱，覆彄曰送。」「拔」，即括也。矢銜弦處，滿則放手，以任其去，故曰「縱」。「彄」，弓弰頭也。「覆」，倒也。弓滿時，弓弰向內。既放矢，則顛倒其弰，並指於前，如送矢遠去也。又，嚴粲云：「縱，放箭也。送，送箭也。今射者云：前手擫，後手劈。擫即送也，劈即縱也。能劈能擫，則矢去勁而有力。」亦通。陸化熙云：「要知磬時未嘗不控，縱時即為之送，不是二事。」上章言徒搏，第見其始事之勇；此章乃以其射獵之實言也。○**叔于田，乘乘鴇。**叶有韻，補苟翻。豐氏本作「𨀰」。**兩服齊首，**有韻。**兩驂如手。**有韻。**叔在藪，火烈具阜。**有韻。**叔馬慢**叶翰韻，莫半翻。《釋文》、豐氏本俱作「嫚」。**忌，叔發罕**叶翰韻，黃半翻。**忌。抑釋掤**蒸韻。豐氏本作「冹」。《禮書》作「弸」。**忌，抑鬯**豐氏本作「韔」。**弓**叶蒸韻，姑弘翻。**忌。**賦也。「鴇」，鳥名。《爾雅》：「馬驪白雜毛曰鴇。」蓋取諸鳥也。郭璞云：「今呼之為鳥驄。」「齊首」，馬首齊也。「如手」，鄭云：「如人左右手之相佐助也。」朱子云：「兩服並首在前，而兩驂在旁，稍次其後，如人之兩手。」上章言「乘黃」，意是主兩服為言，而並

及兩驂之善。此章言「乘鴇」，意是主兩驂為言，而明其能為兩服之助。然第據驂服並行之象如此，無御之善，意與首章「執轡如組」二句不同。「阜」，本土山之名。劉熙云：「厚也。」言高厚也。毛云：「盛也。」徐光啟云：「始而『具舉』，既而『具揚』，終而『具阜』，形容火勢以漸而熾，乃知詩人體物之妙，一字不苟。」此「存藪」二句雖與上同，然已是田事將畢時矣。「慢」，毛云：「遲也。」孔云：「凡惰慢者必遲緩，故訓慢為遲。」「罕」，毛云：「希也。」按：「罕」本罔名，所以訓「希」者，當是謂其罔目希疏故耳。鄭云：「田事且畢，則其馬行遲，發矢希。」「釋」，《說文》云：「解也。」「掤」，毛《傳》及《說文》皆云：「所以覆矢。」亦作「冰」。昭二十五年《左傳》云：「公徒執冰而踞。」服虔云：「冰，櫝丸蓋。」杜預云：「櫝丸是箭筩，其蓋可以取飲。」嚴云：「用矢則舉掤以開筩，既用則納矢箭中。釋下其掤，以覆箭也。」「鬯」，孔云：「韜弓之器。鬯弓，蓋韜弓而納之鬯中。」本作「韔」，《說文》云：「弓衣也。」又，《蒼頡》名冰為矢房，《詩注》名韔為弓室，可作的對。蓋矢韜弓，及田事既畢之時。嚴云：「言其從容得意，如庖丁解牛提刀而立，為之四顧，為之躊躇滿志，善刀而藏之也。亦可想叔段洋洋之意矣。」又云：「段有不義之謀，兄弟之間，人所難言。詩人優游之意，但言段矜能恃勇，暴虎以獻，氣陵其兄。私黨謟事，甘言媚說，方且踊躍馳騁，不能自己，從容畢事，意氣自得，其氣習輕揚粗暴如此，殆非令終之器。所謂智伯『射御足力則賢，而以不仁行之』者也。公何為不早禁止之乎？」呂祖謙云：「鷙鳥將擊，必匿其形。二詩所載段之輕淺如此，宜其為莊公之所易也。詩人乃若憂其不能制者，豈其未得莊公之情也哉？憂之云者，兄弟之心也，欲止其惡者也，涕泣而道之者也。易之云者，仇敵之心也，欲養其惡者也，談笑而道之者也。詩人直以兄弟之心為莊公憂耳，豈知其他哉？」萬時華云：「叔之得眾如此，為魏之信陵、齊之孟嘗不足，為晉之桓叔、衛之州吁亦不足，何也？其知不深，其勇不沈，結納皆亡命之人，終不足以舉大事。莊公識破此人，弄之股掌中，亦久矣。桓志殺段，固不足言。漢文實友愛諸弟。不朝賜几杖，不問。殺辟陽侯，不問。警蹕稱制，不問。卒令以驕恣自敗，損愛弟之名。始知國家大體，畢竟私情上稍姑息不得，公義上稍寬假不得。」

《大叔于田》三章，章十句。豐氏本作《叔于田》。○郝敬云：「《於田》二詩，朱子皆以為『鄭人愛段而作』，非也。《序》刺莊公無中才之教，陷

其弟於惡也。二詩極道段材藝武勇，其〔註99〕繕甲治兵，不軌之志，隱然言外。夫子刪詩存此，戒人君父兄於子弟，愛之能勿勞乎〔註100〕？若謂鄭人美段而作，何足以風？」又，漢匡衡謂鄭伯好勇而國人暴虎，殊非事實。

將仲子

《將仲子》，鄭莊公欲陷弟段，授以大邑。祭仲諫，陽拒之。大夫原其情而刺之。出《申培說》。○《左‧隱元年》：「初，鄭武公娶於申，曰武姜。生莊公及共〔註101〕叔段。莊公寤生，驚姜氏，故名曰寤生，遂惡之。愛共叔段，欲立之，亟請於武公，公弗許。及莊公即位，為之請制。公曰：『制，巖邑也。虢叔死焉。他邑惟命。』請京，使居之，謂之京城大叔。祭仲曰：『都城過百雉，國之害也。先王之制：大都，不過參國之一；中，五之一；小，九之一。今京不度，非制也。君將不堪。』公曰：『姜氏欲之，焉辟害？』對曰：『姜氏何厭之有？不如早為之所，無使滋蔓。蔓難圖也。蔓草猶不可除，況君之寵弟乎！』公曰：『多行不義必自〔註102〕斃。子姑待之。』既而大叔命西鄙、北鄙貳於己。公子呂曰：『國不堪貳，君將若之何？欲與大叔，臣請事之。若弗與，則請除之，無生民心。』公曰：『無庸，將自及。』大叔又收貳以為己邑，至於廩延。子封曰：『可矣。厚將得眾。』公曰：『不義不暱，厚將崩。』大叔完聚，繕甲兵，具卒乘，將襲鄭，夫人將啟之。公聞其期，曰：『可矣。』命子封帥車二百乘以伐京。京叛大叔段。段入於鄢。公伐諸鄢。五月辛丑，大叔出奔共。書曰：『鄭伯克段於鄢。』段不弟，故不言弟。如二君，故曰克。稱鄭伯，譏失教也。謂之鄭志，不言出奔，難之也。」鄒忠胤云：「嘗觀楚申無宇云：『制城邑若體性焉，自首領股肱至於手拇毛脈，大能掉小，故變而不動。』國為大城，未有利者。叔段以京患嚴公，鄭幾不封，櫟人實使鄭子不得其位，衛蒲戚實出獻公，宋蕭蒙實殺昭公，魯卞費實弱襄公，齊渠丘實殺無知，晉曲沃實納成師，秦征衙實難桓、景，此即祭仲所謂『大城不過百雉』，及晉師服所謂『本大而末小，是以能固』之說也。何國無謀臣，而其主不聽，或戕其弟，或戕其身，或戕其子孫。以此為鑒，猶有樹國相疑，豪植太強，釀七國之變者。」嚴

〔註99〕「其」，《毛詩序說》卷三《大叔于田》無。（第737頁）
〔註100〕「愛之能勿勞乎」，《毛詩序說》作「愛之不能勿勞耳」。
〔註101〕「共」，底本誤作「其」，據四庫本、《左傳》改。
〔註102〕「自」，四庫本誤作「目」。

粲云：「祭仲之謀迫而淺，欲速去其偪，曰『早為之所』。莊公之謀狡而深，欲養成其惡，曰『子姑待之』。公與祭仲皆欲致段於死地，所爭遲速之間耳。公非拒祭仲也。國人知公與祭仲有殺段之謀，乃反其意，設為公拒祭仲之辭以諷之。」按：《序》云：「《將仲子》，刺莊公也。不勝其母，以害其弟。弟叔失道而公弗制，祭仲諫而公弗聽，小不忍以致大亂焉。」《子貢傳》亦云：「鄭莊公封弟段於京，祭足諫之不聽。大夫風之。」嚴云：「莊公克段之事，《左氏》以為『譏失教』，《詩序》以為『小不忍』，皆責之也輕。《穀梁》、《公羊》及胡氏深誅其心，以為大惡，後之說《詩》者祖其意，以《序》為非，且謂詩人探莊公之心在於殺段，而託諸父母、諸兄、國人以為說，冀以稔成其惡耳。竊謂此駁《序》未盡莊公之惡則然，而說《詩》之本意則未也。叔段舊有奪嫡之謀，莊公固已不能釋然於懷矣。而又挾材武，怙母寵，結群小，將不利於宗國，此莊公之所深忌也。請製弗許，請京與之，迫於母意，不得已焉耳。始答祭仲曰『多行不義必自斃』，繼答公子呂曰『無庸，將自及』；至公子呂又言之，則曰『不義不暱，厚將崩』。蓋挾數用術，為秋實黃落之計，設心不仁矣。觀段之淺露，為群小所從臾。而欲謀宗國，何能為者耶？固易之矣。及段將襲鄭，公曰『可矣』，蓋幸其釁自彼作，謂人不得以議我，豈有涕泣而道之之意哉？公固非不忍者，然《春秋》乃聖人褒貶之法，變風乃國人諷諫之辭，不可以並論也。此詩止以公與祭仲有殺段之謀，故設為公拒祭仲之辭，以天理感動之，公論開悟之耳。如此，則不失詩人溫柔敦厚之旨。」胡安國云：「姜氏當武公存之時，嘗欲立段矣。及公既沒，姜以國君嫡母主乎內，段以寵弟多才居乎外，國人又悅而歸之。恐其終將軋己為後患也，故授之大邑，而不為之所，縱使失道，以至於亂，然後以叛逆討之，則國人不敢從，姜氏不敢主，而太叔屬籍當絕，不可復居父母之邦。此鄭伯之志也。王政以善養人，推其所為，使百姓興於仁而不偷也。況以惡養天倫，使陷於罪，因以剪之乎！」又云：「世衰道隱，民彝泯亂，若宋殤之於馮也，衛侯鄭之於叔武瑕也，皆為利爭，不勝計也。而莊公獨以順母為辭，養成段惡。夫中也養不中，才也養不才，故人樂有賢父兄也。仁人之於兄弟，不藏怒焉，不宿怨焉，親愛之而已矣。象憂亦憂，象喜亦喜，恩掩義也。使吏治其國，而象不得有為，義勝恩也。恩義並立，而中持衡焉。段雖凶逆，焉攸亂，此《春秋》責莊公之意也。」《東萊博議》云：「莊公雄猜陰狠，視同氣如寇讎，而欲必致之死，故匿其機而使之狃，縱其欲而使之放，養其惡而使之成。封京之後，伐鄢之前，其處心積慮，曷嘗須臾而忘叔段哉！吾嘗反覆考之，然

後知莊公之心，天下之至險也。祭仲之徒，不識其機，反諫其都城過制，不知莊公正欲其過制；諫其厚將得眾，不知莊公正欲其得眾。是舉朝之卿大夫皆墮其計中矣。鄭之詩人不識其機，反刺其『不勝其母，以害其弟』，不知莊公正欲得不勝其母之名；刺其『小不忍以致大亂』，不知莊公正欲得小不忍之名。是舉國之人皆墮其計中矣。莊公之機心猶未已也。魯隱之十一年，莊公封許叔，而曰：『寡人有弟，不能和協，而使糊其口於四方，況能久有許乎！』其為此言，是莊公欲以欺天下也。魯莊之十六年，鄭公父定叔出奔衛。三年而復之，曰：『不可使共叔無後於鄭。』則共叔有後於鄭舊矣。段之有後，是莊公欲以欺後世也。既欺其朝，又欺其國，又欺天下，又欺後世。噫嘻！岌岌乎險哉，莊公之心與！」胡云：「莊公志殺其弟，使糊其口於四方，自以為保國之計得也。然身歿未幾，而世嫡出奔，庶孽奪正，公子五爭，兵革不息，忽、儀、亹、突之際，其禍憯矣。亂之初生也，起於一念之不善，後世則而象之，至于兄弟相殘，國內大亂，民人思保其室家而不得，不亦酷乎！」

將仲子兮，無豐氏本作「毋」。下同。**踰我里，**紙韻。無豐本作「毋」。下同。**折我樹杞。**紙韻。**豈敢愛之？畏我父母。**叶紙韻，毋鄙翻。**仲可懷**叶微韻，胡威翻。亦叶灰韻，胡猥翻。**也，父母之言，亦可畏**叶微韻，於非翻。亦叶灰韻，烏回翻。**也。**賦而比也。「將」，毛《傳》云：「請也。」「仲子」，祭仲也。名足，仲其字，鄭大夫也。其先為祭封人，因以為氏。「踰」，《說文》云：「越也。」《周禮》：「五家為鄰，五鄰為里。」皆有地域溝樹之。「折」，《說文》云：「斷也。」「杞」，木名。陸璣云：「柳屬也。生水傍，樹如柳，葉粗而白色，理微赤。今人以為車轂。」按：杞材堅韌，故以比段。李氏云：「『無踰我里』，言無與我家事也。」鄭玄云：「『無折我樹杞』，喻言無害我兄弟也。」蘇轍云：「異姓而干公族，以謀兄弟，譬如踰里而折杞也。」呂祖謙云：「首三句辭雖拒〔註103〕仲，而意則與之，如侍人僚柤告昭公以去季氏之謀，公執戈以懼之〔註104〕之類。」鄭云：「段將為害，我豈敢愛之而不誅歟？以父母之故，故不為也。」蘇云：「莊公非畏父母之

〔註103〕「拒」，底本誤作「柜」，據四庫本改。
〔註104〕《左傳·昭公二十五年》：「公若獻弓於公為，且與之出射於外，而謀去季氏。公為告公果、公賁。公果、公賁使侍人僚柤告公。公寢，將以戈擊之，乃走。公曰：『執之。』亦無命也。懼而不出，數月不見，公不怒。又使言，公執戈懼之，乃走。」

言者也，欲必致叔於死耳。夫叔之未襲鄭也，有罪而未至於死，是以諫而不聽。諫而不聽，非愛之也，未得所以殺之也。未得所以殺之而不禁，而曰『畏我父母』，君子知其不誠也。故因其言而記之。夫因其言而記之者，以示得其情也。」呂云：「『豈敢愛之，畏我父母』，則於段非有所不忍也。其拳拳於叔而不得已於姜氏者，可見矣。」郝敬云：「借莊公之口以誅其心，辭若寬而心甚險，千載讀之，如見肺肝。詩所以善於諷也。」鄭云：「懷私曰懷。言仲之為我謀，實與我親睨。以私情論，若可懷也。然聽人言而忍於同氣，在父母必有怨望之辭，亦可畏也。此又詩人因上有「畏我父母」之言而撥轉之，以致其諷動之意，含情更深。」嚴云：「公未嘗有是言也，而詩人代公言之，若謂公縱不愛段，獨不畏父母乎？蓋譎諫也。」孔云：「於時其父雖亡，遺言尚存，故與母連言之也。」○**將仲子兮，無踰我牆**，陽韻。**無折我樹桑**。陽韻。**豈敢愛之？畏我諸兄。**叶陽韻，盧王翻。**仲可懷**見前。**也，諸兄之言，亦可畏**見前。**也。**賦而比也。「牆」，《說文》云：「垣蔽也。」字從嗇，取愛嗇自護也。「桑」，亦木之韌者，故以比段。按：《孟子》曰：「五畝之宅，樹牆下以桑。」則桑在牆下也。「諸兄」，毛云：「公族。」嚴云：「諷公縱不愛段，獨不畏公族之議乎？」○**將仲子兮，無踰我園**，叶先韻，於權翻。**無折我樹檀**。叶先韻，徒沿翻。**豈敢愛之？畏人之多言。**叶先韻，倪堅翻。**仲可懷**見前。**也，人之多言，亦可畏**見前。**也。**賦而比也。孔云：「《太宰》職：『園圃毓草木。』園者，圃之藩，故其內可以種木也。」「檀」，彊韌之木，可以為車，亦以比段。《鶴鳴》之詩云：「樂彼之園，爰有樹檀。」羅願云：「《淮南子》：『十月檀。』檀，陰木也」；「王充云：『楓桐之樹，生而速長，故其皮肥〔註105〕，不能堅剛。樹檀以五月生葉，後彼春榮之木，其材彊勁，車以為軸。』」〔註106〕「人」，國之人也。繇「父母」而「諸兄」，而「國人」，立言之序如此。嚴云：「諷公縱不愛段，獨不畏國人之多言乎？」呂云：「『畏我諸兄』、『畏人之多言』，特迫於宗族、國人之議論，非愛段也。具文見意，而莊公之情得矣。」豐熙云：「莊公所以不惜以京授段者，乃《老子》所謂『將欲取之，必固與之』，其術深矣。顧誘於『諸兄』、『國人』之言，蓋潛秘其機而陽以拒仲之諫耳。」

〔註105〕「肥」，四庫本作「脆」。按：《爾雅翼》、《論衡·狀留篇》作「肌」。
〔註106〕分見《爾雅翼》卷九《釋木一·棟》、《穀》。

又，《晉語》：「公子重耳安於齊，姜氏勸之行，曰：『西方之詩有之曰：懷與安，實疚大事。鄭詩云：仲可懷也，人之多言，亦可畏也。』」韋昭《注》云：「言雖欲從心思仲，猶能畏人自止，見可懷，思可畏也。」

    《將仲子》三章，章八句。《左·襄二十六年》：「鄭伯為衛侯如晉。晉侯言衛侯之罪，使叔向告鄭伯，子展賦《將仲子兮》，晉侯乃許歸衛侯。叔向曰：『鄭七穆，罕氏其後亡者也。子展儉而壹。』」詩篇名多「兮」字，實即此詩也。○此詩為祭仲諫大叔事而作，語意昭然，無可疑者。朱子先有成見胸中，主定鄭、衛皆淫詩，一聞蒲田鄭樵氏謂此淫奔者之辭，便欣然引為同調，令人憤極。

野有蔓草

《野有蔓草》，刺鄭莊公也。祭仲為公謀去段，遂有寵於公。國人託為公愛仲之辭以刺之。 按：段之初封京也，祭仲實首先為公謀。其言曰：「今京不度，非制也。不如早為之所，無使滋蔓。蔓難圖也。蔓草猶不可除，況君之寵弟乎！」此詩以「野有蔓草」發端，因祭仲之辭也。又，《左傳》曰：「初，祭封人仲足有寵於莊公，莊公使為卿。」夫仲之先，不過一封人耳，已而驟進為卿，則以為公忠謀之故，因而獲寵。詩所為歌「邂逅」者，此也。

野有蔓草，豐氏本作「艸」。後同。**零**豐本作「霝」。後同。**漙**葉阮韻，上兗翻。陸德明本作「團」。顏師古《糾繆止俗》作「𩆒」，云：「古本有水旁作專者，皆當讀上兗切。」〔註107〕葉「清揚婉兮」。陸粲云：「今韻書作上兗切，非。蓋兗字傳寫作袞耳。」楊慎云：「婉字在阮韻，𩆒字當從之矣。諸韻書不收，當補入之。」**兮。有美一人，清揚婉**阮韻。《集韻》作「䏾」。**兮。邂**豐本作「解」。後同。**逅**陸本作「遘」。豐本作「覯」。後同。**相遇，適我願**葉阮韻，五遠翻。**兮。** 興之比，又賦也。野在四郊之外。「蔓」，《說文》

〔註107〕按：此處作《糾繆正俗》，似誤。顏師古《匡謬正俗》卷一：
「漙」，《鄭詩·野有蔓草》篇云：「野有蔓草，零露漙兮。有美一人，清揚婉兮。」詩古本有水旁作專字者，亦有單作專字者，後人輒改為「漙」字，讀為團圓之漙。作辭賦篇什用之，遞相因襲，曾無疑者。按：呂氏《字林》雨下作專訓云：「露貌，音上兗反。」此字本作𩆒，或作漙耳。單作專者，古字從省。又「上兗」之音與「婉」相類，益知呂氏之說可依，本非團義矣。下云「零露瀼瀼」者，豈復亦論其從橫之貌乎？

云：「葛屬，莖葉相聯。」「野有蔓草」，比叔段也。說見《小引》下。「零」之
為義，雨餘也。露之潤澤似之，故亦曰零。蔡邕《月令章句》云：「露者，陰
液也。釋為露，結為霜。」「漙」，《說文》云：「露貌。」草之延蔓者凝露濃，
以比段之有寵於姜氏也。「有美一人」，指祭仲足也。「清揚」，解見《君子偕
老》篇。「婉」，順也。言其眉目之間和順可掬也。「邂」、「逅」二字，《說文》
皆解云：「不期而遇也」。「遇」，《說文》云：「逢也。」祭仲以封人入見於公，
故曰「邂逅相遇」。「適」，猶當也。「願」，通作「愿」。「愿」者，專謹之義。
人心有所愛，則謹持之而不能釋，謂之愿也。「適我願兮」，言與我心之所懷
來者適相當也。公欲去段，仲亦欲去段，謂之曰「適我願兮」，以見莊公之處
心積慮，欲害弟段，見乎辭矣。又，《左‧襄二十七年》：「鄭伯享趙孟於垂隴，
子大叔賦《野有蔓草》。趙孟曰：『吾子之惠也。』」昭十六年，「鄭六卿餞晉韓
宣子於郊，子齹賦《野有蔓草》。宣子曰：『孺子善哉！吾有望矣。』」《韓詩外
傳》亦云：「孔子遭齊程木子於郊之間，傾蓋而語終日，有間，顧子路曰：『繇，
束帛十匹，以贈先生。』子路不對。有間，又顧曰：『束帛十匹，以贈先生。』
子路率爾而對曰：『昔者，繇也聞之於夫子，士不中道相見，女無媒而嫁者，
君子不行也。』孔子曰：『夫《詩》不云乎？野有蔓草，零露漙兮。有美一人，
清揚婉兮。邂逅相遇，適我願兮。且夫齊程木子，天下之賢士也，吾於是而不
贈，終身不之見也。』」程木子名本，即子華子。《家語》、《說苑》及《子華
子》、《孔叢子》諸書具載此事，皆藉此詩以表其喜於相遇之意，要與詩旨無
涉。○野有蔓草，零露瀼瀼。陽韻，奴當翻。有美一人，婉如清揚。
陽韻。邂逅相遇，與子偕臧。陽韻。○興之比，又賦也。「瀼瀼」，露盛貌。
段封京，未已又命西鄙、北鄙貳於己，又收貳以為己邑，至於廩延。此蔓草得
露之盛也。「婉如清揚」，猶言清揚婉如，倒句法也。亦就上章語而翻之耳。
「偕」，俱。「臧」，善也。「與子偕臧」，猶言欲與子共安樂，同富貴也。蓋莊
公感仲之深如此，不愛其弟而愛同謀害弟之人，莊公可為有人心乎？此詩不
必莊公作，而國人代為之言，欲公聞之而自醜之也。

《野有蔓草》二章，章六句。《序》以為「思遇時也。君之澤不下流，
民窮於兵革，男女失時，思不期而會焉」。呂祖謙云：「『君之澤不下流』，蓋講
師見『零露』之語從而附益之。」而陳氏引《綢繆》詩云「見此邂逅」，以為
「邂逅正謂婚姻」。若爾，直為野合紀詠耳。子大叔輩何取焉？蘇轍云：「信

如此說，則趙文子將不受，雖與伯有同譏可也。」時伯有賦《鶉之賁賁》，文子譏之。朱子直改為「男女相遇於野田草露之間而作」，邪穢已甚，更不足辨。《子貢傳》、《申培說》則云：「臼季遇郤缺於冀，薦於文公，晉人美之。」意頗近似。愚所以斷其不然者，以《左傳》為證。當子蟜賦此詩餞韓宣子，宣子美之，以為賦皆「不出鄭志」，豈得入之《唐風》耶？

詩經世本古義卷之二十

閩儒何楷玄子氏學

周桓王之世詩三十篇 [註1]

何氏小引

《燕燕》，衛莊姜送歸妾也。

《擊鼓》，怨州吁也。衛州吁使公孫文仲帥師會陳侯、宋公伐鄭，其從軍者賦此。

《節南山》，刺桓王從尹氏助曲沃也。

《雄雉》，刺衛宣公也。軍旅數起，室家之人思其君子行役於外而作是詩。

《新臺》，刺衛宣公也。納伋之妻，作新臺於河上而要之[註2]。

《蝃蝀》，刺衛宣公奪太子伋婦也。亦齊人所作。

《君子偕老》，刺衛宣姜之詩。

《靜女》，刺時也。衛君無道，夫人無德。

《相鼠》，衛夷姜謫宣公也。

《谷風》，刺夫婦失道也。衛人化其上，淫於新昏，而棄其舊室，夫婦離絕，國俗傷敗焉。

《氓》，衛宣公之時，淫風大行，男女無別，互相奔誘，華落色衰，復相棄背。淫婦為人所棄，而自敘其事，以道其悔恨之意。

〔註1〕按：此卷實有 32 篇。
〔註2〕詩正文下有「齊人聞而惡之」。

《何人斯》，絕友也。暴辛公為王卿士，而譖蘇成公。成公之友，有與暴同行者，成公惡之，作是詩以絕之。

《著》，刺魯桓公也。娶齊文姜而不親迎，至於譖以逆〔註3〕之，於是得見乎公矣。國人代為文姜之辭以醜之。

《敝笱》，刺魯文姜也。

《葛屨》，刺芮姜也。芮伯萬之母芮姜惡芮伯之多寵人也，逐之，出居於魏。其寵人作此。

《墓門》，刺陳佗也。陳佗無良師傅，以至於不義，惡加於萬民焉。

《習習谷風》，疑鄭人怨周之詩。

《伯兮》，衛宣公之時，蔡人、衛人、陳人從王伐鄭，伯也為王前驅久，故家人思之。

《兔爰》，閔周也。桓王失信，諸侯背叛，構怨速禍，王師傷敗，君子不樂其生焉。

《有女同車》，刺忽也。鄭人刺忽之不昏於齊也〔註4〕。太子忽嘗有功於齊，齊侯請妻之。齊女賢而不取，卒以無大國之助，至於見逐，故國人刺之。

《鴇羽》，刺時也。晉昭公之後，大亂五世。民從征役而不得養其父母，故作此詩。

《山有扶蘇》，刺忽也，所美非美然。

《狡童》，鄭人忠於忽者之辭，聞祭仲有立突出忽之謀，而因以告之也。

《蘀兮》，鄭人思出突而納忽也。忽以世子踐位，正矣。宋人乃使祭仲立突而逐忽，故鄭人不義突而作此詩。

《褰裳》，思見正也。鄭祭仲恣行，國人思大國之正己也。

《二子乘舟》，衛宣公之子伋也、壽也、朔也。伋，前母子也。壽與朔，後母子也。壽之母與朔謀，欲殺太子伋而立壽也，使人與伋乘舟於河中，將沉而殺之。壽知，不能止也，因與之同舟，舟人不得殺。伋方乘舟時，伋傅母恐其死也，閔而作詩。

〔註3〕「逆」，詩正文作「迎」。
〔註4〕「也」，詩正文無。

《芄蘭》，刺衛惠公也。驕而無禮，大夫刺之。

《牆有茨》，衛人刺其上也。公子頑通乎君母，衛人疾之。

《鶉之奔奔》，娣妾刺衛宣姜之詩。

《桑中》，刺奔也。衛之公室淫亂，男女相奔，至於世族在位，相竊妻妾，期於幽遠，政散民流，而不可止。

《東方未明》，齊人刺襄公無常也。

《盧令》，刺荒也。齊襄公好田，大夫風之。

燕燕

《燕燕》，衛莊姜送歸妾也。出《序》。○鄭玄云：「莊姜無子，陳女戴媯生子名完，莊姜以為己子。莊公薨，完立，而州吁弒之。戴媯於是大歸，莊姜遠送之於野，作詩見己志。」按：完即桓公也。春秋始於隱元年，為平王之四十九年，時桓公在位已十三年矣，計其即位在平王之三十七年也。及隱四年，而桓公見弒，凡在位十六年。《史記》載桓公二年，弟州吁驕奢，桓公絀之，州吁出奔。十三年，鄭伯弟段攻其兄，不勝，亡。而州吁求與之友。十六年，州吁收聚衛亡人，以襲殺桓公，州吁自立為衛君。此一段足補《左傳》之缺。或者不知，謂桓公甫立便遇弒，非也。

燕燕于飛，差池其羽。夒韻。亦叶語韻，王許翻。之子于歸，遠送于野。叶夒韻，讀如豎，上主翻。亦叶語韻，上與翻。瞻望弗《列女傳》作「不」。及，泣涕如雨。夒韻。亦叶語韻，於許翻。○興也。「燕」，鳥名。陸佃云：「齊人呼鳦。蓋取其鳥自呼，故曰鳦也。一名玄鳥。蓋取其色之玄，故曰玄鳥也。一名鷾鴯，莊周所謂『鷾鴯』者也。」言「燕燕」者，曹氏云：「兩燕也。」按：《爾雅》云：「燕燕，鳦。燕，鳦。」孫炎、舍人皆以為鳦鳥名燕燕，又名鳦，一物三名。戴侗引陸璣言「鳦鳥，子規也。燕燕則乙也」。考《說文》云：「鳦，鳦燕也」，是以「鳦燕」訓「鳦」。其訓為乙者，衹名燕，不名燕燕也。孔穎達則謂古人重言之。《漢書》童謠「燕燕尾涎涎〔註5〕」是也。然童謠之所云「燕燕」，亦謂趙飛燕姊弟二人。同時入宮，仍是兩燕也。郝敬云：「燕雀依人，為孚子也，故玄鳥為祈子之祥。莊姜於媯，以子相依，子亡相失，故用為比。」「于飛」者，各飛也，以興己與媯相離也。「差」，《說

〔註 5〕「涎涎」，《漢書》卷二十七上《五行志上》同，四庫本作「涎涎」。

文》云：「貳也。差不相值也。」陸佃云：「兩相差為差。」「池」，通作「遲」，
《說文》云：「徐行也。」楊慎云：「師曠《禽經》曰：『鳥向飛背宿，燕向宿
背飛。』此物理也。故莊姜以為送歸妾之比，取其背飛之義，送別之情也。」
「之子」，指戴媯也。「歸」，大歸也。《春秋·文十八年》：「夫人姜氏歸於齊。」
《左傳》云：「大歸也。」以歸寧者有時而反，此即去不復來，故謂之大歸也。
郊外曰野。蘇轍云：「禮，婦人送迎不出門。遠送于野，情之所不能已也。」
「瞻望弗及」者，至野與之訣別，己留而彼去，稍稍更遠，瞻望之，不復能及
也。無聲出涕曰泣，自目曰涕。「如雨」者，如雨之傾也。夫「之子于歸」，以
子弒也，歸極苦矣。送其歸者，遭際同之，悲人亦還自悲，而州吁方阻兵安
忍，痛哭之不可，則有涕泣而已。此豈若尋常臨岐惜別而已乎！風人含不盡
之意。止言涕泣，而籲之暴、子之弒、國之危，悉寓涕泣之中矣。○**燕燕于**
飛，頡之頏陽韻。**之。之子于歸，遠于將**叶陽韻，資良翻。**之。瞻望**
弗及，緝韻。**佇立以泣。**緝韻。○興也。「頡」，《說文》云：「直項也。」
「頏」、「亢」同字。《爾雅》以為鳥嚨也。蓋鳥高飛直上，故見其項頸上向也。
雙燕各飛，興己與媯形影相望也。「將」，持也，言相攜持而行也。「佇」，《說
文》云：「久立也。」○**燕燕于飛，下上其音。**侵韻。**之子于歸，遠送**
于南。叶侵韻，乃林翻。**瞻望弗及，實勞我心。**侵韻。○興也。孔云：
「音無上下，惟飛有上下耳。知飛而上為音曰上音，飛而下為音曰下音也。」
鍾惺云：「音字從飛字看出，故曰『下上』。」「送於南」者，毛《傳》云：「陳
在衛南。」朱子謂「『遠送于南』一句可為送戴媯之驗」。初別時，至「泣涕如
雨」。已別後，猶「佇立以泣」。及望之不見，而茫然以失。此時目斷行塵，無
淚可揮矣。所謂「實勞我心」也。陸化熙云：「『實』字絕有味，政見無限苦
楚，都在心上，而口說不出，亦微逗下思其賢意矣。」○**仲氏任只，其心**
塞淵。叶真韻，一均翻。豐氏本作「胹」。**終溫且惠，淑慎其身。**真韻。
先君之思，以勖《禮記》、《列女傳》作「畜」。**寡人。**真韻。○賦也。「仲
氏」，媯字也。孔云：「婦人不以名行。禮，男女異長，各自為伯季，故稱仲氏
也。」鄭云：「『任』者，以恩相親信也。」《周禮》六行：孝、友、睦、姻、
任、恤。陸化熙云：「任是以恩意相孚。在平日嫡妾相與上見，提此一字，便
見感念。」「只，」語已辭也。「塞」，窒也。一說：通作「寒」，實也。亦通。
「淵」，深也。「塞淵」，有困心衡慮，憂深思遠之意，與衛文公之「秉心塞淵」
同義。「終」者，始終如一。「溫」，和。「惠」，仁也。藏諸中者為塞淵，見諸

外者為溫惠。「淑」，通作「俶」，《說文》云：「善也。」「慎」，謹也。「淑慎其身」，言善能謹慎其身。塞淵、溫惠，即其寔也。「身」者，兼內心外貌而言。徐光啟云：「凡人朝夕聚首，雖深恩厚誼，都可相忘。一經別離，便想像他平日許多好處。詩之曲盡人情如此。」「先君」，謂莊公也。「勗」，《說文》云：「勉也。」「寡人」，寡德之人，莊姜自稱也。顧起元云：「君稱寡人。而凡人亦可稱王，右軍論字：『假令寡人耽之若此。』婦人亦可稱寡人，莊姜云『以勗寡人』是也。」此述其臨時分手之語。蓋以莊姜敵體先君，誼不可去，與己為媵妾不同，故勉其以先君為念。又，鄭云：「戴媯思先君莊公之故，故將歸，猶勸勉莊姜以禮義。」亦通。《坊記》：「子云：『利祿先死者而後生者，則民不偝；先亡者而後存者，則民可以託。《詩》云：先君之思，以畜寡人。以此坊民，民猶背死而號無告。』」鄧元錫云：「篇中傷離美德，終不斥言國禍。處大亂，包周身之防也夫？」豐熙云：「《春秋傳》曰：『石碏之子厚從於州吁。州吁弒桓公，厚問定君於碏。碏曰：王覲為可。曰：『何以得覲？』曰：『陳桓公方有寵於王，陳、衛方睦，若朝陳，使請，必可得也。』厚從州吁如陳。石碏使告於陳曰：『衛國褊小，老夫耄矣，無能為也。此二人者實弒寡君，敢即圖之！』陳人執之，而請蒞於衛。衛人使右宰醜涖殺州吁於濮夫。』陳人既從州吁之請而與之伐鄭矣。曾幾何時，乃從石碏之請而誅州吁。蓋戴媯歸在陳國，有以愬於陳侯，故碏得藉之以成討賊之功耳。然則戴媯誠賢矣哉！」按：《史記》：「州吁新立，好兵，弒桓公，衛人皆不愛。石碏乃因桓公母家於陳，詳〔註6〕為善州吁。至鄭郊，石碏與陳侯共謀，使右宰醜進食，因殺州吁於濮。」夫桓公，陳之自出，而州吁弒之，戴媯方大歸於陳，則陳與州吁蓋仇國也。州吁不知忌陳而反與陳睦，卒殺其身，可謂愚矣。

《燕燕》四章，章六句。孔氏《正義》云：「《衛世家》謂莊公娶齊女為夫人，無子；又娶陳女為夫人，生子，早死。陳女女娣亦幸於莊公，而生子完。完母死，莊公命夫人齊女子之，立為太子。禮，諸侯不再娶。且莊姜仍在，《左傳》唯言『又娶於陳』，不言為夫人。《世家》云『又娶陳，以為夫人』，非也。《左傳》唯言『戴媯生桓公，莊姜養之以為己子』，而言完母死，亦非也。然《傳》言『又娶』者，蓋謂媵也。《左傳》曰：『同姓媵之，異姓則否。』此陳得媵莊姜者，春秋之世不能如禮。」戴，諡也。媯，陳姓也。劉向《列女傳》則以為衛姑定姜者，衛定公之夫人，公子之母也。公子既娶而死，其婦無

〔註6〕「詳」，《史記》卷三十七《衛康叔世家》同，四庫本作「佯」。

子，畢三年之喪，定姜歸其婦，自送之至於野，恩愛哀思，悲心感慟，立而望之，揮泣垂涕，乃賦詩曰：「燕燕于飛，差池其羽。之子于歸，遠送于野。瞻望弗及，泣涕如雨。」送去歸泣而望之，又作詩曰：「先君之思，以畜寡人。」君子謂定姜為慈姑，過而之厚。《韓詩》則云：「定姜歸其娣，送之而作。」然其事有可疑者，時定公尚在，不得稱先君也。定公卒，立敬姒之子衎為君，是為獻公。王伯厚引《魯詩》說云：「畜，孝也。獻公無禮於定姜，定姜作詩，言獻公常思先君定公以孝於寡人。」則於是詩之上下文全不相屬，其謬明矣。按：孔云：「《坊記》引此詩，《注》以為夫人定姜之詩。不同者，《鄭志》答炅模云：『為《記》注闕，就盧君、先師亦然。後乃得毛公《傳》，記古書，義又且。然《記》注已行，不復改之。』」《申培說》又謂「莊姜與娣戴媯皆為州吁所逐，同出衛野而別，莊姜作詩以贈媯焉」。今按：莊姜被逐，事無所載。且詩中明言「遠送于野」，豈同逐之辭乎？

擊鼓

《擊鼓》，怨州吁也。出《序》。**衛州吁使公孫文仲帥師會陳侯、宋公伐鄭，其從軍者賦此。**《子貢傳》云：「州吁求寵於諸侯，使公孫文仲帥師，及宋公、陳侯、魯人、蔡人伐鄭，衛人怨之。」《申培說》亦云：「州吁伐鄭，國人怨之而作。」按：《左》：「隱元年，鄭共〔註7〕叔之亂，公孫滑出奔衛，衛人為之伐鄭，取廩延。二年冬，鄭人伐衛，討滑之亂。四年春，衛州吁弒桓公而自立。宋殤公之即位也，公子馮出奔鄭，鄭人慾納之。及衛州吁立，將修先君之怨於鄭，而求寵於諸侯，以和其民，使告於宋曰：『君若伐鄭，以除君害，君為主，敝邑以賦與陳、蔡從，則衛國之願也。』宋人許之。於是陳、蔡方睦於衛，故宋公、陳侯、蔡人、衛人伐鄭，圍其東門，五日而還。秋，諸侯復伐鄭，敗鄭徒兵，取其禾而還。」朱《傳》以為此詩「衛人從軍者」所作。愚謂此當是再伐鄭時，軍中寓書與家人訣別之辭，以二章「不我以歸」、三章「爰居爰處」之語知之。

擊鼓其鏜，陽韻。《石經》、《說文》作「鼟」。豐氏本作「鼝」。**踴躍用兵。**叶陽韻，逋旁翻。**土國城漕，我獨南行。**叶陽韻，寒剛翻。○賦也。「鏜」，通作「鼟」，鼓聲也。「踴」，跳。「躍」，迅也。俱見《說文》。嚴粲云：「踴躍

〔註7〕「共」，底本誤作「與」，據四庫本改。

言喜之之意。」鄭玄云:「此用兵,謂治兵時。」曾鞏云:「鏜然擊鼓,踊躍用兵,想見州吁好兵喜鬥之狀。其興師動眾,非出於不得已也。人所甚憚者,州吁之所最樂。國人怨之,正以其踊躍爾。」〔註8〕郝敬云:「擊鼓、踊躍,輕佻之狀。輕佻者無謀。《易·師》之《彖》曰:『師貞,丈人吉。』以兵為戲,未有不亡者,州吁所以死也。」按:《左傳》記魯眾仲之對隱公曰:「州吁阻兵而安忍。阻兵,無眾。安忍,無親。眾叛親離,難以濟矣。夫兵猶火也,弗戢,將自焚也。夫州吁弒其君而虐用其民,於是乎不務令德,而欲以亂成,必不免矣。」是歲九月,衛人殺州吁於濮。眾仲之言於是始驗。「土」,土功。「國」,國中。「城」,築城也。「漕」,衛邑。《左傳》作「曹」。「戴公廬於曹」,即此。《一統志》云:「廢白馬縣在今大名府滑縣治南,本衛之漕邑。」「南行」者,從軍南行伐鄭,鄭在衛之南也。衛國之民,或役土功於國,或築城於漕,非不勞苦,而猶處於境內。今「我獨南行」,則死亡未可知,其危苦為尤甚也。此章追述始行之辭。鄒忠胤云:「按:《史記》,衛桓公二年,弟州吁驕奢,桓公絀之,州吁出奔。十三年,鄭伯弟段攻其兄不勝,亡。而州吁求與之友。十六年,州吁收聚衛亡人以襲殺桓公,自立為衛君。為鄭伯弟段欲伐鄭,請宋、陳、蔡與俱,三國皆許之。觀此,則州吁之伐鄭,蓋與段比謀。所謂『同欲相求,如市賈者』〔註9〕也。」○**從孫子仲**,送韻。**平陳與宋**。叶送韻,讀如送,蘇弄翻。**不我以歸,憂心有忡**。叶送韻,敕眾翻。豐本作「懆」。○賦也。「從」,《說文》云:「隨行也。」王粲詩曰:「從軍有苦樂,但問所從誰。」即此「從」也。「孫」,公孫,其後因以孫為氏。「子仲」,其字。《序》稱「公孫文仲」者,文其謚也,名無考。時軍帥也。「平」,朱子云:「和也。合二國之好也。」陳與衛相睦,宋與鄭有仇,衛欲伐鄭,使宋為主,以是時陳尚未從宋,故先合二國之好而後進兵也。自此以上,皆追述前日之語。「不我以歸」者,先是「平陳與宋」之後,即往伐鄭。既圍其東門,五日而還矣。未幾,魯翬帥師來會,復往伐鄭。自夏而秋,僅隔一時耳,必師歸在途,又聞後命,未得班師,故曰「不我以歸」也。「忡」,《說文》云:「憂也。」既言「憂」、又言「忡」者,憂主前日言,忡主今日言,見其憂之繼至而無已也。○**爰居爰處**,上聲。**爰喪**去聲。**其馬**。韻。**于以求之?于林之下**。馬韻。○賦也。此下皆與家人訣別之語。

〔註8〕見《呂氏家塾讀詩記》卷四《擊鼓》、《段氏毛詩集解》卷三《擊鼓》。
〔註9〕《左傳·昭公十三年》:「同惡相求,如市賈焉。」

「爰」，《說文》云：「引也。」謂引辭也。上章言「不我以歸」，則於是居於是處矣。「居」者，久居。「處」者，暫止。未死則當久居，死則為暫止，總之無還日也。下文言「林之下」，是其居處所在也。「喪」，失也。錢氏云：「自知必死也。不言死，唯言喪馬，蓋婉辭。」嚴粲云：「身死則馬非我所有，唐人詩所謂『去時鞍馬別人騎』也。」郝敬云：「唐詩『可憐馬上郎，意氣今誰見』本此。」汝家中之人若欲求我，其于林之下乎？山木曰林。鄭玄云：「軍行必依山林。求其故處，近得之。」此蓋囑以後事。《左傳》蹇叔哭送其子曰：「晉人出師，必於殽。必死是間，余收爾骨焉。」即此意也。○**死生契**陸德明云：「一作『挈』。」闊，曷韻。**與子成說**。叶曷韻，讀如蹛，桑曷翻〔註10〕。**執子之手**，有韻。**與子偕老**。叶有韻，朗口翻。○賦也。「契」，《說文》云：「大約也。」合以為信，故其義為合也。「闊」，《說文》云：「疏也。」猶言離也。「死生契闊」，蓋言夫婦之情，死生以之。雖時之所遇，有合有離，而終於不相忘棄。此是約誓渾成語。「子」，謂其家人。「成說」，朱子云：「謂成其約誓之言。」「偕」，《說文》云：「俱也。」又相與執手，而期以俱老，蓋欲其有合無離而白首同歸也。此又成說時繾綣祝願之意。○**于嗟闊**曷韻。**兮，不我活**曷韻。**兮**。**于嗟洵**真韻。《韓詩》作「敻」。陸德明云：「一作『詢』，誤也。」**兮，不我信**叶真韻，升人翻。陸云：「『信』即古『伸』字，《經典》通作『伸』。」徐鍇云：「假借也。」**兮**。賦也。「于嗟」，歎也。「活」，生活也。「洵」、「恂」通。《說文》云：「信也。」「信」，通作「伸」，舒展之意。此承上章而言，言人生雖契闊不常，然離尚有合之日，今則必至死地，無相見期矣。向者執手之言，何如其信。今則中道捐棄，不能遂其前約矣。其憂危如此。所以然者，則以州吁身犯大逆，眾叛親離，有必敗之道故也。

　　《擊鼓》五章，章四句。《序》云：「怨州吁也。衛州吁用兵暴亂，使公孫文仲將而平陳與宋，國人怨其勇而無禮也。」今按：平陳與宋，專為伐鄭。《序》但依經為說，而不及伐鄭，亦是漏義。

節南山

《節南山》，刺桓王從尹氏助曲沃也。按：《左傳》魯隱公五年，桓王之

〔註10〕「翻」，底本誤作「韻」，據四庫本改。

二年也。曲沃莊伯以鄭人、邢人伐翼，王使尹氏武氏助之，翼侯奔隨。又據《春秋》書「桓八年，天王使家父來聘魯」。桓公八年，乃桓王之十六年。則此詩所云「尹氏家父」，其皆為桓王時人明矣。莊伯者，文侯仇弟成師之子。而翼侯者，則文侯孫孝侯之弟也。事見《揚之水》、《鴇羽》等篇。桓王輕徇曲沃之請，助少陵長，不可以訓。意必尹氏輩實慫恿之，故詩以為刺。已而曲沃叛王。是年秋，王覆命虢公伐曲沃，而立翼侯之子哀侯。

節彼南山，維《漢書》作「惟」。**石岩岩。**咸韻。亦叶鹽韻，疑枕翻。陸德明本作「巖巖」。**赫赫師尹，民具爾瞻。**鹽韻。亦叶咸韻，側銜翻。**憂心如惔，**覃韻。《韓詩》、《後漢書》俱作「炎」。《字書》、《豐氏》本俱作「焱」。《說文》作「炗」。**不敢戲談。**覃韻。**國既卒斬，**叶咸韻，側銜翻。**何用不監。**咸韻。○興也。「節」，通作「峀」，從山從卩。徐鍇云：「山之陬隅高處曰峀。」凡國都南面所向之山皆可謂南山，非終南山也。以所見起興。「岩」，通作「碞」，《說文》云：「礹碞也。」「岩岩」，毛《傳》云：「積石貌。」鄭玄云：「興者，喻三公之位，人所尊嚴。」「赫赫」，毛云：「顯盛貌。」「師」，大師，周之三公也。「尹」，尹氏，為大師。李氏云：「《洪範》曰『師尹惟日』，此師尹不可指其人。如此詩曰『尹氏大師』，是尹氏為太師明矣。」「具」，通作「俱」，偕也。「瞻」，視也。孔云：「尹氏為大師，既顯盛，處位尊貴，故下民俱仰爾而瞻之。爾既天下所瞻，宜當行德以副之。」按：《大學》引此詩而申之曰「有國者不可以不慎，辟則為天下僇矣」，謂任相當慎也。「憂心」，家父自寫也。「惔」字從心從炎，《說文》云：「憂也。」徐鍇云：「如火熱也。」《孔叢子》載孔子曰：「於《節南山》見忠臣之憂世也。」「戲」，謔。「談」，語也。徐鍇云：「談者，和繹而悅言之。」「不敢戲談」，言不敢以談為戲，猶云不敢不以正告也。「卒」，通作「猝」，暴疾也。「斬」，毛云：「斷也。」謂國祚中斷也。「監」，「厥監維不遠」之「監」，通作「鑒」，誡也。按：《竹書》載幽王二年，錫太師尹氏皇父命。則皇父乃今尹氏之先，當幽王之世，已為太師。善狀無聞，徒與豔妻及多藏之人表裏煽結，致使國統猝然而絕。今日者，尹氏復居太師之位，豈可不用此以為鑒戒而圖蓋前愆乎？此追述驪山事。其為東遷以後之詩明矣。○**節彼南山，有實其猗。**叶歌韻，於何翻。**赫赫師尹，不平謂何？**歌韻。**天方薦瘥，**叶歌韻，才何翻。《說文》、豐本俱作「嗟」。**喪亂弘多。**歌韻。**民言無嘉，**麻韻。亦叶歌韻，居何翻。**憯**陸德明本作「嚛」。**莫懲嗟。**麻韻。亦叶歌韻，曹哥翻。豐本作「着」。○興也。

「實」，毛云：「滿也。」滿乎山者，草木是也。「猗」，通作「倚」，《說文》云：「依也。」山中卉樹叢襍，則交加相倚，固其宜也。今「赫赫師尹」為百官之長，而偏倚不平，謂之何哉？「不平」，即指助曲沃伐翼之事。然不明說出，使之自悟。後章言「秉國之均」，亦此意。「謂何」者，訏而詰之之辭也。「方」者，方來未已也。「薦」，通作「荐」，《爾雅》云：「再也。」毛云：「重也。」按：「荐」即「藳」也，所以藉席，故有重義。「瘥」，《說文》云：「瘉也。」「瘉」者，病也。「弘」，通作「宏」，《說文》云：「屋響也。」屋大則響，故為大之義。天方降此荐至之病，以人則死喪，以世則禍亂，甚大而且多也。興師助戰，故有死喪。兵爭未已，故為禍亂。「嘉」，《說文》云：「美也。」民丁此喪亂，不聞美言，但有謗讟而已。「憯」，《說文》云：「痛也。」家父自言我為「民言無嘉」，深痛朝廷之舉動乖方，至於如此，而尹氏太師絕無懲創之見於事，嗟閔之形於聲，恬然自是，無改悔之意也。金履祥云：「晉文侯於平王有修扞之功，其後嗣為曲沃所弱，王室不能救，已非矣。桓王使尹氏、武氏助曲沃，於君臣大義邪正一切反之。東遷已來，諸侯方恣，而周之舉措如此，何以服諸侯之心乎？」首章第就「師尹」二字起議，此及下章則直指其助曲沃一事而深責之也。○尹氏大音泰。師，支韻。維周之氏。叶支韻，陟離翻。秉國之均，《漢書》、豐本俱作「鈞」。四方是維。支韻。天子是毗，支韻。《爾雅》作「肶」。《荀子》作「痹」。王肅本作「埤」。俾《荀子》作「卑」。陸本作「裨」。民不迷。叶支韻，武夷翻。不弔昊天，不宜空我師。見上。賦也。「尹氏」，吉甫之後。「大師」，三公之首。《公羊傳》云：「尹氏者何？天子之大夫也。其稱尹氏何？貶。曷為貶？譏世卿。世卿非禮也。」何休云：「世卿者，父死子繼也。氏者，起其世也。若曰世世尹氏也。禮：公、卿、大夫、士皆選賢而用之。卿大夫任重職大，不當世。為其秉政久，恩德廣大。小人居之，必奪君之威權。」胡安國云：「官不擇人，世授之柄，黨與既眾，威福下移，大奸根據而莫除，人主孤立而無助，國不亡，幸爾。」汪氏云：「宣王時，吉甫已稱氏。《春秋》惟尹武公兩伐鄭書子，其餘經傳所紀悉曰尹氏，疑若漢大將軍霍氏專權秉政，特寵異之而不名也。」〔註11〕王應麟云：「《春秋》於平王之末書『尹氏卒』，見權臣之繼世也；於景王之後書『尹氏立王子朝』，見權臣之危國也。《詩》之所刺，《春秋》之所譏，以此坊民，猶有五侯擅漢、三馬食曹之禍。」「氐」，毛云：「本也。」徐鍇云：「天根也。指事。」

〔註11〕汪克寬《春秋胡傳附錄纂疏》卷一隱公三年「夏四月辛卯，尹氏卒」。

按：氐，二十八宿之一。說者謂角、亢下繫於氐，若本之有根，故名為天根。因借訓為本也。王安石云：「朝廷以尊官為氐。氐者，安危存亡所出也。大師，尊官也。」「秉」，持也。字從又持禾。又者，手也。以手持禾，故其義為持也。「均」，《說文》云：「平遍也。從土從勻。」平遍意也。「秉國之均」，言持國之平，猶商相名阿衡，亦謂天下所倚平也。孫鑛云：「刺其人，卻頌其職，蓋反意責之。」「維」者，連綴之義。「毗」，本作「毗」，《說文》云：「臍也」，字「從囟。囟，取氣通也」。按：此則「天子是毗」，猶云天子於焉寄心腹也。或通作「仳」，輔也。徐鍇云：「仳輔字本作『仳』，多藉此『毗』字。」「迷」，《說文》云：「惑也。」惟平則能使民不迷。尊尊卑卑，長長幼幼，各安其分，民知所趨向，不至迷惑也。夫然後不愧為天子之腹心臣，而四方侯國亦庶幾繫屬而不散矣。孔子曰：「三軍大敗，不可斬也。獄犴不得，不可刑也。罪不在民故也。故先王既陳之以道，上先服之。若不可，尚賢以綦之。若不可，廢不能以單之。綦三年，而百姓往矣。邪民不從，然後俟之以刑，則民知罪矣。《詩》曰：『尹氏大師，維周之氐。秉國之均，四方是維。天子是庫，卑民不迷。』」又曰：「上陳之教而先服之，則百姓從風矣。躬行不從，而後俟之以刑，則民知罪矣。夫一仞之牆，民不能踰；百仞之山，童子升而遊焉。陵遲故也。今是仁義之陵遲久矣，能謂民弗踰乎？《詩》曰：『俾民不迷。』」又曰：「昔之君子，道其百姓不使迷，是以威厲而刑措不用也。故形其仁義，謹其教道，使民目晰焉而見之，使民耳晰焉而聞之，使民心晰焉而知之，則道不迷而民志不惑矣。」按：魯有父子訟者，季康子欲殺之，孔子以為不可。《荀子》、《說苑》、《韓詩外傳》三書所載孔子之言互有出入，而皆引此詩。今節錄之，蓋所責備於上人之身教者深矣。「綦」，當作「惎」，教也。「單」，當作「癉」，病也。「不弔昊天」，刺尹氏也。「弔」，恤也。「天方薦瘥」而尹氏不恤，故曰「不弔昊天」。此與「昊天不弔」文理自異。《左傳》之解甚明，詳見第六章。「空」，猶曠也。「我師」，以大師之官言。尹氏既不能佐天子以平其政而使民不迷，是不恤昊天之譴怒，則不宜虛踞其位，徒曠我大師之官也。嚴云：「非其人而處其位，與無人同，故謂之空。」一說：興師征伐，將恐有敗亡之禍，是「空我師」也。亦通。○**弗躬弗親**，叶震韻，七刃翻。豐本作「窺」。**庶民弗信**。震韻。**弗問弗仕**，紙韻。**勿罔君子**。紙韻。**式夷式已**，紙韻。**無小人殆**。叶紙韻，養裏翻。**瑣瑣**陸云：「或作『璅』，非也。」**姻**《石經》、豐本俱作「嬋」。**亞**，《石經》、豐本俱作「婭」。**則無膴仕**。見上。○賦也。

承上章言尹氏之不平,固可罪矣,而亦緣王之任用而聽信之,故此章專規王也。「躬」,謂王身也。王不身親為政,自籌度其可否,而一任尹氏之所為,此庶民之所以不信服也。胡安國云:「昔周公戒成王以繼自今,我其立政立事。夫不自為政而委於臣下,是以國之利器示人而不知寶也。」《左・襄七年》:「晉韓獻子告老,公族穆子有廢疾,將立之,辭曰:『《詩》曰:弗躬弗親,庶民弗信。無忌不才,讓其可乎?請立起也。』」夫穆子身有廢疾,尚知不躬親之不可以為政,而王乃使尹氏代為之,可乎?「問」,訪問也。「弗仕」,謂失位者。以下文「姻亞」、「膴仕」反觀之,則此時失位者皆賢人也。「勿」,戒辭。「罔」,《論語》「不可罔也」、《孟子》「難罔以非其道」之「罔」,謂造設機謀以籠絡之,如陷物於網罟之中,使之不能自脫也。「君子」,指王也。「勿罔君子」,責尹氏也。王縱不肯下問及弗仕之人,以裁度其事理,而尹氏顧可以非理之事欺罔王行之乎?《楚語》:「靈王虐,白公子張諫曰:『齊桓、晉文皆非嗣也。還軫諸侯,不敢淫逸,心類德音,以得有國。近臣諺,與人誦,以自詰也。是以其入也,四封不備一同,而至於有畿田以屬諸侯,至於今為令君。桓、文皆然,君不度優於二令君,而欲自逸也,無乃不可乎?《周詩》有之曰:弗躬弗親,庶民弗信。臣懼民之不信君也,故不敢不言。』」按:詩刺王「弗躬弗親」,而歸咎於「弗問弗仕」,與白公諫楚靈意同。「式」,發語辭。「夷」,平。「已」,止也。尹氏之所行固不平矣,尚望王平其心,止其事也。「無」、「毋」通,禁止辭。下同。「小人」,指尹氏、武氏輩也。「殆」,鄭云:「近也。」孔云:「無小人近,猶云無近小人也。」按:《易》「其殆庶幾乎」,亦訓「殆」為「近」,疑通作「逮」,「逮」訓為「及」,近之義也。又,《大戴禮》:「子貢云:『學以深,屬以斷,送迎必敬,上友下交,銀手如斷,是卜商之行也。』孔子曰:『《詩》云:式夷式已,無小人殆。而商也,其可謂不險也。』」此言子夏於交友必慎,即無近小人之意。「瑣」,通作「頊」,字從貝從小,蓋貝之小者,故為細小之義。舍人云:「計謀褊狹之貌。」愚按:此即上文所謂「小人」也。以不一其人,故曰「瑣瑣」。下文言有為姻者,有為亞者是也。《爾雅》云:「壻之父謂姻,兩壻相謂為亞。」劉熙云:「曰亞者,言每一人取姊,一人取妹,相亞次也。又並來女氏,則姊夫在前,妹夫在後,亦相亞也。」「膴」,《說文》云:「無骨臘也。」腴美之意。位高則祿厚,謂之膴仕。按:《都人士》之詩稱「彼君子女,謂之尹吉」,鄭氏以為「尹氏,周室昏姻之舊姓」。然則此尹氏、武氏,意必皆憑藉昏連王室,以處大位,故勸王當擇賢

而用之，不可使此輩濫居要職也。往者不可諫，來者猶可追。王可不亟清政地，以回喪亂之運，收四方之心乎？○**昊天不傭**，冬韻。《韓詩》、豐本俱作「庸」。**降此鞠訩**。冬韻。**昊天不惠**，霽韻。**降此大戾**。霽韻。**君子如屆**，叶霽韻，居例翻。**俾民心閡**。叶霽韻，苦桂翻。**君子如夷**，支韻。**惡去聲。怒是違**。叶支韻，讀如為，於媯翻。○賦也。此章申首章「國既卒斬，何用不監」之意。但首章為尹氏言，此則為王言耳。「昊」，大也。《說文》以春為昊天，《爾雅》以夏為昊天。然《堯典》命羲和統，言「欽若昊天」，則未必為春夏之專稱也。「傭」，《說文》云：「均直也。」「降」，下也。「鞠」，通作「鞫」，《爾雅》云：「窮也。」字從言，蓋謂以言語相窮詰也。《說文》無「訩」字，當通作「凶」，云：「惡也。象地穿交陷其中也。」「惠」，順也。「戾」，毛云：「乖也。」「大戾」，猶言大變也。「不傭」、「不惠」，皆指幽王之已事而言。詩刺幽王信任昏姻，而疏遠宗族，所謂「不傭」也。《史記》言幽王數欺諸侯，諸侯叛之，所謂「不惠」也。昊天惟以幽王之所行為不均也，故降之以「鞠訩」，謗讟踵然，離心離德也。昊天惟以幽王之所行之事為不順也，故降之以「大戾」，身既被弒，而周遂東也。然則王今日可不知監乎？「君子」，與上章「君子」同，皆指王也。「屆」，《說文》云：「極也。」「閡」，息也。《說文》云：「事已閉門也。」按：事已閉門，息之意也。「夷」，即「式夷式已」之「夷」。「惡怒」，謂民惡之極而至於怒。次章言「民言無嘉」是也。「君子如屆」二句，反上文「不傭」而言。王之信任姻婭，如極於此，而後勿復然，庶使民弗信之心於此而息。「君子如夷」二句，反上文「不惠」而言。王所行之政，如自今以往，能反不平而之平，則民之惡怒自去矣。勸勉之之辭，欲王懲前毖後也。○**不弔昊天**，叶庚韻，鐵明翻。**亂靡有定**。叶青韻，唐丁翻。**式月斯生**，庚韻。亦叶青韻，桑經翻。**俾民不寧**。青韻。亦叶庚韻，讀如儜，漏耕翻。**憂心如酲**，庚韻。**誰秉國成**。庚韻。**不自為政**，敬韻。亦叶庚韻，諸盈翻。《禮記》作「正」。**卒勞百姓**。敬韻。亦叶庚韻，師庚翻。○賦也。「定」，止也。昊天於幽王之時降訩降戾，其鑒戒甚明如此，而王曾不少恤，故今日喪亂弘多，未有所止。《左傳·成七年》：「吳伐郯，郯成。季文子曰：『中國不振旅，蠻夷入伐，而莫之能恤，無弔者也。夫《詩》曰：不弔昊天，亂靡有定。其此之謂乎！有上不弔，其誰不受亂？吾亡無日矣。』」襄十三年，「吳侵楚，養由基奔命，子庚以師繼之。養叔曰：『吳乘我喪，謂我不能師也，必易我而不戒。子為三覆以待我，我請誘之。』子庚從之，戰於庸

浦，大敗吳師，獲公子黨。君子以吳為不弔。《詩》曰：『不弔昊天，亂靡有定。』」合觀此二傳，則不弔昊天之解甚明。「式」，發語聲。月生必盈，如月復生，言幽王之世既亂矣，而今亂又方始也。「俾民不寧」，即前言「弗信」，言「惡怒」，皆震盪而不安寧之象也。「憂心如酲」，家父自道也。「酲」，《說文》云：「病酒也。」前云「憂心如惔」，如烈炎之乍熾，據時事之亂言也。此云「憂心如酲」，如宿酒之未醒，則兼幽王時之亂而言也。「誰秉國成」，怨問之辭，刺尹氏也。「成」，猶定也。自其公平正大之體而言，則曰「國均」。自其紀綱法度有一成而不可變者在，則曰「國成」。尹氏能秉國成，則不至有今日之事矣。「不自為政」，歸咎王也。前章所謂「弗躬弗親」是也。「百姓」，與庶民不同。古者以官為氏。又，《左傳》云：「天子建德，因生以賜姓。」謂建立有德，以為公卿，因其所生之地而賜之，以為其姓。故《書・君奭》篇云：「百姓王人，罔不秉德明恤。」《酒誥》篇云：「越百姓里居，罔敢湎於酒。」《楚語》：「觀射父云：『民之徹官百，王公之子弟之質能言能聽徹其官者，而物賜之姓，以監其官，是為百姓。』」愚按：此即指尹氏、武氏也。尹、武二氏乃百官之著姓者，今王使之帥師助曲沃，是煩勞之也。興得已之役，故以煩勞嘲之，亦微辭。○**駕彼四牡，四牡項領。**梗韻。**我瞻四方，蹙蹙靡所騁。**梗韻。○賦也。此章刺尹氏承王命出師而行役於外也。「四牡」，駕車四牡馬，尹氏所乘也。「項」，《說文》云：「頭後也。」「領」，即項。「四牡項領」，言四牡之項領整齊可觀。蘇子瞻謂「好其項領」是也。駕四牡者，必加衡軛於頸上，故以「項領」言。「我瞻四方」二句，歎其行無所之也。「蹙」，迫也。「騁」，直馳也。俱見《說文》。尹氏助少凌長，其心不平，其事不順，四方諸侯聞之，方且心非舌刺，共加憎惡，行將安入乎？又，徐幹云：「良農不患疆場之不修，而患風雨之不節；君子不患道德之不建，而患時世之不遇。《詩》曰：『駕彼四牡，四牡項領。我瞻四方，蹙蹙靡所騁。』傷道之不遇也，豈一世哉！豈一世哉！」劉向《新序》云：「宋玉事襄王而不見察，意氣不得，形於顏色。或謂曰：『先生何談說之不揚，計劃之疑也！』宋玉曰：『不然。子獨不見夫玄猿乎？當其居桂林之中，峻葉之上，從容遊戲，超騰往來，龍興而鳥集，悲嘯長吟。當此之時，雖羿、逢蒙不得正目而視也。及其在枳棘之中也，恐懼而掉栗，危視而跂行，眾人皆得意焉。此皮筋非加急而體益短也，處世不便故也。夫處世不便，豈可以量功較能哉？《詩》不云乎？『駕彼四牡，四牡項領。』夫久駕而長不得行項領，不亦宜乎？《易》曰：『臀無膚，其行

趙趄。』此之謂也。」」按：此皆借詩辭為比喻，與本旨無涉。○**方茂爾惡，相爾矛**尤韻。**矣。既夷既懌，如相醻**尤韻。陸德明本作「酬」。**矣。**賦也。「茂」，《說文》云：「草豐盛也。」「爾」，指尹氏。「惡」，謂偏黨不平之惡。「相」，《說文》云：「省視也。」「矛」，所以刺者。「夷」，平。「懌」，悅也。「酬」，《說文》云：「主人進客也。」毛云：「猶道飲也。」鄭云：「猶今俗人勸酒。」按：主人進酒於客曰獻，客答主人曰酢，主復酌賓曰醻。及舉旅，則又眾相醻。此章據周、鄭之事起議。先是鄭莊公為平王卿士，及平王崩，周人將畀虢公政，於是周、鄭交惡。今曲沃以鄭人伐翼，而王又使尹氏、武氏助之，時尹氏方有寵於王，必是以一己愛憎私意播弄其間，故家父責之曰：當爾惡意方逞，視爾之於鄭，不難推刃相加，故使王惡鄭也。及爾忿怒既平，轉為悅懌，則如飲酒者，主賓相醻而不倦然，何愛憎之至變如此？夫周之東遷，晉、鄭焉依。前此王之惡鄭也，固為惡其所不當惡。今鄭與曲沃同惡相濟，王不致討而反助之，亦為助其所不當助矣。○**昊天不平**，庚韻。**我王不寧。**叶庚韻，漏耕翻。豐本作「窴」。**不懲其心，覆怨其正。**叶庚韻，諸盈翻。○賦也。師尹不平，將來必致昊天之不平，言天怒也。俾民不寧，其究必至吾王之不寧，言王危也。天怒君危，皆自尹氏之私心釀之，可以憬然而改圖矣。而莫懲者猶故，反自以為是，而怨人之規正於爾，謂之何哉？○**家父**音甫。**作誦**，叶冬韻，牆容翻。又，楊慎云：「『誦』，音松。《淮南書》『赤松子』作『赤誦子』。」**以究王訩。**冬韻。**式**《新語》作「或」。**訛爾心，以畜**《新語》作「蓄」。**萬邦。**叶冬韻，悲恭翻。○賦也。「家父」，周大夫。何休以家為采地，因以為氏，父其字也。《春秋》，桓八年，「天王使家父來聘」；十有五年，「天王使家父來求車」。皆作詩後事。家父刺尹氏之不平不懌，激怒於君相，蓋竭忠於王室者。曾幾何時，風節頓隳，至於曲狥王命，而有求車之失，人品之難持如此，可畏哉！「誦」，《說文》云：「諷也。」又，《周禮注》云：「背文曰諷，以聲節之曰誦。」「作誦」，謂作此可誦之辭。即此詩是也。孔云：「詩人之情不一，或微加諷諭，或指斥懲咎，或隱匿姓名，或自顯官字。家父盡忠竭誠，不憚誅罰，故自載字焉。『寺人孟子』，亦此類也。」王應麟云：「『吉甫作誦』，美詩以名著者也。『家父作誦，以究王訩』、『寺人孟子，作為此詩』，刺詩以名著者也。為吉甫易，為家父、孟子難。」又，鄒忠胤云：「其詩諫尹氏而非諫王，故無嫌自稱其字。」「究」，《說文》云：「窮也。」「訩」，即「凶」字。「以究王訩」者，

家父自陳其作詩之意，欲王聽家父之言，則王之凶禍當窮止於此，庶國不至復斬耳。「式訛爾心」二句，又為叮囑尹氏之辭。「式」，發語聲。「訛」，《爾雅》云：「化也。」猶今人言洗滌腸胃也。上章言「不懲其心」，為指尹氏，則此言「式訛爾心」，其指尹氏可知。舊說謂指王，非是。「畜」，養也。「畜萬邦」，猶云懷諸侯。治其亂，使上下相安；持其危，使大小相恤。皆畜養之事也。尹氏非盡化其從前不平之心，必不能為此，而王向之失於偏聽輕任者，聞此可以覺悟矣。《左·昭二年》：「晉侯使韓宣子來聘，公享之。季平子賦《節》之卒章。」

《節南山》十章，六章章八句，四章章四句。《左傳》、《子貢傳》、《申培說》、豐氏本篇名俱作《節》。申、豐又作八章，章八句。今按：後四章語氣恰是四段，若合而為二，其意反不相屬，當以章四句為正。○董仲舒云：「周室之衰，其卿大夫緩於誼而急於利，亡推讓之風，而有爭田之訟，故詩人疾而刺之曰『節彼南山，維石巖巖。赫赫師尹，民具爾瞻』。爾好誼則民向仁而俗善，爾好利則民好邪而俗敗，豈可以居賢人之位而為庶人行哉？」今觀篇中絕無一語及爭田事，惟「天方薦瘥」，《說文》作「荐嗟」，云「殘歲田也」，豈即爭田說耶？然即如所言，亦於義小矣。若《子貢傳》第存「桓王伐鄭，家父諫之」二語，而中有闕文。申培為暢其說，云：「桓王之時，任用非人，諸侯咸叛，兵敗民殘，家父憂之，作此以諫王焉。」此亦據《春秋》以家父為桓王時人，遂附會於伐鄭之事，而於詩刺尹氏竟無著落。《序》則以為「家父刺幽王」，蓋亦為篇序所惑，又泥於東遷以後不當有雅，故不敢以此之家父為《春秋》之家父耳。愚按：幽王時有家伯維宰，為褒姒之黨，彼決不敢刺王。若家父之見於《詩》、《春秋》，止是一人，則以《左傳》載尹氏之伐翼、家父之聘魯同在桓王之世，此其最足徵者也。

雄雉

《雄雉》，刺衛宣公也。軍旅數起，出《序》。**室家之人思其君子行役於外而作是詩。**《左傳》：隱四年冬十二月，宣公即位。隱五年四月，鄭人侵衛牧，以報東門之役。衛人以燕師伐鄭，鄭曼伯與子元以制人敗燕師於北制。秋，衛師入郕。隱十年秋，宋人、衛人入鄭，又伐戴。桓五年，王以諸侯伐鄭。虢公將右軍，衛人屬焉。桓十年，諸侯之大夫戍齊，齊人餽之餼，使魯為其班，後鄭。鄭人怒，請師於齊。齊人以衛師助之，戰於郎。凡此皆宣公

在位軍旅數起之事也。是詩之作，不知其何時。愚意必為以燕師伐鄭而發。此室家所思之君子，即所使乞師於燕之人也。宣初即位，當以休養民生為急，而仍蹈州吁往轍，報復無已，忮求之刺，其殆是與？

雄雉于飛，泄泄《石經》作「洩洩」。**其羽。**叶語韻，讀如雨，於許翻。**我之懷矣，自詒**《釋文》作「貽」。**伊阻。**語韻。○興也。「雄」，《說文》云：「鳥父也。」「雉」，解見《匏有苦葉》篇。雉之雄者，有冠，長尾，身有文采，善鬥。陸佃云：「雉死耿介，妬壟護疆，善鬥。雖飛，不越分域。一界之內，要以一雄為長，餘者雖眾，莫敢鳴雉。潘岳所謂『畫壃衍以分畿』者也。《周官》曰：『士執雉。』士死制，故執雉所謂『二生、一死，贄』者也。」「泄」，通作「曳」，牽曳也。愚按：雉「妬壟護疆。雖飛，不越分域」，故有牽曳之象。今大夫以軍事遠行於外，則是雉之不如也。「懷」，《說文》云：「念思也。」思其夫也。「詒」，通作「貽」，《說文》云：「贈遺也。」「伊」，鄭玄云：「當作『繄』。繄，猶是也。」「阻」，險難也。指軍旅之事而言。此行役者必當時在朝同與謀議，以啟兵端，故其妻咎之曰「自詒」也。《左傳》：「趙宣子曰：『嗚呼！我之懷矣，自詒伊慼。其我之謂矣！』」「自詒伊慼」與「自詒伊阻」語氣正同，而彼二句不見於經，杜預以為逸詩。愚疑「阻」改為「慼」，或傳寫訛也。○**雄雉于飛，下上其音。**侵韻。**展矣君子，實勞我心。**侵韻。○興也。嚴粲云：「詩人之言，不必盡同。《燕燕》言『下上其音』，謂雙燕相追逐而飛鳴也。此言雄雉『下上其音』，則止是一雉之音，或下或上也。」愚按：雉飛不越分域，故其鳴音近而可聞。今大夫遠行在外，則無音之可聞矣。「展」，《說文》云：「轉也。」「君子」，謂其夫也。展轉在懷，惟此仰望終身之君子，實使我心憂勞而不置也。所以勞我心者，誠慮其挑釁賈禍，非徒牽於閨門之愛而已。○**瞻彼日月，悠悠**《說苑》作「遙遙」。**我思。**叶灰韻，新才翻。**道之云遠，曷云能來？**灰韻。○賦也。程子云：「日月取其迭往迭來之意。又，日月陰陽相配而不相見，且旦暮所見，動人情思。」「悠」，《說文》云：「憂也。」嚴粲云：「視日月之往來，則君子之從役，積時已久矣。使我心悠悠然思之，道路之遠如此，不知何時能歸乎？」又，《家語》載孔子謂季孫曰：「今世之陵遲亦久矣，而能使民勿踰乎？」因引此詩而曰：「伊稽首，不其有來乎？」其意謂若施德化，使下人稽首歸向，雖道遠，必有來者。然則此章乃刺宣公不務德以來遠人，即下章規其「不忮不求」之意。並存之。○**百爾君子，不知德行。**叶陽韻，寒剛翻。亦叶漾韻，合浪翻。**不**

忮不求，何用不臧？陽韻。亦叶漾韻，才浪翻。○賦也。「百」，猶凡也。「百爾君子」，泛及同時在位者而言。德在內，主於心。行在外，主於行。「忮」，《說文》云：「恨也。」毛《傳》云：「害也。」「求」，通作「述」，《說文》云：「斂聚也。」「臧」，善也。言告爾有位之君子，我婦人亦不知如何為德行也，我但知人若不忮恨而傷害於人，不貪求而斂聚非有，則何往而不善乎？刺當時之不然也。夫不忮求則臧。苟徒以忮求為事，則必不臧矣。言外深有為宣公慮患之意，而亦慮其君子之及，所以勞心於伊阻之自詒而悠悠不能已也。胡安國云：「春秋之時，用兵者非懷私復怨，則利人土地耳。不忮則能懲忿，不求則能窒欲，然後貪忿之兵亡矣。」朱善云：「『不忮不求』，此孔門克己之術，求仁之方，而婦人能言之，其亦可謂賢也已。」「子曰：『衣敝縕袍，與衣狐貉者立而不恥者，其由也與！不忮不求，何用不臧？』子路終身誦之。」〔註12〕《韓詩外傳》云：「喜名者必多怨，好與者必多辱。唯滅跡於人，能隨天地自然，為能勝理而無愛名。名興則道不用，道行則人無位矣。夫利為害本而福為禍先，惟不求利者為無害，不求福者為無禍。《詩》曰：『不忮不求，何用不臧？』」又云：「聰者自聞，明者自見。聰明則仁愛著而廉恥分矣。故非道而行之，雖勞不至；非其有而求之，雖強不得。故智者不為非其事，廉者不求非其有，是以害遠而名彰也。《詩》曰：『不忮不求，何用不臧？』」又云：「安命養性者，不待積委而富；名號傳乎世者，不待勢位而顯。德義暢乎中而無外求也。信哉！賢者之不以天下為名利者也。《詩》曰：『不忮不求，何用不臧？』」

《雄雉》四章，章四句。《序》云：「刺宣公也。淫亂不恤國事，軍旅數起，大夫久役，男女怨曠，國人患之而作是詩。」今按：此詩但是婦人思君子從役於外，如朱《傳》之說，而絕無譏及淫亂之意。毛、鄭欲牽經以配《序》，至謂「『下上其音』興宣公大小其聲，怡悅婦人」，可笑甚矣。《子貢傳》、《申培說》皆以為「大夫諫管叔之詩」。然觀此詩，以雄雉起興，而又曰「展矣君子，實勞我心」，及「瞻彼日月」一章，自是婦人思夫之語。

新臺

《新臺》，刺衛宣公也。納伋之妻，作新臺於河上而要之，齊人聞而惡之。按：《左傳》：「初，衛宣公烝於夷姜，生急子，屬諸右公子職。為

之娶於齊而美，公取之，是謂宣姜。」即此事也。宣公名晉，莊公之庶子，桓公之弟也。以周桓王二年即位，實魯隱公之五年也。《史記》載伋、壽爭死事在宣公十八年，計其納宣姜當在初即位時。「伋」、「急」，古字通用。嚴粲云：「自齊人言之，故以『籧篨』、『戚施』詆衛君而無嫌，非衛人之辭也。」

新《子貢傳》、《申培說》、豐氏本俱作「親」。下同。**臺有泚**，叶紙韻，淺氏翻。《說文》作「玼」，云：「玉色鮮也。」**河水瀰瀰**。紙韻。燕《文選注》作「嬿」。《說文》作「暖」，云：「目相戲也。」豐氏本作「嫚」。下同。**婉之求，籧篨不鮮**。叶紙韻，想止翻。○賦而比也。《爾雅》云：「四方而高曰臺。」《水經注》云：「鄄城北岸有新臺。」《寰宇記》云：「在濮州鄄城縣北十七里。」蘇轍云：「國人疾宣公而難言之，故但識其臺之所在而已。」孔穎達云：「此時伋妻蓋自齊始來，未至於衛，而公聞其美，恐不從己，故使人於河上為新臺，待其至於河，而因臺所以要之耳。若已至國，則不須河上要之矣。」「泚」，《說文》云：「清也。」「新臺有泚」，言新臺之下有此泚然之清水也。「瀰」，《說文》云：「水滿也。」水所以潔污穢，公反於河上而為淫昏之行，雖挹彼洪流，安能滌之乎？登茲臺可以愧矣。「燕」，安。「婉」，順也。俱見《說文》。「燕婉」，謂伋也。「籧篨」，《說文》以為粗竹席。顏師古云：「織席而麤文者。」《方言》云：「關西謂之簟，其粗者謂之籧篨。」按：籧篨，人或編之為囷，其狀如人之擁腫而不能俯者，故以名。不能俯者之疾，與末章「戚施」皆藉以醜宣公，非真有此疾也。「鮮」，通作「癬」，《說文》云：「乾瘍也。」其物善侵淫移徙，亦惡疾也。言齊女之來，固將求為燕婉者之匹，若彼醜惡之人，何不嬰被重疾，而顧使能為新臺之遊，以逞其淫穢之行乎？甚惡之之辭。○**新臺有洒**，叶銑韻，蘇典翻。與「洗」字通。《韓詩》作「漼」，云：「鮮貌。」豐本同。**河水浼浼**。叶銑韻，亡辨翻。《韓詩》作「浘浘」，云：「盛貌。」豐本同。**燕婉之求，籧篨不殄**。銑韻。○賦而比也。「洒」，《說文》云：「滌也。」「新臺有洒」，言新臺之下有水來洒滌之也。按：《爾雅》云：「望厓洒而高，岸。」「洒」義同此。「浼」，《說文》云：「污也。」《詩緝》云：「浼浼，水濁流貌。」臺下之水甚深，而公為淫昏之行，累此河水，亦浼浼然受其污也。「殄」，《說文》云：「盡也。」《爾雅》云：「絕也。」言此等醜惡之人，天何不盡絕之也？至此而惡之之辭為益甚矣。一說：鮮，少也。殄，絕也。詩意蓋曰方將燕婉是求，豈意世固不乏籧篨者哉！亦通。○**魚網之設，鴻則離**支韻。**之。燕婉之求，得此戚施**。支韻。「戚施」，《說文》作「醜

鼀」。韓氏《集韻》作「𧣡𧣴」。楊氏《古音略》作「頯頜」。○比而賦也。「綱」，《說文》云：「庖犧所結繩以漁。」「鴻」，鴈之大者。「離」，《易》云：「麗也。」設魚網者宜得魚，鴻反麗焉，所得非所求也。魚比伋，鴻比宣公。「戚施」，人之不能仰者，亦醜疾也。又，《太平御覽》載薛君云：「戚施，蟾蜍也。」楊慎云：「蟾蜍形大，背上多疿磊，行極遲緩，不能跳躍，亦不解鳴，多在濕處。故詩人以況宣公老而無恥之狀。」《說文》引詩作「醜鼀」，即此物也。以「醜鼀」為「戚施」，其音之轉乎？又按：《爾雅》云：「籧篨口柔，戚施面柔。」孔云：「籧篨、戚施，本人疾之名。」《晉語》「籧篨不可使俯，戚施不可使仰」是也。但人口柔者必仰面觀人之顏色而為辭，似籧篨不能俯之人，因名口柔者為籧篨；面柔者必低首下人媚以容色，似戚施之人，因名面柔者為戚施。而季本不以為然，以為「籧篨，龜匈之疾；戚施，駝背之疾」。蓋衛、晉以舅為君，初至新臺時，則以尊臨卑，外為尊大之態，如籧篨然。其後見齊女有未順者，則俯而求之，極其卑屈，如戚施矣。故衛人形容其情狀如此。「新臺」二章本在臺言，而皆曰籧篨，「魚網」、「鴻離」一章則言戚施，義各有當也。真德秀云：「宣公既納伋妻而殺伋、壽，自伋、壽死而國俗敗。子頑象之，上烝君母。君臣父子之行皆同於夷狄。衛國之俗，亦淪於夷狄，安得夷狄之禍不乘之以作乎？夫夷狄非能滅中國也，以中國自為夷狄，而後夷狄得以肆焉，氣類之相感也〔註13〕。原宣公之初，亦溺於情慾而不能制耳，安知其禍若此之烈哉？」三山李氏云：「聖人存此，以垂戒後世，宜懲其轍。而乃有蹈其惡者。楚平王納太子建妻，唐明皇納壽王妃，此三君者，其惡一也。其後宣公之子伋、壽為賊所殺，惠公奔齊，子懿公為狄所滅；楚平王有鞭屍之禍；唐明皇身竄南蜀，幾失天下；則知淫亂之禍，其報如此，可不戒哉！」

《新臺》三章，章四句。《子貢傳》作《親臺》。《申培說》作《窺臺》。○《序》謂「刺衛宣公也」云云，「國人惡之而作是詩也」。朱《傳》從之。《申培說》亦云：「衛宣公為伋娶婦而美，築窺臺而自納之，衛人惡之而賦其事。」《子貢傳》但云：「衛宣公納伋之妻，國人惡之。」今按：國人即惡其君，未必敢顯然目〔註14〕為籧篨、戚施，嚴氏之說固自中理。

〔註13〕自「皆同於夷狄」至此，真德秀《大學衍義》卷三十三《誠意正心之要二・戒逸欲・荒淫之戒》同，四庫本作「皆同於禽獸。衛國之俗，亦與之俱敝，安得狄人之禍不乘之以作乎？夫狄人非能滅衛國也，以衛君自為禽獸，而後狄人得以肆焉，亂亡之自兆也。」

〔註14〕「目」，四庫本誤作「自」。

蝃蝀

《蝃蝀》，刺衛宣公奪太子伋婦也。亦齊人所作。《史記·衛世家》云：「初，宣公愛夫人夷姜，夷姜生子伋，以為太子，而令右公子傅之。右公子為太子取齊女，未入室，而宣公見所欲為太子婦者好，說而自取之，更為太子取他女。」今按：此詩及《新臺》皆為此事而作。《新臺》作於宣姜初至衛之時，此詩作於宣姜既配公之後。所以知為齊人語者，以「懷昏姻也」、「大無信也」二語知之。

蝃《爾雅》、《說文》作「螮」。蝀在東，皮日休云：「『鴛鴦在梁』、『螮蝀在東』，即後人疊韻之始。」莫之敢指。紙韻。女子有行，遠父母兄弟。叶紙韻，蕩以翻。○興而賦也。「蝃蝀」，通作「螮蝀」，毛《傳》云：「虹也。」《爾雅》云：「螮蝀謂之雩。」郭璞云：「俗名為美人。」《音義》云：「虹雙出，色鮮盛者為雄，雄曰虹；闇者為雌，雌曰蜺。虹色赤白，蜺色青白。」《春秋元命苞》云：「陰陽之氣，聚為雲氣，立為虹蜺，離為倍僑，分為抱珥。」曹氏云：「《淮南子》曰：『天二氣則成虹。』說者謂陰陽相干也。蓋陰氣積而上升，日光映之，乃成虹。」《莊子》云：「陽炎陰成虹。」劉公瑾云：「虹之為質，不映日不成。蓋雲薄漏日，日映雨氣則生也。今以水噀日，亦成青紅之暈。」劉熙云：「虹，攻也，純陽攻陰氣也。」又云：「淫風流行，男美於女，女美於男，恒相奔隨之時，則此氣盛。」按：《爾雅》：「螮蝀名雩。」夫雩以祈雨也。謂之雩者，猶言雨與不雨尚未定也。「在東」者，暮虹。虹隨日所映，故朝在西而暮在東也。蔡邕云：「夫陰陽不和，昏姻失序，即生此氣。虹見有青赤之色，常依陰雲，而晝見於日衝。無雲不見，太陰亦不見。見輒與日相互，率以日西見於東方，故《詩》曰『螮蝀在東』。螮蝀，虹也。」劉熙云：「蝃蝀，其見每於日在西而見於東，掇飲東方之水氣也。」顧起元云：「雲心漏日，日腳射雲，則虹特明，俗謂之鱟。諺謂『東鱟日頭西鱟雨』，信然。大率與霞相映。『朝霞不出市，暮霞走千里』是也。」「指」，以手指之也。「莫之敢指」者，深惡而諱及之也。陸佃云：「夫水氣之在天成虹，天之淫氣爾，尚且惡之如此，而況於人乎！」愚按：「蝃蝀在東」，所以擬衛宣也。宣年老，比日薄西山矣。而淫恣不已，猶蝃蝀為天之淫氣，見於日在西之時也。陰陽不和，不能降雨澤，猶之昏姻失序，不能成家道也。「女子」，指宣姜也。「有行」，謂嫁也。「女子有行」，與父母兄弟相隔遠矣，公於是無所顧忌，因取而自納之耳。《韓詩傳》云：「臣子為君父隱藏，故言『莫之敢指』，又曰『乃如之人

兮』。」○朝豐氏本作「鼂」。下同。隮于西，按：隮、西亦疊韻。崇朝其雨。霙韻。女子有行，遠兄弟父母。叶霙韻，滿補翻。○興而賦也。「隮」，本作「躋」，《爾雅》云：「升也。」按：《周禮》：「眡祲掌十煇之法，以觀妖祥，辨吉凶。一曰祲，二曰象，三曰鑴，四曰監，五曰闇，六曰瞢，七曰彌，八曰敘，九曰隮，十曰想。」孔穎達云：「隮，虹隮也。緣升氣所為，故號虹隮。」朱子云：「蓋忽然而見，如自下而升也。」「崇」之言「終」，音之近也。從旦至食時為終朝。「朝隮于西」，擬宣姜也。姜年少，正如朝日在東之時，而與宣公為配耦，猶蝃蝀之朝陞於西，雖能成雨，然不過終朝止耳。以女妻配老夫，暫爾歡娛，其能久乎？「女子有行」，遠在異國，兄弟父母不能為謀，而使之失身至此，深惜之也。上先「父母」，此先「兄弟」，變文叶韻，非有他義。○乃如之人真韻。也，《韓詩外傳》作「兮」。《說苑》無「也」字。懷昏姻真韻。豐氏本作「婣」。也。大無信叶真韻，息鄰翻。也，不知命叶真韻，眉辛翻。也。賦也。「乃如之人」，指衛宣也。「懷」，猶戀也。《禮記疏》云：「壻曰昏，妻曰姻。」壻以昏時而來，女則因之而去。此云「懷昏姻」者，言宣公心思戀戀，欲與宣姜諧昏姻之事也。宣公為其子求昏於齊，竟自取之，是與其初約相背，故曰「大無信也」。「命」者，人所稟於天之正理。子思所云「天命之謂性」也。縱慾恣情，不顧禮義，裂衣裳為毛羽，貶人類於禽獸，如宣公者，彼豈知稟受之初有所謂天命之理哉？故曰「不知命也」。又按：《韓詩外傳》及劉向《說苑》云：「天地有合，則生氣有精矣。陰陽消息，則變化有時矣。故人生而不具者五：目無見，不能食，不能行，不能言，不能施化。三月達眼而後能見，七月生齒而後能食，期年生臏而後能行，三年顖合而後能言，十六精通而後能施化。陰陽相反，陰窮反陽，陽窮反陰。故男八月生齒，八歲而齠齒，十六而精化小通；女七月生齒，七歲而齓齒，十四而精化小通。是故陽以陰變，陰以陽變。故不肖者精化始具，而生氣感動，觸情縱慾，故反施亂化，是以年歲甌夭而性不長也。《詩》曰：『乃如之人也，懷昏姻也。大無信也，不知命也。』賢者不然。精氣閐溢，而後傷時之不可過也。」《列女傳》亦云：「『大無信也，不知命也』，言嫛色殞命也。」按：此皆以命為壽命之命。蓋古說云爾，然於義膚矣。

《蝃蝀》三章，章四句。《序》云：「止奔也。衛文公能以道化其民，淫奔之恥，國人不齒也。」朱謀瑋云：「文公懲衛之難，緣乎縱慾忘禮，故為是詩，使瞽朝夕諷誦於宮闈之內，以示教戒焉。」今按：是詩之屬於文公時，

無所依據。序詩者或以其篇次在《定之方中》之後，從而附會之耳。《韓詩傳》則云：「刺奔女也。」詩人言「蝃蝀在東」者，邪色乘陽，人君淫佚之徵，雖亦近似，然莫能定其為何世。至《子貢傳》、《申培說》皆以為「衛靈公為南子召宋朝於宋，國人譏之」。按：太白詩云：「漢祖呂氏，食其在旁。秦皇父后，毒亦淫荒。蝃蝀作昏，遂掩太陽。」似與其意吻合。然靈公之世已在春秋之末，聖人刪詩，疑未及此。

君子偕老

《君子偕老》，刺衛宣姜之詩。出《申培說》。朱《傳》同。○《子貢傳》亦以為「宣姜不閑於禮，衛人風之」。按：宣公奪公子伋之妻，其後遂稱宣姜，則儼然為君夫人矣。《序》以《君子偕老》發端，故知為刺宣姜也。

君子偕老，副笄六珈。叶歌韻，居何翻。委委《爾雅音義》作「禕禕」。佗佗，歌韻。《爾雅音義》作「它它」。《釋文》作「他他」。如山如河，歌韻。象服是宜。叶歌韻，牛何翻。子之不淑，豐氏本作「叔」。云如之何？歌韻。○賦也。「君子」，指宣公也。凡婦人稱夫為君子。「偕」，俱也。倡隨大義，從一而終，所謂「偕老」也。此一句正指宣姜言。若曰之人也，是君子之所將偕與俱老也云爾。「副」者，祭服之首飾。毛《傳》云：「編髮為之。」按：《周禮》：「追師掌王后之首服，為副、編、次，追衡、笄。」《注》云：「副之言覆，所以覆首為之飾，其遺象若今之步搖矣，服之以從王祭祀。編者，編列他髮為之，其遺象若今假紒，服之以告桑也。次者，鬈他髮而次第其長短，與己髮相合為紒，服之以見王也。追者，治玉石之名，謂治玉為衡笄。」即《詩》「追琢其章」之「追」。「衡笄」，鄭玄以為二物，其制皆以玉為之。謂祭服有衡，垂於副之兩旁當耳，其下以紞縣瑱。孔氏以《左傳》「衡紞紘綖」證之，謂「紞與衡連文，明言紞為衡設矣」。然衡者，橫也，笄橫據在頭上，以橫貫為橫。此衡垂在副旁當耳，據人身而言。豎為從，則此衡為橫，其衡下乃以紞懸瑱也。愚按：如孔說，大是強解。《左傳》雖「衡紞」連言，然自是兩事。如下言「紘綖」，紘是纓，從下而上者，綖是冠上覆之玄布，何相涉之有？且衡之為制，既言垂於副之兩旁，何得名衡？據鄭眾、杜預解衡，但謂維持冠者。愚意《左傳》言衡，直是指笄，而《周禮》「衡笄」連文，亦正謂笄橫貫在頭上，故名之謂衡笄耳。男子之笄以維持冠，婦人之笄則以固髮。所以知

后笄用玉者，以《弁師》王之笄以玉，故知后與王同也。侯夫人無考。「珈」，
《說文》云：「婦人首飾。」毛《傳》云：「珈，笄飾之最盛者，所以別尊卑。」
鄭《箋》云：「珈之言加也。」孔云：「以珈字從玉，則珈為笄飾。縰副既笄，
而加此飾，故謂之珈，如漢之步搖之上飾也。言六珈，必飾之有六。據此，侯
夫人為六，王后則多少無文也。」季云：「笄本婦人之常飾，惟副之珈則后夫
人有之，卿、大夫以下妻所無也。」錢氏云：「今人步搖，加飾以珠，飾之少
者六，多者倍蓰，至三十六。據《詩》云『六珈』，然則古玉數凡六也。」按：
《後漢書・輿服志》云：「皇后步搖，以黃金為山題，貫白珠為桂枝相繆，一
爵九華，熊、虎、赤羆、天鹿、辟邪、南山豐大特六獸，《詩》所謂『副笄六
珈』者。諸爵獸皆翡翠為毛羽，金題，白珠璫繞，以翡翠為華云。」疑未必古
制也。「委」，《說文》云：「委隨也。」字從女從禾。徐鍇云：「女子從人者也。」
徐鉉云：「取禾穀垂穗委曲之貌。」「佗」，《說文》云：「負荷也。」愚按：「委
委」以狀其行步之美，「佗佗」則指其首容所負荷者而言，即「副笄六珈」是
也。朱子云：「如山安重也，如河寬廣也。」又，季云：「山河，衛國之疆域，
故特舉以明同主山川之意。」「象服」，即下章「翟」也。孔云：「翟而言象者，
象鳥羽而畫之，故謂之象。以人君之服畫日月星辰謂之象，故知畫翟羽亦為
象也。」「宜」，《說文》云：「所安也。」「子」，謂夫人也。「淑」，通作「俶」，
《說文》云：「善也。」此章及次章皆以祭服為言，以見夫人承宗祧之重，不
可慢易輕恍〔註15〕。況祭祀家廟，其禮尚嚴，神實鑒之，必有「委委佗佗，
如山如河」之度，而後可與象服相宜。有如子而不淑，謂此象服何哉？蓋惜
其不稱也。詠歎諷動，優柔不迫。舊說徑以「子之不淑」二語為指斥之詞，似
未是。○玼陸德明云：「本或作『瑳』，與後文同，不容重出。」兮玼兮，
其之翟叶霽韻，都計翻。也。鬒《說文》作「黰」。髮如雲，不屑髢霽韻。
《周禮注》作「鬄」。也。玉之瑱也，《說文》作「兮」。象之揥霽韻。陸
德明云：「一作『摘』，音同。或作『擿』，又作『讁』。並非。」也，揚且子
余反。之晳按：晳字係錫韻，無霽韻。疑當作「晢」，從折不從析。《詩》「明
星晳晳」，《易》「明辨晢也」，皆此「晢」也，霽韻。也。胡然而天也！胡
然而帝霽韻。也！賦也。「玼」，《說文》云：「玉色鮮也。」王肅云：「顏色
衣服鮮明貌。」上章言「子」，指宣姜。此言「其」者，承上文也。「翟」，山
雉尾長者，取以為衣名。按：《周禮》：「內司服掌王后之六服：褘衣、揄狄、

〔註15〕「恍」，底本作「祧」，據四庫本改。

闕狄、鞠衣、展衣、緣衣。」《注》云：「褘當作翬，揄與搖同，狄與翟同，皆雉名。伊雒南，雉素質五色皆備成章曰翬。江淮南，雉青質五色皆備成章曰搖。褘衣畫翬，揄翟畫搖，闕則刻繒為翟形而不畫。褘衣，從王祭先王之服，色玄。揄翟，從祭先公服，色青。闕翟，祭小祀服，色赤。」孔云：「凡諸侯夫人於其國，衣服與王后同。上公夫人得褘衣以下，褘衣從君見大祖，揄翟從君見群廟，闕翟從君祭群小祀。侯伯夫人得揄翟以下，揄翟見大祖及群廟，闕翟祭群小祀。」又，郝敬云：「闕狄，《喪大記》作『屈狄』。棲伏曰屈。狄有揄屈，猶袞龍有升降也。」鄭玄云：「三翟以翟雉之形為飾，不用真羽。」孫毓云：「自古衣飾，山、龍、華蟲、藻、火、粉米，及《周禮》六服，無言以羽飾衣者。羽施於旌旂蓋則可，施於衣裳則否。蓋附人身，動則卷舒，非可以羽飾故也。」「鞠」、「菊」通，黃衣也，告桑事之服。「展」，《玉藻》作「襢」，《說文》作「衰」，云：「丹縠衣也。」毛《傳》亦云：「禮有展衣者，以丹縠為衣。」與《說文》合，當從之，「禮見王及賓客之服」。緣當作褖，御於王之服，色黑。此後六服也。又按：鄭司農謂「褘衣玄，揄翟青，闕翟赤，展衣白，鞠衣黃，褖衣黑」，而孫毓以為「褘衣赤，闕翟黑，展衣赤」。其揄翟、鞠衣、褖衣同，俱未詳所出，姑兩存以備考。此翟，依鄭說則揄翟、闕翟也，與上章言「副」皆祭祀之服。「鬒」，《說文》云：「髮稠也。」鄭玄云：「髮黑也。」二義兼之。以下曰「如雲」，則稠密之象。又，天油然作雲，亦黑象也。「屑」，《說文》云：「動作切切也。」「髢」，亦作「鬄」，《說文》云：「髲也。」宣姜髮美，無資於髢，故不切切於用髢也。「瑱」，《說文》云：「塞耳也。」以玉為之，亦曰充耳。《周禮・弁師》職云：「侯，玉瑱。」夫人與君同也。「象」，象齒也。「揥」，所以摘髮，因以為飾。一云：以象骨搔首，若今篦兒。一云：整髮釵也。未詳孰是。玉瑱，禮服所有。象揥，禮服所無。今並用之，亦非禮也。「揚」，《說文》云：「飛舉也。」「且」，朱子云：「助語辭。」「晳」，通作「哲」，《說文》云：「昭哲，明也。」言「揚」又言「哲」，形容其軒昂開爽之狀。想其瞻矚舉止，風流照映，正與「如山如河」之象相反。而又致訝於天帝，胡然生有此人，蓋歎其為尤物也。《禮記疏》云「據其在上之體謂之天，因其生育之功謂之帝。帝為德稱」是也。舊說以為「言其服飾容貌之美，見者驚猶鬼神」〔註 16〕，如唐人詠太真詩云「若非群玉山頭見，會向瑤臺月下逢」。然匹天帝於婦人，褻斯甚矣。○瑳兮瑳兮，

〔註 16〕見《詩集傳》。

其之展叶先韻。也。張連翻。蒙彼縐絺，是紲《說文》作「褻」。今《石經》作「緤」。袢叶先韻，汾沿翻。也。子之清揚，揚且子余反。之顏叶先韻，倪堅翻。也。展如之人兮，邦之媛叶先韻，子權翻。《韓詩》作「援」。也。《說文》作「兮」。○賦也。「瑳」，《說文》云：「玉色鮮白也。」「展」，展衣，解見次章。展衣色赤而云「瑳兮」者，蓋象下文「縐絺」之色而言。如從鄭司農，以展衣為色白，則「瑳兮」又即象展衣之色矣。宣姜以禮見君及賓客，宜服展衣。「蒙」，通作「冢」，《說文》云：「覆也。」「縐絺」，鄭《箋》云：「絺之蹙蹙者。」孔云：「絺者，以葛為之，精曰絺，粗曰綌。其精尤細靡者，縐也。言細而縷縐也。」按：《周禮》六服之外，原有素沙。鄭《注》謂「素沙為六衣之裏」。據《褥記》云「復用素沙」，其非衣裏明矣。所謂「蒙彼縐絺」，乃展衣上加縐絺蒙之，即素沙也。郝敬云：「素沙即白紗，所以加於衣上者，尚絅之意。古婦人盛服，以薄綃蒙於外。凡繒薄細者，皆稱絺，即今方目紗之類，不獨葛也。」「紲」，《說文》云：「繫也。」「袢」，《說文》云：「衣無色也。」一云：近身衣也，故其字從衣從半，即所謂褻衣也。「清」，視清明也。「揚」，解見上章。「顏」，《說文》云：「眉目之間也。」「揚且之顏」者，言其飛舉之象見於眉目之間也。「展」，據《周禮注》，即「其之展也」之「展」，謂展衣也。「展如之人兮」，言服展衣者有如此人也。《爾雅》云：「美女為媛。」《說文》云：「人所援也。從女從爰。爰者，引也。」謂其徒有美色而無小君之德，至以邦之媛斥之，其刺之益切矣。歐陽修云：「詩人之意，責之愈切，則其言愈緩。《君子偕老》是也。」鄭樵云：「詩有美刺者，不可以言語求，必將觀其意可矣。其頌美是人也，不言其所為之善，而言其冠佩之華、容貌之盛，而民安之，以見其無愧也，『緇衣之宜兮』、『服其命服，朱芾斯皇』是也。其譏刺是人也，不言其所為之惡，而言其爵位之尊、服飾之美，而民疾之，以見其不堪也，『節彼南山，維石巖巖』、『君子偕老，副笄六珈』是也。」

《君子偕老》三章，一章七句，一章九句，一章八句。《序》謂「刺衛夫人也。夫人淫亂，失事君子之道，故陳人君之德，服飾之盛，宜與君子偕老也」。朱子云：「此詩所以作，亦未可考。」愚按：今以詩之世論之，則舍宣姜無足當此者。《碩人》之詩，雖讚美容貌，頗復相似。而此曰「子之不淑」，又曰「邦之媛也」，其非所以施之莊姜，明矣。

靜女

《靜女》，刺時也。衛君無道，夫人無德。出《序》。○《子貢傳》云：「時不尚德，陳古以風之。」《申培說》亦云：「陳古諷今之詩。」而皆不著其世。嚴粲以為此宣公時詩。按：宣公上烝父妾，下納子婦，淫穢已極，國人不欲斥言，故託言思靜女以為刺，亦猶《車舝》之思淑女也。鄭玄云：「以君及夫人無道德，故陳靜女遺我以彤管之法。」

靜女其姝，虞韻。董氏云：「隋得江左本，作『嫂』。」豐氏、石經本亦作「嫂」。**俟我于**《韓詩外傳》作「乎」。**城隅**。虞韻。**愛**《說文》、《石經》及豐氏本作「僾」，云：「彷彿也。」《方言注》引作「薆」，云：「掩翳也。」**而不見，搔首踟躕**。虞韻。「踟躕」，《文選注》作「躊躇」。○賦也。「靜」，通作「靖」，《說文》云：「亭安也。」以德言，故曰「靜女」。「姝」，《說文》云：「好也。」此贊其色。言既有德而又有色也。「俟」，通作「竢」，《說文》云：「待也。」待君命也。《周禮》：「王城高七雉，隅九雉。」「隅」，《說文》云：「陬也。」呂大臨云：「古之人君，夫人、媵、妾散處後宮。城隅者，後宮幽閑之地也。女有靜德，又處於幽閑而待進御，此有道之君所好也。」故張敬夫詩云：「後宮西北邃城隅，俟我幽閑念彼姝。」「愛而不見」二句，俱指靜女言。「愛」，通作「僾」，《說文》云：「彷彿也。」「搔」，《說文》云：「括也。」「括」者，絜也。「搔首」，即束髮之謂也。「踟」，本作「跱」，從止寺聲。從止者，止而不進也。右施寺，與待同意。「躕」，本作「躇」，《說文》云：「跱躇不前也。」靜女安處於後宮幽閑之地，以待君命，雖彷彿見其容貌，而猶未得見，方且莊其首容，跱躇而未遽進，其守禮如此。○**靜女其孌**，銑韻。亦叶寒韻，落官翻。**貽我彤管**。叶銑韻，古轉翻。亦叶寒韻，古丸翻。**彤管有煒**，叶紙韻，讀如委，鄔毀翻。**說**《釋文》作「悅」。**懌女美**。紙韻。○賦也。「孌」，《說文》云：「慕也。」「靜女其孌」，言此女之可慕也。「貽」，《說文》云：「贈遺也。」「彤」，《說文》云：「丹飾也。」「彤管」，鄭玄云：「筆赤管也。」毛《傳》云：「彤管以赤心正人也。古者后夫人必有女史彤管之法，史不記過，其罪殺之。后妃群妾以禮御於君所，女史書其日月，授之以環，以進退之。生子月辰，則以金環退之。當御者，以銀環進之，著於左手。既御，著於右手。事無大小，記以成法。」孔穎達云：「此是女史之法，似有成文，未聞所出。」或謂古以刀為筆，未有用毫毛者，安得有管？故書謂之畫，蓋以刀筆刻畫於簡。至秦蒙氏始以毫毛製筆，故漢以來始有竹簡寫之之

說。豐坊辨之云：「夫以刀刻木，乃包羲史皇書契之始。至黃帝命沮誦為史，以桼書記事於竹簡，以墨書記言於帛。桼則削竹如箸以點之，故有科斗之形。墨必用有毫之管，然後可書於帛。孔子修《春秋》，筆則筆，削則削。削謂以刀除去竹簡之桼書，筆則以墨書於帛也。世傳蒙恬作筆，謂始用中山兔毫。前所用者，羊豕之毛而已。若用刀於帛，豈不百碎，焉能成字耶？」按：「貽我彤管」，蓋靜女以此寓規諫之意。進御以敍，有過必書是也。晉張華嘗假女史作箴，其辭曰：「茫茫造化，二儀既分。散氣流形，既陶既甄。在帝庖羲，肇經天人。爰始夫婦，以及君臣。家道以正，而王猷有倫。婦德尚柔，含章貞吉。婉嫕淑慎，正位居室。施衿結褵，虔恭中饋。肅慎爾儀，式瞻清懿。樊姬感莊，不食鮮禽。衛女矯桓，耳忘和音。玄熊攀檻，馮媛趨進。夫豈無畏，知死不吝。班妾有辭，割驩同輦。夫豈不懷，防微慮遠。道罔隆而不殺，物無盛而不衰。日中則昃，月滿則微。崇猶塵積，替若駭機。人咸知飾其音，而莫知飾其性。性之不飾，或愆禮正。斧之藻之，克念作聖。出其言善，千里應之。苟違斯義，則同衾以疑。出言如微，而榮辱繇茲。勿謂幽昧，靈鑒無象。勿謂玄漠，神聽無響。無矜爾榮，天道惡盈。無恃爾貴，隆隆者墜。鑒於小星，戒彼攸遂。比心螽斯，則繁爾類。驩不可以黷，寵不可以專。專實生慢，愛極則遷。致盈必損，理有固然。美者自美，翩以取尤。冶容求好，君子所讎。結恩而絕，職此之繇。故曰：翼翼矜矜，福所以興。靖恭自思，榮顯所期。女史司箴，敢告庶姬。」此亦貽彤管之意。但詩在規人君，而彼則專主戒後宮耳。「煒」，《說文》云：「盛赤也。」「女」，指君所悅之女，非謂靜女也。靜女以彤管貽君，則固將以禮坊君矣。然雖睹彤管之有煒，記過記動，何如可畏？而我心喜悅，在於女之美，有非彤管之所能遏者。蓋情慾在人，其易發而難制類若此。《左傳》引《靜女》之三章，取彤管焉。杜預《注》云：「雖悅美女，義在彤管。女史記事，規誨之所執。」○**自牧歸荑**，洵《釋文》作「詢」。**美且異**。實韻。**匪女之為美**，**美人之貽**。叶實韻，羊至翻。○比也。「自」，從也。《爾雅》云：「郊外謂之牧。」《周禮》：「三曰藪牧。」《小雅》「我出我車，于彼牧矣」是也。張子云：「牧，牧地也。不耕種之牧地，則多草木根芽。」「歸」，猶獻也，「歸孔子豚」之「歸」。《韻會》云：「茅之始生曰荑。今人食之，謂之茅堰。《詩》『手如柔荑』，或作『稊』。」《列子》因以為茅靡，一作弟靡。「弟」，讀如「稊」。荑與弟、稊一也。《易》曰：「藉用白茅。」蓋茅本潔白之物，況荑乃茅之始生者！採之自郊外，以比美女自外至而進之君也。

「洵」，通作「恂」，《說文》云：「信也。」「洵美且異」，言其美色信異於人也。「匪」，通作「非」。「女之為美」，即上章所云「女美」也。「人」，指靜女。「貽」，即「貽我彤管」之「貽」。美女雖有色可悅，而不若靜女之所貽者，能以禮坊君，不納於淫也，故申之曰：女之美何足美，如若人以彤管貽我，乃可美耳。次章所云「靜女其孌」者以此。今衛君與夫人不則德義，而惟淫佚是聞，何無有靜女其人者以彤管規誨之也乎？

《靜女》三章，章四句。朱子以為「此淫奔期會之詩」。「貽我彤管」，豈淫奔人語耶？

相鼠

《相鼠》，衛夷姜謫宣公也。班固《白虎通》云：「夫婦榮恥共之。《詩》云：『相鼠有體，人而無禮。人而無禮，胡不遄死？』此妻諫夫之詩也。」愚按：妻之諫夫，至欲以身殉之，其情可謂極矣。此詩在衛風中，雖不著作者之名，然考《左傳》，衛宣公烝於夷姜，生急子，其後為之娶於齊而美，公取之，生壽及朔，於是夷姜縊。夫宣烝父妾而奪子妻，躬鳥獸之行，人之無禮，孰過於此？夷姜先既失身，後復失寵，不勝其憤恚之甚，因而自裁，所謂「不死何為」，其志已先露之矣，故定為夷姜之詩，亦以合於「妻諫夫」之說。

相去聲。下同。鼠有皮，支韻。人而無儀。支韻。豐氏本作「義」。下同。人而無《漢書》作「亡」。儀，不死何為？支韻。○比也。「相」，《說文》云：「省視也。」「鼠」，穴蟲也，似獸，善竊，晝伏夜動，人見其形而惡之，故首以皮言。「儀」，容也。凡舉動之可觀者皆是。《左傳》云：「有儀可象謂之儀。」人無威儀，則衣冠掃地，而軀殼徒存，亦猶鼠之僅有皮耳，甚醜之也。嚴粲云：「舊說鼠尚有皮，『人而無儀』，則鼠之不若，以人之儀，喻鼠之皮。非也。說詩全在點掇，此繇誤加『尚』字耳。『尚』字當作『只』字，言鼠則只有皮，人則不可以無儀。『人而無儀』，則何異於鼠？如此，語意方瑩，點掇『人而』二字分曉。『人亦天地一物耳，饑食渴飲無休時。若非道義充其腹，何異鳥獸安鬚眉』〔註17〕，即此意也。」愚按：上「人而無儀」是泛言，為人不可以無儀。下「人而無儀」則謂其夫之無儀也，此夷姜刺宣公之詞也。彼人而既無儀若此矣，我不幸而身既為彼所污，又為彼所棄，不死欲何為哉？

〔註17〕整理本《詩緝》稱「此為孫復《論學》詩」。（第143頁）

詞若決絕而意寓感動，此班固所以謂「妻諫夫之詩也」。馮時可云：「地無去天之義，妻無去夫之義。所謂『不死何為』者，不忍其夫之無禮，甘死而不去也。」《左傳・襄二十七年》：「齊慶封來聘魯〔註18〕。叔孫與慶封食，不敬。為賦《相鼠》，亦不知也。」○相鼠有齒，紙韻。人而無止。紙韻。人而無止，不死何俟？紙韻。○比也。按：《說文》：鼠字「象形」。徐鍇謂「鼠好齧傷，故象齒」。又，鼠有齒而無牙，《行露》之詩云「誰謂鼠無牙」是也。「止」，《釋文》云：「止節也。」言無禮節也。鼠偷食苟得，而不知止。宣公前淫父妾，後淫子妻，其漁色無厭，有如此鼠矣。「俟」，通作「竢」，《說文》云：「待也。」○相鼠有體，薺韻。人而無禮。薺韻。人而無禮，胡不遄死？叶薺韻，少禮翻。○者比也。「體」，四體。「禮」，天理之節文，所該甚廣。夫婦，人倫之首，尤禮之所最重者。言鼠亦能行，但有四體而無禮，「人而無禮」，則與鼠之行走何異。「遄」，《爾雅》云：「疾也。」今人而既以無禮加我矣，奈何不速死乎？未幾，而姜果自縊。姜固無足道者，然衛宣之醜則已甚矣。聖人錄刺宣之詩，不一而足，甚惡之也。「文」，《禮記》：「孔子曰：『夫禮，先王以承天之道，以治人之情，故失之者死，得之者生。《詩》曰：『相鼠有體，人而無禮。人而無禮，胡不遄死？』是故夫禮必本於天，殽於地，列於鬼神，達於喪、祭、射、御、冠、昏、朝聘。故聖人以禮示之，故天下國家可得而正也。』」《韓詩外傳》載孔子曰：「為上無禮則不免乎患，為下無禮則不免乎刑。上下無禮，胡不遄死？」《左傳》：定八年，「晉師將盟衛侯於鄟澤，涉佗捘衛侯之手，及捥。衛侯怒。叛晉。」十年，「晉人討衛之叛故，曰『繇涉佗』。遂殺涉佗。君子曰：『此之謂棄理〔註19〕，必不鈞〔註20〕。《詩》曰：人而無禮，胡不遄死？涉佗亦遄矣哉！』」昭三年，「鄭伯如晉，公叔段相，甚敬而卑，禮無違者。晉侯嘉焉，授之以策。君子曰：『禮，其人之急也。伯石之汰也，一為禮於晉，猶荷其祿，況以禮終始乎！《詩》曰：『人而無禮，胡不遄死？』其是之謂乎！』」《晏子春秋》云：「景公飲酒酣，曰：『今日願與諸大夫為樂飲，請無為禮。』晏子蹵然改容曰：『君之言過矣。群臣固欲君之無禮也，力多足以勝其長，勇多足以弒君，而禮不使也。禽獸矣，力為政，彊者犯弱，故日易主。今君去禮，則是禽獸也。群臣以

〔註18〕《左傳》無「魯」字。
〔註19〕「理」，四庫本同，《左傳》作「禮」。
〔註20〕「鈞」，底本誤作「鈞」，據四庫本、《左傳》改。

力為政，強者犯弱，而日易主，君將安立矣？凡人之所以貴乎禽獸者，以有禮也。故《詩》曰：人而無禮，胡不遄死？」又云：「景公飲酒數日而樂，釋衣冠，自鼓缶。晏子朝，公曰：『寡人甚樂此樂，欲與夫子共之，請去禮。』晏子對曰：『君之言過矣。群臣皆欲去禮以事君，嬰恐君子之不欲也。今齊國五尺之童子力皆過嬰，又能勝君，然而不敢亂者，畏禮義也。上若無禮，無以使其下。下若無禮，無以事其上。夫麋鹿維無禮，故父子同麀。人之所以貴於禽獸者，以有禮也。嬰聞之，人君無禮，無以臨其邦；大夫無禮，官吏不恭；父子無禮，其家必凶；兄弟無禮，不能久同。《詩》曰：人而無禮，胡不遄死？』」以上諸條，但謂無禮之人必有死亡之禍，以著禮之為急，與詩之本指異。

《相鼠》三章，章四句。《申培說》以為「刺三叔之詩」，《子貢傳》以為「未處不義，鄘人刺之」。豐熙云：「霍叔名處，初封於鄘。」鄒忠胤云：「處與鼠同音，似非無意而作。」愚謂此特因是詩列於《鄘風》，遂從而附會之耳。《序》則云：「刺無禮也。衛文公能正其君臣，而刺在位承先君之化，無禮儀也。」此亦為毛《傳》篇次所誤，尤覺不倫。

谷風

《谷風》，刺夫婦失道也。衛人化其上，淫於新昏，而棄其舊室，夫婦離絕，國俗傷敗焉。出《序》。○毛氏云：「皆述逐婦之詞也。宣姜有寵而夷姜縊，是以其民化之，而《谷風》之詩作。所謂一國之事繫一人之本者如此。」朱善云：「《谷風》雖棄婦所作，而觀其自敘，有治家之勤，有睦鄰之善，有安貧之志，有周急之義，則是初無可棄之罪也。然其言之有序而不迫如此，殆庶幾乎。夫子所謂可以怨者矣。」

習習谷風，以陰豐氏本作「霒」。以雨。襲韻。黽陸德明本作「僶」。勉「黽勉」，《韓詩》作「密勿」。同心，不宜有怒。叶襲韻，腰五翻。顏師古云：「自古讀有上、去二音。今山東、河北但知怒有去聲，失其真也。」采葑《字書》作「菶」。采菲，無以下體。薺韻。亦叶紙韻，天以翻。德音莫違，及爾同死。紙韻。亦叶薺韻，少禮翻。○比而賦也。「習」，本鳥數飛之義，轉訓為重複，正以數義取之。「谷風」，《詩詁》云：「風自谷出也。」陸佃云：「谷風言其自。《詩》『大風有隧，有空大谷』者，大風之自也。」按：宋玉《風賦》：「大風盛怒於土囊。」《注》謂「土囊，谷口也」。嚴粲云：「來

自大谷之風，大風也，盛怒之風也。又習習然連續不斷，所謂終風也。又陰又雨，無清明開霽之意，所謂『曀曀其陰』也。皆喻其夫之暴怒，無休息也。舊說谷風為生長之風，以谷為穀，固已不安。又以習習為和調，喻夫婦和同。說此詩猶可通。至《小雅·谷風》二章言『維風及頹』，頹，暴風也，非和調也；三章言『卉木萎死』，非生長也。其說不通矣。詩多以風雨喻暴亂。『北風其涼』喻虐，『風雨淒淒』喻亂，『風雨摽搖』喻危，『大風有隧』喻貪。故《風》、《雅》二《谷風》，《邶》下文言『以陰以雨』，喻暴怒，猶《終風》『且曀喻州吁』之暴也；《雅》下文言『維風及雨』，喻恐懼，猶後人以震風凌雨喻不安也。」愚按：《爾雅》：「東風謂之谷風。」《疏》謂「谷之言穀。谷者，生也」。然則此谷風亦與彼谷風異矣。「黽」，蟲名，黽黽也。其性好躍。越王見怒蛙，式之，為其有氣。即此蟲也。「勉」，《說文》云：「強也。」曰「黽勉」者，雖力所不堪，猶勉強為之，似黽之奮躍而不自量力者然。「怒」，《說文》云：「恚也。」言我黽勉盡力於家事，與爾同心，爾不宜以暴怒加我如此也。「采」，《說文》云：「捋取也。」「葑」，《說文》云：「蕧蓯也。」毛《傳》云：「須也。」按：《爾雅》云：「須，葑蓯。」孫炎云：「須，菜名。」「葑蓯」，《卉木疏》云：「蕪菁也。」亦名蔓青〔註21〕。郭璞云：「今菘菜也。」陸德明云：「案：江南有菘，江北有蔓青〔註22〕，相似而異。」張萱云：「蕪菁，其梗短，連地而生，葉闊而紅，夏則苗枯，又名雞毛菜。《唐本草注》：『根葉及子，乃是菘類，特稍似蘆菔耳。』」陸佃云：「蕪青〔註23〕似菘而小，有臺。」《字書》「葑」作「蘴」。《方言》云：「蘴、蕘，蕪菁也。陳、楚之郊謂之蘴，魯、齊之郊謂之蕘，關之東西謂之蕪菁，趙、魏之郊謂之大芥，其小者謂之辛芥，或謂之幽芥，其紫華者謂之蘆菔，東魯謂之菈蓮。」陶隱居云：「蘆菔是今溫菘，根可食，葉不可食。蕪菁根乃細於溫菘，而葉似菘，可食。」然則是蕪菁、蘆菔非一物矣。《圖經》又云：「蕪菁，亦謂之檯子，春食苗，夏食心，秋食莖，冬食根。又名諸葛菜。」《嘉話錄》云：「諸葛所止，必多種之。纔出甲，便可啖，一也。葉舒可煮食，二也。久居則隨以滋長，三也。棄之不足惜，四也。回則易尋而採，五也。冬有根可斸而食，六也。比諸菜，其利最博。」「菲」，孫炎云：「葍類也。」陸璣云：「似葍，莖粗，葉厚而長，有毛，三月中蒸煮為

〔註21〕「青」，四庫本作「菁」。
〔註22〕「青」，四庫本作「菁」。
〔註23〕「青」，四庫本、《埤雅》卷十六《釋草·菘》作「菁」。

茹，甘美可作羹。幽州人謂之芴。《爾雅》又謂之蒠菜〔註24〕。今河內人謂之宿菜。」按：《爾雅》云：「菲，芴。」郭璞《注》以為「土瓜也」。又云：「菲，蒠菜。」郭《注》以為「生下濕地，似蕪菁，華紫赤色，可食」。孔穎達云：「《爾雅》『菲，芴』與『蒠菜』異釋，郭《注》似是別艸，如陸之言，又是一物。某氏注《爾雅》，二處引此詩，即菲也、芴也、蒠菜也、土瓜也、宿菜也，五者一物也。」唐慎微云：「土瓜根似葛，細而多糝，即《月令》所謂『王瓜』。」「無」，如《論語》「無乃為佞乎」之「無」。「下體」，毛《傳》云：「根莖也。」周祈云：「二物根為美，詩人謂『采葑采菲』者，得無以下體之故乎？」愚按：此即取節之意。舊注謂「不可以其根之惡而棄其莖之美」〔註25〕，蓋繇不辨二物故也。程大昌云：「古者祭之用牲，以上體為貴，羊首、牛首、肩、臑、心、肺皆上體之物也。至於腎、腸、臀、足之類皆不用，以其在下而污穢也。蕪菁之葉可食，而不如其根之美，故采葑者不棄下體也。」《左·僖三十三年》：「晉臼季使，過冀，見冀缺耨，其妻饁之，敬，相待如賓。與之歸，言諸文公，請用之。公曰：『其父有罪，可乎？』對曰：『舜之罪也殛鯀，其舉也興禹。管敬仲，桓之賊也，實相以濟。《康誥》曰：『父不慈，子不祇，兄不友，弟不共，不相及也。』《詩》曰：『采葑采菲，無以下體。』君取節焉可也。』」又，《坊記》：「子云：『君子仕則不稼，田則不漁，食時不力珍，大夫不坐羊，士不坐犬。《詩》云：采葑采菲，無以下體。』」孔穎達云：「引此詩證君子不盡利於人，無以其根美則並取之。」義與此同。「德音」，程子云：「好音也。」指其夫言。「莫」之言「無」，音之近也。「違」，《說文》云：「離也。」「同死」，猶云偕老也，言若使爾存取節之意，而德音之加於我者無相離背之意，則亦可以及爾同死而有終矣，傷所遭之不然也。○**行道遲遲，中心有違。**微韻。**不遠伊邇，薄送我畿。**微韻。**誰謂荼苦？其甘如薺。**韻。宴《釋文》作「燕」。**爾新**豐本作「親」。**昏，如兄如弟。**薺韻。○賦而比也。上章言本望與其夫偕老，此乃述其見棄。「遲」，《說文》云：「徐行也。」「違」，猶背也。言我之被棄，行於道路，遲遲不進，蓋其足欲前而心有所不忍，如心與足相背然也。楊慎云：「《紫玉歌》所謂『身遠心邇』，《洛神賦》所謂『足往神留』，皆祖其意。」「畿」者，疆限之名。毛《傳》以為「門內也」。孔云：

〔註24〕「菜」，四庫本無。按：陸璣《毛詩草木鳥獸蟲魚疏》卷上《采葑采菲》有「菜」字。

〔註25〕出《詩集傳》。

「《周禮》九畿及王畿千里，皆期限之義，言至有限之處，故知是門內。」呂祖謙云：「韓愈《譴瘧鬼》詩：『白石為門畿。』蓋以畿為門閾也。」按：《韻會》：「閾，門橜也。」即門限兩旁夾木。此非真謂其夫之送之。言我既行矣，汝與我訣別，即不敢望其遠，獨不可近相送，而一至於畿乎？奈何其不一顧也，恝斯極矣。《白虎通》云：「出婦之義必送之，接以賓客之禮。君子絕，愈於小人之交。《詩》云：『薄送我畿。』」正謂此也。「荼」，《爾雅》云：「苦菜。」《易緯通卦驗・玄圖》云：「苦菜生於寒秋，經冬歷春，至夏乃秀。」《月令》：「孟夏，苦菜秀。」即此荼也。《本艸》：「一名選，一名遊冬。」《楚辭疏》云：「三月，生扶疏。六月，華從葉出，莖直，黃。八月，實黑。實落根生，於冬不枯。紫葉者為香荼，青葉者為青荼。」陸佃云：「此艸凌冬不凋，故名遊冬。凡此則以四時製名也。顏之推云：『荼葉似苦苣而細，斷之有白汁，花黃似菊。』」陸璣云：「生山田及澤中，得霜甜脆而美，所謂『菫荼如飴』。」《內則》謂「濡豚包苦」，用苦菜是也。楊慎云：「一名吳葵。按：唐王冰注《素問》，引《古月令》『四月，吳葵華』，而無『苦菜秀』一句。《唐本艸》注吳葵云：『即關河間謂之苦菜者，俗作鵝兒菜，又名野苦蕒。』」嚴粲云：「經有三荼：一曰苦菜，二曰委葉，三曰英荼。此詩及《采苓》、《緜》之荼，皆苦菜也；《良耜》『以薅荼蓼』之『荼』，委葉也；『出其東門，有女如荼』，英荼也。《鴟鴞》『予所捋荼』，亦英荼之類。」又，徐鍇云：「即今之茶〔註26〕字。」按：《爾雅》云：「檟，苦茶。」乃今之茶。然此在《釋木》之類，非此荼也。「薺」，甘菜。《爾雅》云：「蒫，薺實。」《本艸》云：「薺味甘，人取其葉作葅及羹，亦佳。」《通志》云：「薺菜甚小，自生園圃，實曰蒫。《詩》：『其甘如薺』，謂此菜之美。」沈萬鈳云：「冬至春，開白花，一名甘艸。甘艸先生則歲豐。」〔註27〕按：《爾雅》，薺類不一。其一曰菥蓂大薺，俗呼老薺，似薺而葉細，又名蔑菥，又名大戟，又名馬辛。其一曰葶薦歷〔註28〕，《廣雅》以為狗薺。《淮南子》云：「薺，水菜，冬水而生，夏土而死。又其枝葉細靡，謂之靡艸。」《月令》：「孟夏之月，靡艸死。」許慎、鄭康成皆云「靡艸，薺葶藶之屬」是也。又名大室，又名大適子，細黃至苦。以上二薺，皆非甘而可食者。其一曰蒫

〔註26〕「茶」，四庫本作「荼」。
〔註27〕（明）沈萬鈳《詩經類考》卷二十五《艸木考上・薺》。（《四庫全書存目叢書》經部第 63 冊，第 141 頁）
〔註28〕「歷」，四庫本作「藶」。

苨，郭璞以為薺苨。《本艸》陶注云：「根莖都似人參，而葉小異，根味甜。」或以為即此詩所詠之薺也。《春秋繁露》云：「薺以冬美。冬，水氣也。薺，甘味也。乘於水氣而美者，甘勝寒也。」此以荼苦比新人，與下章以渭清自況，意互相發。言誰謂新人之醜惡如荼之苦，自君子愛之，則不啻如薺之甘；與己之貞絜本如渭之清，然君子惡之，則不啻如涇之濁；皆愛憎之至變也。下文「宴爾新昏，如兄如弟」，正所謂「其甘如薺」者。「宴」，《說文》云：「安也。」「新昏」，夫所更娶之妻也。孔云：「言安愛爾之新昏，其恩如兄弟也。以夫婦坐圖可否，有兄弟之道，故以兄弟言之。」舊說「謂荼雖甚苦，反甘如薺，以比己之見棄，其苦有甚於荼，而其夫方且宴樂其新昏，如兄如弟，而不見恤」〔註29〕。亦通。但於上下文湊泊，不甚有情耳。○涇以渭陸本作「謂」。濁，湜湜其沚。紙韻。《說文》作「止」。宴《列女傳》作「嬿」。爾新豐本作「親」。昏，《列女傳》作「婚」。不我屑以。紙韻。毋逝我梁，毋發我笱。有韻。我躬《禮記》作「今」。不閱，《左傳》作「說」。遑《禮記》作「皇」。恤我後。有韻。○比而賦也。「涇」、「渭」，二水名。毛《傳》云：「涇渭相入而清濁異。」《地理志》云：「涇水出今安定涇陽西開頭山，東南至京兆陵陽，行千六百里入渭。」《漢書‧溝洫志》云：「涇水一石，其泥數斗。」《尚書疏》云：「渭水出隴西首陽縣，至京兆北船司空縣入河。」「湜」，《說文》云：「水清見底也。」季本云：「涇濁渭清，及既合流，則渭亦因涇而濁。然二水相交之處，壅土成沚，而渭在沚之上者，則湜湜然見底，而本清之體固自若也。」呂祖謙云：「涇，新昏也。渭，舊室也。涇渭既合，則清濁易惑。於洲渚淺處視之，渭之清猶可見也。詩人多述土風，此衛詩，而遠引涇渭者，蓋涇濁渭清，天下所共知，如云海鹹河淡也。」愚按：涇以渭濁，嚴粲謂「涇誣渭謂濁」是也。程子云：「視於淺處則有清彼以為濁，而其沚自湜湜，以言其惑而不能正也。」「屑」，《說文》云：「動作切切也。」「以」，《說文》云：「用也。」言不以我之平日動作切切然用力為有勞而念我也。言此以起下「就其深矣」三章之意。梁笱之喻，蓋本於此。鄭玄云：「毋者，諭禁新昏也。」「逝」，《說文》云：「往也。」孔穎達云：「我者，己所自專之辭。」「梁」，魚梁。《王制》云：「獺祭魚，然後魚人入澤梁。」《注》云：「梁，絕水取魚者。」「發」，《韓詩》云：「亂也。」「笱」，《說文》云：「曲竹捕魚笱也。」按：鄭

〔註29〕出《詩集傳》。

云：「梁，水堰。堰水而為闕空，以筍承其空。」朱子云：「梁，堰石障水而空
其中，以通魚之往來者也。」「筍」，以竹為器，而承梁之空，以取魚者也。孔
云：「梁者，為堰以障水，空中央，承之以筍。然則水不絕。云絕水者，謂兩
邊之堰是絕水也。」程大昌云：「筍者，以竹為器，設逆須於其口，魚可入，
不可出也。曰『毋逝我梁，毋發我筍』者，蓋橫溪為梁，梁傍開缺透水，而設
筍以承其下。魚墮梁，即覺水淺，急趨旁闕，以求入溪。既入，即陷筍中，見
者發筍而取之也。相戒『毋發我筍』者，懼其發取已獲之魚也。」「閱」，《說
文》云：「具數於門中也。」「遑」，急。「恤」，憂也。俱見《說文》。言我既不
能自安其身於門內，以簡閱取魚之數，乃急急優恤我已去之後，欲何為哉？
自憐之甚也。蘇轍云：「梁、筍皆所設以取魚。逝人之梁而發人之筍，因人之
成功之謂也。新昏因舊室之成業，不知其成之難，則將輕用之我。雖見棄，猶
憂其後之不繼也，故告而止之。」梁、筍指治家言，即下章所言者是。孔子
曰：「我今不閱，皇恤我後，終身之仁也。」輔廣云：「不忍遂棄其家事者，仁
也。知其不能禁而絕意焉者，知也。」羅景倫云：「太白《去婦詞》云：『憶昔
初嫁君，小姑才扶床。今日妾辭君，小姑如妾長。回頭語小姑，莫嫁如兄夫。』
古今以為絕唱。然以予觀之，特忿恨決絕之辭耳。豈若《谷風》去婦，雖遭放
棄，而猶反顧其家，戀戀不忍。乃知國風優柔忠厚，信非後世詩人所能彷彿
也。」〇就其深矣，方之舟尤韻。之。就其淺矣，泳之游尤韻。之。
何有何亡，黽勉求尤韻。之。凡民有喪，匍匐《禮記》及《谷永傳》
「匍匐」作「扶服」。救叶尤韻，居尤翻。之。比而賦也。鄭玄云：「言『深』、
『淺』者，喻君子之家事無難易，吾皆為之。」「方」，《說文》云：「並船也。」
徐鍇云：「今之舫，並兩船也。」或云：泭也，水中為泭筏也。按《爾雅》：
「天子造舟。」《注》：「比船為橋也。」諸侯維舟，連四船也。大夫方舟，並
兩船也。士特舟，單船也。庶人乘泭，並木以渡也。然則方與桴異，當以並船
之解為正。「舟」，船也。孔云：「舟者，古名也。今名船。」《爾雅》云：「潛
行為泳。」《說文》云：「潛行水中也。」「游」，通作「汓」，或作「泅」，《說
文》云：「浮行水上也。」今字從㲃，音偃，泅聲者，乃旌旗之流。以偏傍同，
故得通用也。言「有」、「亡」者，孔云：「謂於一物之上，有此物，無此物。」
鄭玄云：「言君子何所有乎？何所無乎？吾其黽勉勤力為求之，有求多，亡求
有也。」深淺以比有亡，方舟泳游以比勉求。「匍」，《說文》云：「手行也。」
「匐」，《說文》云：「伏地也。」孔云：「《問喪》注『匍匐，猶顛蹶。』然則

匍匐者，以本小兒未行之狀，其盡力顛蹶似之，故取名焉。」「救之」者，孔云：「謂營護凶事，若有賵贈也。」孔子以為此無服之喪也。程子云：「『就其深矣』以下，陳其躬所為治家勤勞之事，隨事盡其心力而為之，不特如是治其家，又周睦其鄰里鄉黨，莫不盡其道也。」張氏云：「皆婦人曲徇其夫之言。」
○**不我能慉**，叶宥韻，許救翻。《說文》及孫毓、王肅本俱作「能不我慉」。又，《詩緝》「慉」作「畜」。**反以我為讎**。尤韻。亦叶宥韻，承咒翻。**既阻我德**，賈音古。**用不售**。宥韻。亦叶尤韻，時流翻。**昔育恐育鞫**，屋韻。毛《傳》作「鞠」，字通用。陸本作「䩄」，即「鞫」字。《讀詩記》、豐本俱作「鞫」。**及爾顛**豐本作「傎」。**覆**。叶屋韻，芳六翻。**既生既育**，屋韻。**比予于毒**。叶屋韻，讀如櫝，徒谷翻。○賦也。「慉」，《說文》云：「起也。」作興之意。「讎」、「仇」同義。《左傳》云：「怨耦曰仇。」言不能興起我使有伉儷之樂，而反以我為讎讎也。「阻」，猶拒也。「我德」，即上章所言勤勞家事、周恤鄰里皆是。「賈」，《說文》云：「坐賣售也。」行賣曰商，坐販曰賈。「售」，《說文》云：「去手也。」郝敬云：「惟其有心阻，我雖善不錄，如賈百貨具陳，終不見售矣。」程子云：「心既阻絕我之善，故雖勤勞如是，而不見取，如賈之不售。凡人所以憎而不知其善者，緣其心阻絕其善故也。」「昔」，前日也。按：昔，本乾肉之名。乾肉者，所更多日，故謂昔為前日。「育」，《爾雅》云：「養也。」與下文「既生既育」皆以生理言。《商書》所謂「生生」是也。「鞫」，通作「鞫」，《說文》云：「窮也。」張子云：「育恐謂生於恐懼之中，育鞫謂生於困窮之際。」「顛」，通作「蹎」，《說文》云：「跋也。」「覆」，本訓「覂」，為蓋冒之義，因又訓為倒。「及爾顛覆」，鄭玄云：「與女顛覆，盡力於眾事，難易無所辟。」孔云：「以黽勉、匍匐類之，故顛覆為盡力。若《黍離》云『閔周室之顛覆』，《抑》云『顛覆厥德』，各隨其義，不與此同。」言昔者求育養於恐懼困窮之時，與爾顛覆盡力，以營家業，今既遂其生而得所養矣，乃反比我於毒而棄之乎？「毒」，謂藥物。錢天錫云：「毒藥攻病，必不得已而後用之，故垂絕之時，藉以祛錮疾，而生即棄去。故曰『比予于毒』，正所謂『將恐將懼，維予與汝。將安將樂，汝轉棄予』是也。」○**我有旨蓄**，陸本作「畜」。**亦以御冬**。叶東韻，讀如東，都籠翻。**宴爾新**豐本作「親」。**昏，以我御**陸本云：「一作『御』。」**窮**。東韻。**有洸有潰，既詒我肄**。寘韻。《爾雅》作「勩」。**不念昔者，伊余來墍**。寘韻。○比而賦也。「旨」，《說文》云：「美也。」「蓄」，《說文》云：「積也。」字從草。徐鍇云：「蓄穀米芻茭蔬菜

以為歲備也。」愚按：此言「旨」，又言「御」，冬則專為蓄菜也。《急就章》云：「老菁蘘荷冬日藏。」一說：蓄，菜名，即《小雅》所謂「蓫」。陶隱居云：「羊蹄菜也。」今呼禿菜，音之訛也。未必是詩意。「御」，侍也。下文「御窮」，義亦放此。亦以御冬言。蓄聚美菜，以待冬月乏無之時，則用此為伴侍也。劉公瑾云：「古人場、圃同〔註30〕地，秋收則築堅圃地為場，以納禾稼。至來春又耕治之，以種菜茹。故蓄菜但以禦冬也。」「御窮」，猶云侍窮。言今君子安於新昏而厭棄我，是但於窮苦之時，則以我為伴侍，至於安樂則棄之。似冬月蓄菜，至春夏有新美之蔬可食，而向之所蓄者皆見遺也。曾鞏云：「窮，猶乏無耳。人之於物，得新可以捐故，然厚者猶有所不忍。夫婦義當偕老，乃姑以御窮而已，其薄惡可知。」鄒忠胤云：「孔子繫《易》曰：『夫婦之道，不可以不久也，故《咸》而受之以《恒》。』《戴記》有七出之條，而又有三不出之例。其一謂先貧後富者。《谷風》之良婦，未知何以見棄。今觀其詩曰『何有何亡，黽勉求之』，『昔育恐育，鞠及爾顛覆』，則其食貧操作，艱阻亦既備嘗矣。曰『既生既育，比予于毒』，曰『宴爾新昏，以我御窮』，此所謂富易妻者耶？夫貧使舊婦拮据謀之，富則與新人宴安享之，以新間舊，而屏逐其舊，苟未免有情，亦復誰能堪此？此《谷風》所為賦也。」「有洸有潰」，正與首章「不宜有怒」相應。毛《傳》云：「洸洸，武也。潰潰，怒也。」《韓詩》云：「『潰潰』，不善之貌。」鄭云：「君子洸洸然，潰潰然，無溫潤之色。」按：《說文》：「洸，水湧貌也」，引「《詩》：『有洸有潰』。徐鍇云：「言勇如水之湧也。」《蒼頡篇》云：「傍決曰潰。」項安世云：「水之潰者，其勢橫暴而四出，故怒之盛者為潰。」「詒」，《說文》云：「相欺詒也。」誑詐之義。「肄」，《說文》云：「習也。」言時而武暴忿怒，又或時而為謾語以誑詐，我既習以為常矣。一說：「詒」，通作「貽」，《說文》云：「相贈遺也。」「『肄』，即『伐其條肄』之『肄』。言夫奮其武怒而遺我以禍，如萌蘗之生生不已。」〔註31〕亦通。「墍」，《說文》云：「仰塗也。」謂彌縫其闕，如塗屋壁之罅隙也。爾即棄絕我，獨不念往日來此彌縫闕失之時乎？此申歎上章之意，冀其夫之感悟也。

《谷風》六章，章八句。《小雅》亦有《谷風》篇名。○《子貢傳》、《申培說》皆以為「邶之良婦，見棄於夫而作」，亦無所據。

氓

《氓》，衛宣公之時，淫風大行，男女無別，互相奔誘，華落色衰，復相棄背。出《序》。淫婦為人所棄，而自敘其事，以道其悔恨之意。出朱《傳》。○《焦氏易林》云：「氓伯以婚，抱布自媒。棄禮急情，卒罹悔憂。」鄭樵云：「《氓》之詩如是其醜也，然有反之而自悔者，此所謂變之正也。」

氓《石經》作「叱」。之蚩蚩，支韻。字從蟲，之聲。今俗「之」作「山」，非。抱布貿絲。支韻。匪來貿絲，來即我謀。尤韻。亦叶支韻，謀悲翻。送子涉淇，支韻。至于頓《爾雅注》作「敦」。丘。尤韻。亦叶支韻，祛其翻。匪我愆期，支韻。亦叶尤韻，渠尤翻。子無良媒。叶支韻，謨悲翻。亦叶尤韻，迷侯翻。將子無怒，秋以為期。見上。○賦也。孔穎達云：「氓，民之一名。此婦人見棄，乃追本男子誘己之時，己所未識，故以悠悠天下之民言之。」愚按：氓字從亡從民，乃流徙之民，非土著者。《孟子》謂「天下之民皆悅而願為之氓。許行、陳相自楚、宋〔註32〕之滕，皆曰願為滕氓」，即其義也。楊慎云：「《周禮》：『凡治野，以下劑致氓，以田里安氓，以樂昏擾氓，以土宜教氓。』又曰：『新氓之治。』《注》謂『新徙來者也』。若是本國之氓，已授田矣，又何必以田里安之？已安土矣，又何必以土宜教之乎？以《詩》與《孟子》證之，尤可驗《詩》曰『氓之蚩蚩』，此蓋氓之離其本土而淫於外州者也。」蚩，《說文》云：「蟲也。」曰「蚩蚩」者，言其蠢動無知，如蟲之集聚然。鄙賤之辭也。「布」，《說文》云：「枲織也。」毛《傳》云：「幣也。」按：《周禮·載師》職，鄭司農注云：「里布者，布參印書，廣二寸，長二尺，以為幣，貿易物。」引《詩》云「抱布貿絲」，即此布也。「貿」，《說文》云：「易財也。」徐鍇云：「猶亂也。」交互之義。鄭《箋》云：「季春始蠶，孟夏賣絲。」孔云：「欲明此婦人見誘之時節，故言賣絲之早晚。」「匪」，通作「非」。後放此。「即」，就也。此氓來意，非真欲貿易我之絲乃藉此以來就我謀，欲密邀我為室家耳。「送」，《說文》云：「遣也。」亦為隨行之義。蓋遣之去而又隨之以行也。「子」者，男子之通稱，指氓也。劉熙云：「丘一成曰頓丘。一頓而成，無上下大小之殺也。」《爾雅》易「頓」為「敦」。敦亦頓也。《漢·地理志》：東郡有頓丘縣。師古云：「以丘為縣也。」闞駰云：「頓丘在淇水南。」按：今大名府之開州是其地。《水經注》云：「淇水屈徑頓丘西，又

東屈而西轉，徑頓丘北。」又按：宿胥故瀆，受河於頓丘縣遮害亭東、黎山西，北會淇水。《戰國策》所謂「決宿胥之口，魏無虛頓丘」，即指是瀆也。《路史》云：「即古觀國，後啟五庶，俱封於衛，是謂五觀。」即此。「愆」，《說文》云：「過也。」「期」，猶限也。「良」，《說文》云：「善也。」《〈周禮·媒氏〉注》云：「媒之言謀也，謀合異類使和成也。」鄭玄云：「非我欲過子之期。子無善媒，來告期時。」「將」，《文選注》云：「辭也。」鄭云：「請也。」氓來即女謀，本謀即挈是女而歸，而女意猶未可，謂子無良媒，先來告我，故我行計未辦，請子無怒，以秋為限，當從子以往。蓋將為治裝地，如下文所言「以賄遷」耳。朱子云：「夫既與之謀而不遂往，計亦狡矣。以御蚩蚩之氓，宜其有餘而不免於見棄。蓋一失其身，人所賤惡，始雖以欲而迷，後必以時而悟，是以無往而不困耳。士君子立身一敗而萬事瓦裂者，何以異此。可不戒哉？」

○**乘彼垝垣，以望復關。**叶先韻，圭玄翻。**不見復關，**泣《楚辭章句》作「波」。**涕漣漣。**先韻。**既見復關，載笑載言。**叶真韻，疑斤翻。亦叶先韻，倪堅翻。**爾卜爾筮，體**《禮記》作「履」，《注》云：「禮也。」《韓詩》亦作「履」，云：「幸也。」**无咎言。**同上。**以爾車來，以我賄遷。**先韻。亦叶真韻，蒼新翻。○賦也。「乘」，《說文》云：「覆也。」蓋登高而覆之，如乘馬之義。「垝」，《說文》云：「毀垣也。」垣而毀必危，故字從土從危，意兼聲也。「垣」，土牆也。「復關」，當是古關名。《滑縣志》云：「復關在縣城東北六十里。今有復關堤。」《寰宇記》云：「澶州臨河縣復關城在南，黃河北阜也。復關堤在南三百步，自黎陽下，入清豐縣界。」此氓所居之地。不敢斥其名而以所居呼之，猶秦人之稱樗里也。「漣」、「瀾」同字。古人謂流涕為汎瀾。嚴粲云：「漣漣，涕出接續之貌。」別後相思，憑高遠望，恐其負約則泣，喜其踐約則笑，先笑而繼之以言，故曰「載笑載言」也。下四句乃其所言者。「爾」，指氓。龜曰卜，蓍曰筮。「體」，謂卜之兆體筮之卦體也。「車」者，迎婦載賄之車。「賄」，《說文》云：「財也。」婦之嫁裝也。婦人既與氓有成言，乃問之卜筮，以決其可託與否。而其兆卦之體皆無凶咎之言，深自喜其得所託，故謂爾可遂即以車來，我當即以所有之賄財遷徙隨子而往，不煩再計也。厥後色衰被棄，似若卜筮不靈然者。先儒所謂「《易》為君子謀，不為小人謀也」。《坊記》：「子云：『善則稱人，過則稱己，則民不爭。善則稱人，過則稱己，則怨益亡。《詩》云：爾卜爾筮，履無咎言。』」意謂人之踐履，動與吉會者，不當自以為功，必歸之於卜筮。亦斷文取義耳。○**桑之未落，**

藥韻。**其葉沃若。**藥韻。**于嗟鳩兮，**無豐氏本作「毋」。**食桑葚。**叶侵韻，知林翻。《釋文》作「椹」。于《韓詩外傳》作「籲」。**嗟女兮，**無豐氏本作「毋」。**與士耽。**叶侵韻，持林翻。《爾雅》作「媅」。**士之耽兮，猶可說也。女之耽兮，不可說**「說」、「說」相應為韻，猶上章「載言」與「咎言」相應。**也。**賦而興也。桑，蠶所食葉木也。《說文》：「凡艸曰零，木曰落。」徐鍇云：「木曰落而從艸者，木但葉落耳，其枝幹勁，與艸零無異，故從艸。」「秋以為期」，此時車來，桑猶未落，故即其景以起興，亦以言貿絲及之。然曰「未落」，已隱然見有黃落可慮矣。「沃」，本作「渜」，《說文》云：「溉灌也。」「沃若」，毛《傳》云：「猶沃沃然。」言潤澤也。「鳩」，毛《傳》云：「鶻鳩也。」江東亦呼鶻鵃。以其春來冬去，備四時之事，故少皞氏取以名司馬之官。陸佃以為「一名鳲鳩」。按：《爾雅·釋鳥》云：「鷑，山鵲也。」以此鳩似山鵲而小，又其短尾，青黑色，多聲，故亦名鳴鳩也。孔穎達云：「《爾雅》鳩類非一，知此是鶻鳩者，以鶻鳩冬始去，今秋見之，以為喻，故知非餘鳩也。」「葚」，《說文》云：「桑實也。」毛《傳》云：「鶻鳩食桑葚，過則醉而傷其性。」又，舊說鴉食桑葚則革暴，鳩食之則淫，故戒鳩無食桑葚。婦人未嫁稱女，已嫁稱婦。《詩疏》云：「士者，男子行成之大稱。又，未娶亦謂之士。《周易》『老婦得其士夫』是也。」「耽」，通作「媅」，《說文》云：「樂也。」嚴粲云：「『桑之沃若』，喻情眷歡洽之時。鳩嗜桑葚之甘，則食之不已，猶女愛男，情眷之濃，而為其所誘。故歎鳩無食桑葚，女無與士耽。」今玩詩語意，明是以鳩興女，以桑興士。而舊說謂「桑之沃若」以比婦人容色未衰之時，恐未然也。「說」，許慎云：「釋也。」鄭云：「解也。」士有百行，可以功過相除。至於婦人，無外事，維以貞信為節。嚴云：「女子一失身於人，無可解說。言其既奔之後，不待愛弛，旋即愧悔，已無及也。」鍾惺云：「淫婦人到狼狽時，偏看出許多正理，說出許多正論，與烈女貞婦只爭事前事後之別耳。」〇**桑之落矣，其黃而隕。**叶真韻，於貧翻。亦叶先韻，於權翻。《詩》「幅隕既長」，「隕」作「圓」讀。**自我徂**〔註33〕**爾，三歲食貧。**真韻。亦叶先韻，頻眠翻。**淇水湯湯，**陽韻，屍羊翻。**漸車帷**《儀禮疏》作「幃」。**裳。**陽韻。**女也不爽，**叶陽韻，師莊翻。**士貳其行。**叶陽韻，寒剛翻。**士也罔極，**職韻。**二三其德。**職韻。〇賦而比也。《月令》：「季秋，草木黃落。」此時婦人已在泯家矣。「隕」，《說文》云：「從高下也。」曰

「其黃而隕」者,桑葉先黃而後隕,以比男子之情眷漸淡而向衰。下文「三歲食貧」,即其事也。「徂」,《說文》云:「往也。」往之夫家也。「三歲」,自始嫁至今,閱三歲也。「食貧」,猶云茹苦。此氓非真貧,特不以善遇此婦,使如食貧者之食耳。「湯湯」,毛云:「水盛貌。」「漸」,朱子云:「漬也。」車帷在上曰幄,在旁曰帷。「裳」,鄭云:「童容也。」孔云:「以幃幃車之旁以為容飾,此惟婦人之車飾為然。丈夫車立乘,則有蓋無帷裳。或謂之幃裳。」「爽」,《說文》云:「明也。」此追其始嫁時而言,言我既以身許汝,其時雖渡深水,至漸車之童容,而我猶不遑恤,曾不意其所託之非人如此,因自恨其不明也。「士貳其行」,此有所指,必氓別有私者。末二句又推本其德而言,所以無所止極如斯者,緣其心德所藏,不能專一故也。嚴粲云:「『士也罔極』,所謂『怨靈修之浩蕩』也。『罔極』為無窮之意,善惡皆可言之。《魏‧園有桃》謂『我士也罔極』,為志念無窮極;《蓼莪》『昊天罔極』,謂父母之德無窮極;《青蠅》『讒人罔極』、《桑柔》『民之罔極』,與此『士也罔極』,皆為反覆無窮極。」劉公瑾云:「此婦首稱曰氓,繼而曰子,繼而曰爾,又繼而謂之士,繼而復曰爾,又復曰士,或鄙之,或親之,或貴之,此所以為怨婦之辭與?」《左‧成八年》:「晉侯使韓穿來言汶陽之田,歸之於齊。季文子餞之,私焉,曰:『大國制義,以為盟主,是以諸侯懷德畏討,無有二心。謂汶陽之田,敝邑之舊也,而用師於齊,使歸之敝邑。今有二命,曰歸諸齊。信以行義,義以成命,小國所望而懷也。信不可知,義無所立,四方諸侯其誰不解體?《詩》曰:『女也不爽,士貳其行。士也罔極,二三其德。』七年之中,一與一奪,二三孰甚焉?士之二三,猶喪配耦,而況霸主!霸主將德是以,而二三之,其何以長有諸侯乎?』」○三歲為婦,靡室勞豪韻。亦叶蕭韻,憐蕭翻,讀作遼。矣。夙興夜寐,靡有朝蕭韻。亦叶豪韻,直高翻。豐氏本作「晁」。矣。言既遂矣,至于暴號韻。矣。兄弟不知,咥其笑叶號韻,讀如燥,先到翻。矣。靜言思之,躬自悼號韻。矣。賦也。「靡」之言「無」,音之近也。男以女為室。「勞」,《說文》云:「劇也。」言我三歲為爾婦,無有為人室而受如是之勞劇者,侵晨而起,至夜方寐,靡有一朝之暇,所謂勞也。鍾惺云:「此婦劬勞,何減《谷風》。《谷風》見棄以色,此曰三歲,色未衰也,直輕其人耳。」「言」,即首章「來即我謀」之言。「遂」,猶申也。「暴」,通作「虣」,《說文》云:「虐也。急也。」「咥」,《說文》云:「大笑也。」初與爾謀為室家,惟恐不諧所願,今前言既遂,而爾至翻以暴虐加我。我之定計從

爾，兄弟初不及知。今見我為爾誘而還為爾暴，則惟有哇哇然笑我而已。靜言思之，孽自己作，雖躬自痛悼，亦何所歸咎哉！連用數「矣」字，寥落悲前事，支離笑此身，情況淒絕。嚴粲云：「此婦蓋父母不存，惟有兄弟耳。」○

及爾偕老，老使我怨。叶翰韻，烏貫翻。**淇則有岸，**翰韻。**隰則有泮。**翰韻。豐氏本作「畔」。**總角之宴，**叶翰韻，於旰翻。孔穎達云：「經有作『卯』者，因《甫田》『總角卯兮』而誤。」**言笑晏晏。**叶翰韻，烏旰翻。**信誓旦旦，**翰韻。《說文》作「旦旦〔註34〕」。**不思其反。反是不思，**支韻。亦叶灰韻，新才翻。**亦已焉哉！**灰韻。亦叶支韻，將其翻。○賦而興也。「及與偕」，俱怨恚也。言初擬與爾相俱至老，今甫三歲而見暴至此，則後來老之境，皆使我恚恨之境也。「岸」，水涯而高者。「隰」，阪下濕也。俱見《說文》。鄭云：「『泮』讀為『畔』。畔，涯也。言淇與隰皆有厓岸以自拱持，今君子放恣心意，曾無所拘制也。」「總角」者，直結其髮，聚之為兩角。《詩》有「總角卯兮」，為男子未冠。按：《內則》云：「男女未冠笄者，總角，衿纓。」則女子亦得稱總角。「宴」，安也。此總角蓋氓所私，所謂「士貳其行」者。捐故憐新，婦人之所為恨也。舊說連下文言我自總角之時即與爾宴樂，如古詩「結髮為夫妻」之意，亦通。「晏」，《說文》云：「天清也。」「言笑晏晏」者，蓋象其開霽之狀。「旦旦」，明也。嚴粲云：「『昊天曰旦』之『旦』。此『言笑』、『信誓』，皆指氓言，乃追數其昔日挑誘之情狀，非婦人自謂也。」《爾雅》云：「『晏晏』、『旦旦』，悔爽忒也。」「反」，復也，責其不思念復前言也。「亦已焉哉」者，決絕之辭。《表記》：「子曰：『口惠而實不至，怨菑及其身。是故君子與其有諾責也，寧有已怨。《國風》曰：言笑晏晏，信誓旦旦，不思其反。反是不思，亦已焉哉！』」朱子以為此婦人自悔之語，言我「不自思其反覆以至此，則亦如之何哉！《傳》曰：『思其終也，思其復也。』『思其反』之謂也」。理亦可通。然與孔子引詩之意不合。陸化熙云：「此詩立言有序，總是悔之無及，最可扼腕。荀文若之失身曹瞞，柳柳州之濡足叔文，其是類也夫！」輔廣云：「《谷風》與《氓》二詩皆怨，然《谷風》雖怨而責之，其辭直，蓋其初以正也；《氓》之詩則怨而悔之耳，其辭隱，蓋其初之不正也。」沈守正云：「詩雖作於悔恨，然悔所託之非人，不悔始奔之不正，此所謂淫人之悔也。」鄒忠胤云：「婚姻，人道之始。在《易‧咸》稱『取女』，《漸》稱『女歸』，皆利貞則吉，不徒悅徒巽而已。《易‧歸妹》曰：『征凶，无攸利。』蓋其卦與

〔註34〕按：《說文解字‧怛》引此句作「信誓愚愚」。

《漸》反，位不當而柔乘剛，士動於欲而失其健，女驕於悅而失其順，淫者之感，終非嘉偶，故《象》曰『君子以永終知敝』。夫使行必稽其所敝，何至立身一敗，萬事瓦裂，自貽伊戚乎？」

《氓》六章，章十句。《序》云：「刺時也。宣公之時，禮義消亡」云云，「或乃困而自悔，喪其妃耦，故序其事以風焉。美反正，刺淫佚也。」朱子謂此非刺詩，其曰「美反正」者，尤無理。《子貢傳》、《申培說》皆以為「鄘人所作」，亦無據。

何人斯

《何人斯》，絕友也。暴辛公為王卿士，而譖蘇成公。成公之友，有與暴同行者，成公惡之，作是詩以絕之。《序》以為「蘇公刺暴公也。暴公為卿士而譖蘇公焉，故蘇公作是詩以絕之」。愚按：蘇公此詩雖為見譖於暴公而作，而其意所專責者，非暴公也。時蘇公之友有與暴公同譖之者，偶過蘇公之門，求見蘇公，而公不之見，故作此詩以責之。以暴公平昔交誼不如此人之深，而此人去蘇從暴，初終易面，則無行義之尤者也，暴公不足刺矣。刺此人，亦所以刺暴公也。鄭《箋》云：「暴也，蘇也，皆畿內國名。」按：《春秋・文八年》：「公子遂會雒戎，盟於暴。」杜《注》以為「鄭地」，其姓未詳。蘇，據《鄭語》，謂己姓昆吾之後。《左・成十一年》：「單子劉子曰：『昔周克商，使諸侯撫封，蘇忿生以溫為司寇，與檀伯達封於河。』」《書・立政》篇所謂「司寇蘇公」是也。春秋時，蘇稱子，以國在溫，又稱溫子。此云「公」者，孔穎達謂「蓋以子爵而為三公」。今以《世本》及譙周《古史考》證之，則此暴公乃暴辛公，蘇公乃蘇成公也。辛公，《路史》又作「新公」，世代無考。又按：《左・隱十一年》，王以蘇忿生之田溫、原、絺、樊、隰郕、攢茅、向、盟、州、陘、隤、懷，凡十二邑，以與鄭人。實周桓王八年也。蘇公以被讒失國，或在此時。張守節云：「蘇忿生十二邑，桓王奪以與鄭，故蘇子同五大夫伐惠王。」《卮言》云：「蘇為畿內國，故桓王得以其田與鄭。當時蘇之埰地亦可謂廣矣。然所謂原、樊、成、茅，其初亦皆國也，豈蘇子亦有兼併歟？無故而奪之，是以叛。」

彼何人斯？其心孔艱。叶先韻，經天翻。豐氏本作「囏」。胡逝我梁，不入我門？叶先韻，謨連翻。伊誰云從？維暴之云。叶先韻，於員翻。

○賦也。「彼何人斯」，義見《巧言》篇。此與第三章皆指蘇公之友，新從暴公者也。賤而惡之，故若為不相識之辭。然於暴公，則顯其食邑，於此人則並不著其名氏，亦所謂「交絕不出惡聲」〔註35〕者也。「孔」，甚也。「艱」，《說文》云：「土難治也。」鄭《箋》以為「難也」。此人從暴公，以過蘇公之門，欲不入見則似忘舊誼，欲入見則恐拂新知，遲回於見不見之間，有甚難為情者，故曰「其心孔艱」也。「逝」，鄭云：「之也。」主彼而言，故曰之。「我」，蘇公自謂也。後放此。「梁」，《說文》云：「水橋也。」夏令「十月成梁」之「梁」。蘇公所居之門外有之，非魚梁也。初逝梁之時，尚未及我門，故疑其不肯入也。「伊」，發語辭。上云蘇公問也，下云所問之人答也。「從」，《說文》云：「隨行也。」「暴」，暴公也。不以公稱者，亦惡而賤之也。問彼所與相隨而行以逝我梁者何人乎？曰維暴公耳。夫暴公與我不相善，而斯人從之，則其躊躇於門外而不即入也無怪矣。○**二人從行，誰為此禍？**智韻。**胡逝我梁，不入唁我？**智韻。**始者不如今，云不我可。**智韻。○賦也。孔云：「以上言『維暴之云』，則暴是其一，明『二人』者，謂暴與其侶也。」「為此」之「此」蒙上文言。「禍」，害也，凶終隙末之意。二人從行，則其交深矣。誰離間此人，使之舍我從彼，而使交道不能善其終，非禍而何？服虔云：「弔生言唁，相痛傷之名也。」朱子云：「弔失位也。」時蘇公必有被王譴讓之事，故云然。「不入我門」，則「不入唁我」，其為前此相從以譖我明矣。「始者不如今」，言始者與我厚，不如今之與暴公厚也。「云」者，代揣其意之言也。「可」，許也。「不我可」者，言不許我為可，猶言不悅也。《漢・劉向傳》：「上問楊興：『朝臣斷斷不可光祿勳，何也？』」其用「不可」，字義同此。○**彼何人斯？胡逝我陳？**真韻。亦叶先韻，澄延翻。**我聞其聲，不見其身。**真韻。亦叶先韻，屍連翻。**不愧**陸德明本作「媿」。**于人，**真韻。亦叶先韻，如延翻。**不畏于天。**先韻。亦叶真韻，汀因翻。○賦也。《爾雅》云：「堂塗謂之陳。」孫炎云：「堂下至門之徑也。」按：《戰國策》：「美人克下陳。」下陳猶下堂也。「逝我陳」，則已入我門矣。此人亦深情厚貌者，故謬欲入而唁蘇公也。蘇公已聞此人之聲音，但薄其人而不之見，故曰「不見其身」，非蹤跡詭秘之說。「既入我門」矣，秘將安往乎？愧慚畏怯也。「天」，非蒼蒼之天，吾心中有天存焉。可對人言，斯可對天知，故能「不愧于人」，則「不畏于天」矣。今此人慾入見而不勝其消沮閉藏之狀，其負愧於蘇公者何如，亦寸心之

天所不許也，故蘇公陳正理以深責之。《表記》：「子曰：『聖人之制行也，不制以己，使民有所勸勉愧恥，以行其言。禮以節之，信以結之，容貌以文之，衣服以移之，朋友以極之，欲民之有壹也。《小雅》曰：不愧于人，不畏于天。』」《疏》云：「引此者，言人之行當須愧於人，畏於天也。」○**彼何人斯？其為飄風。**叶侵韻，孚金翻。**胡不自北？胡不自南？**叶侵韻，乃林翻。**胡逝我梁？**祇音支。**祗我心。**侵韻。○賦也。此「彼何人斯」，指暴公也。不斥其姓名者，亦賤而惡之之辭。「飄」，《說文》云：「回風也。」《爾雅》作「回風」。郭璞云：「旋風也。」嚴粲云：「旋風迴旋無定，故不自北，不自南，言無準也。喻讒者之反覆不測也。」先是二人從行，以逝蘇公之梁，既而彼一人者入門至陳，將以求見蘇公矣，而暴公不與之偕入，姑留梁間以待，故此仍云「胡逝我梁」也。「祗」，舊皆訓「適」也，亦通作「多」。晁氏云：「古文『祗』用『多』字。」「祗」，《說文》、毛《傳》皆云：「亂也。」疾之之深，惟欲其不相親近，其來「逝我梁」何為哉？則多足以攪亂我心而已。○**爾之安行，亦不遑舍。**叶魚韻，商居翻。**爾之亟行，遑脂爾車。**叶魚韻，斤於翻。**壹者之來，云何其盱。**叶魚韻，讀如噓，休居翻。○賦也。此下三章所稱「爾」者，皆為蘇公之友言也。「遑」，《說文》云：「急也。」《周禮・掌舍》職，《注》云：「舍者，所解上之處。」「亟」，疾也。脂車，以脂塗車軸，使其滑澤也。「壹者」，一人也。「云」者，代暴公意中之言也。「盱」，《說文》云：「張目也。」時蘇公之友入見蘇公，而暴公待之於外，蘇公惡其所比匪人，而心不欲見之也，因為辭以謝之曰：爾此行也，果其安舒而別無所事也者，似可以暫憩矣。然我亦不急急為舍館以留爾，果其倥傯而別有所圖也者，則爾當從茲趣駕矣，我即急急脂爾之車。所以然者，何故哉？以爾二人從行，今一人來此，一人留彼，彼留者必且曰何其久而不出，徒使我張目而望也。然則爾今者且姑不見我可也。○**爾還而入，我心易**叶支韻，以支翻。《韓詩》作「施」，云：「善也。」**也。還而不入，否**音鄙。**難知**支韻。**也。壹者之來，俾我祗**支韻，音岐。**也。**賦也。「還」，《說文》云：「復也。」鄭云：「行反也。」「易」，平易也。《繫辭》云：「易則易知。」與下文「難知」對看。「否」，鄭云：「不通也。」「祗」，適也。亦通作「褆」。《易》「無祗悔」，王肅、陸績本俱作「褆」可證。褆之為言安也。蘇公不欲見此人而心又不忍終絕之也，乃與之訂期後會，言我今雖不見爾矣，爾此行旋反之時，其經過我門，入而見我乎？我心平易明白，原無所芥蒂也。若還而不入，則是爾之情

與我否隔不通。爾自示人以不可知，於我何與？復又囑之曰：爾即還而入見我，亦必但以一人來，勿與暴公同行，庶乎使我心安也。蓋薰蕕不同器，惟絕暴公，乃可以交蘇公，無騎牆中立之理。《易》曰：「三人行則損一人，一人行則得其友。」其謂是乎？凌濛初云：「小人良心不死，如象之見舜而忸怩是也，只是望其來見。妙甚！妙甚！」董氏云：「是詩至此，其詞益緩，若不知其為譖矣。」○**伯氏吹塤，仲氏吹箎。**支韻。**及爾如貫，諒不我知。**支韻。**出此三物，以詛爾斯。**支韻。○比而賦也。此章發出「始者不如今」二句之意。「伯」、「仲」，鄭云：「喻兄弟也。我與汝恩如兄弟。」愚按：此當以年之長幼序之，今亦不定其誰屬也。「吹」，《說文》云：「噓也。」從口從欠，會意。「塤」，《周禮》、《爾雅》俱作「壎」。按：王嘉云：「春皇庖犧氏灼土為壎，禮樂於是興矣。」《爾雅》云：「大壎謂之嘂。」孫炎云：「音大如叫呼聲也。」《周禮注》云：「大如雁卵。」郭璞云：「燒土為之，大如鵝子，銳上，平底，形如秤錘，六孔。小者如雞子。」陳暘云：「周官之於壎，教於小師，播於瞽矇，吹於笙師，立秋之音也。平底，六孔，水之數也。中虛上銳，如秤錘然，火之形也。塤以水火相合而後成器，亦以水火相和而後成聲，故大者聲合黃鐘、大呂，小者聲合大蔟、夾鍾，要在中聲之和而已。《風俗通》謂『圍五寸半，長一寸半，有四孔，其二通，凡六空也』，蓋取諸此爾。」馬端臨云：「古有雅塤，如雁子；頌塤，如雞子。其聲高濁，合乎雅頌故也。」《白虎通》云：「塤之為言動也，陽氣於黃泉之下，動蒸而萌。」《釋名》云：「塤，喧也，聲喧喧然也。」「箎」，本作「龥」，亦作「筂」。《爾雅》：「大箎謂之沂。」《廣雅》云：「以竹為之，有八孔，前有一孔，上有三孔，後有四孔，頭有一孔。」郭云：「長尺四寸，圍三寸，一孔上出，徑三分，名翹，橫吹之。小者尺二寸。」按：鄭司農《周禮注》謂箎七孔。唐孔氏以為《廣雅》言箎八孔，此蓋不數其上出者，非也。據《廣雅》稱箎共有九孔。又，蔡邕云：「箎六孔，有距，橫吹之。」此或小箎耳。《釋名》云：「箎，啼也。聲從孔出，如嬰兒啼聲，春分之音也。」《世本》載「暴辛公作塤，蘇成公作箎」。譙周《古史》謂「古有塤、箎，尚矣。周幽王時，暴辛公善塤，蘇成公善箎」。今按：二說大要因此詩而附會之，殊不足信。其實蘇公藉以喻己與其友謀國議論，唱和相應如此，亦非指暴公也。張萱云：「八音皆克諧，無有乖戾而不和者。詩喻兄弟之和，止以塤、箎。從來注疏皆未能發其旨，余因閱古今樂律諸書，乃知七音各自為五聲，如宮磬鳴而徵磬和，獨塤、箎則二器共為一音，塤為宮而箎之徵和。

伯，宮也。仲，徵也。此古人所以喻同氣也，其旨微矣。」程良孺云：「『如塤
如篪』，古人比之兄弟相和。夫他音豈皆不和？而獨以塤、篪言者，他音一音
各為一節，惟塤、篪二音同為一節。」陳暘云：「土王於長夏。而塤，土音也，
有伯氏之意焉。竹王於仲春。而篪，竹音也，有仲氏之意焉。觀《周官》小師
教塤，瞽矇播之，笙師兼篪而教之。詳於塤、略於篪者，以塤主唱，始不得不
詳；篪主和終而已，孚不得不略。不亦寓伯仲之旨乎？」「及爾如貫」，如《易》
言「有孚攣如」之意。鄭云：「如物之在繩索之貫也。」董鼎云：「如貫弁貫珠，
皆以繩結之。」以上三句皆主平日言。「諒」，《說文》云：「信也。」我之與爾
交好，中心誠信如此，而爾曾不我知，是以有二心於我也。「三物」，毛云：
「犬、豕、雞也。」「詛」，《說文》云：「詶也。」《周禮‧司盟》職云：「盟萬
物之犯命者，詛其不信者。」《注》云：「盟詛主於要誓，大事曰盟，小事曰
詛。」《疏》云：「盟者，盟將來。詛者，詛過往。」「出此三物」，如鄭伯使卒
出豭，行出犬雞，以詛射潁考叔者。豭，即豕也。毛《傳》謂「君以豕，臣以
犬，民以雞」，似無據。因其曾〔註36〕不知我而詛之，恚懟之深，無聊之極，
欲其悔悟而速改之也。孔云：「己不欲長怨，欲與之詛而和諧。」○**為鬼為**
蜮，職韻。**則不可得**。職韻。**有靦面目，視人罔極**。職韻。**作此好歌，**
以極反側。職韻。豐本作「仄」。○賦也。嚴云：「末章峻辭責之，不復含隱
也。」《說文》云：「人所歸為鬼。」《韓詩外傳》云：「人死，肉歸於土，血歸
於水，骨歸於石，魂氣陞於天。其陰氣薄然獨存，無所依也，故純陰底滯之
氣，著人為害。」「蜮」，蟲名。陸璣云：「一名射影。江淮水皆有之。人在岸
上，影見水中，投人影則殺人，故曰射影。南人將入水，先以瓦石投水中，令
水濁，然後入。」陸佃云：「蜮含水射人。一曰含沙射人之影，其瘡如疥。《稽
聖賦》所謂『蜥旋於影，蜮射於光』是也。一名射工，一名溪毒。有長角，橫
在口前，如弩簷，臨其角端，曲如上弩，以氣為矢，因水勢以射人，故俗呼水
弩。然畏鵝，鵝能食之。《禽經》所謂『鵝飛之則蜮沉，鷫鳴則蛇結』也。」
羅願云：「蜮生江南溪水中，甲蟲類也，長一二寸，有翼能飛，口中有橫物，
如角弩。冬月蟄潤谷口，大雪時索之。此蟲所在，其雪不積，氣起如烝，掘之
不過入地一尺則得也。說者又言水弩狀如蜣螂，尾長四寸，即弩也，見人影
則射。《南越志》稱『水弩四月一日上弩射人影，至八月卸弩』。此云弩在口，
彼云弩在尾，差不同。《春秋‧莊十八年》：『秋有蜮。』劉向以為蜮生南越，

〔註36〕「曾」底本誤作「其」，據四庫本改。

越地多婦人，男女同川，淫女為主，亂氣所生，故聖人名之曰蜮。蜮猶惑也。在水旁能射人，甚者至死，南方謂之短狐。劉歆以為蜮盛暑所生，非自越來也。」又，柳宗元云：「射工射虫，含怒竊發。中人形影，動成瘡痏。」《韻會小補》云：「諸家說蜮，皆不為的。居水中以氣射人者，名射工。居水旁山林間含沙射人者，名射虫。若說文所謂『蜮似鱉，三足』者，是能也，非蜮也。」「靦」，《說文》云：「面見也。」字從面從見，會意。徐鉉云：「凡人所視瞻，心實見之，故有別識。無恥之人，面見之而已，心實否也。《國語》：『范蠡曰：雖靦然人面，實禽獸也。』」「人」，對鬼蜮言。「罔極」，謂無所止極。殷大白云：「恩之重者曰罔極，情慾之甚者曰罔極，心術之險者曰罔極。言鬼之為物，往來無常。蜮之為物，能潛形以射人之影，則吾不得而知之。今以靦然面目相看之人，而視之亦如鬼蜮。然其翻覆不測，則無所止極，良足慨也。」「好」，鄭云：「猶善也。」「歌」，此八章之歌也。「極」，謂窮極其情。初則絕而不之見，既則訌之使復來，又既則詛之以絕其翻覆，皆所以窮其罔極之情，而使之止於是也。「反側」，毛云：「不正直也。」孔云：「翻覆之義。」王安石云：「作是詩，將以絕之也。而曰『好歌』者，惟其好也，是以極求其反側。極其反側，非惡之也，有欲其悔悟之心焉爾。」又云：「君子之處己也忠，其遇人也恕，使其緣此悔悟，更以善意從我，固所願也。雖其不能如此，我固不為已甚，豈若小丈夫然哉！一與人絕，則醜詆固拒，惟恐其復合也。」馮時可云：「匪人之比，蘇安得無責者，但交已絕而猶惓惓望之，則與後世小人杯酒睚眥之際而至於樹黨相攻、沒身不解者其亦異矣。」郝敬云：「愚讀是詩而益知性情之說矣。欺君賊友，分誼已絕，而其言周懇，傷往望來，有不忍遽絕之情，何其厚也！言不如此，不可以為《詩》。人能以《詩》之言養性則性定，以《詩》之義操心則心安，以《詩》之氣處人則人和，以《詩》之性情處變則無所往而不自得，故曰『不學《詩》，無以言』。」

　　《何人斯》八章，章六句。朱子云：「此詩與《巧言》篇文意相似，疑出一手。但上篇先刺聽者，此篇專責讒人耳。」按：二詩立言之意本不相涉，因朱子有是說，而偽為《子貢傳》、《申培說》者遂不載此詩篇名，豐、鄒諸本徑合二篇而一之。然則西漢龔遂、王式及《樂緯》、《詩緯》、《尚書璿璣鈐》諸書皆以三百五篇為夫子刪采定數，此不已闕其一耶？作傳、說者其人皆在朱子之前，不應朱子都不之見而立論便闇合，若此益顯其為淺陋之贗書也。

著

《著》，刺魯桓公也。娶齊文姜而不親迎，至於讙以迎之，於是得見乎公矣。國人代為文姜之辭以醜之。《序》云：「刺時也。時不親迎也。」愚按：以其世求之，則文姜也。何以明之？《春秋・桓三年》：「公子翬如齊逆女。九月，齊侯送姜氏於讙。公會齊侯於讙，夫人姜氏至自齊。」《公羊傳》云：「翬何以不致？得見乎公矣。」胡安國云：「古者昏禮必親迎，則授受明。後世親迎之禮廢，於是有父母兄弟越境而送其女者。以公子翬往逆，則既輕矣。為齊侯來，乃逆而會之於讙。是公之行，其重在齊侯，而不在姜氏，豈禮也哉？不言以至者，既得見乎公也，不能防閒，於是乎在。《敝笱》之刺兆矣。」

俟《爾雅》、《齊詩》、《漢書》俱作「竢」。我於著叶虞韻，重銖翻。乎而，充耳以素叶虞韻，孫租翻。乎而，尚之以瓊華叶虞韻，芳無翻。乎而。賦也。「俟」，通作「竢」，《說文》云：「待也。」「我」，文姜自謂也。毛《傳》云：「門屏之間曰著。」通作「宁」。李巡云：「謂正門內兩塾間，人君視朝所宁立處也。」按：《昏禮》：「壻往婦家親迎，既奠鴈，御輪，壻乃先往，俟於門外。婦至，壻揖婦以入。及寢門，揖入，升自西階。」今桓公既不親迎，會讙之後，以夫人歸。所謂「俟我於著乎而」，即《昏禮》「壻俟於門外。婦至，壻揖婦以入」之時也。孫炎云：「充耳是塞耳，即所謂瑱。懸當耳，故謂之塞耳。懸之者，別謂之紞。」經言「充耳以素」，素絲懸之，非即以素為充耳也。鄭玄云：「素所以懸瑱者，或名為紞，織之，人君五色，臣則三色。」王肅辨之，以為：「王后織玄紞，天子之玄紞，一玄而已，何云具五色乎？」王基理之，云：「紞，今之絛，豈有一色之絛？色不雜，不成為絛。王后織玄紞者，舉夫色尊者言之耳。」孔穎達祖其說，又謂「天子、諸侯皆五色，卿、大夫、士皆三色」。今按：五色、三色，禮無明文。鄭、孔之意，蓋惑於《序》中「時不親迎」之說，以為此詩乃刺時之詩，不為諸侯詠耳。愚以《周禮》玉瑞弁冕制度，彷彿求之，則此詩所云素、青、黃三色者，乃正諸侯之紞也。一見之《典瑞》職，云：「王圭繅藉，五采五就；公侯伯圭繅，皆三采三就；子男璧繅，皆二采再就。」一見之《弁師》職，云：「王五冕，皆五采玉；諸侯瑉玉三采；及孤卿大夫之冕，各以其等為之。」夫天子之繅與玉既俱用五采，諸侯之繅與玉既俱用三采，則懸瑱之紞何獨不然？詩詠素、青、黃三色，其為魯侯之服無可疑者。所以取此三色，素，西方之

色，於時屬秋；青，東方之色，於時屬春；春秋乃陰陽之中氣，而黃又中央土之正色。是或其所以取之之義也。若天子則位尊備物，當具五色矣。篇中於著見素，於庭見青，於堂見黃，但取韻叶。孔謂「素色分明，目所先見，故先言之」，此迂繆無理之甚也。又，《周禮注》云：「一命之大夫，冕而無旒，士變冕為爵弁。」《疏》云：「無旒之冕，與爵弁不殊，但前低一寸餘，故亦得冕名。」今按：充耳惟冕服有之，弁則否，則是自一命而下皆不得有充耳，亦可知其非民間親迎之常服也。或又謂古者士昏禮攝盛，故士得攝大夫冕服。今考《儀禮》云：「主人爵弁纁裳緇袘，從者畢玄端，乘墨車，從車二乘。」《注》謂「大夫墨車，士淺車」。今墨車，大夫已上有二車，士無貳。今從車二乘，所謂攝盛也。亦不聞有主人服冕之說。「尚」，加也。張子厚云：「充耳非一物，先以纊塞，後以玉加之。」「瓊」，《說文》云：「赤玉也。」「華」，孔云：「謂色有光華。」按：毛解「充耳琇瑩」，謂「天子用玉，諸侯用石」。據《周禮·弁師》職但云：「玉瑱絕無用玉用石之別。」而或又解琇為玉名，此瓊華當即是用玉。鄭以為「石色似瓊」，殊費解。夫文姜自會謹時，已得見乎公，因隨之俱歸，不謂己之失禮為可羞，而但津津魯君之盛飾為可喜，則其為人流蕩淫佚，於此已見其端矣。○俟我於庭青韻。乎而，充耳以青韻。乎而，尚之以瓊瑩叶青韻，戶扃翻。乎而。賦也。「庭」，《說文》云：「宮中也。」《增韻》云：「門屏之內。」「俟我於庭」，即《昏禮》所謂「壻道婦。及寢門，揖入」之時也。「瑩」，《說文》云：「玉色也」。○俟我於堂陽韻。乎而，充耳以黃陽韻。乎而，尚之以瓊英叶陽韻，十良翻。乎而。賦也。「堂」，正寢也。升階而後至堂，此《昏禮》所謂「升自西階」之時也。呂祖謙云：「既不親迎，故但行婦至壻家之禮。壻道婦入，故於著、於庭、於堂，每節皆俟之也。」「華」、「瑩」、「英」總一瓊，而異其名。按：《爾雅》：「木謂之華，草謂之榮，榮而不實者謂之英。」則言「瓊華」、「瓊英」，總之借草木以形容玉之光色耳。

《著》三章，章四句。《子貢傳》、《申培說》皆謂「齊俗廢親迎之禮，君子譏之」。朱子解同。然觀篇中所云著，乃朝內之位，至充耳、瓊華之飾，何等莊嚴，豈是士庶所有，儕之流俗，其謬確矣。如《序》謂「刺時不親迎」，卻自渾然。蓋謂其時固有如此人、如此事耳。又，班固《前漢書·地理志》引《齊詩》曰「子之營兮，遭我乎嶩之間兮」，又曰「俟我於著乎而」，以為齊俗舒緩之體如此。固既以「營」為青州臨淄之營丘，而顏師古亦以「著」為濟南

郡著縣，審爾，則「茂」、「昌」、「庭」、「堂」亦復可以地名強解否耶？是皆不究全詩之文理而漫為之辭者也。

敝笱

《敝笱》，刺魯文姜也。出《序》。○《序》以為「齊人惡魯桓公微弱，不能防閑文姜，使至淫亂，為二國患焉」。愚按：《左傳》，先是齊僖公欲以女文姜妻鄭太子忽，太子忽辭。想文姜為室女之日，內行已不正矣。忽所謂「齊大非耦」，蓋權辭也。桓竟取之。國人知其婦道之必不終也，故作是詩以刺之。觀篇中有「齊子歸止」之語，當是始嫁時詩也。姜，齊女魯婦，以不正，故使二國俱被惡名。《序》所謂「為二國患」者以此。

敝《釋文》作「弊」。笱在梁，其魚魴鰥。叶元韻，姑元翻。齊子歸止，其從去聲。後同。如雲。叶元韻，於元翻。○興也。「敝」，鄭玄云：「敗也。」「笱」、「梁」，俱見《谷風》。羅願云：「笱之守魚，猶禮之守國也。池魚三千六百，蛟來為之長，能率魚飛。置笱水中，則蛟去矣。」「魴」，解見《魚麗》篇。《說苑》：「陽晝云：『夫投綸錯餌，迎而吸之者，陽橋也。其為魚也，薄而不美。若存若亡，若食若不食者，魴也。其為魚也，博而厚味。』」陸佃云：「魴魚雖等美，而緣水之異則有優劣。故俚語曰：『洛鯉伊魴，貴於牛羊。』又曰：『居就糧，梁水魴。』」愚按：如陸說，伊、梁之魴雖美，而《詩》有曰「豈其食魚，必河之魴」，則河魴尤美也。齊地近河，據《陳詩》以食魚必河魴對言娶妻必齊姜，是則魴乃姜之比。此詩首章言「魴鰥」，次章言「魴鱮」，「鰥」、「鱮」之名變，而「魴」名不變，可知專以「魴」擬文姜，而「鰥」、「鱮」擬從者矣、蓋文姜一而從者眾也。故《焦氏易林》云：「敝笱在梁，魴逸不禁。」捨「鰥」、「鱮」而專舉「魴」，亦足為罪狀文姜之明據。鰥之為魚，未詳。據《孔叢子》云：「衛人釣於河，得鰥魚焉，其大盈車。子思問曰：『如何得之？』對曰：『吾下釣，垂一魴之餌，鰥過而不視，益以豚之半則吞矣。』子思曰：『噫！鰥貪以餌死，士貪以祿死。』」然則是鰥大於魴，故毛《傳》以「鰥為大魚」。嚴粲駁之云：「衛人所釣鰥魚，偶得大者，以為大而詫之。此詩配魴、鱮言之，則不必便是其大盈車者。入笱中，必非大魚。」此篤論也。又按：老而無妻者名曰鰥。劉熙《釋名》云：「為其愁悒不寐，目恒鰥鰥然也。故其字從魚。魚目恒不閉者也。」夫魚不閉目，凡魚盡然，故古者以魚司鑰

然則鰈是魚視之狀，初非魚名，則詩人不應與魴、鰥並詠矣。曾記一書載「東海之魚名曰鰈，比目而行，不相得，不能達」〔註37〕。今忘其所出。若以製字之意求之，鰥右從眔，眔之為義，目相及也，與「比目而行」者義正相合，其必係是魚，無可疑矣。姑志以俟後考。鰥以目相及而得名，然則是文姜從者之比也。「齊子」，文姜也。不稱姜稱子者，非獨明其為齊女，抑亦惡其醜行，故諱之，使若宋女然。亦猶魯諱吳孟姬為吳孟子耳。「歸」，嫁也。舊說以為歸齊。按：婦人父母在，稱歸寧；去而不反，稱大歸。無以歸名者。此歸正與《南山》之詩「既曰歸止」同，皆以嫁為歸也。「其從」，鄭玄云：「姪娣之屬。」「如雲」，不獨言其人盛，鄭以為「其從者之心意如云然。雲之行，順風」者也。詩人見魯桓為人昏闇懦弱，逆料其不能制姜，故以敝笱為比。言女之歸夫家，猶魚之入於笱，可入而不可出者也。笱敝則任其往來，今之入者，不久將復出矣。況以姜之健悍驕亢，觀其挾如雲之從者以偕行，其氣勢之盛如此，目中豈復有桓者哉？必不能安其室已。胡安國云：「為亂者文姜，而《春秋》罪桓公，治其本也。乾者，夫道也，以乘御為才。坤者，婦道也，以順承為事。《易》著於乾坤，述其理；《春秋》施於桓公，見其用。」○**敝笱在梁，其魚魴鰥。**語韻。**齊子歸止，其從如雨。**叶語韻，讀如與，演女翻。○興也。陸佃云：「鰥魚似魴而弱鱗，其色白，北土皆呼白鰥。《西征賦》曰：『華魴躍鱗，素鰥揚鬐。』性亦旅行，故其製字從眔，亦或謂之鰱也。《傳》曰：『連行魚屬。』若此之類是已。失水即死，弱魚也。其頭尤大而肥者，或謂之鱅。《六韜》曰：『緡隆餌重，則嘉魚食之。緡調餌芳，則庸魚食之。』鱅，庸魚也，故其字從庸，蓋魚之不美者。故俚語曰：『網魚得鱅，不如啖茹。』而鱅讀曰慵者，則又以其性慵弱而不健故也。」愚按：此又足為文姜從者之比矣。陸璣云：「幽州人謂之鴞鶇，或謂之胡鱅。」羅云：「魚雖一類，而所食不同。今鯇惟食艸，鱒食螺蚌。鰥乃食鯇矢，則宜其味之不美爾。今人亦不珍此族。」「如雨」，不獨言其多。陸佃以為「其傾從如雨之從天」是也。鄭玄云：「如雨，天下之則下，天不下則止。」○**敝笱**《韓詩》作「簡」。**在梁，其魚唯唯。**叶紙韻，愈水翻。《韓詩》作「遺遺」，云：「不能制也。」豐氏本同。**齊子歸止，其從如水。**紙韻。○興也。「唯唯」，鄭云：「行相隨順之貌。」蒙前章鰥鰱隨魴而行，以興從者隨姜而行。「如水」，不獨言其眾，如水之長流不息。嚴云：「言從之者順，猶《孟子》言『民歸之，如水之就下』也。」

─────────────

〔註37〕按：《韓詩外傳》卷五：「東海之魚名曰鰈，比目而行，不相得，不能達。」

陸佃云：「雲升而生雨，故如雨繼之。雨降而生水，故如水繼之。亦立言之序。」
黃佐云：「魯國無風，寓齊詩中，此詩及《南山》、《載驅》是也。然姜，齊女也，抑固齊之風乎？」

《敝笱》三章，章四句。《子貢傳》、《申培說》皆以為「魯桓與夫人文姜如齊，齊人刺之」，蓋緣誤以「歸止」為歸齊耳。朱子改為「刺莊公詩」，尤為無據。郝敬云：「莊公於文姜則子耳，桓公其夫也。夫為妻綱，如笱可制魚。子之於母，猶曰弗克。夫不能制其妻，則同敝笱矣。故《敝笱》以刺夫，《猗嗟》以刺子，《序》說各有當也。」

葛屨

《葛屨》，刺芮姜也。芮伯萬之母芮姜惡芮伯之多寵人也，逐之，出居於魏。其寵人作此。芮姜事見《左·桓三年》及四年「秋，秦師侵芮，敗焉，小之也。冬，王師、秦師圍魏，執芮伯以歸」。《竹書》亦載周桓王十一年，芮伯萬出奔魏。十二年，王師、秦師圍魏，取芮伯萬而束之。其事與《左傳》合。芮伯之多內寵固可非，而其母至逐之出居於魏，以致身被執而國幾滅，則已甚矣。此詩疑寵人所作。因芮伯居魏，故繫之《魏風》。芮、魏接壤。《水經》謂「河水自河北城南東徑芮城」是也。河北縣，故魏國也。鍾惺云：「芮姜惡芮伯之多內寵，逐之。婦人之妒如此。隋獨孤后見群臣有媵妾者，輒言於上，黜之。惡其子勇多內寵，廢之至死。代人行妒，真造化戾氣也。」

糾糾葛屨，可以履霜。陽韻。摻摻《文選注》作「纖纖」。《說文》作「攕攕」，云：「好手貌。」豐氏本同。女手，可以縫裳。陽韻。要之襋職韻。之，好人服叶職韻，鼻墨翻。之。賦也。「糾」，《說文》云：「繩三合也。」徐鍇云：「調三股繩也。」「糾糾」者，糾而復糾，繞纏之意。故毛《傳》云：「猶繚繚也。」《士冠禮》云：「屨，夏用葛，冬皮屨可也。」孔穎達云：「夏日之有葛屨，猶絺綌所以當暑，特為便於時耳，非行禮之服。若行禮之服，雖夏猶當用皮。鄭於《周禮注》及《志》言『朝祭屨舄，各從其裳之色』，明其不用葛也。」《月令》：「季秋，霜始降。」則履霜自秋始。葛屨履霜，指芮伯也。意芮伯以夏時被逐，至秋冬猶未得歸，故著葛屨而履霜於中野，見其淒涼之狀也。《說文》無「摻」字，當作「攕」，云：「好手貌。」「女」，寵人自

謂也。「縫」，《說文》云：「以鍼紩衣也。」「裳」，男子之下服。孔云：「以婦人服不殊裳，知當為男子之下服。」「要」，《說文》云：「身中也。」「襋」，《說文》云：「衣領也。」「好人」，正指芮伯也。親愛之稱，猶云大人、美人也。「服」，《說文》云：「用也。」時芮伯出亡在魏，故此所寵之內人為之縫裳，因治其衣之腰領而寄使服之也。○**好人提提**，齊韻。亦叶霽韻，大計翻。《楚詞章句》作「媞媞」。**宛然**《說文》作「如」。**左辟**，陌韻。亦叶真韻，卑義翻。《說文》作「僻」。**佩其象揥**。霽韻。亦叶齊韻，都奚翻。**維**《石經》作「惟」。**是褊心，是以為刺**。真韻。亦叶陌韻，七跡翻。○賦也。「提提」，當依《楚辭章句》作「媞媞」，《說文》云：「江淮之間謂母曰媞。」愚按：此指芮姜也。重言之者，疑其方言稱母如此。今俗於親屬之稱亦多用疊字。「宛」，《說文》云：「屈草自覆也。」曰「宛然」者，蓋深自藏匿之意。「左辟」，當依《說文》作「左僻」。僻之為義，從旁牽也。黃公紹云：「手足便右，以左為僻，故凡幽猥皆曰僻左。」「象揥」，解見《君子偕老》篇。陳祥道云：「以象骨搔首，因以為飾，名之曰揥。蓋有事則為飾，無事則佩之。」按：婦人之褼佩不一。今所佩者，惟象揥而已，亦見其簡樸無華之甚也。「褊」，《說文》云：「衣小也。」或云衣急，蓋以狹小而急，故取以名焉。「褊心」，亦指芮姜也。「刺」，《說文》云：「直傷也。」按：以言語傷人者，亦如刺之然，故毛萇別訓「刺」為「責也」。上章詠芮伯之出亡，此章則表芮伯之所以見逐於其母者，正以內寵之故，言此好人之芮伯有母芮姜臨之在上，我輩之為妾媵者亦既自覆藏於左僻之地，而不敢與芮伯相近矣。至於服飾無華，僅以一象揥為佩，而姜之褊心猶不能容，且以此見責也。雖儉亦美德，而刻核太甚，至於逐其子以出亡，不其忍與？聖人所以錄此詩者，見父母之教子，自有其道。如芮姜之於芮伯，但節其女寵可也。身為國君而逐之於外，謂宗祀何？至使秦師見侵，魏國被圍，皆芮姜一逐，階之為厲。婦人無識，禍及國家，遂至於此。可畏哉！

《葛屨》二章，一章六句，一章五句。《序》謂「刺褊也。魏地陿隘，其民機巧趨利，其君儉嗇褊急，而無德以將之」。舊說因此，遂謂儉之為害，足以亡國，亦與奢等。愚深不謂然。過儉之弊，其失為野而已，豈遂至於亡乎？且魏之後入於晉，未聞有儉嗇之俗為史冊所稱也。《子貢傳》、《申培說》皆謂「魏之內子，儉不中禮，媵者怨之」，語意近似。然內子能儉，政自可嘉，乃徒以褊心見刺於媵，其意義甚小，而聖人肯錄之於經歟？

墓門

《墓門》，刺陳佗也。陳佗無良師傅，以至於不義，惡加於萬民焉。
出《序》。○陳佗，陳文公之子，桓公鮑之弟。桓公疾病，佗殺其太子免而代之。陳氏云：「此詩雖以刺佗，乃是耆舊之賢者，備見始末，追咎先君不能為佗致良師傅，致有弒逆之事也。」〔註38〕孔穎達云：「《史記‧世家》云：『文公薨卒，長子桓公鮑立，三十八年卒。弟佗，其母蔡女，故蔡人為佗殺五父及桓公太子免而立佗，是為厲公。厲公取蔡女，數如蔡淫。七年，太子免之三弟，長者名躍，中曰林，少曰杵臼，共令蔡人誘厲公以好女，與蔡人共殺厲公而立躍，是為利公。利公者，桓公子也。』按：《春秋‧桓五年》：『春正月甲戌己丑，陳侯鮑卒。』《左傳》曰：『再赴也。於是陳亂，文公子佗殺太子免而代之。』則是佗自殺免，非蔡人為佗殺免也。桓六年經云：『蔡人殺陳佗。』莊二十二年傳曰：『陳厲公，蔡出也，故蔡人殺五父而立之。』經云『蔡人殺陳佗』，傳言『蔡人殺五父』，則五父與佗一人，不得云為佗殺五父也。六年殺佗，十二年陳侯躍卒，則厲公即是躍。躍為厲公，則無復利公矣。馬遷既誤以佗為厲公，又妄稱躍為利公。簡《春秋》世次，不得有利公也。遷蓋見《公羊傳》云：『陳佗淫於蔡人，蔡人殺之。』因傳會為說，云：『誘以好女而殺之。』案：蔡人殺佗在桓六年，《世家》言佗死而躍立五月而卒。然則躍亦以桓六年卒矣。而《春秋》之經，躍卒在桓十二年，距佗之死非徒五月。皆《史記》之謬也。」

墓門有棘，斧以斯支韻。之。夫也不良，國人知支韻。之。知而不已，紙韻。誰昔然矣。紙韻。○興之比而賦也。《周禮注》云：「墓，冢塋之地。孝子所思慕之處謂之墓。」「墓門」，毛《傳》云：「墓道之門。」「斧」，斫刀也。「斯」，《說文》云：「析也。」《爾雅》云：「離也。」字從斤。孫炎云：「斯，析之離。」讀者如字。毛云：「幽間希行，故生此棘薪，惟斧可以開析之。」「夫」，指陳佗也。鄙而不欲斥名之意。「無良」，不善也。「已」，鄭玄云：「猶去也。」嚴粲云：「《論語》『三已之』，《孟子》『士師不能治事則已之』，皆謂廢退之也。」「誰昔」，《爾雅》云：「昔也。」朱子以為「猶疇昔」，楊慎以為「猶伊昔」。今按：「誰」字原有所指之人，以「誰昔」為「昔」，意似未盡。蘇轍云：「桓公之世，陳人知佗之不臣矣，而桓公不去，以及於亂。是以

〔註38〕見《呂氏家塾讀詩記》卷十三《墓門》、《段氏毛詩集解》卷十二《墓門》。

國人追咎桓公，以為桓公之智不能及其後，故以墓門刺焉。夫墓門而生棘，亦以斧析之則已。不然，吾恐女死而棘盛以害女墓也。佗之不良，國人莫不知之者。知而不之去，昔者誰為此乎？蓋歸咎桓公也。」呂祖謙云：「《左傳》載佗勸陳侯許鄭平、親仁善鄰之言，中於事理，蓋非昏愚者。陳侯不許，卒見侵伐。既而徐思佗言，復與鄭和，遣佗往鄭涖盟。佗與鄭伯盟，歃如忘，泄伯料其必不免。考其歲月，才數年爾，而蠱惑變壞如是，此詩人之所傷也。」○**墓門有梅**，《列女傳》作「楳」。豐氏本作「某」。**有鴞**《列女傳》作「鵖」。萃寘韻。**止。夫也不良，歌以訊**叶寘韻，雖遂翻。《集韻》本作「誶」。陸德明本作「誶」。**之。**《列女傳》作「止」。訊《楚辭章句》作「誶」。予豐本作「而」。**不顧**，叶麌韻，果五翻。**顛倒思予。**叶麌韻，讀如雨，王矩翻。○興之比而賦也。「梅」，解見《摽有梅》篇。程子云：「美木也。」邢炳云：「鴞，一名鵬，一名梟。」陸璣亦云：「鴞大如斑鳩，綠色，惡聲之鳥也。入人家凶。賈誼所賦鵩鳥是也。其肉甚美，可為羹臛，又可為炙。漢供御物，各隨其時，唯鴞冬夏常施之，以其美故也。」今按：如邢、陸說，則梟、鴞、鵩乃一物。而羅願別鵩與鴞為二，云：「鵩似鴞，小如雉，體有文采，行不出域，若有疆服者，故名鵩。」則鵩之非鴞明矣。然鴞亦非梟。張揖《廣雅》以為鳥，但未詳其狀云何。《荊州記》云：「巫縣有鳥，如鷃雞，其名為鴞。」《廣志》云：「鴞，楚鳩所生，如蜒蜒、巨虛種類，不滋乳也。」其名梟者，乃《爾雅》所云梟鴟耳，亦謂之土梟，故《瞻卬》篇云「為梟為鴟」。舊說相傳，皆謂梟者土梟，鴟者怪鴟，此與鴞無涉，不可不辨。「萃」，《說文》云：「艸貌。」一曰聚也，謂如艸之聚也。蘇云：「墓門有梅，而鴞則集之。梅雖善，將得全乎？桓公之沒也，雖有太子免以為後，而佗在焉。求太子之無危，不可得矣。」嚴云：「萃集非止一鴞，喻群小附和之眾，縱臾之為惡也。」愚按：此即《序》所謂「佗無良師傅，以至於不義」者也。「歌以訊之，訊予不顧」，指昔日言。「顛倒思予」，指今日言。「歌」，即此詩人所作，所以告桓公者。然今已不傳矣。「訊」，《爾雅》云：「告也。」《韓詩》云：「諫也。」雖訊之，而我言終不蒙其顧念，至今日身死未寒，而顛倒狼狽若此。使桓公地下有知，亦必思我昔日所歌之言，然已無及矣。皆追恨之辭。

　　《墓門》二章，章六句。朱子謂此詩「不知何所指」，且云：「《序》因陳國無事可紀，獨陳佗作亂，故以是詩與之耳。」郝敬辨之云：「夫事孰有大於弒君者？陳之有佗，猶衛之有州吁，鄭之有叔段，皆國家大故，采風而

無刺，奚貴為風？故《陳風·墓門》猶《衛》之《終風》、《鄭》之《叔于田》耳。」其論良是。《子貢傳》、《申培說》皆謂「泄治諫靈公，孔寧、儀行父譖而囚之，治作是詩」，語亦近似。獨發端以「墓門」起詠，殊屬不倫。若《列女傳》所載陳辨女事，云：「辨女者，陳國採桑之女也。晉大夫解居甫使於宋，道過陳，遇採桑之女而戲之，曰：『女為我歌，我將舍汝。』乃為之歌曰：『墓門有棘，斧以斯之。夫也不良，國人知之。知而不已，誰昔然矣。』大夫又曰：『為我歌其二。』女曰：『墓門有梅，有鴞萃止。夫也不良，歌以訊止。訊予不顧，顛倒思予。』大夫曰：『其梅則有，其鴞安在？』女曰：『陳，小國也，攝乎大國之間，因之以飢餓，加之以師旅，其人且亡，而況鴞乎！』大夫乃服而釋之。君子謂辨女貞正而有詞，柔順而有守。」其後屈原《天問》中亦用其事，云：「昏微遵跡，有狄不寧。何繁鳥萃棘，負子肆情。」按：「繁鳥」當作「驚鳥」。王逸《注》云：「人循闇微之道，為戎狄之行者，不可以安其身。謂晉大夫解居父聘吳，過陳之墓門，見婦人負其子，欲與之淫佚，婦人則引詩刺之，曰『墓門有棘，有鴞萃止』，言雖無人，棘上猶有鴞，汝獨不愧也？」玩逸此注，則是陳國舊有此詩，而辨女引而歌之耳，固非其所自作也。

習習谷風

《習習谷風》，疑鄭人怨周之詩。篇名只《谷風》二字，因《衛詩》亦有《谷風》，特加「習習」二字以別之。○初，幽王以鄭伯友為司徒。申侯與犬戎入寇，戎弒王於驪山之下，鄭伯友死之。鄭人共立其子掘突，是為武公。武公收父散兵，從諸侯東迎故太子宜臼立之，是為平王。武公薨，子寤生立，是為莊公。相繼為王卿士。王貳於虢，鄭伯怨王。王曰：「無之。」故周、鄭交質。王子狐為質於鄭，鄭公子忽為質於周。及平王崩，周人將畀虢公政，鄭祭足帥師取溫之麥，又取成周之禾。周、鄭交惡。桓王三年，鄭伯始如周朝王，王不禮焉。周桓公言於王曰：「我周之東遷，晉、鄭焉依。善鄭以勸來者，猶懼不蔇，況不禮焉！鄭不來矣。」十三年，王奪鄭伯政，鄭伯不朝。王以諸侯伐鄭，鄭伯御之，王卒大敗，祝聃射王中肩。以上事俱見《春秋傳》。鄭於周有迎立興復之功，而周不以為德，且奪其政，故其言如此。其以子女對言，絕不知有君臣之分。王室陵夷，於茲可見。所云小怨，殆指取禾、取麥事也。東周之不競，鄭實為之。然周之失鄭，不為無過。此世變之大者，故著之於經，而前人未有言及，姑存此說，質後之君子。其後，周襄王十三年，鄭人伐

滑，王使游孫伯請滑，鄭人執之。王怒，將以翟伐鄭。富辰亦曰：「鄭在天子，兄弟也。鄭武、莊有大勳力於平、桓，凡我周之東遷，晉、鄭是依。子頹之亂，又鄭之緣定。今以小忿棄之，是以小怨置大德也，無乃不可乎？」語意與此詩相類。然則愚之所疑，或不謬也。

習習谷風，維風及雨。叶語韻，讀如與，演女翻。**將恐將懼**，豐氏本作「愿」。**維**《後漢書》作「惟」。**予與**《後漢書》作「惟」。**女**。音汝。下同。語韻。**將安將樂**，音絡。後同。**女轉棄**《後漢書》作「弃」。**予**。語韻。○比而賦也。「習習谷風」，解見《國風》。嚴粲云：「來自大谷之風，大風也，盛怒之風也，又習習然連續不斷，繼之以雨，喻遭變恐懼之時，猶後人以震風凌雨喻不安也。」舊說「谷風」為生長，「習習」為和調。今考二章言「維風及頹」，頹，暴風也，非和調之類；三章言「草木萎死」，無生長之意。其說難通矣。「將」，鄭《箋》云：「且也。」「恐」，有危疑之意。「安」者，恐之反。「懼」，有局促之意。「樂」者，懼之反。「棄」，《說文》云：「捐也。」「維予與女」，我能先施也。「女轉棄予」，施而無報也。「轉」字最重。言昔日同心協力，忽然轉變也。驚訝之意。當處變之時，且恐且懼，惟予與女同其憂患，及得志之後，且安且樂，女反棄我，其薄甚矣！○**習習谷風，維風及頹**。灰韻。豐本作「隤」。**將恐將懼，寘予于懷**。叶灰韻，胡隈翻。**將安將樂，棄予**《新序》作「我」。**如**《韓詩外傳》作「似」。**遺**。叶灰韻，夷回翻。○比而賦也。《爾雅》云：「焚輪謂之頹，扶搖謂之猋。」李巡云：「焚輪，暴風，從上來降，謂之頹。頹，下也。扶搖，暴風，從下升上，故曰猋。猋，上也。」按：「頹」本訓為「禿貌」，如《爾雅》解，則當通作「隤」。隤者，下墜之義。《考工記》「隤爾如委」，《禮記》「隤乎其順」，皆與「隤」通。陸佃以「風之銳而上者為猋，名曰扶搖；風之旋而上者為頹，名曰羊角」，非也。嚴云：「不斷之風，又加以暴風，喻事變益甚。」「寘」，安置也。「懷」，將抱也。與免於父母之懷同義。置我於懷抱，如所謂若加諸膝者，親愛之至也。劉峻云：「陽舒陰慘，生民大情；憂合歡離，品物恒性。故魚以泉涸而呴沫，鳥因將死而哀鳴。同病相憐，綴河上之悲曲；恐懼寘懷，昭《谷風》之盛典。」「遺」，亡也。「如遺」者，鄭云：「如人行道，遺忘物，忽然不省存也。」此比上章又深一層。徐光啟云：「『維予與女』，義同鶼鰈；『女轉棄予』，別有參商。『寘予于懷』，如漆中之投膠；『棄予如遺』，則道旁之敝屣。」○**習習谷風，維山崔嵬**。灰韻。陸德明本作「峞」。**無草不死，無木不萎**。叶灰韻，烏回翻。

徐幹《中論》作「何木不死，何草不萎」。**忘我大德，思我小怨。**朱子云：
「叶韻未詳。」豐道生云：「叶灰韻，於隈翻。」○比而賦也。「崔嵬」，解見
《卷耳》篇。「萎」，李氏云：「衰落也。」孔云：「草小，或連根死，故言死也。
木大，或一枝枯，故言萎也。」嚴云：「大風摧物，惟戴土之石山崔嵬獨存，
而其山之草木無不萎死矣。喻大患難也。」「大德」，謂共濟患難之大恩。「小
怨」，謂言語行事之小失。鄒忠胤云：「為此詩者，必是危疑之際，曾脫其厄，
而與以生全。故言山峻風高，草枯木萎，而女獨得至今享有安樂者，繄誰之
德，柰何便忘卻乎？」按：此詩之辭，與周、鄭交惡事絕為相類。然古人以此
詩為刺友而作，相傳舊矣。雖未必然，而亦有關風教。備錄於後。蔡邕云：
「古之交者，其義敦以正，其誓信以固。逮夫周德始衰，頌聲既寢，《伐木》
有『鳥鳴』之刺，《谷風》有『棄予』之怨。」應劭云：「謹按：《尚書》曰：
『人惟求舊。』《詩》曰：『雖有兄弟，不如友生。』《論語》：『久要不忘平生
之言。』《周禮》：『九兩，友以任得民。』是以隋會圖其身而不遺其友，鮑叔
度其德而固推管子。厥後陵遲，彌已凋玩。《伐木》為『鳥鳴』之刺，《谷風》
有『棄予』之怨。陳餘、張耳，攜手遯秦，交猶父子，及據國爭權，還為豺
虎。自漢所稱，王、貢彈冠，蕭、朱結綬，博、育復隙，其終始以交為難，況
容悅偶合而能申固其好者哉！」朱穆云：「務進者趨前而不顧後，榮貴者矜己
而不待人，智不接愚，富不賑貧，貞士孤而不恤，賢者厄而不存，故田蚡以尊
顯致安國之金，淳于以貴埶引方進之言。夫以韓、翟之操，為漢之名宰，然猶
不能振一貧賢，薦一孤士，又況其下者乎！此禽息、史魚所以專名於前而莫
繼於後者也。是以虛華盛而忠信微，刻薄稠而純篤稀。斯蓋《谷風》有『棄
予』之歎，《伐木》有『鳥鳴』之悲。」李華《正交論》略云：「上古無交，飽
於和氣。至於善惡分，利害競，而後有交。交，天命也。微鮑子之知管氏，則
諸夏遷為左衽；無歸生之說屈建，則椒舉死於他國。大者濟天下，叔牙、夷吾
是也。小者全宗族，聲子、伍舉是也。慈明奉元禮，一如大人；真長喪仲祖，
臨柩慟色。繇是近於骨肉之恩，不止交遊而已矣。朋友漸於講習，緣情而親，
於我為重。憂危相急，仕進相推。望而不從，厚實生怨。《詩》曰：『喪亂既
平，既安且寧。』美道義相成也。又曰：『將恐將懼，維予與女。將安將樂，
女轉棄予。』哀勢利相傾也。利招則不悔機岡，名眩則甘心鼎鑊。傾之以勢，
則不畏于天地；餌之以權，則忍絕其親愛。故《詩》有《谷風》之刺，《禮》
有邦朋之禁。以此防人，猶或踰之。嗟夫！受施忘惠者，仁義之蠹；遠賢奔利

者，商販之行。若然者，無代無之，至交之道殆絕乎！善交者，義在切切偲偲，匡救其闕，則〔註39〕輔宣之，過則以規誨之。不從，則一心以蔽之。不幸實於刑辟，則生死以全之。《傳》曰：『朋友無大故不棄。』此之謂也。苟能久要之約必存，平生之言可復，如樓護終身與呂公同食，張裔養楊恭母如親，則家室有歸，人誰虞死？古者言之不出，恥躬之不逮也，務省諸身而已矣。」呂祖謙云：「朋友之義出於天，其相求本非以利害也，故窮達若一。不知其義，則利害而已耳。離合安可常哉？」

《習習谷風》三章，章六句。《子貢傳》有「朋友」二字，餘文俱闕。《序》則云：「刺幽王也。天下俗薄，朋友道絕焉。」《申培說》、朱《傳》亦以為「朋友相怨之詩」。劉彝云：「天子之於天下，無他職也，厚其人倫，皇建厥極，人君之所以夙夜者也。是故朋友道絕則琢磨之義不行，琢磨之義不行則人不會其有極而歸其有極矣。於是君得以遂其不君，臣得以遂其不臣，至於父子、兄弟、夫婦莫不皆然，皆緣琢磨之義不行而習以成俗，莫知以為恥也。乃至人倫悖亂，亡國喪身，而弗可救。天下俗薄而朋友道絕，非天子之職歟？其曰刺之，不亦宜哉？」郝敬云：「文、武道隆，《伐木》求友；幽王失德，《谷風》刺薄。所以屬《雅》。雅，政也，獻納之義。如謂民間朋友相怨而作，則當屬《風》。邦國為《風》，王朝為《雅》。」又云：「小雅短章疊詠，如此篇之類，猶是風體。大雅皆莊嚴大篇，是以有小、大雅之別。」愚按：此皆惑於《詩序》而云爾。然愚獨不謂然者，如篇中言「將安將樂」，此豈幽王時耶？即不繫之幽王，而交誼衰薄如此，其不可語盛世景象明甚。且所謂「安樂棄予」者，謂其不與共富貴耶？邦無道，富且貴焉，其友人之品已自可知，而且沾沾慕之，以不得分一臠為憾，則其為見亦鄙矣。

伯兮

《伯兮》，衛宣公之時，蔡人、衛人、陳人從王伐鄭，伯也為王前驅久，故家人思之。出鄭氏《箋》。○陸元朗云：「『從王伐鄭』，讀者或連下『伯也』為句者，非。」按：此即繻葛之役也。《春秋》書「隱三年秋，蔡人、衛人、陳人從王伐鄭」。服虔云：「言人者，時陳亂無君，則三國皆大夫也，故稱人。」詳見《兔爰》篇。《穀梁傳》云：「鄭，同姓之國也。在乎冀州，

〔註39〕李華《李遐叔文集》卷二《正交論》「則」上有「善」字。

於是不服，為天子病矣。」張洽云：「自入春秋以來，王室未嘗興兵伐諸侯。今一旦天子率元戎啟行，而諸侯從之。若天討加於宋督、魯桓，則所謂仁不以勇，義不以力，而真足以大服天下之心矣。今桓王以小忿奪鄭伯之政，又帥諸侯伐之，而巨奸大惡反易天常之亂臣賊子乃屢聘焉，其失天下共主之義，非小過也。遂致鄭伯敢於抗拒，祝聘逆節，加於王身，而王靈至此竭矣。」

伯《子貢傳》作「柏」。兮揭屑韻。《文選注》作「偈」，云：「桀挺也。」兮，邦之桀屑韻。兮。伯也執殳，虞韻。為王前驅。虞韻。○賦也。「伯」，婦人目其夫之字也。名氏未詳。「揭」，《說文》云：「去也。」言去從役也。「桀」，通作「傑」。毛《傳》云：「特立也。」《白虎通》云：「賢萬人曰傑。」「執」，持也。「殳」，《呂氏春秋》謂「蚩尤所作，長丈二而無刃」。孔穎達云：「《考工記》：『殳長尋有四尺。』尋，八尺，又加四尺，是丈二也。冶氏為戈戟之刃，不言殳刃，是無刃也。」許慎謂積竹為之。徐鍇云：「殳體八觚，戈殳戟矛，皆插車輈。」此云執之者，在車當插，用則執之。此據用以言也。「前驅」，王應麟云：「如今道引也。」崔豹云：「殳，前驅之器也，以木為之。後世滋偽，無復典刑，以赤油韜之，亦謂之油戟，亦謂之棨戟。公王以下，通用之以前驅。」愚按：「伯也」二句，只是言其夫所事如此，以起思念之端。舊說謂惜其大才小用，似無此意。○自伯之東，韻。首如飛蓬。東韻。豈無膏沐？誰適音滴。為容！叶東韻，讀如融，余中翻。○賦也。孔云：「此時從王伐鄭，鄭在衛之西南，而言東者，時蔡、衛、陳三國從王伐鄭，則兵至京師，乃東行伐鄭也。上云『為王前驅』，即云『自伯之東』，明從王為前驅而東行，故據以言之，非謂鄭在衛東也。」「蓬」，蒿屬，草之不理者，葉散生，末大於本，故遇風輒拔而旋。朱子云：「其華如柳絮，聚而飛，如亂髮也。」自初至周，而我首已如飛蓬矣，不待行役之久也。「膏」，油，所以澤髮者。「沐」，《說文》云：「濯髮也。」朱子云：「滌首去垢也。」《左氏傳》：「遺之潘沐。」杜預《注》云：「潘，米汁，可以沐頭。」「適」，《說文》云：「之也。」「容」，容飾也。豫讓云「女為悅己者容」是也。言伯既不在，我當何所之而為容飾乎？呂希哲云：「《詩》曰：『豈無膏沐？誰適為容！』則婦人塗面油髮，自古而然。《莊子》曰：『天子之侍御不爪揃，不穿耳。』則穿耳帶環，自古而然。」○其雨其雨，杲杲出日。質韻。願言思伯，甘心首疾。質韻。○興也。嚴粲云：「時以秋伐鄭。秋暑之時，艱於得雨，故因以起興。」朱子云：「『其』者，冀其將然之辭。」「杲」，《說文》云：「明也。從日在木上。」

徐鍇云：「按：《淮南子》曰：『日拂於扶桑，是謂晨明』，故東字日在木中；『登於扶桑，是謂朏明』，故杲字日在木上；『日晡則反景上照於桑榆』，故杳字日在木下。皆會意也。」鄭《箋》云：「人言『其雨其雨』而杲杲然日復出，猶我言伯且來，伯且來，則復不來。」「甘」，毛《傳》云：「厭也。」凡人飲食口甘，遂至於厭足。曰「甘心」者，心以如是為厭足也。「首疾」，頭痛也。夫憂思非人所欲，而願言之至於頭痛，然且甘心焉，不以為悔，可以觀情矣。

○**焉得諼**《說文》、豐氏本作「蕿」。《韓詩》、陸德明本作「萱」。陸又云：「或作『藼』。」《爾雅音義》作「蔉」。《文選注》作「諠」，云：「忘憂也。」**草**，《說文》、《韓詩》及豐本俱作「艸」。**言樹之背**。隊韻。《演繁露》作「北」。**願言思伯，使我心痗**。隊韻。○賦也。「諼」，通作「蕿」，或作「萱」，《說文》云：「令人忘憂艸也。」按：《本草》，即今之鹿蔥也。蓋鹿食九種草，此其一，云：味甘。豐熙云：「食其花，健忘。」一名宜男。周處《風土記》云：「花宜懷妊。婦人佩之，必生男。」俗謂母為萱堂，殆是義乎？又名忘憂。董子云：「欲忘人之憂，則贈之以丹棘。丹棘一名忘憂。欲蠲人之忿，則贈之以青堂。青堂一名合歡。」《養生論》以為「合歡蠲忿，萱草忘憂」，即此是也。朱子以合歡、忘憂為一物，誤矣。徐勉《萱賦》云：「信茲華之獨茂，挺金質於炎辰。既耀色以祛痗，亦含香而可珍。同芰荷於閬署，及蟬露乎首旻。其葉四垂，其跗六出。亦曰宜男，嘉名斯吉。華而不豔，雅而不質。」又名後庭草。溫庭筠詩云：「宜男漫作後庭草，不似櫻桃結子紅。」又名萬年韭。「背」，毛《傳》云：「北堂也。」孔云：「背者，向北之義。」房室所居之地，總謂之堂。房半以北為北堂，房半以南為南堂也。郝敬云：「樹之背者〔註40〕，今人多於堂北牆下作花塢是也。」衛之君子，行役過時不反，其婦思之，欲暫忘而不可得，故願得忘憂之草而植之，庶幾漠然而無所思。陸機詩云：「安得忘歸草，言樹背與襟。」亦是義也。又按：萱花宜懷妊，則以為寓思夫之意。亦通。《說文》無「痗」字，當作「悔」，通作「痗」。《易》以本卦為貞，變卦為痗，故悔有改變之義。「願言思伯」，使我忽然將此心改變而不復思也。與上文欲樹諼草意相應，蓋無所聊賴之辭。夫臣子從王〔註41〕，義也。時王室漸卑，諸侯犯上，故其婦憂思而不能忘若此。是役果有射王中肩之事，可以觀世變矣。

〔註40〕「樹之背者」，郝敬《毛詩原解》卷六《伯兮》作「背，與北通」。（第147頁）
〔註41〕「王」，底本誤作「玉」，據四庫本改。

《伯兮》四章，章四句。《序》云：「刺時也。言君子行役，為王前驅，過時而不反焉。」愚按：此詩亦未見所謂「過時」云者，但因其夫從王出征，勝負未必，故盼望而憂之耳。鄭《箋》引《春秋傳》桓五年事，確無可疑。或謂《擊鼓》亦《衛風》也，乃伐鄭而曰「我獨南行」，此不應云「自伯之東」。殊不知周既東遷，衛自西北而往，故曰「之東」。孔氏解之晰矣。《子貢傳》、《申培說》皆謂「鄘人從武庚伐衛，室家憂之」。然武庚稱王，於他書無所考。鄒忠胤引《詩史前編》謂「武庚修其政令，殷人悅之，周公歸自東，三叔懼，乃尊武庚為殷王，遂率蔡、霍及奄君、淮夷叛王命」，亦未足信。

兔爰

《兔爰》，閔周也。桓王失信，諸侯背叛，搆〔註42〕怨速禍，王師傷敗，君子不樂其生焉。出《序》。○按：《左傳》：初，鄭武公、莊公為平王卿士。王貳於虢，鄭伯怨王。王曰無之。故周、鄭交質。平王崩，桓王即位，將畀虢公政，鄭祭足帥師取溫之麥，又取成周之禾。周、鄭交惡。已而，鄭莊公如周朝桓王，王不禮焉，又取鄔、劉、蔿、邘之田於鄭。魯桓公五年，王奪鄭伯政，鄭伯不朝。王以諸侯伐鄭，王為中軍，虢公林父將右軍，蔡人、衛人屬焉，周公黑肩將左軍，陳人屬焉。鄭伯御之，鄭子元請為左拒，以當蔡人、衛人；為右拒，以當陳人，曰：「陳，亂民，莫有鬥心。若先犯之，必奔。王卒顧之，必亂。蔡、衛不支，固將先奔。既而萃於王卒，可以集事。」從之。曼伯為右拒，祭仲足為左拒，原繁、高渠彌以中軍奉公，為魚麗之陳，先偏後伍，伍承彌縫，戰於繻葛。命二拒曰：「旝動而鼓。」蔡、衛、陳皆奔，王卒亂，鄭師合以攻之，王卒大敗。祝聃射王中肩。林堯叟云：「自伐鄭無功而後，王命始不行於天下。」

有兔《漢書注》作「菟」。爰爰，雉離《漢書注》作「罹」。于羅。歌韻。我生之初，尚無為。叶歌韻，吾何翻。我生之後，逢此百罹。叶歌韻，良何翻。揚雄《方言》云：「罹謂之羅，羅謂之罹。」陸德明本作「離」。尚寐無吪。歌韻。陸德明本作「訛」。○比也。「兔」，獸名。羅願云：「凡野獸有𣮝，惟兔足底皆毛，號建毛。性狡，善走。」「爰爰」，《爾雅》云：「緩也。」宜通作「緩緩」。「雉」，《禽經》云：「介鳥也。」解見《雄雉》篇。「離」、「麗」

〔註42〕「搆」，四庫本作「構」。

音近，故《易》訓「離」為「麗也」。《爾雅》云：「鳥罟謂之羅。」《說文》云：「以絲罟鳥也。」戴侗云：「高網羅飛鳥者也。以繩三維，故其字從網從維。」是時〔註43〕繻葛之戰，蔡、衛、陳三國之師先奔，王師遂敗，作詩者以兔比列國之卒，以雉比王，卒見王室微弱，諸侯攜心，皆寬緩，無肯為王出死力者，而王又好征伐無已，則所苦者，徒畿內之民而已。或以兔喻鄭人，未是。「尚」字有二義。《說文》云：「曾也。庶幾也。」「尚無為」之「尚」，當從「曾」字解。下文「尚寐無吪」之「尚」，當從「庶幾」字解。「為」，本母猴之名姓，好用爪，故借為造作之義。「逢」，《說文》云：「遇也。」「罹」，《說文》云：「心憂也。從網。」未詳。愚按：罹既訓心憂，則字當入心部。從羅省，意兼聲。心事如在網羅中，憂之意也。原不宜入網部。朱子云：「為此詩者，蓋猶及見西周之盛，故曰方我生之初，天下尚無事。及我生之後，而逢時之多難如此。」郝敬云：「繻葛之敗，此霸者無王之始也。自是以後，桓、文迭興，諸侯相攻，而天下大亂。王霸升降之際，故曰『我生之初，尚無為。我生之後，逢此百罹』。王跡熄於五霸，《春秋》始於《詩》亡，以此。後儒言《春秋》獎霸，失《兔爰》之意矣。」「寐」，《說文》云：「臥也。」徐鍇云：「寐之言迷也。目閉神藏，謂之迷也。」「吪」，《說文》云：「動也。」字從口。徐以為「臥既覺必有聲氣」是也。言自今以後，庶幾寐而不動，則不復見此景象也。○**有兔爰爰，雉離于羅。**叶嘯韻，步妙翻。《說文》作「罞」。**我生之初，尚無造。**叶嘯韻，讀如峭，七肖翻。**我生之後，逢此百憂。**叶嘯韻，一笑翻。**尚寐無覺。**叶嘯韻，吉弔翻，讀如叫。○比也。「羅」，《說文》云：「覆車也。」郭璞云：「今之翻車大網，有兩轅，中施罥以捕鳥。」或作「罜」，非。罜乃兔罟也。「造」，作也。與「為」同意，即《序》所謂「構怨連禍」者。「憂」，通作「恴」，《說文》云：「愁也」，字「從心從頁」。頁者，首也。徐鍇云：「形於顏面，故從首。」「覺」，《說文》云：「寤也。」唐人詩云：「安得中山千日酒，醉然直到太平時。」正「尚寐無覺」之意。○**有兔爰爰，雉離于罦。**冬韻。**我生之初，尚無庸。**冬韻。**我生之後，逢此百凶。**冬韻。**尚寐無聰。**叶冬韻，讀如沖，昌容翻。○比也。《韓詩》云：「施羅於車上曰罦。」按：《爾雅》云：「繴謂之罿。罿，罬也。罬謂之罦。」據此，則罦與罿是一物。而詩人兩言之，何也？郭璞以大網解罦，或罦大而罿小也。又，《說文》云：「罬，捕鳥覆車也。」然則罬、罦皆鳥罟，而孫炎乃

〔註43〕「時」，四庫本誤作「詩」。

以為掩兔之具，不足信。「庸」，《說文》云：「用也。」用之於作為也。「凶」，禍也。鄭玄云：「『百凶』者，王構怨連禍之凶。」「聰」，聞也。凡寐者，必人呼之而後能覺，故欲其無所聞焉。聞先於覺，覺先於吡，三章立言自有次第，一節深一節也。

《兔爰》三章，章七句。《子貢傳》、《申培說》、豐氏本俱作《有兔》。○《子貢傳》、《申培說》皆以此詩「為晉趙鞅殺萇弘，周人傷之而作」。按：萇弘事劉文公，嘗勸之擁敬王以安周，薦孔子以相魯。其後晉趙鞅殺晉大夫邯鄲午。午，荀寅之甥也。寅，范吉射之姻也。二子伐鞅，鞅恨之。劉氏與范氏世為婚姻，鞅遂遷怒於劉。以弘為其黨也，脅周殺弘。弘死，血化為碧雲。《詩》以兔喻趙鞅，雉喻萇弘，其說頗與朱子合。惟用「我生之初」等句，終難強解，故定從《序》。

有女同車

《有女同車》，刺忽也。鄭人刺忽之不昏於齊。太子忽嘗有功於齊，齊侯請妻之。齊女賢而不取，卒以無大國之助，至於見逐，故國人刺之。出《序》。○《子貢傳》、《申培說》以為「鄭世子忽辭昏於齊，祭仲足諫之而作是詩」。按：《左傳》：「魯桓公之未昏於齊也，齊侯欲以文姜妻鄭太子忽，忽辭。人問其故。太子曰：『人各有耦，齊大，非吾耦也。《詩》云：自求多福。在我而已，大國何為？』君子曰：『善自為謀。』隱八年，「鄭太子忽如陳逆婦，以媯氏歸。」桓六年，「北戎伐齊，齊侯使乞師於鄭。鄭太子忽帥師救齊。六月，大敗戎師，獲其二帥大良、少良，甲首三百，以獻於齊。齊侯又請妻之，固辭。人問其故。太子曰：『無事於齊，吾猶不敢。今以君命奔齊之急，而受室以歸，是以師昏也。民其謂我何？』遂辭之鄭伯。」「祭仲曰：『必取之。君多內寵，子無大援，將不立。三公子皆君也。』弗從。」〔註44〕三公子，謂子突、子亹、子儀也。桓十一年，「夏，鄭莊公卒。初，祭封人仲足有寵於莊公，莊公使為卿。為公娶鄧曼，生忽，故祭仲立之」，是為昭公。又「宋雍氏女於鄭莊公，曰雍姞」，生突，是為厲公。「雍氏宗有寵於宋莊公，故誘祭仲而執之，曰：『不立突，將死。』亦執厲公而求賂焉。祭仲與宋人盟，以厲公歸而立之。秋九月，昭公奔衛。」桓十五年，厲公惡祭仲之

〔註44〕此見桓十一年。

專，使其婿雍糾殺之。已而謀泄，公出奔蔡。六月，昭公入。桓十七年，高渠
彌弒昭公，立公子亹。十八年，齊人殺子亹而轘高渠彌，祭仲逆子儀於陳而
立之。莊十四年，鄭傅瑕殺子儀而納厲公。忽始於見逐，終於見殺。三公子更
立，亂鄭國。使忽當日不辭昏，則外有強援，何以至此？

有女同車，麻韻。**顏如舜**《說文》作「蕣」。豐氏本作「䑏」。後同。**華**。
麻韻。豐本作「荂」。**將翱將翔**，豐本作「趨」。按：據豐本，則以趨、琚、
都為韻，而下章則以翔、將、忘為韻，聲調殊葉矣。但「將翱將趨」，古無此
文句。且兩章皆有「孟姜」，又當如何葉耶？**佩玉瓊琚**。魚韻。**彼美孟姜，
洵美且都**。叶魚韻，陟魚翻，讀如瀦。〇賦也。「有女」，陳女也。「同車」，
毛《傳》云：「親迎也。」孔穎達云：「《士昏禮》：『壻揖，婦出門，乃云：壻
御婦車，授綏。』是親迎之禮，與婦同車也。」此即忽如陳逆婦媯之事。先是
周、鄭交質，鄭太子忽為質於周。在王所，陳侯請妻之，鄭莊公許之，乃成
昏。「舜」，《說文》作「蕣」，即木槿也。「華」，今文「花」字。按：《爾雅‧
釋草》云：「椵，木槿。櫬，木槿。」樊光云：「別二名也。其樹如李，其華朝
生暮落，與草同氣，故在草中。」「木槿」，通作「木堇」。《抱朴子》云：「夫
木堇楊柳，斷植之更生，倒之亦生，橫之亦生。生之易者，莫過斯物也。」陸
璣云：「齊、魯之間，謂之王蒸。五月始花，故《月令》『仲夏，木槿榮』。」
郭璞云：「或呼日及。」陸機賦「如日及之在條，常雖及而不悟」是也。「日
及」，通作「日給」。《篤論》云：「日給之華似奈，奈寔而日給虛，虛偽之與真
實相似也。」傅玄云：「或謂之洽容，或謂之愛老。」陸佃云：「槿華如葵，朝
生夕隕，一名舜，蓋瞬之義取諸此。」《衍義》云：「如小葵花，淡紅色，五葉
成一花。」羅願云：「舜乃華之甚茂者，枝葉相當，有同車之象。」《有女同
車》之詩，比之「舜華」、「舜英」。舜，並蒂之華。彼以諸侯娶諸侯之女，故
華色相稱。《何彼襛矣》之詩，比「唐棣之華」，言其反而後合，若下降然。
又，潘尼以朝菌為舜華，非是。「翱翔」，緩飛也。車中衣服迎風輕颺之貌。
「瓊琚」，即佩玉也。解見《木瓜》篇。「孟姜」，齊女也。孔云：「如《左傳》
文，齊侯前欲以文姜妻忽，後復欲以他女妻忽，非文姜也，他女必幼於文姜。
而《序》謂之孟者，或與文姜非同輩耳。」「都」，毛云：「閒也。」按：都者，
鄙之對。《左傳》云：「都鄙有章。」《淮南子》云：「始乎都者，常卒乎鄙。」
「都」者，城廓之域，聲名文物之所聚，故其士女雍容閒雅之態生，《相如傳》
「車從甚都」是也。「鄙」者，里鄙之名，細民所居，不過相習為吝嗇村陋之

狀，今諺云「野樣」、《老子》所謂「我獨頑似鄙」是也。楊慎云：「冶容豔態
多出於膏腴甲族薰醲含浸之下。彼山姬野婦雖美而不都，縱有舜華之顏，加
以瓊琚之佩，所謂婢作夫人，鼠披荷葉，舉止羞澀，烏有閒雅乎？漢官尹夫
人之見邢夫人，賈充家郭氏之見李氏，亦可證也。」嚴粲云：「舊說以『有女』
即『孟姜』，其文重複，彼乃別指之詞。『有女同車』，指忽所取者。『彼美孟
姜』，指忽所不取者。詩意言忽所取他國之女，行親迎之禮，而與之同車者，
特取其色耳。此女色如木槿之華，朝生暮落，不足恃也。而今也且翱且翔於
此，佩其瓊琚之玉，徒有威儀服飾之可觀，而無益於事也。曷若彼美好齊國
之長女信美而且閒雅乎？齊大陳小，其女子氣象自別。忽若取之，則有大國
足為援矣。」○**有女同行**，庚韻。豐本作「堂」。**顏如舜英**。庚韻。**將翱
將翔**，陽韻。**佩玉將將**。叶陽韻，資良翻。《楚辭章句》、豐本俱作「鏘」。
彼美孟姜，陽韻。**德音不忘**。陽韻。○賦也。女始乘車，壻御輪三周。御
者代壻，即先道而行，故曰「同行」。「英」，《增韻》云：「萼也。」又，《說文》
云：「草榮而不實者謂之英。」「舜華」、「舜英」，皆言其不可與久之意。「將」，
通作「瑲」，《說文》云：「玉聲也。」班固云：「佩即象其事，若農夫佩其耒
耜，工匠佩其斧斤，婦人佩其針縷。」何以知婦人亦佩玉？《詩》云：「將翱
將翔，佩玉將將。」「德」，惠。「音」，言也。謂齊侯請妻之言，將大有造於鄭
國，故懷其惠而不能忘也。或以德音為齊女之德音，猶言有賢譽也。亦通。呂
祖謙云：「不借助於大國而自求多福，忽非奮然誠有是志也。蓋其為人，淺狹
而多所拘攣，暗滯而動皆疑畏，浮易而不知審量，孑孑然以文義自喜，而國
勢人情與其身之安危皆懵深然莫之察也，適足以取亡而已矣。使忽誠有是志
而求其實，則質之弱固可強，而所以持國者固無待於外助也。惟其為善有名
而無情，所以卒見嗤於祭仲而為詩人所閔。此功利之說所以多勝，而信道者
所以益寡。」張氏云：「忽之不昏於齊，未為失也。而詩人追恨其失大國之助
者，蓋見忽之弱為甚。追念其資於大國，或有以自立，此國人之情也。」胡安
國云：「詩人刺忽之不昏於齊，至於見逐。欲固其位者，必待大國之援乎？曰：
此獨為鄭忽言也。如忽之為人，苟無大援，則不能立爾。若夫志士仁人，卓然
有以自立者，進退之權在我矣。鄭自五伯之後，益以侵削。他日子產相與馳
詞，執禮以當晉、楚，至於壞諸侯之館垣，卻逆女之公子於野，皆變其常度。
以晉、楚之強，卒莫能屈，亦待大國之助乎？然則仲見脅，忽出奔，咸其自取
焉耳。」嚴云：「突挾宋之援以逐忽，故國人惜忽之無援而作此詩也。」又，

鄒忠胤云：「夫昏姻，禍福之階。鄭不耦齊，鄭無齊援，亦無齊禍。魯一耦之，得齊禍無若魯酷者。般卒，閔弒，魯再罹婦禍也。殺惡，立接，齊三成魯亂也。豈非利外不利內之明戒耶？祭仲智猶未及此。」

《有女同車》二章，章六句。玩詩中「孟姜」二字，明言齊女，其事與《左傳》合。而朱子疑謂「亦淫奔之詩」，則昭十六年鄭六卿餞晉韓宣子於郊，子旗賦《有女同車》，而宣子皆稱善，豈有淫奔之詞而可登之燕享者乎？

鴇羽

《鴇羽》，刺時也。晉昭公之後，大亂五世。出《序》。**民從征役而不得養其父母，故作此詩。**出朱《傳》。《申培說》同。○晉自潘父弒昭侯，納桓叔不克，晉立昭侯子孝侯，為桓叔子曲沃莊伯所弒。晉立孝侯弟鄂侯，莊伯伐之。桓王使尹氏、武氏助之，鄂侯奔隨。已而曲沃叛王，王命虢公伐曲沃，而立鄂侯之子哀侯，後為莊伯子曲沃武公虜而殺之。晉立哀侯子小子侯，武公又誘殺之。於是王又命虢仲立哀侯之弟緡。此《序》所謂「大亂五世」而是詩所稱「王事靡盬」者也。然則是詩之作，其在桓王十四年王命立緡之時乎？故毛《傳》次序《鴇羽》下篇，以《無衣》接焉。

肅肅鴇羽，虁韻。**集于苞栩。**虁韻。**王事靡盬，**虞韻。**不能蓺稷黍。**叶虁韻，讀如豎，上主翻。**父母何怙？**虁韻。豐氏本作「怘」。**悠悠蒼**《韓詩外傳》作「倉」。**天，曷其有所？**叶虁韻，讀如數，爽主翻。○興而比也。「肅」者，矜持振肅之義。鳥之振羽，其形肅然，故曰「肅肅」。「鴇」，鳥名。陸德明云：「似雁而大，無後指。」孔穎達云：「鴇鳥連蹄，性不樹止。」陸佃云：「毛有豹文，一名獨豹。」羅願云：「鴇亦水鳥。《上林賦》曰『鴻鷛鵠鴇，駕鵝屬玉。交精旋目，煩鶩庸渠。箴疵鵁盧，群浮乎其上』是也。《鴇羽》之詩言征役不得養其父母，以喻鴇之集于苞栩、苞棘、苞桑，蓋水鳥而木棲，既失其常，又無後指，尤非所以有託於木者，可謂不得其所矣。段成式云：『鴇遇鷙鳥，能激糞御之，糞著毛悉脫。』今雕之毛能落眾羽，然其鷙烈足以服羽族，此類之可推者。鴇乃水鳥，不以鷙稱，而鷙鳥為之落羽，此類之不可推者。」按：今號老娼曰鴇，豈亦以是故與？「羽」，《說文》云：「鳥長毛也。」「集」，止也。「苞」，《爾雅》云：「稹也。」李巡云：「物

叢生曰苞，齊人名曰積。」鄭玄云：「積者，根相迫迮梱緻貌。」「栩」，《爾雅》云：「杼也。」郭璞云：「柞樹也。」陸璣云：「今柞櫟也。徐州人謂櫟為杼，或謂之為栩。其子為皂，或言皂斗。其殼為汁，可以染。皂，今京雒及河內多言杼斗，或云橡斗。謂櫟為杼，五方通語也。」一名槲。鄭樵云：「南多槲，北多櫟。」按：栩、櫟本是一物，而栩又有柞、櫟之名。孫炎說「櫟之實為橡」，而《小爾雅》亦云「柞之實謂之橡」。《本草圖經》云：「柞，櫟也，栩也，杼也，皆橡櫟之通名。」此說得之。「橡」，《說文》作「樣」，煮食可以止饑。以王命征伐，謂之「王事」。「靡」之言「無」，「盬」之言「固」，皆音近也。解見《采薇》篇。言王事無有堅固者，故使禍亂相仍，征役不息如此。以晉事求之，翼與曲沃攻伐不休，禍起於桓王之助曲沃。《詩》詠「靡盬」，譏誚實深。周昌年云：「此言『王事靡盬』，與他處不同。他處意皆在奮忠義，此則一氣趕下，直以失所而志怨耳。」孔云：「怙、恃義同，言父母當何恃食，故下言『何食』、『何嘗』，與此相接成也。」「悠悠蒼天」，解見《黍離》篇。「有所」，猶云得所。但使得歸藝黍稷，以養父母，則得其所矣。孔云：「人窮則反本，困則告天，此時征役未止，故訴天告怨也。」○**肅肅鴇翼**，職韻。**集于苞棘**。職韻。**王事靡盬，不能藝黍稷**。職韻。**父母何食？**職韻。**悠悠蒼天，曷其有極？**職韻。○興而比也。「翼」，《說文》云：「翅也。」「極」，止也。「曷其有極」，言何時得止此征役也。征役止，則得耕田，以供子職矣。○**肅肅鴇行**，叶陽韻，寒剛翻。**集于苞桑**。陽韻。**王事靡盬，不能藝稻粱**。陽韻。**父母何嘗？**陽韻。**悠悠蒼天，曷其有常？**陽韻。○興而比也。「行」，列也。陸佃云：「《說文》曰：『㐂，相次也。』從七從十。蓋鴇性群居如鴈，自然而有行列，故從㐂。《詩》曰『鴇行』，以此故也。」閩諺曰：「鴇無舌，兔無脾。」蓋鴇無舌，連蹄，性不木止，又其飛肅肅勞苦。然其於苞栩、苞棘、苞桑也，尚得以其類集，聚眾羽而成翼，聚眾翼而成行。今君子無所於慇，下從征役，又不得養其父母，則鴇之不如也。又按：先言「集栩」，繼言「集棘」，繼言「集桑」，亦征役無定之況。羅願云：「稻，米粒如霜，性尤宜水，故五穀外別設稻人之官，掌稼下地。而漢世亦置稻田使者，以其均水利故也。稻，一名稌，然有黏有不黏者。今人以黏者為糯，不黏者為秔。然在古則通得稻稌之名。《說文》云：『沛國謂稻曰稬。』秔，稻屬，或作粳。是則直以稬為稻耳。若鄭康成注《周禮》：『稌，稉也』，則稻是稉。然要之，二者皆稻也，故氾勝之

云：『三月種秔稻，四月種秫稻。』《字林》曰：『糯，黏稻也。秔，稻不黏
者。』今人亦皆以二穀為稻。若《詩》、《書》之文，自依所用而解之。如《論
語》『食夫稻』，則稻是秔；《月令》『秫稻必齊』，則稻是糯；《周禮》『牛宜
稌』，則稌是秔；『豐年多黍多稌，為酒為醴』，則稌是糯。又，《稻人》職云：
『澤草所生，種之芒種』，是明稻有芒有不芒者。今之秔則有芒，至糯則無，
是通得稱稌稻之明驗也。然《說文》所謂『沛國謂稻曰稬』，至郭氏解《雅》
『稌稻』乃云『今沛國稱稌』，不知《說文》亦豈謂此稌訛為稬耶？？將與
郭自異義也？又有一種曰秈，比於秔小而尤不黏，其種甚早。今人號秈為早
稻，秔為晚稻。蘇氏以『秔一曰秈』，亦未盡也。粱，今之粟類。古不以粟
為穀之名，但米之有稃殼者皆稱粟。今人以穀之最細而圓者為粟，則粱是其
類。《內則》曰：『飯黍稷稻粱，白黍黃粱稰穛。』說者曰下言白黍，則上是
黃黍。下言黃粱，則上是白粱。今粱有三種。青粱，殼穗有毛，粒青，米亦
微青，而細於黃白米也。夏月食之，極為清涼，但以味短色惡，不如黃白粱，
故人少種之。亦早熟，而收少。作餳清白，勝餘米。黃粱，穗大毛長，殼米
俱粗於白粱，而收子少，不耐水旱。食之香味，勝於諸粱，人號為竹根黃。
白粱，穗亦大，毛多而長，殼粗扁長，不似粟圓，米亦白而大，其香味為黃
粱之亞。古天子之飯，所以有白粱、黃粱者，明取黃、白二種耳。今人大抵
多種粟而少種粱，以其損地力而收穫少耳。然古無粟名，則是以粱統粟。今
粟與粱功用亦無別，明非二物也。粱比他穀最益胃，但性微寒，其聲為涼，
蓋是亦借涼音。如許叔重說黍大暑而種，則以黍從暑，粱從涼，其義一也。」
又，《爾雅注》云：「虋，今之赤粱粟也。芑，今之白粱粟也。皆好穀也。」
郝敬云：「今高粱之類。」胡胤嘉云：「《周禮・食醫》云：『犬宜粱。』《禮
記》：『粱曰薌萁。』以為宗廟之祭。又，大夫無故不食粱。古人用粱之重如
此。燕、代間謂之粱穀，關西謂之毛穀。」「嘗」，徐鍇云：「口試其味也。」
「常」，朱子云：「復其常也。」得耕田以供子職，則復其常矣。

　　《鴇羽》三章，章七句。《序》謂「昭公之後，大亂五世，君子下從
征役，不得養其父母而作是詩」。今按：篇中有「蓺稷黍」等語，似與君子不
類。《子貢傳》以為「魏苦於征役之詩」。鄒忠胤云：「魏居周之西土，與邰、
芮、岐、畢俱屬邇封，其調遣或尤煩於諸國。此風詩『王事靡盬』，所以獨見
詠於魏耳。」亦無據。

山有扶蘇

《山有扶蘇》，刺忽也，所美非美然。出《序》。愚按：此與《狡童》、《褰裳》三篇皆為祭仲足而作。據《左傳》，仲足初為祭封人，因有寵於莊公，莊公使為卿，為公娶鄧曼，蓋君之嬖幸臣也。仲雖為卿，詩人本其進身之始而醜之，故有「狂童」、「狡童」之目。先是仲為莊公娶鄧曼，生昭公忽，以鄧曼故，遂立忽。忽固長也，已而為宋人所脅，旋逐忽而立突，是為厲公。仲專政，公惡之，使其婿雍糾殺之。以謀泄，公遂出奔。昭公復位，不久為高渠彌所弒。立子亹，仲與焉。齊人來討高渠彌，子亹見殺，仲以智免，又逆子儀於陳而立之。其後厲公使傅瑕殺子儀而復入，因治與於雍糾之亂者，而仲已死矣。仲擅廢立之權，犯不臣之罪，竟以善終。君子恨之。當時目之為狂、狡，固宜！

山有扶楊慎云：「徐邈引作『榑』。」《爾雅翼》作「枎」。蘇，虞韻。豐氏本作「胥」。楊慎云：「徐邈引作『疋』。」隰有荷華。叶虞韻，芳無翻。豐本作「芔」。不見子都，虞韻。乃見狂且。叶虞韻，叢租翻。豐本作「狙」。○興也。「扶蘇」，毛《傳》以為扶胥，小木也。未詳所出。以文義觀之，下篇喬松是高木，則扶蘇非小木。考《說文》，「扶」字當作「枎」。枎之為義，言枎疏四布也，通作「榑」，即榑桑之木也。字從敷，亦取枎疏四布之意。後訛作「搏」，《淮南子》「朝發搏桑」是也。後人濶作「扶」，故稱扶桑。今據徐邈引「扶蘇」作「榑疋」，亦是以「榑」訛「搏」，而「榑」又通為「枎」。若「蘇」之言「疋」，「疋」之言「疏」，皆以音同通用。然則扶蘇即枎疏也。《說文》以「榑」為「榑桑，神木」，乃「日所出」。別無木名榑者。愚按：《管子·地員》篇稱「五沃之土，木宜桐梓扶櫨」，或即此枎耳。其木之形象未詳。「隰」，《說文》云：「阪下濕也。」「荷華」，荷之華也。毛《傳》云：「扶渠也。」扶渠，即芙渠。《爾雅》云：「荷，芙蕖，其莖茄，其葉蕸，其本蔤，其華菡萏，其實蓮，其根藕，其中的，的中薏。」李巡云：「芙渠，其總名也。別名芙蓉。」郭璞云：「今江東人呼荷華為芙蓉，北方人便以藕為荷，亦以蓮為荷，或用其母為華名，或用根子為母葉號，此皆名相錯，習俗傳誤也。」毛《傳》以扶渠名荷華，所謂用其母為華名者也。又，陸元朗云：「華未開曰菡萏，已發曰芙蕖。」嚴粲云：「世稱美好之人為子都。《孟子》所稱子都，以貌之美；此詩所稱子都，以德之美。猶美人之名，或稱美貌，或稱美德也。若以此子都為美貌，則與『狂且』意義不貫。」《焦氏易林》云：「視暗不明，雲蔽日光。不見子都，鄭人心傷。」「狂且」，指祭仲也。「狂」，乃猘大之名。《韓子》云：「心

不能審得失之地，謂之狂。」〔註45〕「且」，語辭。呂祖謙云：「山宜有扶蘇者也，隰宜有荷華者也，朝宜有賢俊者也。今觀昭公之朝者，『不見子都，乃見狂且』焉，則昭公所美非美可知矣。」○**山有橋**陸德明本作「喬」。**松**，冬韻。**隰有游龍**。冬韻。邢昺《疏》作「蘢」。**不見子充**，東韻。**乃見狡童**。東韻。○興也。「橋」，通作「喬」，《說文》云：「高而曲也。」《爾雅》云：「木上句曰喬。」「松」，木名。趙頤光云：「壽木也，故從公。」「游」，取枝葉放縱為義。「龍」，毛《傳》云：「紅草也。」當作「蘢」。《爾雅》云：「紅，蘢古，其大者蘬。」郭璞云：「俗呼紅草為蘢鼓，語轉耳。」「紅」，亦作「葒」。陸璣云：「一名馬蓼，葉粗大而赤白色，生水澤中，高丈餘。」張子厚云：「其枝幹樛屈，著土處便有根如龍也。」《廣雅》以為龍蘬。《本草》云：「一名鴻藹，如馬蓼而大，主消渴去熱，明目益氣。」陶隱居云：「馬蓼生下濕地，莖班葉大，有黑點。最大者是葒草，即水紅也。下濕地皆有之。」又，陸佃云：「以縱故謂之龍。木橋聳於上，草游縱於下，則山濕之所養以自美者至矣。」羅願云：「龍與荷華皆隰草之偉者，然所配扶蘇、喬松不同。按：《管子》有五栗、五沃、五位、五隱、五壤、五浮之土，謂之上土。五沃之土，則『桐柞枎櫄，秀生莖起。五臭疇生，蓮與藥蕪，橋本白芷』。然則首章言『扶蘇』、『荷華』，應此五沃之土也。其五位曰『其山之淺，有龍與卉〔註46〕，群木安遂，條長數丈，其桑其松，其杞其茸』。次章言『喬松』、『游龍』，應此五位之土也。此皆土之最美者。」山不惟有扶蘇，而又有喬松；隰不惟有荷華，而又有游龍；以興一國之大，賢材無不有也。「充」，《說文》云：「長也。高也。」「子都」、「子充」，總為題目賢人之稱，不必有是人名也。「狡」，《說文》云：「少狗也。」故以比童。鄭玄云：「狡童有貌而無實。」亦指祭仲。

《山有扶蘇》二章，章四句。《子貢傳》、《申培說》、豐氏本皆作《扶胥》。○朱子以為「淫女戲其所私者」，淺陋甚矣。《子貢傳》、《申培說》皆以為「鄭靈公棄其世臣而任嬖人狂狡，子良諫之而作是詩」。考《左傳》載狂狡事在宣二年，實鄭穆公二十一年也。鄭公子歸生受命於楚，伐宋，戰於大棘，宋師敗績〔註47〕。狂狡輅鄭人，鄭人入於井，倒戟而出之，獲狂狡。君子曰：「失禮違命，宜其為禽也。戎昭果毅以聽之之謂禮。殺敵為果，致果為毅。易

〔註45〕《韓非子·解老第二十》。
〔註46〕「卉」，《管子》作「斥」。
〔註47〕「績」，底本誤作「續」，據四庫本改。

之，戮也。」狂狡本宋大夫，而為鄭所俘獲，事僅止此。其見嬖於穆公之子靈公，絕不經見。後，靈公立一年，為歸生及公子宋所弒。鄭人慾立子良。子良名去疾，穆公庶子也。辭，乃立襄公堅，而子良為大夫云。豐坊引樂正子春《國記》，謂「宋文公立，狂狡年十八，為大夫。四年，降鄭，鄭穆公使事太子夷，嬖。穆公薨，夷立，是為靈公。狡以大棘之戰，故怨公子歸生、公子宋，譖於靈公。將殺之，歸生弒靈公，狡死焉。其族奔楚。狂接輿，其後也」。此書他不著錄，人以為坊偽為之者，不足信。坊又謂子都乃公孫閼字，子充乃瑕叔盈字，皆鄭世族之賢者。今按：二人同在鄭莊公時，歷昭、厲、文、穆而後及靈，凡六公矣。乃引之與狂狡並稱，殊屬無謂。鄭多賢者，亦何專屑屑稱此二人？又考瑕叔盈字子充，原無所載。而子都乃射殺孝子穎考叔者，當時鄭莊公使卒出豭，行出犬雞以詛之。君子方歎其失刑，則子都亦何賢之有？季本云：「穆公卒而靈公嗣，不半載而為公子歸生所弒。蓋寔歸生之謀而假手於公子宋者也。則歸生當國而公子宋輔之，事權屬焉，豈宋囚狂狡之所能興？而靈公在位日淺，即已被弒，何遽能用狂狡哉？且狂狡一小人耳，其惡必不至如歸生與宋之甚。不責歸生與宋，而區區於咎狂狡，此非公論，而孔子豈得錄之？」

狡童

《狡童》，鄭人忠於忽者之辭，聞祭仲有立突出忽之謀，而因以告之也。嚴粲云：「為告忽言之，故指狡童為彼而稱忽為子。」

彼狡童兮，不與我言元韻。亦叶先韻，倪堅翻。**兮**。**維子之故，使我不能餐**叶元韻，蘇昆翻。亦叶先韻，逡緣翻。**兮**。賦也。「狡童」，指祭仲也。說見《山有扶蘇》篇。「不與我言」，所謂陰謀也。「子」，指忽也。禮，諸侯即位未踰年稱子。「餐」，《說文》云：「吞也。」「不能餐」，猶言食不下嚥也。嚴云：「彼者，薄之之辭。子者，親之之辭。權臣擅命，將有他志，惡察察言，故但言憂之而不能餐，微詞也。」○**彼狡童兮，不與我食**職韻。**兮**。**維子之故，使我不能息**職韻。**兮**。賦也。嚴云：「共食則可以從容謀事。」「息」，《說文》云：「喘也。」「不能息」者，謂憂之深而至於不能喘息也。一云：息猶安止也，即寢不安席之意。亦通。

　　《狡童》二章，章四句。《子貢傳》、貴竹本、申公說及豐氏本皆作《麥秀》。豐氏本多一首章，其辭曰：「麥秀蕲蕲兮，禾黍油油。彼狡童兮，不與我好兮。」愚按：此箕子傷紂之歌，見於《史記》，此詩不應全用其語，或好事者見兩章各有「彼狡童兮」二句，文法偶同，因附益之。然章法不類，未足信也。○《序》云：「刺忽也。不能與國人圖事，權臣擅命也。」所謂「權臣擅命」者得之，惟以為「刺忽」而作則不無可議。忽以世子為鄭君，其當時國人作詩，義不容遂忘君臣之分而目為狡童也。說者謬謂箕子亦目紂為狡童，然何知非指飛廉、惡來輩乎？朱子闢之，謂「昭公之為人，柔懦疏闊，不可謂狡。即位之時，年已壯大，不可謂童。以是名之，殊不相似」。其論正矣。然云「此亦淫女見絕而戲其人之詞」，不審聖人刪詩，將以垂世教，顧留此等詩何為？《子貢傳》、《申培說》以為「子良諫用狂狡，靈公不聽，將去其國，賦此」。然靈公用狂狡事，傳無所載，亦不足信，辨在《山有扶蘇》篇。

蘀兮

　　《蘀兮》，鄭人思出突而納忽也。忽以世子踐位，正矣。宋人乃使祭仲立突而逐忽，故鄭人不義突而作此詩。出《詩故》。○按：《左傳》：「祭仲為鄭莊公娶鄧曼，生昭公，故祭仲立之。宋雍氏女於鄭莊公，曰雍姞，生厲公。雍氏宗有寵於宋莊公，故誘祭仲而執之，曰：『不立突，將死。』亦執厲公而求賂焉。祭仲與宋人盟，以厲公歸而立之。秋九月丁亥，昭公奔衛。己亥，厲公立。」此詩之作，當在祭仲與宋人盟之時也。事在桓王十九年。

　蘀兮蘀兮，風其吹支韻。**女。**音汝。下同。叔豐氏本作「菽」。**兮伯兮，倡予和**叶支韻，胡猥翻。**女。**比而賦也。《說文》云：「草木凡皮葉落墮地為蘀。」「女」，朱子云：「指蘀而言也。」此言忽之必為仲所逐，猶蘀之必為風所吹也。憂懼之深，不敢斥言，正似隱語耳。「叔伯」，謂諸大夫也。「倡」，通作「唱」，《說文》云：「導也。」「和」，《說文》云：「相應也。」「女」，指叔伯也。言誰有倡大義者，則我將應而從之也。嚴粲云：「此詩小臣願忠於國，而力不能自為，呼諸大夫而告之，言汝叔伯，其亟圖之，汝倡我則我和汝矣。謂患無其倡，不患無和之者也。當時卒無倡之者，繇忽無忠臣良士也。」張氏云：「忽蓋不足道，而人之情猶不欲遽絕之者，以其立之正故耳。」○**蘀兮蘀兮，風其漂**蕭韻。亦叶嘯韻，匹妙翻。《釋文》作「飄」。**女。**叔豐氏本

作「伯」。**兮伯**豐氏本作「菽」。**兮，倡予要**嘯韻。亦叶蕭韻，伊堯翻。《說文》本身腰字。今身腰之要加月作腰，而要但為要約字矣。**女**。比而賦也。「漂」、「飄」通。《爾雅》:「回風為飄。」此則從風迴旋之意。「要」，本身腰之腰。徐鍇謂「腰為中關，所以自臼持也，故借為約結之義」。「和」者，和於始順而無逆也。「要」者，要於終約而不離也。

《**蘀兮**》二章，章四句。《序》以為「刺忽也。君弱臣強，不倡而和也」。今按:如《序》言，則此詩語乃絕無人臣禮，豈可以訓?《子貢傳》、《申培說》以為「鄭莊公卒，公子爭立，而齊、楚伐之。忠臣憂之，欲相帥獻謀，以救其國，故作此詩」。較為近之。然相帥獻謀，獻之何人?似不如出突、納、忽之義為得其正。揣摩當日詩意，恰是如此。不知朱子何意必欲改為淫女之詞。夫女雖善淫，不應呼叔兮，又呼伯兮，殆非人理，言之污人齒頰矣。又按:鄭六卿餞晉韓宣子，各賦鄭詩，子柳賦《蘀兮》，宣子皆稱善。則其非淫詩可知。

褰裳

《**褰裳**》，思見正也。鄭祭仲恣行，國人思大國之正己也。出《序》，但「鄭祭仲」三字原作「狂童鄭」。○孔穎達云:「庶子與正適爭國，禍亂不已，無可奈何。鄭國之人欲大國以兵征鄭，正其爭者之是非，令去突而定忽也。」嚴粲云:「鄭人始作《蘀兮》，望大夫相與扶持之。既無其人，則又作《褰裳》，望大國之見正。蓋惓惓於忽也。說者多以狂童指忽，非也。忽以世子嗣位，其立也正，國人憂之，至於不能餐，其情可見。此詩及《有女同車》，皆欲求援大國以扶植之也。王道既微，小國無所控愬，往往思方伯之拯己，霸圖能無興乎?是可以觀世變矣。」

子惠思我，褰《說文》作「攘」。陸德明云:「或作『騫』，非。」**裳涉溱。**真韻。豐氏本作「潧」。**子不我思，豈無他**豐本作「它」。後同。**人?**真韻。**狂童之狂也且!**音諸。後同。此句不用韻。○賦也。「子」，斥大國之人也。「惠」，《說文》云:「仁也。」「褰」，當從《說文》作「攘」，云:「摳衣也。」班固云:「黃帝、堯、舜垂衣裳而天下治。何以知上為衣，下為裳?以其先言衣也。《詩》曰:『褰裳涉溱。』所以合為衣也。《弟子職》言『摳衣而降』也，名為衣何?上兼下也。」「涉」，《說文》云:「徒行厲水也。」「溱」，水名。《河

南通志》云：「源出密縣，一名澮水，東北至新鄭縣與洧水合。」《水經》作溱水。其名溱者，出桂陽臨武，入匯，非此水也。酈道元云：「溱水出鄶城北西雞絡塢下，又東南流，歷下田川，逕鄶城西，謂之為柳泉水也。故史伯答桓公曰：『若尅虢、鄶，君之土也。前莘後河，左洛右濟，主丕驟而食溱、洧，循典刑以守之，可以少固』。即謂此矣。南注於洧，世所謂之為鄶水也。」《補傳》云：「溱、洧未必褰裳可涉，此言欲其急於拯亂耳。言大國如有惠然思念我鄭國之亂，欲來為我討正之者，則當速褰揭其裳渡水而來，毋容少遼緩也。」「他人」，他國之人也。夫亂臣賊子，人人得而誅之，縱爾不我思，然大義所在，獨無他國之人起而圖我者哉？蓋激之也。蘇轍云：「子苟不我思，豈無他人乎？吾恐他人之先子也。」嚴云：「望大國之正己，其情甚切，不主一國也。舊說謂『爾不我思』，則當有他國思我者，如此則自為悠緩之辭，非告急之意。」「狂童」，指祭仲，即《扶蘇》篇所謂「狂且」也。鄧元錫云：「仲置君如奕棋，蓋其易也，故《詩》數以『狂童』目焉。《穀梁傳》云：『死君難，臣道也。』今立惡而黜正，惡祭仲也。」「狂童之狂也且」，言狂童之狂已甚，故大國之正己不可緩也。「且」，助語辭。《左·昭十六年》：「四月，鄭六卿餞晉韓宣子於郊。子太叔賦《褰裳》。宣子曰：『起在此，敢勤子至於他人乎？』子太叔拜。宣子曰：『善哉，子之言是！不有是事，其能終乎？』」是可以得此詩之意矣。子太叔，游吉字。○**子惠思我，褰裳涉洧。**紙韻。**子不我思，豈無他士？**紙韻。**狂童之狂也且！**賦也。「洧」，水名。《前漢·地理志》云：「潁川陽城山，洧水所出，東南至長平入潁。」《水經》云：「洧水出河南密縣西南馬領山，又東過新鄭縣南，潧水從西北來注之。又東過習陽城西，折入於潁。」考酈道元《注》，謂「陽城山在陽城縣之東北，蓋馬領之統目」，而長平城在習陽城之上，《志》與經合矣。「他士」，鄭玄云：「猶他人也。大國之卿，當天子之上士。」

《褰裳》二章，章五句。《子貢傳》謂「子良去國，不忘諫君」。《申培說》謂「子良如晉，作詩以寓靈公」。今按：子良辭君位不肯立，見於《左傳》，從不聞有去國之事。且子太叔之引是詩，語意明白，別無煩曲說矣。朱子舊注亦依《序》義，後乃改以為「淫女語其所私者之詩」。郝敬云：「按：《鄭風》如《蘀兮》、《狂童》、《褰裳》諸篇，慷慨傷時，而其言皆似婦人豔語，此所謂『鄭聲好濫淫志』者也。故曰『詩言志』、『勿以辭害志』，如以辭而已。凡鄭詩孰不可目為淫奔乎？朱《傳》所以偏執成誤也。」又，《呂氏春秋》云：

「晉人慾攻鄭，令叔向聘焉，視其有人與無人。子產為之詩曰：『子惠思我，褰裳涉洧。子不我思，豈無他士？』叔向歸，曰：『鄭有人，子產在焉，不可攻也。秦、荊近，其詩有異心，不可攻也。』晉人乃輟攻鄭。」其意與子太叔稱詩〔註48〕頗相類，於詩指為近。然子太叔與子產同時，不應遂賦其詩，或即一事兩屬耶？

二子乘舟

《二子乘舟》，衛宣公之子伋也、壽也、朔也。伋，前母子也。壽與朔，後母子也。壽之母與朔謀，欲殺太子伋而立壽也，使人與伋乘舟於河中，將沉而殺之。壽知，不能止也，因與之同舟，舟人不得殺。伋方乘舟時，伋傅母恐其死也，閔而作詩。出劉向《新序》。○二子乘舟之事，當以劉向所傳為確。其後舟行無恙，未幾又使伋之齊，將使盜見載旌要而殺之。壽止伋，伋曰：「棄父之命，非子道也。不可。」壽又與之偕行。壽之母知不能止也，因戒之曰：「壽無為前也。」壽又為前，竊伋旌以先行。幾及齊矣，盜見而殺之。伋至，見壽之死，痛其代己死，涕泣悲哀，遂載其屍還。至境而自殺。兄弟俱死，故君子義此二人，而傷宣公之聽讒也。以上俱見《新序》，與《左傳》、《史記》、毛《傳》、《列女傳》諸書大同小異。按：《左傳》云：「初，宣公烝於夷姜，生急子，屬諸右公子。為之娶於齊而美，公取之，生壽及朔。屬壽於左公子。夷姜縊。宣姜與公子朔構急子，公使諸齊，使盜待諸莘，將殺之。壽子告之，使行。不可，曰：『棄父之命，惡用子矣！有無父之國則可也。』及行，飲以酒。壽子載其旌以先，盜殺之。急子至，曰：『我之求也。此何罪？請殺我乎！』又殺之。」〔註49〕《史記》則云：「宣公十八年，太子伋母死。宣公正夫人與朔共讒惡太子伋。宣公自以其奪太子伋妻也，心惡太子，欲廢之。及聞其惡，大怒，乃使於齊，與之白旌，而令盜遮界上殺之。壽止太子，不可，乃盜其白旌而先馳。至界，界盜見其驗，即殺之。壽已死，而太子伋又至，謂盜曰：『所當殺乃我也。』盜並殺太子伋，以報宣公。宣公乃以子朔為太子。」毛《傳》則以為「使賊先待於隘，壽竊節先往」。《列女傳》則以為「宣姜陰使力士待之界上，曰：『有四馬白旌至者，

〔註48〕「詩」，四庫本作「時」。
〔註49〕桓十六年。

必要殺之』」。然總之皆後一節事。其《二子乘舟》之詩，實不作於是時也。於何知之？此詩中有「乘舟」之語，固非待於隘而殺之於陸者耳。《新序》所載，首尾完密，足補信史，故從之。《水經注》云：「京相璠曰：『今平陽陽平縣北一十里有故莘亭，道阨陳踠要，自衛適齊之道也。望新臺於河上，感二子於宿齡。詩人乘舟，誠可悲矣。今縣東有二子廟，猶謂之孝祠矣。』」嚴粲云：「衛自宣公殺伋、壽，以朔為世子代立，是為惠公。左、右公子怒朔之讒殺太子伋，乃作亂，立黔牟，惠公奔齊。其後，諸侯復立惠公，黔牟奔周。惠公怨周之容黔牟，與燕伐周，立子頹為王。惠王奔溫。及惠公卒，子懿公立，百姓大臣猶以殺伋之故，皆不服。狄乘其釁，殺懿公而滅衛。嗚呼！衛之亂極矣，父子、兄弟、君臣之間相戕相賊，不惟流毒子孫，啟侮啟狄，以之殺身亡國，其餘殃所漸，且稔王室之禍。蓋綱常道盡，天地幾於傾陷矣。推原亂根，始於夫婦之不正。衽席之禍，一至此邪！以是知詩首《關雎》，聖人之意深遠矣。」司馬遷云：「余讀《世家》言，至於宣公之子〔註50〕以婦見誅，弟壽爭死以相讓，此與晉太子申生不敢明驪姬之過同，俱惡傷父之志。然卒死亡，何其悲也！或父子相殺，兄弟相戕，亦獨何哉？」蘇轍云：「宣公專欲以興禍，固無足言。伋、壽勇於義，惜其不為吳泰伯，而蹈申生之禍，以重父之過，可以為廉矣，未得為仁也。」胡胤嘉云：「完廩濬井之命，舜未嘗不從也。卒不可得而殺者，聖人之道全而德慧妙也。大杖則走，曾子之孝，亦若是矣。曾子之父，賢父也，又似不可槩語者。伋尊父命，壽先兄死，一往不返，蓋有獨至之性焉。廢長立少，豈正命哉？伯夷逃之，父屍未寒，齊終棄其命而從兄，千古稱兩人之仁，未嘗有以陷父不義非之者，有孔子之斷例也。伋、壽即不得比於二子之無怨，即其爭死不悔，亦足追其芳躅矣。世之論者，或以壽無救於兄而重父之過，或以伋當逃避使父無殺子之名，此平居中庸之論。值伋、壽之時，以推其不得已之心，彼誠有大不忍者迫於中也。論人而以周、孔為關鍵，天下必無全人。論人而以周、孔為關鍵，伋、壽必無罪也。何也？孔子仁夷、齊，必錄伋、壽矣。不然，其事著於《春秋》，聖人何不出一語貶之也耶？」又，洪邁云：「考之《左傳》，衛宣公以魯隱四年十二月立，至桓十二年十一月卒，凡十有九年。其烝於庶母夷姜也，姑以即位之始便成淫亂，而伋即以次年生，勢須十五年，然後娶而奪之，又生壽、朔。已能同母譖兄，又能代為使

〔註50〕「子」，《史記》三十七《衛康叔世家》作「太子」。

越境，非十歲兒所能辦〔註51〕。然則十九年之間，何以處之？此決無之事。」
鄒忠胤駮之云：「夷姜固莊公妾，而衛宣非與其父莊公為代者。洪氏殆考之未
悉也。莊卒而桓立，十三年入春秋，至魯隱四年，則衛桓十六年矣。其春，桓
為州吁所弒。九月，衛人殺州吁而宣公晉以是冬立。然則晉之烝夷姜而生伋子，
當在其兄桓公之世。及宣即位，計伋年且長，因以為世子。新臺之築，距此時
亦或不遠。其十九年間，所生壽、朔或已幾弱冠。壽之能代兄使，而朔之能同
母慰兄，固無足怪。」其辨確矣。愚按：宣公殺伋之歲，實桓王之十九年。

二子乘舟，汎汎其景。叶養韻，舉兩翻。**願言思子，中心養養。**韻。
《爾雅》作「洋洋」。豐氏本作「憬憬」。○賦也。「景」，《說文》云：「光也。」
「汎汎其景」，描寫其渡河之時，舟影與波光相上下也。「願」，通作「愿」，
《說文》云：「謹也。」「思子」，思二子也。「養」，通作「恙」，《說文》云：
「憂也。」重言之者，見其憂之相繼續而無已也。○**二子乘舟，汎汎其逝。**
霽韻。**願言思子，不瑕**豐本作「遐」。**有害。**叶霽韻，暇憩翻。○賦也。
「逝」，《說文》云：「往也。」「瑕」，《禮記注》云：「玉病也。」「害」，《說文》
云：「傷也。」「不瑕」，與《泉水》之解同。但彼之有害以理言，此之有害以
身言。言二子乘舟，孤帆遠去，汎汎往矣。願言思子，其所自處者，既無瑕
玷，豈誠不能免於有害乎？揆理而姑以自慰也。作此詩者，為伋之傅母，亦
賢矣哉！

　　《二子乘舟》二章，章四句。《序》以為「衛宣公二子爭相為死，國
人傷而思之，故作是詩」。辨已在《小引》下。《子貢傳》則云：「宣公殺其世
子伋及母弟壽，衛人傷之。」以壽為伋之同母弟，絕無稽據。《申培說》則云：
「宣公欲立少子朔，使伋、壽如齊而沉之於河，衛人傷之而作是詩。」沉河於
乘舟似合矣，然群書所稱，二子實死於盜，非死於水。皆不可信。

芄蘭

《芄蘭》，刺衛惠公也。驕而無禮，大夫刺之。出《序》。○惠公名朔，
宣公子。按：《左傳》：「惠公之即位也少。」杜預云：「蓋年十五六。」孔穎達
云：「『初，衛宣公烝於夷姜，生伋子。為之娶於齊而美，公娶之，生壽及朔。』

言為之娶於齊，則宣公已即位也。宣公以隱四年冬立，假令五年即娶齊女，至桓十二年見經，凡十九年。而朔尚有兄壽，則宣公即位三四年始生惠公也，故疑為十五六也。」黃佐云：「《序》刺惠公，如魯昭公猶有童心〔註52〕之例。」

芄《釋文》：「一作『丸』。」蘭之支，韻。《石經》、《說文》、《說苑》俱作「枝」。童子佩陸德明云：「字從人。或作玉傍〔註53〕者，非。」觿。叶支韻，翾規翻。又，醉綏翻。《周禮注》作「鑴」。雖則佩觿，能不我知？支韻。容兮遂真韻。豐氏本作「璲」。兮，垂帶悸真韻。《韓詩》作「萃」，云：「垂貌。」兮。比也。「芄」，蘭草名。《說文》云：「莞也。」一名蔥蒲，可為席。《周禮》有莞筵、蒲筵。莞、蒲總一艸，而莞則蒲之小者。以之為席，則莞精而蒲粗。舊說誤讀《爾雅》有「藋，芄蘭」之句，以為此即藋，非也。按：郭璞《注》云：「藋芄蔓生，斷之有白汁，可啖。」孔《疏》云：「如此注，則以藋芄一名蘭，可知其非此詩之芄蘭明矣。」莞所以名芄蘭者，以莞叢生水中，似蘭，而莖圓，故字從丸，而又呼之以蘭也。其質輕揚善泛，故取以為幼弱不能自立者之比。「支」，徐鍇云：「竹葉下垂也。」芄蘭之葉亦下垂如竹，故其莖以支名。「觿」者，成人之佩，非童子之飾。《子華子》云「晏子聞其言，請刻諸佩觿，以志不忘」是也。按：《內則》云：「子事父母，左佩小觿，右佩大觿。」下別云：「男子未冠笄者，但佩容臭而已。」故知觿為成人之佩。貌如錐，以象骨為之。其銳端可以解結也。劉向云：「知天道者，冠鉥。知地道者，履蹻。能治煩決亂者，佩觿。能射御者，佩韘。能正三軍者，搢笏。衣必荷規而承矩，負繩而準下。故君子衣服中而容貌得，接其服而象其德，故望玉貌而行能有所定矣。《詩》曰：『芄蘭之枝，童子佩觿。』說行能者也。」又，沈括云：「芄蘭生莢，枝出於葉間，垂之，正如解結錐。」後章所謂「佩韘」者，疑古人為韘之制，亦當與芄蘭之葉相似，但今不復見耳。夫以童子而服成人之飾，則儼然成人矣，然而其實非也。云「能不我知」者，言以彼材能若較之於我，則未見其果有知識能加於我，輕之之辭也。惠公以穉年即位，聽其母與庶兄通而不能禁，亦可謂無知之甚者矣。「容」，從容。「遂」，申遂。朱子以為「舒緩放肆之貌」，是也。「垂帶」，即紳。《玉藻》云：「紳長制三尺。」郝敬云：「禮，童子不垂帶，走則擁之，有事則收之。」「悸」，《說文》云：「心

〔註52〕《左傳·襄公三十一年》：「於是昭公十九年矣，猶有童心。君子是以知其不能終也。」
〔註53〕「作玉傍」，底本作「玉傍作」，據四庫本改。

動也。」《靈光賦》云：「心愧愧而發悸。」言彼之舉動雖雍容直遂，垂帶翻然，而其執心終未免悸悸然不定，蓋自覺不稱其服也。此《序》所云「驕而無禮」也。通篇皆比體，乃是借童子蹻等之狀為刺。若云正斥惠公，則亦非大夫所宜言矣。○芄蘭之葉，韻。童子佩韘。叶韻。雖則佩韘，能不我甲。叶葉韻，吉協翻。《韓詩》作「狎」。容兮遂見前。兮，垂帶悸見前。兮。比也。「韘」，《說文》云：「射決也。」《毛詩》云：「玦也。」《車攻》作「決」。《周禮》作「抉」，謂鉤弦也，以象骨為之，挾矢時著右手巨指以鉤弦。鄭玄則以禮無以韘為玦者，云：「韘之言沓也，所以彄沓手指，放弦令不掔也。」按：《儀禮·大射》云：「朱極三。」《注》云：「以朱韋為之，用以韜指。極，猶放弦也。三者，食指、將指、無名指。其小指短，則不用也。亦謂之撻。」孔云：「巨指著玦，右臂加拾，右手指又著沓。」然則從鄭說為是。愚按：《內則》言「右佩玦捍」。玦義見前，捍即拾也。不及韘者，以三物皆發矢時所用，舉其二以該之耳。「甲」者，十干之首，猶言長也，即甲於天下之甲，言其材能未必遂長於我也。

《芄蘭》二章，章六句。朱子謂此詩不可考，當闕。郝敬云：「夫衛惠公之為童子，非不可考也。而謂『當闕』，則三百篇之著姓名者無之。」《子貢傳》但以為「童子不孫，酇人刺之」。既於義無所發明，而鄒忠胤乃為說曰：「酇在朝歌之南，染紂餘習，故《周書·畢命》尚云：『茲殷庶士，席寵維舊，服美於人，驕淫矜誇，將繇惡終。』況在酇侯之世，風未移於三紀乎！」信如所云，以此入詩，其猥已甚。顧不知童子之刺乃借言也。《申培說》則云：「刺霍叔也。以童子僭成人之服，此其不度德量力而助武庚作亂。」胡胤嘉駁之云：「按：《竹書》記武王崩，壽五十有四，是時管叔五十有二，蔡叔五十，周公四十有八，康叔四十有六，霍叔四十有四。成王之二年，管叔畔。又七年而死，則管叔壽止六十。成王十年，蔡叔卒，則其壽五十九。是歲，霍叔復封，則五十有四矣。非童幼時也。何所取義哉？」

牆有茨

《牆有茨》，衛人刺其上也。公子頑通乎君母，衛人疾之。出《序》。○按：《左傳》：「初，惠公之即位也少，齊人使昭伯烝於宣姜，不可，強之，生齊子、戴公、文公、宋桓夫人、許穆夫人。」是其事也。宣姜，惠公之母。昭伯，即公子頑，宣公子，太子伋之同母弟也。上淫曰烝。

牆有茨，《說文》作「薺」。**不可埽**叶有韻，蘇後翻。**也。中冓**《集韻》作「宲」。《魯詩》作「夜」。晉灼、張揖皆以為夜也。《釋文》作「遘」。豐氏本作「搆」。**之言，不可道**叶有韻，他口翻。**也。所可道**見上。**也，言之醜**有韻。豐氏本作「𡖊」。**也。**比也。「茨」，《說文》云：「茅蓋屋也。」其字從艸從次。徐鍇謂次第茅以蓋之也。此言「牆有茨」，則是以茨覆牆。《周禮·圃師》職云「茨牆則剪闠」是也。「埽」，《說文》云：「棄也。」從土從帚，會意。夫人之有牆以蔽惡也，加茨以蔽牆，惟恐牆壞，人窺其中也。厚茨猶恐不密，況可埽而去之乎！以比國醜不可宣揚，因而思為之掩蓋，忠厚之至也。又，《爾雅》云：「茨，蒺藜。」《說文》引此作「牆有薺」。薺乃蒺藜，布地蔓生，細葉，子有三角，如菱而小，刺人。陸佃云：「以其可以茨牆，故謂之茨。」歐陽修云：「公子頑通乎宣姜，人所共惡，當加誅戮。然宣姜是國君之母，誅公子頑則暴宣姜之罪，傷惠公子母之道，故不得而誅爾。詩人乃引蒺藜，人所惡之草，今乃生於牆，理當埽除，然欲埽除，則懼損牆，以為比。亦通。」「冓」，《說文》云：「交積材也，象對交之形。」《前漢·梁共王傳》：「聽聞中冓之言。」《注》：「應劭云：『中冓，材冓茌堂之中也。』顏師古云：『謂舍之交積材木也。』」蓋室中搆結深密之處。「中冓之言」，若曰閨門之言也。「道」，通作「導」，《說文》云：「導引也。」謂導引之使言也。「丑」，《說文》云：「可惡也。」《釋名》云：「臭也。如物臭穢也。」所以不可言者，為其事臭穢，言之而污人齒頰也。范氏云：「埽之則傷牆，道之則傷君。」孔穎達云：「《周禮·媒氏》：『凡男女之陰訟，聽之於勝國之社。』《注》謂『陰訟，乃爭中冓之事以觸法者。勝國，亡國也。亡國之社，掩其上而棧其下，使無所通。就之以聽陰訟之情，明不當宣露。』即引此詩以證之。」鄧元錫云：「曰不可言，刺而疾也。恥心若觀火然，或昏而覆為之，甚矣乎，欲之惑人也！誠令為之者充觀之者之心，廉恥有不興乎？」○**牆有茨，不可襄。**陽韻**也。中冓之言，不可詳**陽韻。《韓詩》作「楊」。**也。所可詳**見上。**也，言之長**陽韻。**也。**比也。「襄」，通作「攘」，《說文》云：「推也。」推而去之也。「詳」，《說文》云：「審議也。」《增韻》云：「語備也。」曰「言之長」者，欲盡言則其說甚長，蓋不欲言之也。今人不欲言之事，則曰其說甚長。○**牆有茨，不可束**沃韻。**也。中冓之言，不可讀**叶沃韻，讀如毒，徒沃翻。陳士元《韻注》云：「『讀』，舊本作『抽』。」顏氏《正俗科繆》亦作「抽」。鄭《箋》云：「抽，猶出也。」宣露之義。**也。所可讀**見上。**也，言之辱**沃韻。**也。**比也。

「束」，《說文》云：「縛也。」毛《傳》云：「束而去之也。」「讀」，本誦書之義。朱子以為「誦言也」。「辱」，《說文》云：「恥也。」毛《傳》云：「謂辱君也。」「道」、「詳」、「讀」有次第，先必導人使言，而後能知其詳；既知其詳，則於是從而誦之也。真德秀云：「夫言猶不可，聖人乃著之於經，何也？善乎先儒楊時曰：『自古淫亂之君，自謂密於閨門之中，世無得而知者，故自肆而不反。聖人所以著之於經，使後世為惡者知，雖閨中之言，亦無隱而不彰也。其為訓戒深矣。』」

《牆有茨》三章，章六句。《子貢傳》以為「三未菁周公，鄘人風之」。《申培說》同。豐氏本「菁」作「搆」。豐熙云：「中搆之言，謂周公之流言，緣三未從中搆起。骨肉相殘，故以牆茨起興。言牆之有茨以禦盜，不可埽而去之，以興兄弟之親以禦外侮，不可從中搆禍，而傳道其言也。《常棣》『外禦其侮』，實本於此。次章曰『言之長』者，長，久遠也，流言之禍，管叔倡之，蔡、霍和之，武庚、奄君傳播之，十七國附之，三年而後息，可謂遠且久矣。末章曰『言之辱』者，謂傳誦之不已，則自取危辱之禍也。」鄒忠胤云：「《左傳》：『叔孫豹曰：人之有牆，以蔽惡也。牆之隙壞，誰之咎也？』燕惠王貽樂間書曰：『家之有垣牆，所以合好掩惡也。室不能相和，出語鄰家，未為通計也。』三叔交菁周公，正所謂蕭牆之釁。故《書·大誥》曰：『艱大，民不靜，亦惟在王宮邦君室。』詩人以『牆有茨』發端，意蓋如此。『有茨』借作『有疵』。《大誥》亦曰：『知我國有疵。』想當時三叔造為流言，其謀頗泄，而國人不與。與之，則為《唐詩》之《揚之水》，不與則為《鄘詩》之《牆有茨》而已。」愚按：毛、鄭解「中菁之言」，亦以為「宮中所菁成之語」，則謂此詩為三叔搆周公而發語，亦近似。但觀古語引用中菁皆指為閨門之事，則從《序》為正。

鶉之奔奔

《鶉之奔奔》，娣妾刺衛宣姜之詩。出陸佃《埤雅》。○《序》云：「刺衛宣姜也。衛人以為宣姜鶉鵲之不若也。」胡安國《春秋傳》云：「臣昔嘗謂河南劉奕曰：『史氏記繁而志寡，如班固書載諸王淫亂等事，盡削之可也。』奕曰：『必若此言，仲尼刪《詩》，如《牆有茨》、《鶉之奔奔》、《桑中》諸篇何以錄於《國風》而不削乎？』臣不能答。後以問延平楊時。時曰：『此載衛為狄所滅之因也，故在《定之方中》之前。』因以是說攷於歷代凡淫亂者，未有

不至於殺身敗家而亡其國者也，然後知古詩垂戒之大。而近世有獻議，乞於經筵不以《國風》進讀者，殊失聖經之旨矣。」

鶉《子貢傳》、豐氏本俱作「鷻」。**之奔奔**，音墳。《左傳》、《禮記》、《子貢傳》、豐本俱作「賁賁」。**鵲之疆疆**。陽韻。《禮記》作「姜姜」。**人之**《外傳》作「而」。**無良，我以為兄**。叶陽韻，虛王翻。○興也。「鶉」，鷁屬。按：鷁，一名駕。《爾雅》謂「鶉子鴽，駕子鷁」。賈公彥以駕、鶉為一物，非也。又其雄名鶉，其牝名痺。張萱云：「鶉，淳也。不亂其匹，與其牝偕者，故曰鶉。其匹不亂，故其牝曰痺。若牝雞司晨，非以不安於卑之故乎？刑于者念之。」陸佃云：「此鳥性淳慤，不越橫草，所遇小草橫其前，即旋行避礙，名之曰淳以此。」「鵲」，解見《鵲巢》篇。「奔」，《說文》云：「走也。」「疆」者，有力之義。《爾雅》以為「當也」。《注》謂「好與物相當值也」。「奔奔」、「疆疆」，《韓詩》云：「乘匹之貌。」孔穎達云：「言鶉則鶉自相隨奔奔然，鵲則鵲自相隨疆疆然，各有常匹，不亂其類。今宣姜為母，頑則為子，而與之淫亂，失其常匹，曾鶉鵲之不如矣。」又，《禮記注》云：「疆疆、奔奔，爭鬥惡貌也。」陸佃亦云：「奔奔，鬥也。疆疆，剛也。」《補傳》云：「鶉所以奔奔然喜鬥者，惡亂其匹而鬥也。鵲能不淫其匹，故以剛言。」並存之。「人」，指宣姜。「無良」，不善也。「兄」，女兄，即姊也。此姊刺宣姜之詞。《左傳·襄二十七年》：「鄭伯享晉趙孟，伯有賦《鶉之奔奔》。趙孟曰：『床笫之言不踰閾，況在野乎！非使人之所得聞也。』」○**鵲之疆疆，鶉之奔奔**。叶文韻，符分翻。**人之無良，我以為君**。文韻。○興也。「疆疆」、「奔奔」，顛倒成文，取叶韻耳。「君」，女君也。《釋名》云：「女謂夫之嫡妻曰女君。夫為男君，故名其妻亦曰女君也。」此妾刺宣姜之詞。陳用之云：「國君理陽道而正人於其外，故謂之君。夫人理陰道而正人於其內，故亦謂之小君。《易》曰『其君之袂』，《詩》曰『我以為君』，示與君齊也。」按：《表記》：「子曰：『惟天子受命於天，士受命於君，故君命順則臣有順命，君命逆則臣有逆命。《詩》曰：鵲之疆疆，鶉之賁賁。人之無良，我以為君。』」引《詩》意，蓋謂宣姜所行不順，故姊妾輩得而譏誚之耳。而古注乃云：「姜姜、賁賁，爭鬥惡貌。」言我以惡人為君，亦使我惡，如大鳥姜姜於上，小鳥賁賁於下，溺其解矣。

　　《鶉之奔奔》二章，章四句。《子貢傳》以為「衛昭伯無禮於宣姜，國人惡之」。然次章「我以為君」之語殊屬難解。《申培說》以為「刺宣姜與公子頑之詩」。朱《傳》亦謂「衛人刺宣姜與頑非匹耦而相從，故為惠公之言以

刺之」。夫頑為惠公之兄，其曰「人之無良，我以為兄」，是已。若「我以為
君」，斷當主國人稱宣姜為小君而言。均一我也，上章則代惠公稱我，下章則
國人自我，於文理毋乃未順耶？

桑中

《桑中》，刺奔也。衛之公室淫亂，男女相奔，至於世族在位，相
竊妻妾，期於幽遠，政散民流，而不可止。出《序》。○《左傳》：「巫
臣聘夏姬於鄭，盡室以行。申叔跪遇之，曰：『異哉！夫子有三軍之懼，而又
有桑中之喜，宜將竊妻以逃者也。』」其引《詩》與《序》指合。《子貢傳》亦
云：「公室無禮，衛人刺之。」鄭玄謂「公室淫亂，在宣、惠之世」。而孔穎達
據毛《傳》篇次，但以為惠公時詩。按：惠公父宣公，上烝父妾，下奪子婦。
惠公母宣姜既以子婦而為舅之配，復以繼母而為子之室，傷風敗俗，亙古罕
聞，不至胥一國而禽獸之不止矣。是詩乃國人代為淫奔者之語以志刺。

爰采唐陽韻。矣，沬之鄉陽韻。矣。云誰之思？美孟姜陽韻。矣。期
我乎桑中，叶陽韻，諸良翻。要平聲。後同。我乎上宮，叶陽韻，俱王
翻。送我乎淇之上叶陽韻，辰羊翻。矣。賦也。「爰」，《說文》云：「引也。」
謂引辭也。「唐」，艸名。《本草》云：「夏生苗，如絲蔓，延木上，生實如蠶
子。」按：《爾雅》云：「唐、蒙，女蘿。女蘿，菟絲。」曰唐、曰蒙、曰女蘿、
曰菟絲，一物四名。又名松蘿，又名玉女，故《爾雅》又云：「唐，玉女。」
則通為六名，而其實非也。陸璣云：「今菟絲蔓連草上，正黃赤如金，非松蘿。
松蘿自蔓生松上，正青，與菟絲殊異。」《本草經》云：「菟絲子，一名菟蘆，
一名菟縷，一名唐蒙，一名玉女，一名赤剛，一名菟纍。」陶隱居云：「田野
墟落中甚多，皆浮生藍苧麻蒿上。」《史記》云：「下有茯苓，上有菟絲。」《淮
南子》云：「菟絲無根而生。茯苓抽，菟絲死。」按：唐無根，不擇物而附，
有苟合之象。劉彝云：「采唐、麥、葑者，欲適幽遠，行其淫亂，不敢正名，
而託以采此也。」「沬」，衛邑，通作「妹」，即妹邦也。《晉書地道記》云：「朝
歌城本沬邑，為殷邦。」「孟」，長女也。「姜」，齊姓，始於神農，居姜水，因
以為姓。所思云誰，乃美色之孟姜，不惟其配，惟其美也。「期」，謂相訂限
也。「桑中」，朱子以為沬鄉之中小地名也。「要」者，約結之義，必指盟誓之
事而言。按：《通典》衛州衛縣有上宮臺。又，孟子之滕，館於上宮。趙岐訓

「上宮」，謂「樓也」，言舍止賓客所館之樓上也。然則相盟約於上宮者，亦以其穢褻，不欲人知之也。「淇」，水名，出沮洳山，至朝歌入河，謂之淇水口。詳見《泉水》篇。《焦氏易林》云：「采唐沬鄉，要我桑中。失信不會，憂思約帶。」愚按：此詩人代為之詞，故連言「我」字。《韓詩》曰：「匹夫匹婦相會於廧陰，而明日有傳之者矣，獨之不可不慎如此。」○爰采麥職韻矣，沬之北職韻。矣。云誰之思？美孟弋職韻。矣。期我乎桑中，見前。要我乎上宮，見前。送我乎淇之上見前。矣。比也。「麥」，《說文》云：「芒穀也。」郝敬云：「麥，秋不收，冬不藏，三時在外，謂之宿麥，有奔之象。百物未長而獨先秋，有淫之象。」「弋」，女姓。按：《春秋》「定姒」，《公》、《穀》作「定弋」，然則弋、姒同一姓，蓋杞女，夏后氏之後。○爰采葑冬韻。矣，沬之東叶冬韻，讀如冬，都宗翻。矣。云誰之思？美孟庸冬韻矣。期我乎桑中，見前。要我乎上宮，見前。送我乎淇之上見前。矣。比也。「葑」，解見《谷風》篇。郝云：「義取下體，賤其褻也。」《補傳》云：「鄘本庸姓之國。漢有庸光及膠東庸生，是其後也。古或作庸。」按：《通典》衛州新鄉縣西南三十二里有鄘城，即鄘國。鄘為衛所滅，故其後有仕於衛者。蘇轍云：「姜、弋、庸皆著姓，刺無禮則稱孟，言雖長而忘禮也。美有禮則稱季，曰『有齊季女』，言雖幼而知好禮也。」又，黃佐云：「周婚禮惟嫁長女，而其仲、季充娣媵從之，自殷以前皆然。《易》曰『帝乙歸妹，其君之袂不如其娣之袂良』是也。」季文云：「歷數三人而見風俗之淫奔，彼此不以為醜也。」鄒忠胤云：「《墨子》言『燕之祖，齊之社稷，宋之桑林，楚之雲夢，男女之所屬而觀也』。彼沬鄉東北，亦前四國之類歟？」

《桑中》三章，章七句。《樂記》曰：「桑間上之音，亡國之音也。其政散，其民流，誣上行私而不可止。」《序》偶用其語。朱子遂謂《桑間》即此篇。考《史記》：「紂使師延作新淫聲。武王伐紂，師延抱樂器投濮水而死。後師涓從衛靈公過濮上，夜聞水中樂音，因寫之，為晉平公奏焉。師曠撫之，曰：『此亡國之音，得此必於桑間濮上乎？』」然則《桑間》乃紂樂，非《桑中》明甚。又考《郡國志》，東郡濮陽縣有顓帝冢。《皇覽》曰：「冢在城門外廣陽里中。」《博物記》曰：「桑中在其中。」疑此即桑間也。若《詩》之桑中，乃在朝歌，今之衛輝府是也，與濮上迥不相涉。至《申培說》云：「宣姜召公子頑於公桑，久處而遠送之，國人刺之而作是詩。」則亦附會而強為之詞者。其「遠送」之說，尤無義理。且以孟姜為宣姜，似矣。孟庸、孟弋，當作何解

乎？朱《傳》與《序》同，而但謂「此詩乃淫奔者所自作」，則亦可醜之甚，而夫子何錄焉？固不如作刺者之說為長。

東方未明

《東方未明》，齊人刺襄公無常也。《序》亦云：「刺無節也。朝廷興居無節，號令不時，挈壺氏不能掌其職焉。」朱《傳》從之，但不著其世。按：《左傳》云：「初，襄公立無常。鮑叔牙曰：『君使民慢，亂將作矣。』」而《管子》書亦云：「僖公生公子諸兒、公子糾、公子小白。僖公卒，諸兒以長得為君，政令無常。管、鮑相謂曰：『君亂甚矣，必失國。諸公子之可輔者，非糾則小白也。吾與子人事一人焉，先達者相收，可以集事。』」據二書，皆言襄公無常，是即《序》所謂「無節」者。然則是詩之作，在此時也。又，孔穎達云：「古者有挈壺氏，以水火分日夜，謂以水為漏，夜則以火照之，冬則水凍不下，又當置火於傍。故用水用火準晝夜，共為百刻，分其數以為日夜，以告時節於朝。職掌如此。漏刻之箭，晝夜共百刻。冬夏之間，則有長短焉。太史立成法，有四十八箭。案《乾象曆》及諸曆法，與今太史所候，皆云冬至則晝四十五、夜五十五，夏至則晝六十五、夜三十五；秋分則晝五十五半、夜四十四半；從春分至於夏至，晝漸長，增九刻半；從夏至至於秋分，所減亦如之；從秋分至於冬至，晝漸短，減十刻半；從冬至至於春分，所加亦如之。又於每氣之間加減刻數，有多有少。其事在於曆術，以其筭數有多有少，不可通而為率，故太史之官立為法，定作四十八箭，以一年有二十四氣，每一氣之間又分為二，通率七日強半而易一箭，故週年而用箭四十八也。曆言晝夜者，以昏明為限。馬融、王肅注《尚書》，以為日永則晝漏六十刻、夜漏四十刻，日短則晝漏四十刻、夜漏六十刻；日中宵中，則晝夜各五十刻者，以《尚書》有日出日入之語，遂以日見為限。《尚書緯》謂刻為商。鄭作《士民〔註54〕禮目錄》云：『日入三商為昏。』舉全數以言耳。其實日見之前，日入之後，距昏明各有二刻半，減晝五刻以裨夜，故於曆法皆多較五刻也。鄭於《堯典注》云：『日中宵中者，日見之漏與不見者齊也。日永者，日見之漏五十五刻，日不見之漏四十五刻。』與馬、王不同，與曆甚錯。漏刻之數，見在史官。古今

〔註54〕「民」，當作「昏」。按：《儀禮注疏》卷四《士昏禮第二》解題引「鄭《目錄》云」，中有此語。

曆者莫不符合，鄭君獨有此異，不可強為之辭。案：挈壺之職惟言分以日夜，不言告時於朝。《春官‧雞人》云：『凡國事為期，則告之時。』《注》云：『象雞知時。』然則告時於朝，乃是雞人。此言挈壺告時者，蓋天子備官，挈壺掌漏，雞人告時；諸侯兼官，不立雞人，故挈壺告也。《〈庭燎〉箋》云：『王有雞人之官。』是鄭意以為惟王者有雞人，諸侯則無也。」

東方未明，叶陽韻，謨郎翻。**顛倒衣裳**。陽韻。**顛之倒**叶嘯韻，都妙翻。**之，自公召**嘯韻。**之**。賦也。古者衣裳連，上曰衣，下曰裳。孔穎達云：「此相對定稱，散則通名曰衣。《曲禮》：『兩手摳衣，去齊尺。』齊謂裳下緝，是裳亦稱衣也。今上者在下，是為顛倒也。」「自」，從也。「公」，君所也。「召」，《說文》云：「呼也。」王逸云：「以手曰招，以言曰召。」禮：群臣朝，辨色始入。今東方猶未明，自可徐徐盛飾而入，而乃至於「顛倒衣裳」。所以然者，以有自君所而召之者，故其急遽如此。正《序》所謂「興居無節，號令不時」者也。又，《荀子》云：「諸侯召其臣，臣不俟駕，顛倒衣裳而走，禮也。《詩》曰：『顛之倒之，自公召之。』」《說苑》載：「魏文侯封太子擊於中山，後遣趙倉唐賜太子衣一襲，敕倉唐以雞鳴時至。太子起，拜受賜，發篋視衣，盡顛倒。太子曰：『趣早駕，君侯召擊也。』倉唐曰：『臣來時不受命。』太子曰：『君侯賜擊衣，不以為寒也。欲召擊，無誰與謀，故敕子以雞鳴時至。《詩》曰：東方未明，顛倒衣裳。顛之倒之，自公召之。』遂西至，謁文侯，大喜，乃復封為太子。」愚按：君召臣，臣必速至，雖於禮宜然。然召臣不以其時，則非禮矣。○**東方未晞**，微韻。**顛倒裳衣**。微韻。**倒之顛**先韻。**之，自公令**叶先韻，力延翻。**之**。賦也。「晞」，《說文》云：「乾也。」毛《傳》以為「明之始陞」。嚴粲云：「日氣所乾為晞。未晞未有日之乾氣，則日未出也。」上章曰「衣裳」，此曰「裳衣」，上章曰「顛之倒之」，此曰「倒之顛之」者，非徒取其叶韻。按：《說文》：「顛，頂也。倒，僕也。」頂本在上，僕而在下，是上衣下裳倒置，故曰「顛之倒之」。既乃挈其倒於下者返之於上，衣仍其上之舊，裳仍其下之舊，是曰「倒之顛之」。當其「顛之倒之」，則「衣裳」翻為「裳衣」。及其「倒之顛之」，則「裳衣」仍為「衣裳」矣。「令」，《說文》云：「發號也。」上章言「召之」，第謂召見其人耳。此則將有所使之，雖不指言其事，而此時非聽政出治之時，則此召此令何為而至也哉？○**折柳樊圃**叶遇韻，博故翻。**狂夫瞿瞿**。遇韻。豐氏本作「眲眲」。**不能辰**朱《傳》、豐本俱作「晨」。**夜，不夙則莫**。叶遇韻，漠故翻。○比也。「柳」，《說文》

云：「小楊也。」朱子云：「楊之下垂者。」陶氏以為水楊。《本草注》云：「柳與水楊全不相似。水楊葉圓闊而赤〔註55〕，枝條短硬。柳葉狹長青綠，枝條長軟。」「樊」，通作「藩」，《說文》云：「屏也。」即籬落也。《說文》云：「種菜曰圃。」《周禮》太宰九職，二曰園圃毓艸木。說者以為種菜及果蓏之地謂之圃，其外藩籬謂之園。然則圃而有樊，正名為園耳。賈思勰《齊民要術》云：「凡作園籬法，高七尺便足，匪直奸人慚失而返，狐狼亦息望而回。枳棘之籬，『折柳樊圃』，斯其義也。其種柳作之者，一尺一樹，初時斜插，插時即編，如其栽榆，與柳斜直，高與人等，然後編之。數年長成，共相蹙迫，交柯錯葉，持似房櫳。既圖龍蛇之形，複寫鳥獸之狀。緣勢嶔崎，其貌非一。縈布錦繡，萬變不窮。」「狂」，《說文》云：「狾犬也。」今名人曰狂夫者，《韓子》謂「心不能審得失之地謂之狂」是也。「瞿」，《說文》云：「鷹隼之視也。」字從隹從䀠。隹，鳥之短尾者。䀠，左右視也。《檀弓》：「瞿瞿如有求而弗得。」《注》云：「瞿瞿，眼目速瞻之貌。」「折柳樊圃」二句，乃思患豫防之義，猶所云「綢繆牖戶」者。《左傳》：「申公巫臣曰：『夫狡焉思啟封疆以利社稷者，何國蔑有？勇夫重閉，況國乎！』」與此同意。一說：馮時可云：「折柳以為樊，其為衛也疏矣。雖以狂夫處於中，猶尚瞿瞿然而為備。乃國家危殆，而人君莫之為念，不慎其興居之節，則狂夫之不若矣。」亦通。按：《國語》：「管仲至齊，桓公親迎之於郊，而與之坐問焉。曰：『昔吾先君襄公築臺，以為高位，田狩畢弋，不聽國政，卑聖侮士，而惟女是崇。九妃六嬪，陳妾數百，食必粱肉，衣必文繡。戎士凍餒，戎車待遊車之裂，戎士待陳妾之餘。憂笑在前，賢材在後。是以國家不日引，不月長。恐宗廟之不掃除，社稷之不血食。』」《管子》書所載亦同。觀此，則襄公之為人可知。其所以「興居無節，號令不時」者，大抵皆荒淫無度使之然耳。詩人所以惓惓致戒於樊圃也。「辰」、「晨」通，《說文》云：「早昧爽也。」「不能辰夜」者，謂不能依晝夜之節明而動、晦而休也。「夙」，早也。「莫」，《說文》云：「日且冥也」，字「從日在茻中」。徐鍇云：「平野中望日且莫將落，如在艸茻中也。」茻音莽，眾草也。「不夙則莫」，言其恣情出入，無復限制，非失之太早，則失之太晚，所謂「不能辰夜」者也。《魯語》：「敬姜曰：『諸侯朝受天子之業命，晝考其國職，夕省其典刑，夜儆百工，使無慆淫，而後即安。』」是則一日之中，自晨至夜，必有事焉。若襄之「不夙則莫」，非色荒即禽荒而已。使奉命者奔走不遑，國不亡，幸爾！

〔註55〕「赤」，底本誤作「亦」，據四庫本改。

《東方未明》三章，章四句。《子貢傳》、《申培說》皆謂「齊大夫相戒以勤於公」。今按：《孟子》言「周公思兼三王，幸而得之」，亦且「坐以待旦」，則東方未明豈在公之時乎？當以《序》說為正。其所云「挈壺氏不能掌其職」者，蓋亦無所歸咎而責諸挈壺之辭，非大指所在，略之可也。

盧令

《盧令》，刺荒也。出《序》。齊襄公好田，大夫風之。出《子貢傳》。○《申培說》亦云：「襄公好田，君子諷之而作是詩。」按：《國語》及《管子》書皆稱「襄公田狩畢弋，不聽國政」。《公羊傳》載莊四年，「公與齊侯狩於禚」。《左傳》載莊八年，「齊侯田於貝丘，見大豕。從者曰：『公子彭生也。』公怒，射之，豕人立而啼〔註56〕，公懼，隊於車，因遂為無知所弒。」此足為「襄公好田」之明證。

盧令令，叶先韻，力延翻。《說文》作「獜獜」。《韓詩》作「泠泠」。孔穎達本作「鈴鈴」。豐氏本作「獵獵」。其人美且仁。叶先韻，如延翻。豐氏本作「甄」。○賦而興也。「盧」，毛《傳》云：「田犬。」孔穎達云：「《戰國策》曰：『韓國盧，天下之駿犬也。東郭逡，海內之狡兔。韓盧逐東郭，繞山三，越岡五，兔極於前，犬疲於後，俱為田父之所獲。』是盧為田犬也。」《義訓》云：「良犬，韓有盧，宋有鵲。盧黑色，鵲黑白色。」按：《說文》：「齊謂黑為驪。」則「盧」當作「驪」。程大昌云：「世人呼雞皆曰朱朱，呼犬皆曰盧盧，不問何地，其聲皆同。朱朱，其來已久。盧盧，別無所見。是借韓盧之名與犬為高耶？」「令令」，毛云：「纓環聲。」孔云：「此言『鈴鈴』，下言『環』、『鋂』，『鈴鈴』即是『環』、『鋂』聲之狀。環在犬之頷下，如人之冠纓然，故云『纓環聲』也。」愚按：下章言「盧重環」、「盧重鋂」，蓋盧有帶重環者，有帶重鋂者。此以「令令」聲統之，明非一盧也。「令」，據孔作「鈴」，《說文》以為「令丁也」。環鋂之聲似之，故曰「鈴鈴」耳。「其人」，指襄公也。逐獸者，犬也。發縱指示者，人也。「美」，以態度之好言。「仁」，自田獵上見，乃寬厚之意。從狩必俱，頒禽必均，與人同樂，不以尊卑形跡表異，是其仁也。○盧重平聲。後同。環，叶先韻，胡涓翻。其人美且鬈。先韻。○賦而興也。璧肉好若一，謂環。《爾雅注》云：「邊孔適等。」此則鐵鎖之屬，

即鋃鐺也。以其圓形如環，故亦名為環。「重環」，即領帶兩環。毛以為「子母環」，孔以為「大環貫一小環」，非也。「鬈」，《說文》云：「髮好也。」一曰髮曲也。愚按：此以環之圓與髮之曲，蓋贊其貌。○**盧重鋂**，灰韻。**其人美且偲**。灰韻。豐氏作「思」。○興也。「鋂」，《說文》云：「大鎖也。」一環貫二者。《增韻》云：「子母環也。」孔云：「謂一大環貫二小環也。」曰「重鋂」，是領帶兩鋂。如舊說，以一大環貫一小環為重環，則此重鋂可謂一鋂復貫一鋂乎？是合大小相連，共有六環矣。恐無此體制。又，陸佃云：「一章曰『令令』，二章曰『重環』，三章曰『重鋂』者，言田事彌飾而彌以有制，所以刺荒也。『令令』，鈴聲也。《說文》云：『旂有眾鈴，以令眾也。』鈴以令之，環以制之，重鋂又言貫制之眾。」愚按：令令繫盧，明是所帶重環、重鋂相戛成聲。以為旂鈴之聲，非也。「偲」，《說文》云：「強力也。」徐鍇云：「偲之言材也。」鄭《箋》及《廣韻》皆云：「多才也。」愚按：此以環之多與才之多，蓋贊其才。

　　《盧令》三章，章二句。《子貢傳》、《申培說》、豐氏本篇名俱作《盧》。○《序》云：「刺荒也。襄公好田獵畢弋，而不修民事，百姓苦之，故陳古以風焉。」其屬之襄公，與傳說同。惟云是「陳古以風」，則以仁與偲歸之，似矣。「美且鬈」，明是見前有此人，可亦謂是古人之鬈耶？朱子不信《序》說，但謂「義與《還》同」，然則禚〔註57〕及貝丘〔註58〕之證非與？

〔註57〕《春秋・莊公二年》：「冬十有二月，夫人姜氏會齊侯於禚。」
〔註58〕《左傳・莊公八年》：「冬十二月，齊侯遊於姑棼，遂田於貝丘。」

詩經世本古義卷之二十一

閩儒何楷玄子氏學

周莊王之世詩九篇

何氏小引

《揚之水》，閔無臣也。鄭君子閔忽無忠臣良士，終以死亡，而作是詩也。

《風雨》，鄭人思君子也。亂世則思君子，不改其度焉。

《南山》，齊人刺魯桓公與文姜來齊也。

《東方之日》，刺齊襄公也。君臣失道，男女淫奔，不能以禮化也。

《猗嗟》，刺魯莊公也。齊人傷魯莊公有威儀技藝，然而不能以禮防閑其母，失子之道，人以為齊侯之子焉。

《甫田》，齊人刺魯莊公也。

《載驅》，齊人刺襄公也。無禮義，故盛其車服，疾驅於通道大都，與魯文姜淫，播其惡於萬民焉。

《何彼襛矣》，美王姬下嫁齊桓公也。

《雞鳴》，齊衛姬勸桓公以勤政，故作此詩。

揚之水

《揚之水》，閔無臣也。鄭君子閔忽無忠臣良士，終以死亡，而作是詩也。出《序》。○孔穎達云：「作詩之時，忽實未死。《序》以緣無忠臣

竟以此死，故閔之。」郝敬云：「為此詩者，鄭之君子，懷忠良之志，而傷忽之微弱也。」愚按：此即前詠《狡童》、詠《蘀兮》、詠《褰裳》之人所作。繹篇中「維予二人」之云，則愛忽者僅此一人耳，惜其姓名不可考矣。

揚豐氏本作「瘍」。下同。**之水，不流束楚。**語韻。**終鮮兄弟，維予與女。**音汝，語韻。**無信人之言，人實迋女。**同上。○比也。「揚之水」二句，解見《王風》。下章亦同。蘇轍云：「揚水以求其能流，雖束薪而有不能載矣。譬如失眾之君，雖其私昵為之盡力，以求與之，而眾不與，終不可得也。」「鮮」，通作「尟」，《說文》云：「少也。」曹氏云：「按：《左傳》，忽、突爭國，而子儀、子亹更立。及至莊十四年，忽與子儀、子亹皆已死，而原繁謂厲公曰：『莊公之子，猶有八人。』不得為鮮。」嚴粲云：「昭公兄弟甚眾，無與之同心者，故言今兄弟雖多，終竟是少。謂要其終必不相助，雖多猶少也。」「予」，詩人自謂也。鄭玄以為「作此詩者」乃「同姓臣」，亦未必然。總以見外此別無與忽同心者，則忽之孤立亦甚矣。「人」，謂鄭群臣。「迋」，通作「誑」，《說文》云：「欺也。」迋女之言，蓋離間我女之言。呂祖謙云：「無信人之言，非教之以不信人言也。忽既微弱，強公子復多，其臣大抵懷二心而外市，僅有一二人實心向之者，乃暗於情偽，不知所倚，故提耳而告之也。」○**揚之水，不流束薪。**真韻。豐本作「新」。**終鮮兄弟，維予二人。**真韻。**無信人之言，人實不信。**叶真韻，升人翻。○比也。曹氏云：「此先『楚』後『薪』，以見臣之愈彊耳。」鄭玄云：「『二人』者，我身與女忽。」黃佐云：「迋女則所欺者一人耳，不信則欺人也多矣，其誕妄也久矣。」朱子舊《傳》云：「兄弟既不相容，所與親者二人而已，然亦不能自保於讒間，此忽之所以亡也。」愚按：厲公突以少奪長，其嗣位非正，然及其出奔，諸侯尚有約會起兵而共謀納之者。忽實伯兄，當立，乃自其失位，以至復國，訖於被弒，外不聞有鄰國之援，內不聞有臣民之戴，意其為人必多猜喜忌，於物無親者。讀此書，可想見其大概矣。

《揚之水》二章，章六句。朱子改為「淫者相謂」之辭，而於「兄弟」二字難解，則曰「兄弟，婚姻之稱，《禮》所謂『不得嗣為兄弟』是也」。今按：《禮》文意殊不然。見《曾子問》篇：「壻有父母之喪，則辭於女家，曰：『恐不得嗣為兄弟。』」其言嗣者，姑舅之子，永為中表兄弟之親。居喪不可嫁娶，將無中表之續，故曰「恐不得嗣為兄弟」，非夫婦而有兄弟之稱也。或曰兄弟猶所云「宴爾新昏，如兄如弟」者，蓋親之之辭，然章首「揚之水」

二〔註1〕句當作何解？就如《子貢傳》、《申培說》皆以為「鄶人兄弟被讒，相棄而自訴之詩」，於文意亦近之矣。愚所以斷從《序》者，以《國風·揚之水》三見，皆微弱之比。一《王風》，比平王不能令諸侯；一《唐風》，比晉昭不能制曲沃；此詩言忽不能制權臣。其事同，故其比同。參伍求之，則詩意粲然明白，無容復二三其說矣。

風雨

《風雨》，鄭人思君子也。亂世則思君子，不改其度焉。嚴粲云：「五公子之亂，時事反覆，士之怵於利害，隨勢變遷，失其常度者多矣，故詩人思見君子焉。」

風雨淒淒，叶支韻，此移翻。《說文》作「湝湝」。**雞鳴喈喈。**叶支韻，堅夷翻。**既見君子，云胡不夷？**支韻。○興也。「風雨」，風而兼雨。「淒」，《說文》云：「雲雨起也。」孔穎達云：「『淒淒』，寒涼之意。」「雞」，《說文》云：「知時畜也。」徐鍇云：「雞，稽也，能考時也。」「喈」，《說文》云：「鳥鳴聲。」按：喈字以口而右施皆，徐鍇以為「聲眾且和」是也。陸佃云：「秋氣慘，而淒淒風雨如此，則疑於不能和。今曰『喈喈』，言鳴而不失其和也。興君子雖居亂世，不變改其節度。」按：陸機《演連珠》云：「貞乎期者，時累不能淫，是以迅風陵雨，不謬晨禽之察。」正用此意。楊觀光云：「雞鳴無風雨，雁飛無晦暝，物之恒也。可以人而不如乎？」「君子」，不知何所指。或曰感當時無此等人，思而不得見之辭也。「夷」，《說文》云：「平也。」言我若得此等人而見之，則平日鬱結之思豈不於此頓平哉？一說：雞鳴將旦之時，夜來風雨，雖景象慘黷，然忽聞雞鳴聲，則時將旦矣。即荀卿《佹詩》所云「聖人共手，時幾將矣」之意。以興「既見君子」，必將有以平其禍亂。亦通。○**風雨瀟瀟**，蕭韻。**雞鳴膠膠。**叶蕭韻，何喬翻。**既見君子，云胡不瘳？**叶蕭韻，憐蕭翻。○興也。「瀟」，當通作「嘯」，《說文》云：「吹聲也。」風雨相亂，其聲如嘯也。「膠」，《說文》云：「昵也。」《禮注》云：「膠之言糾也。」今曰「膠膠」者，雞聲與風雨聲相為糾雜而不可分別之意。莊子「膠膠擾擾乎」是也。「瘳」，《說文》云：「疾瘉也。」徐云：「忽愈，若抽去之也。」朱子云：「言積思之病至此而愈也。」○**風雨如晦**，叶紙韻，呼洧翻。**雞鳴**

〔註1〕「二」，四庫本誤作「云」。

不已。紙韻。**既見君子，云胡不喜？**紙韻。○興也。「晦」，本月盡之名。《爾雅》以為「冥也」。「已」，止也。鄭玄云：「雞不為如晦而止不鳴。」愚按：天將曉，則雞鳴愈速。「不已」者，接續而鳴之，謂此將曉之時也。劉峻《辨命論》引此詩曰：「『風雨如晦，雞鳴不已』，故善人為善，焉有息哉？」輔廣云：「喜甚於瘳，瘳甚於夷。云胡不喜，言如之何而不喜也。蓋善〔註2〕劇之辭。」鄧元錫云：「世亂俗敗矣，自非性生，能不改度？故以雞鳴起興。雞司晨，性也。風雨淒其，而喈喈和者自若也。風雨瀟然，而膠膠同者自若也。天且旦，風雨如晦，若將漫漫無旦，然而鳴不已，自若也。有常度也，性之德也。君子不易乎世，獨行其道，不惑於邪，獨立其節，性之德也。適我願也，胡不夷也？胡不瘳也？又胡不喜也？今觀之，下拜之矣。」馮時可云：「行其道，不失其和，似雞鳴之喈喈。立其節，不惑於邪，如雞鳴之不已。其善處衰世者乎？」

《風雨》三章，章四句。朱子云：「《序》意甚美。以詞氣輕佻，斷作淫詩。」今按：此詩詞氣亦未見有輕佻處。且其雲風雨晦冥，乃淫奔之時，然耶？否耶？《子貢傳》、《申培說》以為「齊桓公相管仲，以匡天下，齊人美之之詩」，則愚有以斷其不然。《左傳·昭十六年》：「鄭六卿餞韓宣子於郊，宣子曰：『二三君子，請皆賦起，亦以知鄭志。』子游賦《風雨》，宣子喜曰：『鄭其庶乎！二三君子以君命貺起，賦不出鄭志，皆昵燕好也。二三君子，數世主也，可以無懼矣。』」若如《傳》說所云，則《風雨》乃齊詩，何以謂之鄭志耶？

南山

《南山》，齊人刺魯桓公與文姜來齊也。魯桓公，名軌，一名允。夫人文姜，則齊僖公之女，襄公親妹也。僖公一作釐公。襄公，名諸兒。《春秋》桓十八年：公與夫人姜氏如齊。將行，申繻諫曰：「女有家，男有室，無相瀆也，謂之有禮。易此必敗。」不聽。姜氏至，齊襄公通焉。公謫之，夫人譖公於齊侯，述公之言，曰：「同非吾子，齊侯之子也。」齊侯怒，與之飲酒。於其出焉，使公子彭生送之，於其乘焉，拉干而殺之。事見《左傳》及《公羊傳》。齊襄以鳥獸之行淫於其妹，魯桓既已知之，而不自顧忌，卒賈殺身之禍，可謂大愚矣。

〔註2〕「善」，四庫本同，輔廣《詩童子問》卷二《風雨》作「喜」。

南山崔崔，灰韻。亦叶支韻，遵綏翻。**雄狐綏綏**。支韻。亦叶灰韻，他回翻。**魯道有蕩，齊子由歸**。叶灰韻，古回翻。**既曰歸**同上。**止，曷又懷**叶灰韻，胡猥翻。**止？**豐氏本作「只」。○比而賦也。毛《傳》云：「『南山』，齊南山也。」孔穎達云：「詩人自歌土風，山川不出其境。」「崔」，《說文》云：「大高也。」「狐」，邪媚之獸。孔云：「對文則飛曰雌雄，走曰牝牡，散則可以相通。」按：《詩》曰「雄狐」，《書》曰「牝雞」，皆互言之，無所滯也。「綏」，通作「綏」，解見次章。以雄狐之尾似之，故曰「綏綏」也。鄭玄云：「雄狐行求匹耦於南山之上，形貌綏綏然，喻襄公居人君之尊而為淫夫之行，其威儀可恥，惡如狐也。」又，羅願云：「詩人之義，寓物以顯其人。雄狐者，君子之象也。《春秋》：『秦穆伐晉，筮之吉，曰：獲其雄狐。釋者曰：夫狐蠱，必其君也。既而獲晉惠公。』」陸佃云：「說者以雄狐為牡狐，非是。宜讀如『狐不二雄』之『雄』。雄，君之象也。」亦通。「魯道」，適魯之道。「蕩」，通作「宕」，《說文》云：「洞屋也。」路之寬平如之。故毛《傳》訓為「平易也」。《水經注》云：「汶水南逕鉅平縣故城東，西南流，城東有魯道，《詩》所謂『魯道有蕩』。今汶上夾水，有文姜臺。」「齊子」，文姜也。王安石云：「謂文姜曰齊子者，以為此齊之子也而淫於齊。」「由」，當通作「邎」，從也。婦人謂嫁曰歸。言從此道以嫁於魯也。「懷」，《爾雅》云：「思也。來也。」《釋名》云：「回也。本有去意，回來就已也。」文姜既嫁，而得所歸矣，何復思戀於齊而回來為乎？抑亦留情此綏綏之狐而不忍捨乎？蓋專刺文姜也。孔云：「《猗嗟·序》稱『人以莊公為齊侯之子』，《公羊傳》稱『桓公云：同非吾子』，明非如齊之後，始與齊侯通，但《左傳》為公譖張本，故於如齊之下始言齊侯通耳。」朱子從王肅說，謂懷指襄公，言文姜既嫁於魯適人矣，何為復思與之會而淫乎？〔註3〕於義亦順。第考文姜如齊，實桓從姜氏之意，非襄公召之而然，故不得以懷屬襄也。○**葛屨五兩，冠綏雙**叶冬韻，疏恭翻。**止**。豐本作「只」。**魯道有蕩，齊子庸**冬韻。**止**。**既曰庸**同上。**止，曷又從**冬韻。**止？**豐本作「只」。○賦也。《周禮》：「屨人掌王及后之服屨。為赤舄、黑舄、赤繶、黃繶、青句、素屨、葛屨。辨外內命夫命婦之命屨、功屨、散屨。」《注疏》云：「服屨者，著服各有屨也。復下曰舄，禪下曰屨。古人言屨以通於復，今世言屨以通於禪。禪者，單也。下者，底也。舄飾如繢，

〔註3〕朱《傳》：「懷、思也。○言南山有狐，以比襄公居高位而行邪行。且文姜既從此道歸於魯矣，襄公何為而復思之乎？」

以六色相對為文。履飾如繡，以五色相次為文。葛履，葛布所為。遇夏用葛為之，曰葛履。遇冬用皮為之，曰功履。」孔云：「履必兩隻相配，故以一兩為一物。緌必屬之於冠，故冠緌共為一同。」愚按：今經文曰「葛履五兩」，則是明言著此履者有五人矣。繹末句「從止」，蓋從文姜如齊者。孔謂「侄娣傅姆輩」是也。「冠」，《說文》云：「絭也。所以絭髮，弁冕之總名也。」絭音卷。卷，束也。《白虎通》作「帣」。「緌」，《說文》云：「繫冠纓也。」《禮記注》云：「結纓頷下，以固冠。結之餘者，散而下垂，謂之緌。」《漢‧輿服志》云：「上古穴居野處，衣毛冒皮。後聖人見鳥獸有冠角頷胡之制，遂作冠冕纓緌。」緌必雙，方可對結冠。「緌雙止」，指魯桓公也。「庸」，朱子云：「常也。」言此平易之魯道，齊子之往來亦已常矣。豐道生云：「按：《春秋》，文姜以桓三年歸魯，至十四年其父僖公祿父卒。禮，諸侯之女適於諸侯，父母在，歲一歸寧。則文姜自桓四年之後，歸寧已十度矣。其不見於經者，《春秋》常事不書。父母在而歸寧，禮之常也。」「從」，謂從文姜如齊。夫文姜之來齊，既不止一次，今父母既沒，似亦可以已矣。乃魯君不加禁制，而且從之偕來，何為者哉？蓋專刺桓公也。楊中立云：「許穆夫人思歸唁其兄，許人尤之，終以義不得而止。若魯桓公剛而有制，使魯人無肯從者如許人焉，則文姜雖欲適齊，尚可得乎？」呂大圭云：「公之與夫人如齊，是夫而不能夫也。夫者，以知帥人者也。知不足以帥人，而可謂之夫乎？」胡安國云：「為者文姜，而《春秋》罪桓公，治其本也。《易》曰：『夫夫婦婦而家道正。』夫不夫，則婦不婦矣。乾者，夫道也，以乘御為才。坤者，婦道也，以順承為事。《易》著於乾坤，述其理。《春秋》施於桓公，見其用。」錢天錫云：「魯桓弒兄自立，有危心焉。結婚於齊，歸田於鄭，成亂於宋，樹三強以自固，尤屬望者齊耳。齊襄恃強以行淫，文姜挾齊以縱慾。桓之不能制妻，以齊之勢重也。襄之敢於淫其妹，以桓之中怯也。」呂祖謙云：「國君夫人，父母沒則使大夫寧於兄弟，禮也。姑姊妹已嫁而反，兄弟弗與同席，亦禮也。是二禮者，人不過以為別嫌明微耳，亦未知其為甚急也。及魯威文姜，犯是禮以如齊，轉盼而罹拉干之禍，身死異國，為天下笑。一出於禮，而禍遽至此，人其可以斯須去禮耶？」○**蓺**《釋文》作「藝」。**麻如之何？衡**《禮記》、《韓詩》俱作「橫」。**從**《韓詩》作「由」，云：「東西耕曰橫，南北耕曰由。」**其畝。**有韻。取去聲。後同。**妻如之何？必告**音見下。**父母。**有韻。**既曰告**叶屋韻，居六翻。**止，**豐本作「只」。**曷又鞠**屋韻。《讀詩記》、豐本俱作「鞫」。**止？**豐本作「只」。

○比也。首章刺文姜，次章刺魯桓，此下二章又追原其夫婦成婚之始，本不以正，而反言以恨之。「蓺」，本作「埶」，種也。字從坴從丮。坴者，土塊也。丮音戟，持也。手持而種之也。「麻」，解見《丘中有麻》篇。東西為衡，南北為從。毛《傳》云：「衡獵之，從獵之，然後得麻。」孔云：「獵是行步踐履之名，謂既耕而踐躡概摩之也。古者推耒耜，不宜縱橫耕田，故知是摩獵之也。」按：《齊民要術》云：「麻欲得良田，不用故墟，地薄者糞之，耕不厭熟。」注謂「縱橫耕七遍以上，則麻生無葉。」衡從其畝，蓋古法也。「告」，稟命也。娶妻者必稟命於父母。父母皆熟籌以為可，而後娶之，所以隆重其事而不敢苟合也。《孟子》曰：「舜不告而娶，為無後也。君子以為猶告也。」嚴粲云：「考之《左傳》，惠公生桓公而薨，桓公母仲子亦以隱二年薨。桓公三年，文姜乃歸魯，是桓公娶妻之時，無父母矣。」「鞠」，通作「𥛱」，《說文》云：「窮也。」謂夫婦之道窮也。言苟使告於父母而娶，則佳兒佳婦必皆父母所厭心者，何至有苟合不正之弊而夫婦之道窮乎？《易‧歸妹》之《象》曰：「君子以永終知敝。」窮即敝之謂也。今文姜之娶，桓公之所自為也，無二人在上為之決擇，是以無良配耳。深恨之之辭。通章皆反意。○析豐氏本作「𣂪」。薪豐氏本作「新」。《禮記》「析薪」二字作「伐柯」。**如之何？匪斧不克。**職韻。**取妻如之何？匪媒不得。**職韻。**既曰得**同上。**止**，豐本作「只」。**曷又極**職韻。**止？**豐本作「只」。○比也。「析」，《說文》云：「破木也。」「匪」，通作「非」。「斧」，斫刀也。「克」，能也。鄭玄云：「析薪必待斧乃能也。」《曲禮》曰：「男女非有行媒，不相知名。」《周禮》：「媒氏掌萬民之判。凡男女自成名以上，皆書年月日名，令男三十而娶，女二十而嫁。」《注》謂「判，半也。得耦為合，主合其半，成夫婦也」。故以析薪為比。又，曹氏云：「析薪者，斷取於彼，以供我爨事。既析，則於本根不可復合。取妻者，取他姓之女，以供我中饋。既嫁，則於父母兄弟日遠。」亦通。班固云：「陽唱陰和，男行女隨，男不自專娶，女不自專嫁，必繇父母、須媒灼何？遠恥，防淫佚也。」「極」，亦窮也。言苟因媒灼作合，則所娶必得佳偶，何至穢德彰聞如此極乎？按：《春秋‧桓三年》：「公會齊侯於嬴。」《左傳》云：「成昏於齊也。」杜預云：「公不繇媒介，自與齊侯會而成昏，非禮也。」是則桓之娶文姜，初不繇媒而得，故詩人反言之如此。家鉉云：「桓以篡弒得國，懼方伯之有討，而乞昏於齊，以為此會。夫婚姻之於媒灼，所以別嫌明微，重大婚之始。今魯桓親為此會，以締好於強齊。匪媒而昏，合不以正也。越境而會，會不以正

也。使其私人往逆，逆不以正也。為齊侯而親迎，迎不以正也。是故《春秋》於嬴之會謹而書之，以見禍敗之所從始。求誼弒君之計，而終殞於齊，天也，非人所能為也。其後莊公躬納幣於齊，以盛飾而尸女，恣為淫行，無復羞惡，造端實始此。父之行，子之效，以致敗倫亂國，歷數傳而未已，可不謹哉！」《坊記》：「子云：『夫禮，坊民所淫，章民之別，使民無嫌，以為民紀者也。故男女無媒不交，無幣不相見，恐男女之無別也。《詩》云：伐柯如之何？匪斧不克。娶妻如之何？匪媒不得。蓺麻如之何？橫從其畝。取妻如之何？必告父母。以此坊民，民猶有自獻其身。』」

《南山》四章，章六句。《序》云：「刺襄公也。鳥獸之行，淫乎其妹。大夫遇是惡，作詩而去之。」按：篇中惟章首二句為刺襄公，其後或刺文姜，或刺魯桓，又合刺之，總以通於襄公，故《序》使襄主惡是矣。唯謂「大夫遇是惡，作詩而去之」，則似為篇中「曷又懷止」之語所誤。齊臣因此事而去國，於史傳無所見也。《子貢傳》、《申培說》則皆以為「襄公久留姜氏，魯桓不能制，齊人刺之」。今味詩意，乃姜如齊時作，似不在留齊時也。蓋姜之通於襄非一日矣。

東方之日

《東方之日》，刺齊襄公也。君臣失道，男女淫奔，不能以禮化也。出《序》。○愚意此詩齊人為魯文姜來齊而作，以通於其兄襄公，國人醜之，不敢斥言，故託為規淫奔者之辭以志刺。按：《春秋傳·桓十八年》：「春，公與姜氏如齊。齊侯通焉。公謫之，以告。夏四月，享公。使公子彭生乘公，公薨於車。」莊公嗣位年，「三月，夫人孫於齊。」二年，「十二月，夫人姜氏會齊侯於禚。」四年，「二月，姜氏享齊侯於祝丘。」五年，「夏，姜氏如齊師。」七年，「春，姜氏會齊侯於防。冬，又會齊侯於谷。」至八年冬，齊侯為無知所弒。終襄公之世，與文姜會者不一而足，而姜之入於齊者凡再，故《南山》之詩刺之曰：「既曰歸止，曷又懷止？」是詩所云「在我室」、「在我闥」，即其事也。

東方之日質韻。兮，彼姝者子，在我室質韻。兮。在我室見上。兮，履我即叶質韻，子悉翻。兮。興也。曰「東方之日」、「東方之月」者，亦因時以起興。「日」者，君象。日出東方，萬物莫不瞻仰。今君德不明，不能以禮教善俗，有愧於日多矣。「姝」，《說文》云：「好也。」「彼姝者子」，

暗指文姜。一說：薛君《章句》云：「『彼姝者子』，詩人言所說者顏色美盛，若東方之日。蓋以此女年方少艾，比初升之日耳。月至望則光輝倍常，女子之丰采晻映似之，故又取東方之月為比。」亦通。但以《序》有「君臣失道」之語，故從前說耳。「室」，男子之室。申繻謂魯桓公曰：「女有家，男有室，無相瀆也，謂之有禮。易此必敗。」今以婦人而入男子之室，違禮甚矣。「履」者，禮也。以其可為人之所踐履，故《繫辭》解《履》卦名為禮，即就也。言此女於光天白日之下徑然造我之室，若揆之於禮而合，則我可往就之兮。不然，而可漫然苟合，亂男女之別哉？《經解》曰：「夫禮，禁亂之所自生，猶防止水之所自來也。以舊防為無所用而壞之者，必有水敗。以舊禮為無所用而去之者，必有亂患。」詩人為國惡諱，雖不正言，而刺譏之旨已深切矣。

○**東方之月**韻。**兮，彼姝者子，在我闥**叶月韻，他越翻。**兮。在我闥**見上。**兮，履我發**月韻。**兮。**興也。「月」者，臣象。揚子云：「月未望則載魄於西，月既望則終魄於東。」月出東方，明盛之時。今臣不能輔君，明其教化，則是亦有愧於月也。時襄公躬鳥獸之行，未聞其臣有匡正之者，故詩人微其辭以致責。「闥」，毛《傳》云：「門內也。」《韓詩》云：「門屏之間曰闥。」「在我闥者」，言此女入在我之門內也。「發」，遣也。暮夜之時，嫌疑之際，揆之於禮，則我惟有發遣之使去已耳。今留之不去，何為也哉？程子云：「人雖不能無欲，然當有以制之。無以制之而惟欲之從，則人道廢而入於禽獸矣。」張洽云：「文姜元年以罪孫於齊，後復宣淫，論其時世，與《衛·鶉之賁賁》、《牆有茨》諸篇皆一時之事。魯、衛，先王之後，婦行放逸，同播其惡於萬民。夫子曰：『魯、衛〔註4〕之政，兄弟也。』蓋不特周公、康叔之盛，而其世衰俗薄，末政之陵夷，亦相似也。其後慶父亂魯，齊幾取之，與衛滅同時。聖人以魯事詳於《春秋》，而《齊詩》及魯事者不刪。夫《二南》之風，后妃不待閒而德足以化天下。後世『閒有家』之道廢，而亡國敗家之禍同一軌轍。《詩》、〔註5〕《春秋》之旨，蓋相表裏也。」

《**東方之日**》二章，章五句。是詩之為刺襄無可疑者。陸佃《埤雅》亦從其說。乃陸德明因「一本作『刺衰』」，遂云：「或作刺襄，非也。」「《南山》已下，始是襄公之詩」〔註6〕，此不過惑於《毛詩》次第，而鄭玄強為之

〔註4〕「魯衛」，張洽《春秋集注》卷三《莊公七年》作「二國」。（第82頁）
〔註5〕張洽《春秋集注》卷三《莊公七年》此處有「《易》」。（第82頁）
〔註6〕《東方之日》鄭《箋》。

說，以為「《著》、《東方之日》、《東方未明》三篇《序》皆云刺，而不舉號諡，則舉上明下，知其為哀公之詩」〔註7〕。夫既可舉上以概下，何不可舉下以蒙上？況此篇《詩序》又明有刺襄之本，何知非傳寫訛「襄」為「哀」乎？《申培說》以「齊莊公好女樂，君子譏之」，既絕無稽據。《子貢傳》謂「莊公無禮，齊人刺之」，或以為即莊公淫於崔杼之妻棠姜之事。然據《左傳》「公往淫於崔子之室」，未聞棠姜入齊侯之宮也，何得云「在我室」、「在我闥」乎？抑豈以「彼姝者子」指莊公乎？必不然矣。朱子但「謂淫奔之詞」，嚼蠟殊甚。

猗嗟

《猗嗟》，刺魯莊公也。齊人傷魯莊公有威儀技藝，然而不能以禮防閑其母，失子之道，人以為齊侯之子焉。出《序》。○《春秋·莊四年》：「冬，公及齊人狩於禚。」《公羊傳》云：「公曷為與微者狩？齊侯也。齊侯則其稱人何？諱與讎狩也。前此者有事矣，後此者有事矣，則曷為獨於此焉譏？於讎者將壹譏而已，故擇其重者而譏焉，莫重乎其與讎狩也。於讎者則曷為將壹譏而已？讎者無時，焉可與通，通則為大譏，不可勝譏，故將壹譏而已。其餘從同同。」《穀梁傳》云：「齊人者，齊侯也。其曰人，何也？卑公之敵，所以卑公也。何為卑公也？不復讎而怨不釋，刺釋怨也。」此詩疑即狩禚時事。蓋公朝齊而因以狩也。古者，諸侯相朝，則有賓射，故所言者皆賓射之禮。又按：《春秋》無書莊公朝齊之文。惟二十二年書「公如齊納幣」，二十三年書「公如齊觀社」，二十四年書「公如齊逆女」，皆在二十一年文姜薨之後。據此詩曰「展我甥兮」，自是莊公初至齊而人驟見之之語，當與《甫田》篇為同時之作。先是莊二年，夫人姜氏會齊侯於禚，《穀梁》謂「婦人既嫁，不踰竟。踰竟，非正也」。禚為齊地，然則莊公之狩禚，其為朝齊明矣。「禚」，《公》、《穀》俱作「郜」。

猗陸德明本作「㿉」。嗟昌陽韻。兮，頎而孔穎達本作「若」。長陽韻。兮。抑若揚陽韻。兮，美目揚同上。兮。巧趨陸本作「趍」。蹌陽韻。兮，射則臧陽韻。兮。賦也。「猗」之為「咦」，音之近也。《說文》云：「南陽謂大呼曰咦。」「嗟」，《說文》云：「謧也。」孔穎達云：「是口之喑咄，亦歎聲也。」「昌」，《說文》云：「日光也。」「猗嗟昌兮」，歎美魯莊公之儀容有光采

也。《公羊傳》云：「宋萬嘗與魯莊公戰，獲乎莊公，歸，反為大夫於宋。曰：『甚矣，魯侯之淑，魯侯之美也！天下諸侯宜為君者，惟魯侯耳。』」然則魯莊之美，當時蓋侈稱之矣。《說文》無「頎」字，當通作「頯」，解見《碩人》篇。「長」以體貌言，「抑」、「揚」以容止言。「若」，猶「而」也。古文「而」、「若」通用。此「頎而長兮」，舊本作「頎若長兮」是也。嚴粲云：「抑而揚，言進退高下不失其宜也。」「揚」，《說文》云：「飛舉也。」時方賓主酬酢，見其目之揚舉也。王充《論衡》云：「人心慧而目多採。」「趨」，《說文》云：「走也。」《曲禮注》云：「行而張足曰趨。」孔云：「趨，今之吏步。則趨，疾行也。禮有徐趨、疾趨，為之有巧有拙，故美其巧趨也。」「蹌」，《說文》云：「動也。」毛《傳》云：「巧趨貌。」按：《曲禮》云：「士蹌蹌。」《注》以為「容貌舒揚也」。今與「趨」連文，故知其為巧趨貌。此蓋升階降階就位復位之時，其揖遜之威儀如此。呂才云：「魯桓公六年，子同生，是為莊公。按曆，歲在乙亥，月建申，然則值祿空亡，據法應窮賤。又觸勾絞六害，皆驛馬，身尅驛馬三刑，法無官，命火也，生當病。法曰『為人尫弱矬陋』，而《詩》言莊公曰『猗嗟昌兮，頎而長兮。美目揚兮，巧趨蹌兮』。唯向命一物，法當壽，而公薨止四十五，一不驗也。」「射」，賓射也。諸侯來朝天子，入而與之射，或諸侯相朝，而與之射，皆為賓射。此射則諸侯相朝之賓射也。詳見《賓之初筵》篇。「臧」，善也。虛贊其善，乃引起下章之辭所云「終日射侯，不出正兮」及「射則貫兮」，則其臧之實也。○猗嗟名庚韻。《集韻》作「顯」。兮，美目清庚韻。兮。儀既成庚韻。兮，終日射侯，不出正叶庚韻，諸盈翻。兮，展我甥庚韻。兮。賦也。「名」，《集韻》作「顯」，云：「眉目間也。」然《說文》無「顯」字，當通作「覭」，《說文》云：「小見也。」一說：「名」者，稱譽之謂。承上章末句而歎美其射之善可稱譽也，亦猶美山之大者為名山，人之賢者為名人也。亦通。「清」，《說文》云：「朗也。澂水之貌。」徐鍇云：「在地者莫明於水火，故於文水青為清。青者，清也。」劉熙云：「清，青也。去濁遠穢，色如青也。」禮：射者左足履物，還視侯中，合足而俟。按：凡射，度地而畫以容足者謂之物，長三尺，橫一尺二寸。令射者立其中，左足已履物，右足未並，先南面旋視侯之中，乃以右足隨之而後射。此以清表目之美，當是其履物視物時也。「儀」，賓射之儀。「既成」，言終事也。今按：《儀禮》大射、燕射，凡三釋獲而射禮告成。所謂「釋獲」者，設筭長尺有四寸，以器盛之，每中一矢，則釋一筭。獲之為言得也。射本以講武主田，故於

其中也則大言獲。其盛箅之器，君大夫士及所用之地等各不同，以木為之，刻為獸形，總名曰中。有皮樹中，有閭中。皮樹與閭，皆獸名也。有虎中，有兕中，有鹿中，塗之以緌，前足跪，鑿背為員孔，令容八箅，因射者二人為耦，人各四矢，合之則八矢，故令容八箅也。二射之禮既同，想賓射禮亦相類。「終日」，猶云畢事，非真謂射竟一日也。「侯」，射布也。解見《賓之初筵》篇。大射、賓射、燕射之侯各別。《考工記》云：「張皮侯而棲鵠，則春以功。張五采之侯，則遠國屬。張獸侯則王，以息燕。」五采之侯者，賓射侯也。遠國屬，謂諸侯來朝者也。天子侯，畫五采。《周禮》所謂「五正」者，注以為「中朱，次白，次蒼，次黃，玄居外」。其侯之飾，又以五采畫雲氣焉。諸侯三采，損玄黃，所謂「三正」者也。孤卿大夫士二采，去白、蒼而畫朱、綠，所謂「二正」者也。皆畫之於布上。此詩所言諸侯賓射之禮，乃三採之侯耳。鄭玄云：「正，所以射於侯中者。」《儀禮·大射》注云：「正，鳥名。齊、魯之間名題肩為正。正，鳥之捷黠者。射之難中，以中為俊，故射取名焉。」鄭司農云：「方十尺曰侯，四尺曰鵠，二尺曰正，四寸曰質。大射之侯用鵠，賓射用侯用正，燕射之侯用質。」「正」，或作「鴊」。《方言》：「齊、魯間謂題肩為鴊。」通作「征」，《月令》「征鳥厲疾」是也。亦作「怔」。不出正者，發必中的也。「展」，《爾雅》、毛《傳》皆云：「誠也。」未詳其義。毛《傳》云：「外孫曰甥。」曰「我甥」者，王肅云：「據外祖以言也。謂不指襄公之身，總據齊國為言。」孔云：「外孫得稱甥者。《左傳》『以肥之得備彌甥』是也。」或以此語為詩人之微辭。《春秋·桓六年》書「子同生。」《穀梁傳》云：「疑，故志之。」又按：女之壻亦曰甥，《孟子》「帝館甥」是也。莊公於齊桓即位後，已昏於齊矣，使其如齊在桓時也，得非即壻之稱與？○猗嗟孌兮，清揚婉叶翰韻，鳥貫翻。兮。舞則選薛君《章句》作「纂」，云：「言其舞應雅樂。」兮，射則貫翰韻。兮。四矢反《韓詩》及豐氏本俱作「變」。兮，以禦亂翰韻。兮。賦也。「變」，通作「嬎」，《說文》云：「順也。」射禮告成，賓主歡洽，但見其情意藹然可親如此。「清揚」，總上「美目揚」、「美目清」言之。「婉」，亦順也。和順之意流露於瞻顧之間也。「選」，嚴云：「猶精也。」愚按：「舞則選兮」，言供事於舞者皆極一時之選也。《儀禮》云：「若與四方之賓燕，以樂納賓，則奏《肆夏》，升歌《鹿鳴》，下管《新宮》。笙入三成，遂合鄉樂，若舞則《勺》。」《周禮·籥師》職云：「祭祀，鼓羽籥之舞。賓客饗食，則亦如之。」《司干》職云：「祭祀，舞者既陳，則授舞器。既舞，

則受之。賓饗亦如之。」是皆足為賓饗用舞之證。此章言射終之事，乃釋獲者退中與筭之後，樂正贊工遷樂備燕之時也。樂必有舞，故薛君《章句》及毛《傳》皆謂「舞應樂節也」。此非指莊公言，特以起下文「射則貫兮」正在是時，亦能與舞節相應耳。「貫」者，貫布也。禮，射布侯中，必貫布始釋筭。《鄉射禮》云「司射堂下北面命曰：『不貫不釋』」是也。若大射用皮侯，則必貫革也。又按：保氏教五射。其法一曰白矢，謂矢貫侯過，見其鏃白也。二曰參連，謂前放一矢，後三矢連續而去也。三曰剡注，謂羽頭高鏃低而去，剡剡然也。四曰襄尺，謂臣與君射，不與君並立，襄君一尺而退也。五曰井儀，謂四矢貫侯，如井之容儀也。白矢貫侯，皆所謂貫也。莊公每射皆貫，蓋技之精如此。禮，每射必四矢，謂之乘矢，以乘車必駕四馬，因即謂四為乘。有司初授矢於射者，射者受之，搢三而挾一個，謂插三矢帶右，而以一矢挾於弦，及射，則次第發之也。孔云：「《內則》云：『男子生，以桑弧蓬矢六，射天地四方。』《注》謂『天地四方，男子所有事。彼於初生之時，以上下四方，男子皆當有事，故用六矢以示意』。射禮則象能禦亂，上下無亂，不復須象之故也。」又按：《周禮·射人》職云：「王樂以《騶虞》九節，諸侯樂以《狸首》七節，孤卿大夫樂以《采蘋》五節，士樂以《采蘩》五節。」「九節」，謂歌九終，先五節以聽，後四節以應乘矢，矢必按節而發，故曰節也。「七節」者，歌七終，三節先以聽。「五節」者，歌五終，一節先以聽。尊卑樂節雖不同，後四節以盡乘矢則同。《鄉射禮》云：「樂正東面命大師曰：『奏《騶虞》，間若一。』」《大射儀》云：「樂正命太師曰：『奏《狸首》，間若一。』」皆謂五節、三節之間，聲長短疏數如一也。《騶虞》，本天子樂節，而鄉射用之者，先儒以為位相絕，不嫌僭也。若《大射儀》所載，則諸侯之射禮也。「反」者，反其矢於受矢之處，即楅是也。《鄉射記》云：「楅長如笴，博三寸，厚寸有半，龍首，其中蛇交，韋當，楅髤。」按：「楅」，以受矢，其長如之，三尺也。「博」者，其寬也。「厚」者，其深也。「龍首」，刻首為龍形也。「中」，謂腹受矢處。「蛇」，猶龍也。兩端為龍首，中為蛇身相交。蛇、龍，君子之類也。「韋」，皮也。「當」，中也，與「襠」通。中衣褲曰襠。兩腹各半圜，交處脊起如衣襠，撫矢乘之，則分委兩腹，以韋挽之，如襠衣也。以赤黑漆之曰髤，與中之髤同。此言「四矢反兮」者，乃禮卒射時，耦及賓主人大夫眾賓皆拾取矢，授有司已，皆升就席，而有司乃還其矢於受矢之故處也。「禦」，通作「圄」，《說文》云：「守之也。」守者有捍拒

之義，故又訓為止。曰「以禦亂兮」者，讚美莊公之善射如此，其才足以禦四方之亂也。呂祖謙云：「莊公弓矢之精，觀其以金僕姑射南宮長萬可見矣。金僕姑，矢名。通篇於公無貶辭，而譏刺歎惜之意寓焉。若曰不謂斯母而生斯子也云爾，或又若曰不謂是子也才而不能防閑其母也若是，或又若曰不謂是子而竟忘父讎乃爾，或又若曰此甥於我者也必非讎我者也。是數者，皆未必非詩人意中之所無。然而不明言也，此其所以為風也與？」胡胤嘉云：「莊雖不能無罪，而壓於其母，其情猶可矜。君子於人之母，必有以諱之，故於《猗嗟》之詩僅道其儀容技藝之美，而微寄不足於慨歎中焉，此立言者之道也。」又云：「母子之際難言之。蒯聵不忍於南子，卒以逆終，況桓屬主也！文姜之侈從來矣，其從如雲，其從如水，操柄固在手也。桓亡而以國母莊臨於上，區區欲於車馬僕御間求隄防之術，亦已疏矣，故莊第不能閑其母，何足為莊罪？莊之罪，莫大於忘讎也。桓與夫人如齊，襄公醉而擅殺於車上，則莊之於襄，讎也，非甥也。姜之於桓，罪人也，非夫人也。不為伋也妻，則不為白母。莊公於姜，母道已絕矣。一彭生之殺，齊何足以謝魯？而莊公漠然不問，此固可以為人子乎？雖有面目，無所施於天地之間，而雍雍若都，愈嫻於儀，愈不可以為[註8]人。即貫革之能，復中之巧，不尋諸讎讎而徒逞其儇捷，亦足醜矣，故曰『展我甥兮』，非拒其不為齊侯之子也。若云是甥我者矣，必非讎我者也。其詩人之微辭乎？或曰：此《齊風》也，齊人豈欲其讎我哉？夫魯無風，而刺桓與莊之詩俱見於齊。且天下之惡一也，莊公當讎齊，雖齊亦不得而諱言之也。齊人不得諱言之而莊公不問焉，莊之所以為大罪也。」鄒忠胤云：「父子之道，天性也。使莊誠有志，則於時亦不甚稚，所謂『嬰兒拱手，誰敢侮之』。乃元年築王姬之館，二年任其母會齊侯於禚，三年任溺會齊師伐衛，四年任其母享齊侯於祝丘。而是冬又躬及齊人狩於禚，於時莊公已十七，何無心肝至此！齊人道其威儀技藝之美，而目之為展甥，似譽似嘲，若玩孺子於股掌之上。甚矣，莊之不競，徒為讎國所狎昵而竊笑也！」崔銑云：「為莊公者，宜痛父復讎而已，是故居文姜而餕其養，責襄公而絕其使，枕戈衽干，衣衰食糒，號泣於王，求助於與國，明大義於魯之臣庶，治兵畜銳，觀釁而東，以身委之。天下之惡一也，寧無惻我之不幸者？惜乎莊公既幼而愚，又無石碏、子犯之臣，庶公子者方觀變而徐圖其利，幸其小安，忘此大怨，悲夫！」

〔註8〕「為」，四庫本誤作「人」。

　　《猗嗟》三章，章六句。《子貢傳》謂「魯莊公會齊大夫狩於禚，齊人譏之」。《申培說》則謂「魯莊公朝於齊，遂及齊大夫狩禚，齊人刺之。」按：《春秋》書「公及齊人狩於禚」，《公》、《穀》皆謂「齊人者，齊侯也」。二《傳》去古未遠，必得其實。則所云「公及齊大夫狩者」，非矣。詩為兩君行賓射之禮而作，觀射侯不出征之語可見，豈為狩詠耶？

甫田

《甫〔註9〕田》，齊人刺魯莊公也。此與《猗嗟》篇，疑皆為同時之作。〔註10〕此曰「婉兮孌兮」，彼亦曰「猗嗟孌兮，清揚婉兮」，非指莊公而何？

無田豐氏本作「甸」，後同。**甫田，維莠驕驕。**蕭韻。亦叶豪韻，起勞翻。楊子《法言》、豐本俱作「喬喬」。**無思遠人，勞心**「勞心」，豐本作「心焉」。**忉忉。**豪韻。亦叶蕭韻，讀如凋，丁聊翻。○比而賦也。「無」，通作「毋」。「甫」，通作「誧」，《說文》云：「大也。」一曰人〔註11〕相助也。魯桓求助於大國，因婚於齊，故以田甫田為比。孔云：「上『田』，謂墾耕。下『田』，謂土地。言『無田甫田』，猶《多方》云『宅爾宅，田爾田』。今人謂佃食，古之遺語也。」「莠」，徐鉉云：「粟下揚生秒也。」謂禾粟下，播揚而生。羅願云：「先儒不適主何物。惟韋昭解《魯語》云：『莠草似稷無實。』又，韋曜問答云：『《甫田》維莠，今何草？答曰：今之狗尾也。』然後此物方顯。今之狗尾草，誠似稷，而不結實，無處不生。」愚按：莠以比莊公。《猗嗟》之《序》云：「齊人刺魯莊公，以為齊侯之子焉。」《公羊傳》亦云：「夫人姜氏譖魯桓公於齊侯，述公之言曰：『同非吾子，莊公之子也。』」同者，莊公名。莊雖為桓子，而當時議者咸疑為非桓所生，故用莠為比。莠似苗而實非苗種。孔子所謂「惡莠恐其亂苗」是也。《猗嗟》刺「展我甥兮」，意亦如此。「驕驕」，朱子云：「張王〔註12〕之意。」嚴粲以為「蔓延長茂，如有驕縱之狀」是也。詩人戒人不可耕大田，耕大田則恐有非種之族竊據於中，而己不能覺也。魯桓欲得齊襄公之歡心，輕徇文姜之意，聽其往來，遂有「同非吾子」之事。然則

〔註9〕「甫」，四庫本作「無」。
〔註10〕「此與《猗嗟》篇，疑皆為同時之作」，四庫本作「原名《甫田》，改別《小雅》，與《猗嗟》同意」。
〔註11〕「人」，四庫本作「入」。
〔註12〕「王」，朱《傳》同，四庫本作「皇」。

何以求歡於大國為乎？嘲之也。「遠人」，亦指莊公也。齊、魯異國，故曰「遠人」。《說文》無「忉」字，當作「怊」，云：「悲也。」曰「無思遠人」者，諱言而不欲念及之也。莊公生而蒙非種之譏，及己即位，而有不能防閑其母之誚，且與其母更遞入於齊國，將安所施其面目乎？詩人代為之愧，而又憐之曰：自今以往，我勿復思及遠人。一思之，徒使我心煩勞，而且繼之以悲也。悲天壤之內乃有如此人，將為天下諸侯所竊笑耳。極其詫訝而終不欲明言，雖以刺莊公，亦以諱國惡也。〇**無田甫田，維莠桀桀。**屑韻。**無思遠人，勞心怛怛。**叶屑韻，且悅翻。豐本作「愬愬」。〇比也。「桀」，謂桀然挺立也，宜通作「傑」。「驕驕」，喻其年長；「桀桀」，喻其在位。重言之者，形其驕桀之甚也。「怛」，《說文》云：「憯也。」「憯」者，痛也。悲之極而至於痛，憫悼之深也。〇**婉兮孌**叶霰韻，龍倦翻。《說文》作「嬌」。**兮，總**豐本作「緫」。**角丱**叶霰韻，古縣翻。**兮。未幾見**霰韻。**兮，突而**古本作「若」。**弁**霰韻。豐本作「奰」。**兮。**比也。「婉」，《說文》云：「順也。」《猗嗟》及此篇皆以「婉孌」摹莊公，想見其為人之性情如此。「總角」，即《柏舟》所謂「兩髦」，總聚其髦以為兩角。《內則》云：「男女未冠笄者，總角衿纓」是也。「丱」，朱子云：「兩角貌。」嚴云：「言兩角如丱字之形。」又，楊慎云：「《周官》有丱人。丱，金未成器也。借作童丱之丱。童未成人，猶礦之未成器。」亦通。按：秦始皇遣徐福發童男女千人，至海上求仙，築城僑寓，號丱兮城，蓋取此。「未幾」，朱子云：「未多時也。」「突」，《說文》云：「犬從穴中暫出也。」徐鍇云：「犬匿於穴中伺人，人不意之，突然而出也。」《方言》云：「凡卒相見謂之突。」「弁」，皮弁也。《禮·曾子問》篇云：「諸侯相見，皮弁。」魯莊即位，時年方十三。及四年狩禚之役，年僅十七耳。齊人驟見其服諸侯之服，故曰「突而弁兮」。然年已長大而絕無羞惡之心，位列諸侯而不聞復讎之志，則詩人深刺之意亦寓於此。

　　《甫〔註13〕田》三章，章四句。《序》云：「大夫刺襄公也。無禮義而求大功，不修德而求諸侯，志大心勞，所以求者，非其道也。」諸儒皆祖其說。故楊雄云：「田甫田者莠驕驕，思遠人者心忉忉。」桓寬《鹽鐵論》云：「夫治國之道，繇中及外，自近者始。近者親附，然後來遠。百姓內足，然後恤外。今中國弊落不憂，務在邊境，意者地廣而不耕，多種而不耨，費力而無功。《詩》云：『無田甫田，維莠驕驕。』其斯之謂與？」蓋舊說相傳云爾。朱

〔註13〕「甫」，四庫本作「無」。

子謂「未見其為刺襄公」，誠是。《子貢傳》、《申培說》則皆謂「齊景公欲求諸侯，急於圖霸，大夫諷之」，亦祖《序》之意而少變其說。然細按之，實與詩辭不貼，要之非也。

載驅

《載驅》，齊人刺襄公也。無禮義，故盛其車服，疾驅於通道大都，與魯文姜淫，播其惡於萬民焉。出《序》。○按：《春秋》，魯桓公毀後，子莊公嗣位。二年，夫人姜氏會齊侯於禚。四年，夫人姜氏享齊侯於祝丘。五年，夫人姜氏如齊師。七年，夫人姜氏享齊侯於防，又會齊侯於谷。惟「如齊師」，不顯其處。祝丘與防皆魯地，禚、谷皆齊地，禚地未詳所在。谷在今兗州府陽谷〔註14〕縣。繹詩中有「汶水湯湯，齊子翱翔」之語，汶水在齊南魯北境上，即今兗州府汶上縣，其地與谷相近，此詩疑即於會谷時作也。是年一歲再會，出入無時，內外無忌，未有若是之淫奔者。而齊襄之與文姜會亦止於此。越明年，遂為無知所弒。胡安國云：「此其禍淫之明驗也。」

載驅《釋文》作「駈」。豐氏本作「毆」。薄薄，藥韻。簟茀《釋文》作「第」。朱鞹。藥韻。魯道有蕩，齊子發夕。叶藥韻，祥侖翻。○賦也。「載」之言「則」，蓋音近也。「驅」，驅馬駕車也。「薄」，通作「轉」，《說文》云：「車下索也。」治車而重以索縛之曰轉轉也。「簟」，《說文》云：「竹席也。」毛《傳》云：「方文席也。」孔穎達云：「用竹為席，其文必方。」「茀」，解見《碩人》篇。《爾雅》作「第」，云：「輿，革前謂之鞎，後謂之第；竹前謂之御，後謂之蔽。」郭璞云：「鞎，以韋靶車軾也。第，以韋靶後戶也。御，以簟衣軾也。蔽，以簟衣後戶也。」孔云：「如《爾雅》之文，車前後之飾皆有革有簟。故此說車飾云『簟茀朱鞹』也。」愚按：茀者當為車前後蔽之總名，故簟有茀稱。陳祥道云：「鞎與茀皆革為之，謂所謂『朱鞹』是也。御與蔽皆竹為之，《詩》所謂『簟第』是也。」又云：「齊襄公方叔之車以簟茀，衛夫人之車以翟茀，此婦人、男子車蔽之別也。」「朱」，朱漆也。「鞹」，是革之別名。獸皮治去毛曰革。徐鍇云：「皮去其毛，染而瑩之，曰葉。鞹，空韓之意也。」以韓鞔車，所以為固。漆之以朱，所以為飾也。「載驅」二句，俱指襄公。言驅車治車行於道上，蓋將以會文姜也。「魯道有蕩」及「齊子」，解見《南山》、

《敝笱》篇。「夕」,《說文》云:「莫也。」「發夕」,謂夕時發行也。文姜聞襄公所在,即夕啟行,不能待旦,經有蕩之魯道而適齊境也。孔云:「兄則盛飾而往,妹則疾行會之,曾無愧色,故刺之。」嚴粲云:「車飾之美,繫眾觀也。道路坦夷,非隱處也。無恥甚也。」○**四驪濟濟**,叶薺韻,子禮翻。**垂**豐本作「六」。**轡濔濔**。薺韻。陸德明本作「爾爾」。豐本作「濔濔」。**魯道有蕩,齊子豈弟**。薺韻。鄭玄云:「『豈』讀當為『闓』。『弟』,《古文尚書》以弟為圛。圛,明也。」孔云:「闓,開也。《古文尚書》即今鄭注《尚書》是也,無以悌為圛之字。惟《洪範稽疑》論卜兆有『五曰圛』,注云:『圛者,色澤光明。』蓋古文作『悌』,今文作『圛』。賈逵以今文較之,定以為圛,故鄭依賈氏所奏,從定為『圛』,於古文則為『悌』。」愚按:「豈弟」二字甚明,鄭玄改作「闓圛」,更不可曉。○賦也。「四驪」二句,以上章「載驅」二句例之,亦當指襄公言。鄭玄云:「此又刺襄公乘是四驪而來,徒為淫亂之行。」「四」,一駟也。「驪」,《說文》云:「馬深黑色。」毛《傳》云:「四驪,言物色盛也。」《列子》云:「牝而黃,牡而驪,馬至,果天下之馬也。」《爾雅》亦云:「騋,牝。驪,牡。」「濟」之言「齊」,謂齊色也。孔云:「襄公將與妹淫,盛其一駟之馬,皆是鐵驪之色,其馬濟濟然而美。」「轡」,解見《大叔于田》篇。「垂轡」,轡之垂者。「濔」,通作「爾」,《說文》云:「麗爾也。」猶靡麗也。此贊轡之美也。「豈弟」,解見《旱麓》篇,即樂易也。本為盛德之稱。此以稱齊子者,以其無慚恥之色,亦樂易也,所謂「美惡不嫌同辭」。又,《爾雅》云:「愷悌,發也。」郭璞謂「發明而行也」,殊屬強解。○**汶水湯湯**,陽韻,戶羊翻。**行人彭彭**。叶陽韻,逋旁翻。**魯道有蕩,齊子翱翔**。陽韻。○賦也。「汶水」,出泰山萊蕪縣原山,西南入濟,在齊南魯北。閔子騫曰:「吾必在汶上。」欲北如齊也。孔云:「齊在魯北,水北曰陽。僖元年《左傳》稱『公賜季友汶陽之田』,當齊襄公之時,汶水之北尚是魯地。」酈道元云:「汶水又南徑鉅平縣故城東,而西南流,城東有魯道。今汶上夾水有文姜臺。」又,許慎以為汶水出琅邪朱虛縣東泰山,東至安丘入濰。此《淮南子》所謂「汶出弗其」者,乃青州之大汶、小汶,非此汶也。其水入濰,而《淮南》以為「流合於濟」,則幾與此汶混矣。「湯湯」,水流盛而沸,有如湯然也。「行人」,往來之人也。「彭」,通作「旁」,側出之貌,言其多也。朱子云:「言行人之多,以見其無恥也。」凌濛初云:「說行人,便有口似碑之意。」「翱翔」者,緩飛之謂。此謂徐行也。○**汶**

水滔滔，豪韻。行人儦儦。叶豪韻，博毛翻。魯道有蕩，齊子游豐本作「遊」。敖。豪韻。嚴粲、蘇轍本作「遨」。○賦也。「滔」，《說文》云：「水漫漫大貌。」「儦」，《說文》云：「行貌。」上章以水之盛對言人之多，此章以水之流對言人之行，各有當也。「游」，本作「遊」，狀其飄揚之態，如旌旗之流也。「敖」，《說文》云：「出遊也。」字從出從放，出放為敖也。謝枋得云：「曰『豈弟』，曰『翱翔』，曰『游敖』，文姜之情態歡欣快樂如此。無禮義，無羞恥，無忌憚，盡見於此詩矣。詩人鋪敘之詳，形容之巧，刺之深，疾之甚也。」胡胤嘉云：「為邪而有凝滯不暢之意焉，其中必畏人也。文姜車馬之馳驟，意氣之揚詡。其所縶者，魯道也。其所渡者，汶水也。其行人彭彭、儦儦如此眾多也，其所求者何事？其所合者何人？而舒徐容與，坦然無疑乎？可謂無恥無忌甚矣。詩人無一語及於淫謔而其惡著，無一語及於刺貶而其惡深，此詩之為微妙也。」愚按：桓公與姜如齊，僅一次耳。篇中單言齊子，故知其為桓公沒後之詩。胡安國云：「婦人無外事，送迎不出門。見兄弟，不踰閾。在家從父，既嫁從夫，夫死從子。今莊公不能防閑其母，失子道也。故趙匡曰：『姜氏、齊侯之惡著矣，亦所以病公也。曰：子可以制母乎？夫死從子，通乎其下，況於國君！君者，人神之主，風教之本也。不能正家，如正國何？若莊公者，哀痛以思父，誠敬以事母，威刑以督下，車馬僕從莫不俟命。夫人徒往乎？夫人之往也，則公威命之不行，哀戚之不至爾。』」崔銑云：「《春秋》志文姜之惡極矣，莊公擅一國之命，怗然從之，古未之有也。論者失其情而衍於辭，且欲制其僕從，胡得為篤論哉？夫季友之祥、慶父之才，皆可君魯也。文姜失行，國人恥之，故《敝笱》諸刺興焉。齊襄立莊以示德，莊公藉舅以自固，文姜挾宗國以愚其子，懾其下。彼淫邪之迷，不惜其夫之弒，奚有於子之廢？是故狩禚圍郜，伐衛歸俘，待齊女之長，主王姬之昏，僕僕焉甘役於齊，蓋襄公之威重矣，文姜之術狡矣，尚何僕從之制哉？」鄒忠胤云：「車中之難，莊於時為年幾何？濼之會，桓實尸之，雖有申繻之衷言不聽，固非一孺子所能尼其轍。桓沒之年，莊僅十三，可輒以制母之事，求多於童昏乎？」黃懋容云：「夫人挾淫佚之性，諸兒憑強大之威，藉令長君嗣位，少乏剛斷，或不能制，況莊公才生十五，可過責之哉？上無作福作威之明辟，下無託孤寄命之重臣，此莊公之不幸也。」

《載驅》四章，章四句。《焦氏易林》云：「襄送季女，至於蕩道。齊子旦夕，留連久處。」此說不知何所本。朱子但以為「齊人刺文姜之詩」。然

則齊襄之罪可未減乎？《子貢傳》以為「襄公伐衛，姜氏會之於師」。《申培說》亦云：「齊襄納衛朔，抗王人，魯人從之，文姜歸齊以犒師。」皆影附而為之說，要自無據。《春秋》書「夫人姜氏如齊師」，不言所在。且篇中亦不見有「如師」之語，豈以「行人彭彭」與「駟介彭彭」略相彷彿乎？

何彼襛矣

《何彼襛矣》，美王姬下嫁齊桓公也。《春秋・魯莊公十有一年》：「冬，王姬歸於齊。」時周莊王之十四年也。《左傳》云：「齊侯來逆共姬。」《公羊》、《穀梁》傳皆云：「過我也。」林堯叟云：「共姬，即王姬。」按：《左傳》記齊桓公之夫人三：王姬、徐嬴、蔡姬，皆無子。然則即此王姬也。桓新有齊國，任用管仲，將興霸業，而聯姻王室，故詩人美之。其後一匡九合，以尊周為名，共主之不替，繄桓霸是賴。夫子特錄此詩，附於《召南》，蓋許齊桓與召公才美，寓意深矣。

何彼襛冬韻。《韓詩》作「莪」。朱《傳》、豐氏本俱作「穠」。矣，唐《稗編》作「棠」。棣成祖諱。之華。麻韻。曷不肅雝？冬韻。此章亦隔句兩韻。王姬之車。麻韻。劉熙《釋名》云：「古者曰『車』，聲如『居』，所以居人也。今曰『車』音尺奢反，云舍也。」韋昭云：「古皆音尺奢反，從漢以來，始有『居』音。」○賦中有比也。「何彼」、「曷不」，皆設問之辭。「襛」，《說文》云：「衣厚貌。」據《春秋》，王姬以冬歸齊，則衣厚之時也，故即其所見為詠。「唐棣之華」，比辭也。《爾雅》云：「唐棣，栘。」《本草》云：「栘樹大十數圍，亦名栘楊，團葉弱蒂，微風大搖。」郭璞云：「唐棣似白楊，江東呼夫栘。」沈括駁之云：「枎栘即白楊也。《本艸》以白楊、枎栘為兩條，蓋不知其為一物也。枎栘亦謂之蒲栘，至今越人謂白楊為蒲栘。陳藏器引《論語注》，以唐棣為栘楊，此誤也。」戴侗云：「按：白楊多種於虛墓間，似楊而白，故謂之白楊。夫栘、枎栘、蒲栘，本一物。以夫、枎、蒲聲相邇，故通用之耳。陸璣解唐棣則云：『薁李也。一名雀梅，亦曰車下李。所在山皆有，其華或白或赤，六月中熟，大如李子，可食。』沈云『其實似梂。梂，含桃也。』」按：《晉宣室閣銘》云：『華林園中有車下李十四株，薁李一株』，則車下李與薁李自為兩物。璣既以唐棣為薁李，乃云『亦曰車下李』。《本草》有鬱李仁，亦云『一名爵李，一名車下李』。此皆誤也。」嚴粲云：「薁李又有車下之名，

蓋絲二者相類，故名稱相亂也。《論語》曰：『唐棣之華，偏其反而。』陸佃云：『凡物之華，皆先合而後開，惟此華先開而後合。』錢天錫云：「唐棣之華，一柎輒生二蕚，以美夫婦，如云並蒂芙蓉耳。」「肅」，敬。「雝」，和也。「王姬」者，王女而姬姓。杜預云：「王姬不稱字，以王為尊也。」《序》云：「雖則王姬，亦下嫁於諸侯，車服不繫其夫，下王后一等。」按：《巾車》職，王后五路，其一曰重翟，錫面，朱總。重翟者，用雉羽重疊飾車為蔽，馬面有錫。錫音陽，馬面當盧也。總，著馬勒，直兩耳與兩鑣，朱繒為之配。王玉路以祀者，其二曰厭翟，勒面，繢總。厭翟者，鱗次翟羽使相厭為飾。勒面者，彫韋飾面。繢，畫文，配王金路以賓者。其三曰安車，彫面，鷖總。安車者，坐乘車。彫面者，畫之不彫其韋。鷖，青黑色。以上皆有容蓋。容，車旁惟也。蓋，車上蓋也。其四曰翟車，貝面，組總，有握。翟車者，不重不厭。握，當作幄。后乘以蠶北郊之車。其五曰輦車，組挽，有翣，羽蓋。輦車者，四輪而小。織組為挽，人引之行。翣以御風塵，蓋以翳日。後宮中燕閒所乘。此所謂五路也。鄭玄云：「下王后一等，謂車乘厭翟。」孔穎達云：「王后五路，重翟為上，厭翟次之。今言下王后一等，故知乘厭翟也。《國風·碩人》曰：『翟茀〔註15〕以朝』，謂諸侯夫人始來，乘翟蔽之車，蓋厭翟也。」崔靈恩云：「諸侯夫人初嫁，不得上攝，以其逼王后故也。卿大夫之妻得上攝一等。」愚按：如孔崔所說，則諸侯夫人皆得乘厭翟，不必王姬也。而《序》謂「車服不繫其夫，下王后一等」者，當是通子男之夫人言之。雖配子男，亦得乘厭翟耳。朱子云：「何彼戎戎而盛乎？乃唐棣之華也。此何不肅肅而敬、雝雝而和乎？乃王姬之車也。」按：王姬在車中不可見，但見其車範我馳驅，和鸞有節，則肅雝象也。夫南子以車聲而知蘧伯玉，以伯玉之車宜有轔轔之轍，則覯茲王姬之車而亦可知其有肅雝之度矣。鄧元錫云：「《禮》言之：『肅肅，敬也。雝雝，和也。夫敬以和，何事不行？』采之，見前王之化者遠也，愈久而不忘，是夫子之志也。」○**何彼襛矣**，紙韻。**華**豐本作「顏」。**如桃李。**紙韻。**平王之孫，齊侯之子。**紙韻。○賦中有比也。陸佃云：「李、韭皆酸。〔註16〕李，東方之果，木子也，故其字從木從子。」羅願云：「李，木之多子者，故從子。亦南方之果也。火者，木之子，故名。」二說並錄之。陸較僻矣。鄭玄

〔註15〕「茀」，底本作「蔽」，據四庫本、《衛風·碩人》改。
〔註16〕「李、韭皆酸」前，《埤雅》卷十三《釋木·李》有「《素問》曰」，出《素問·藏氣法時論篇》。

云：「『華如桃李』者，興王姬與齊侯之子顏色俱盛。」朱子云：「以桃、李二物興男女二人也。」平王名宜臼，孫桓王名林，曾孫莊王名佗，未知共姬為何王之女。「齊侯之子」，謂桓公小白也。小白父僖公名祿，父兄襄公名諸兒。桓即位後三年，王姬始歸，齊時已將霸矣。桓本非嫡，而為諸侯，故本其所自而曰「齊侯之子」。○其釣維豐本作「伊」。何？維絲伊緡。真韻。亦叶元韻，呼昆翻。《說文》作「緍」。齊侯之子，平王之孫。元韻。亦叶真韻，頌倫翻〔註17〕。○興也。「伊」，維也。「緡」，《爾雅》云：「綸也。」《說文》云：「釣魚繳也。」「維絲伊緡」，言合絲以為綸也。釣者必合絲為綸而後得魚，以興娶者必有媒妁，以合二姓之好而後得妻。愚按：此指魯言也。《穀梁傳》所謂「為之中者」是也。時王姬以魯為主，齊侯來魯逆之，故云。然上章主嫁者言，故先言「平王之孫」，尊王也。此章主娶者言，故先言「齊侯之子」，從夫也。其辭匹敵，則其不驕亢可知矣。或云：族類先女，王制也；婚姻先男，夫綱也。亦通。又，胡安國云：「陽唱而陰和，夫先而婦從，則雖以王姬之貴，當執婦道，與公侯大夫士庶人之女何以異哉？故舜為匹夫，妻帝二女，而曰嬪於虞。王姬嫁於諸侯，而亦成肅雝之德。自秦而後，列侯之尚公主，使男事女，夫屈於婦，逆陰陽之位，故王陽條奏世務，指此為失。而長樂王回以其弊至父母不敢畜其子，舅姑不敢畜其婦。原其意，雖以尊君抑臣，而使人倫悖於上，風俗壞於下，又豈所以為治也哉？」荀悅云：「尚主之制非古也。釐降二女，陶唐之典。歸妹元吉，帝乙之訓。王姬歸齊，宗周之禮也。以陰乘陽，違天。以婦凌夫，違人。違天不祥，違人不義。」汪克寬云：「後世公主出嫁，無王姬執婦道之風，莫不庸奴其夫。雖尚主者極有才名，而勢屈於崇貴，吞悲茹氣，無所逃訴，故晉人有無事取官府之說。至六朝，其失尤甚。江斆尚臨海公主，《讓婚表》有云：『制勒甚於僕隸』，則其敝可知矣。《春秋》書王姬之歸與《詩》相表裏，實萬世之法也。」按：此雖非詩正旨，然卻有關係，故附錄之。

《何彼襛矣》三章，章四句。《序》云：「美王姬也。雖則王姬，亦下嫁於諸侯，車服不繫其夫，下王后一等，猶執婦道以成肅雝之德也。」此但依附詩詞為說，而不能知其世。毛公心疑東遷後詩，不宜入《二南》，於是訓「平」為「正」。鄭康成《箋》謂「正王者，德能正天下之王」。諸儒遞相祖述，以為如契稱為玄王，武王稱為寧王，屬王稱為汾王之類，皆不必以謚稱。而更謬以齊侯為齊一之侯，猶《易》之「康侯」、《禮》之「寧侯」云者，皆杜

〔註17〕「頌倫翻」，朱《傳》作「頌倫翻」。

撰不根之甚。使凡讀古人書者盡如此立說，則以有為無，以無為有，亦何所不至乎！朱子云：「此乃武王以後之時，不可的知其何王之世。然文王、太姒之教久而不衰，亦可見矣。」《子貢傳》以為「齊襄公詩」，而云：「周人恥之，賦此。」然中有闕文。《申培說》則以為「齊襄公殺魯桓公，莊公將平之，使榮叔錫桓公命，因使莊公主昏，以桓王之妹嫁襄公，周人傷之而作是詩。」豐熙謂「稱王姬車從之肅雝，蓋畏齊而然，所以深惜之也。次章以王、齊並言，見天子微弱，諸侯強抗。末章先齊後王，見齊之盛而王之卑也」。考《春秋傳》，魯莊公元年，為周莊王之四年，齊襄公之五年。夏，單伯送王姬。秋，築王姬之館於外。冬，王姬歸於齊。《公羊傳》云：「天子嫁女於諸侯，必使諸侯同姓者主之。」《穀梁傳》云：「築，禮也。於外，非禮也。築之為禮，何也？主王姬者必自公門出。於廟則已尊，於寢則已卑。為之築，節矣。築之外，變之正也。築之外，變之為正，何也？仇讎之人非所以接昏姻也，衰麻非所以接弁冕也。其不言齊侯之來逆，何也？不使齊侯得與吾為禮也。」蓋先是莊公之父桓公與夫人文姜如齊，襄公通焉。公謫之。齊侯享公，使公子彭生乘公，公薨於車。故襄公者雖莊公之母舅而實讎也。齊強魯弱，公不能讎，齊又不敢逆王命而為之主其婚。然則是詩之作，直是魯人傷莊之詞耳。申培之說近是。愚所疑者，襄已為齊侯。五年似不應仍稱齊侯之子。唯襄弟小白亦娶王姬，以內難得國，故詩人本其父為齊侯以稱之。蓋許其繼統也。獨惜共姬之賢無所考耳。又，鄭《箋膏肓》謂「齊侯嫁女，以其母王姬始嫁之車遠送之」。審爾，則又宜屬之《齊詩》矣，似無據。

雞鳴

《雞鳴》，齊衛姬勸桓公以勤政，故作此詩。出《申培說》。○《子貢傳》亦云：「桓公好內，衛姬箴之。」按：《左傳》，桓公之夫人三，王姬、徐嬴、蔡姬，皆無子。齊侯好內，多內寵內嬖，如夫人者六人。長衛姬，生武孟。少衛姬，生惠公。鄭姬生孝公。葛嬴生昭公。密姬生懿公。宋華子生公子雍。劉向《列女傳》云：「桓公好淫樂，衛姬為之不聽鄭、衛之音。桓公乃立衛姬為夫人，號管仲為仲父。曰：『夫人治內，管仲治外。寡人雖愚，足以立於世矣。』」曹大家云：「衛國作淫佚之音。衛姬疾桓公之好，是故不聽，以屬桓公也。」張華《女史箴》云：「衛女矯桓，耳忘和音。」鄒忠胤云：「桓公有兩衛姬，長者共姬也。易牙有寵於共姬，因寺人貂以薦羞於公，公許之，立武

孟。桓公卒，易牙入，與寺人貂因內寵以殺群吏，而立公子無虧，即武孟也。無何，亦旋見殺於國人。以共姬之怙寵養交、險詖傾國如此，彼不為夜半之泣斯已矣，安能為此《雞鳴》之賦？賦《雞鳴》者，其少姬乎？夫五公子爭立，皆莫克終，卒之有國而傳者，惠公也，倘亦其母德懋耶？」

雞既鳴庚韻。**矣，朝既盈**庚韻。**矣。匪雞則鳴**，庚韻。**蒼蠅之聲**。庚韻。○賦也。此章及次章皆賢妃告君之辭也。《列女傳》云：「禮，后夫人御於君，以燭進。至於君所，滅燭，適房中，脫朝服，衣褻服，然後進御於君。雞鳴，樂師擊鼓以告旦，後夫人鳴佩而去。」孔云：「書傳說夫人御於君所之禮，太師奏《雞鳴》於階下，夫人鳴玉佩於房中，告去。則《雞鳴》以告，當待太師告之。然此夫人自聽《雞鳴》者，彼言告御之正法，有司當以時告君。此說夫人相警戒，不必待告方起，故自聽之也。」「朝」，謂會朝之臣，不指殿陛。「盈」，滿也。言充滿於朝門之下也。雞鳴乃趨朝之時，故賢妃聞雞聲而警君，欲其蚤起，又恐君之尚嫌其早也，復申之曰：君毋謂此時為早，過此以往，不但聞雞之鳴，將有蒼蠅之聲來聒人耳矣。舊說謂夫人在君所，心常恐晚，誤以蠅聲為雞鳴。無論章法未順然，雞未鳴以前，當子夜之時，曾有聞蠅聲者否？故知非格物必無以窮理也。羅願云：「蒼蠅，蠅之潔者。《雅》有《青蠅》，《風》有《蒼蠅》。蒼蠅比於青蠅而小，其色蒼，好集几案食飲上者是也。」段成式云：「蒼蠅聲雄壯，青蠅聲清聒，其聲皆在翼。」一說：季本云：「天將曙而蒼蠅始有聲，此賢妃疑其已遲之辭也。」亦通。○**東方明**叶陽韻，謨郎翻。《說文》作「昌」，誤。**矣，朝既昌**陽韻。**矣。匪東方則明**，見上。**月出之光**。陽韻。○賦也。雞既三號，東方漸白，則天將曉矣。《禮》曰：「大明生於東。」「大明」，日也。《淮南子》云：「日出於暘谷，浴於咸池，拂於扶桑，是謂晨明。登於扶桑，爰始將行，是謂朏明。至於曲阿，是謂朝明。臨於曾泉，是謂早食。」皆東方地也。故凡明必始於東方，以日光所起故耳。「昌」，《說文》云：「美言也。」其字從日從曰，蓋以言語昭佈宣揚為義。此云「朝既昌」者，以會朝人眾，偶語者多，聲音嘈雜，故曰昌也。又申之曰：過此不已，不但東方明而已，自晝而夜，為時幾何？誠恐月出之光繼之矣。一說：季云：「蒼蠅已有聲矣，然猶未大明，故月光尚顯。此賢妃幸其尚蚤之辭也。」亦通。○**蟲飛薨薨**，蒸韻。豐氏本作「薎」。**甘與子同夢**。叶蒸韻，武登翻。**會且歸矣，無庶予**陸德明云：「定本作『與』。」**子憎**。蒸韻。○賦也。始而雞鳴，繼而東方明，又未幾則天將旦而百蟲作矣。《禮》：臣朝

君，辨色而入，君日出而視朝。時已經賢妃兩警之後，而君亦不遑寧寢矣。此章乃君將出朝而別妃之辭也。孔云：「《大戴禮》：『羽蟲三百六十，鳳凰為之長。』則鳥亦稱蟲。此『蟲飛薨薨』，未必惟小蟲也。」「薨」，通作「轟」，群車聲也。眾鳥之飛，聲亦如之。「甘」，猶樂也。「子」，指妃。舊說此章亦妃告君之辭。古未有妃稱君為子者，今正之。「同夢」，即同寢也。「會」，會朝也。君未視朝，臣固不得遽入，此所謂會，亦會於朝門外耳。「歸」，謂歸治其家事。「庶」，眾也，謂此會朝之眾臣也。「予」、「子」對言，我與汝也。加「予」於「子」之上，益信其為君言也。「憎」，《說文》云：「惡也。」惡其留色也。言當此群蟲競飛之時，倘與子臥而同夢，我豈不甘之？然聞汝朝盈、朝昌之言，信乎群臣之會於朝者已久，亦欲退而歸治其家事矣，我其亟起視朝，庶無使諸臣以我與汝為憎惡也。此一君者，因妃言而能終於自克若此，亦可謂之賢君矣。《孔叢子》載孔子曰：「吾於《雞鳴》見古之君子不忘其敬也。」「無庶予子憎」，不忘其敬之謂也。范祖禹云：「聖人順天地陰陽之理，觀萬物之情，明而動，晦而休，故以雞鳴為夙興之節。至於『蟲飛薨薨』，則不獨以怠於政事，亦非尚寐之時也。君子之修身，不以有事而蚤，無事則晏，其興居皆順天地之理，所以為常也。」劉公瑾云：「夫為妻綱。古之人，身修而家齊者，上也。思齊，所謂『刑于寡妻』是也。夫道不足，幸有賢妃助之成德者，次也。此詩所述是也。彼有相與昏淫耽樂，卒以覆亡，如《瞻卬》所刺幽王、褒姒者，無足道矣。」

《雞鳴》三章，章四句。《序》云：「思賢妃也。哀公荒淫怠慢，故陳賢妃貞女夙夜警戒相成之道焉。」朱子謂「《序》得之，但哀公未有所考」。《韓詩》以為說人也，其義未詳。